庞利民 编著

皖晋学者论晋商典徽商

南川 题

山西出版传媒集团

山西人民出版社

图书在版编目（CIP）数据

皖晋学者论晋商与徽商／庞利民编著．—太原：山西人民出版社，2019.11

ISBN 978-7-203-10847-4

Ⅰ．①皖… Ⅱ．①庞… Ⅲ．①晋商－研究②徽商－研究 Ⅳ．① F729

中国版本图书馆 CIP 数据核字（2019）第 134035 号

皖晋学者论晋商与徽商

编　　著：	庞利民
责任编辑：	高　雷
复　　审：	武　静
终　　审：	秦继华
装帧设计：	谢　成

出 版 者：	山西出版传媒集团·山西人民出版社
地　　址：	太原市建设南路 21 号
邮　　编：	030012
发行营销：	0351－4922220　4955996　4956039　4922127（传真）
天猫官网：	https://sxrmcbs.tmall.com　电话：0351－4922159
E — mail：	sxskcb@163.com　　发行部 sxskcb@126.com　　总编室
网　　址：	www.sxskcb.com

经 销 者：	山西出版传媒集团·山西人民出版社
承 印 者：	山西出版传媒集团·山西新华印业有限公司

开　　本：	787mm×1092mm　1/16
印　　张：	25
字　　数：	390 千字
印　　数：	1—3100 册
版　　次：	2019 年 11 月　第 1 版
印　　次：	2019 年 11 月　第 1 次印刷
书　　号：	ISBN 978-7-203-10847-4
定　　价：	68.00 元

如有印装质量问题请与本社联系调换

晋商精神

诚实守信

开拓进取

和衷共济

务实经营

经世济民

习近平

2017 年 6 月 22 日

目　录

作者心语

情系皖晋再谈商 …………………………………… 庞利民 /003
一、新闻背后 ………………………………………………… 004
二、江淮语丝 ………………………………………………… 007
三、汾畔话絮 ………………………………………………… 019
四、书斋夜话 ………………………………………………… 031
五、花甲呓语 ………………………………………………… 054
六、驼铃回响 ………………………………………………… 059

江淮论坛

弘扬优秀企业家精神 ……………………………… 吴昌期 /094
我看到了一部我很想看到的书 …………………… 郭　因 /098
一本学术性与可读性兼备一体的优秀著作 ……… 王世华 /101
晋商徽商衰落原因略议 …………………………… 王荣森 /104
登高望远　汲古思今 ……………………………… 王佛生 /108
不沾金银气　只做著述人 ………………………… 刘　杰 /111
《晋商与徽商》随谈 ……………………………… 叶如强 /115

在大历史观下写照两大商帮	宋　宏 /117
比较研究两大商帮　传播优秀中华文化	陈祥明 /120
关于《晋商与徽商》一书的几点看法	周晓光 /123
在比较中突破	周金富 /125
两商竞秀　笔有春秋	季　宇 /130
人生精彩又一笔	陶勤之 /135
《晋商与徽商》学术研讨会致辞	徐　敏 /139
十年磨一剑的比较史学佳作	翁　飞 /142
视野宽阔　别开生面	钱念孙 /148
架起学术与通俗间的桥梁	梁仁志 /151
在《晋商与徽商》作品研讨会上的发言	董　庆 /153
《晋商与徽商》学术研讨会（合肥）答谢辞	庞利民 /155

三晋论坛

这是一本好书	胡富国 /164
在《晋商与徽商》学术研讨会上的致辞	田喜荣 /166
参加《晋商与徽商》研讨会感言	李玉明 /169
一部有思想见地的著作	张正明 /170
百年之约　晋徽之缘	王文清 /174
读《晋商与徽商》有感	史若民 /177
附：从近世中外社会演变看晋商股份制的意义	史若民 /180
寻履往迹话"两商"	卢　丰 /196
博观取约　思者常新	任晋文 /200
史料翔实　观点新颖	刘建生 /203
中国商帮发展史比较研究的力作	刘成虎 /206

明清时期中国商业贸易活动的一种观察 …………… 杜学文 /209

《晋商与徽商》读后 …………………………………… 宋丽莉 /216

"食货志"与"打秋风" ………………………………… 陈为人 /219

晋商研究进入多视角研究时代 ………………………… 张亚兰 /227

好事留芳千古　良书播惠九州 ………………………… 张根虎 /233

在《晋商与徽商》学术研讨会上的发言 ……………… 李顺通 /236

讲好商帮故事　增强文化自信 ………………………… 张崇康 /238

明清晋商与徽商史探略 ………………………………… 张　舒 /242

好听的和不好听的 ……………………………………… 周宗奇 /262

　　附：走得最远的商家 …………………………… 周宗奇 /266

《晋商与徽商》学术研讨会发言要点 ………………… 范浩里 /276

一部值得品读的好书 …………………………………… 高春平 /278

晋商的家国情怀与民族工业 …………………… 郭桂柱　郭　毅 /281

《晋商与徽商》学术研讨会（太原）答谢辞 ………… 庞利民 /286

媒体报道

学者庞利民的中国传统文化观 ………………………… 李光满 /295

江湖夜雨十年灯 ………………………………………… 庄晓玮 /298

十年一剑　《晋商与徽商》问世 ……………………… 徐俊斌 /303

庞利民十年磨一剑　著《晋商与徽商》 ……………… 康小明 /305

在晋商与徽商之间探秘 ………………………………… 孙　蕊 /309

一部丰腴齐全的晋徽商通史 …………………………… 李家林 /315

十年探秘晋与徽 ………………………………………… 吴　艳 /317

讲述鲜为人知的商帮故事 ……………………………… 胡　磊 /319

在历史比较中弘扬传统文化 …………………………… 朱　怡 /322

我国首部《晋商与徽商》正式出版 …………… 刘春阳 /327
首部晋徽商帮比较史 …………………………… 王　婕 /330
庞利民所著《晋商与徽商》面世 ……………… 孙　蕊 /331
别具炉锤 ………………………………………… 边　辑 /333
《晋商与徽商》学术研讨会在合肥召开 ……… 吴万蓉 /335
传承中华优秀文化　弘扬徽商晋商精神 …… 中安书画网 /336
《晋商与徽商》学术研讨会在合肥举行 …… 陶　涛　王　锐 /339
庞利民晋商与徽商有"六同"和"四不同" …… 王梦佳 /341
《晋商与徽商》学术研讨会在并举行 ………… 范　璐 /343
传承中华优秀文化　弘扬晋商徽商精神 ……… 吴　艳 /345
《晋商与徽商》学术研讨会在山西大学举行 … 人民网山西频道 /347
《晋商与徽商》学术研讨会在太原召开 ……… 杨珏　毛腾霄 /349
传承中华优秀文化　弘扬徽商晋商精神 …杨文滢　马越　焦文锦 /351
传承中华优秀文化　弘扬徽商晋商精神 ……… 宋沁飞 /354
50 余位学者研讨《晋商与徽商》 ……………… 周同馨 /355
《晋商与徽商》研讨会举行 ……………………… 刘照华 /357
《晋商与徽商》学术研讨会在山西大学举行 …《三晋都市报》/358
《晋商与徽商》荣获第 32 届华东地区优秀哲学社会
　　科学图书奖 ………………………………… 王　琦 /360
庞利民《晋商与徽商》再得大奖 ………………… 瞿思远 /362

诗画志贺

一、诗画志贺 ……………………………………………… 367
二、读者点赞 ……………………………………………… 382

作者心语

情系皖晋再谈商

庞利民

拙著《晋商与徽商》（上下卷）于 2017 年 5 月由安徽人民出版社重点推出后，适逢第 27 届全国图书交易博览会（书博会）在河北廊坊国际会议展览中心隆重开幕，拙著放置在安徽人民出版社展柜的突出位置，引人注目。5 月 31 日，中央电视台新闻联播对书博会开幕式作了报道，这使拙著一经问世，便登上大雅之堂，走上国际展台，为世人所知。随后，安徽人民出版社在京东、当当、亚马逊三大网站及安徽、山西、北京、湖北、上海、浙江、河南、江西等省市书店陆续铺货发行，宣传营销，赠送国家图书馆等有关单位和人士，在合肥召开学术研讨会。众多新闻媒体对此进行宣传报道。三晋文化研究会、山西大学晋商学研究所、山西省社会科学院晋商文化研究中心、山西财经大学晋商研究院又联合在山西大学召开学术研讨会。在不到一年的时间里，本书便在皖晋两省学术界和社会上引起很大反响，首版洋洋 90 万余言的著作目前已销售

《晋商与徽商》书影

告罄，安徽人民出版社已于 2018 年 9 月第 2 次印刷。2018 年 11 月 8 日，拙著又荣获第 32 届华东地区优秀哲学社会科学图书一等奖。我听到这些好消息十分高兴。

在皖晋两地召开的学术研讨会上，有许多在全国颇有名气的专家学者出席，他们的发言点评不仅超出拙著，而且超出徽商与晋商研究，对研究我国商帮史，研究明清经济史，资政今天的经济社会发展，实现中华民族的伟大复兴，都有重要的借鉴作用和参考价值。会后诸多专家学者又把自己在会上的发言进一步整理成文字，反复修改后赐我，计有 40 余篇。对这些珍贵的资料、优美的文章我不敢私藏，汇编成本书以飨读者，报效社会。同时把有关媒体的书评报道、朋友们的书画志贺及诗文点赞也收集于此，以资纪念。

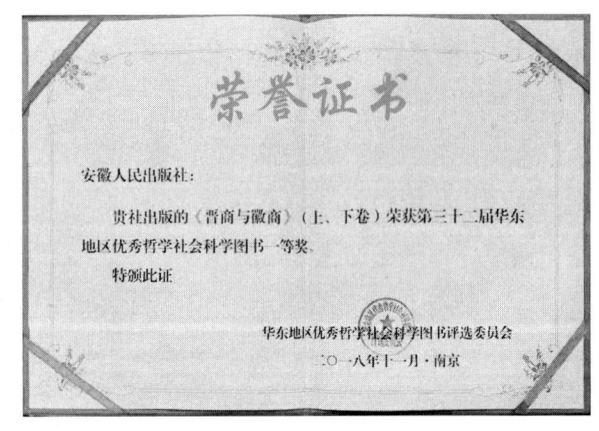

一、新闻背后

拙著出版后，最早被接受认知是诸多记者先生的报道宣传，是他们的一篇篇图文并茂的新闻报道、专题采访、书评介绍，使《晋商与徽商》名闻天下。他们敏锐的新闻触角、细致入微的观察、客观公正的判断、不辞辛劳的采写以及精心策划的版面栏目，实在是令我感动。这些记者朋友，有的先前认识，是多年故交，如安徽人民网的董祥玉先生、《山西日报》

的周同馨同学、《山西电力报》的雷建德同事；有的因采访结识，一见如故；有的至今未得谋面，只是以书为媒。他们的书评报道使拙著先后登上了《记者观察》《黄河晨报》《山西日报》《国家电网报》《安徽日报》《人民政协报》《山西政协报》《山西工人报》《山西晚报》《山西发展导报》《山西广播电视报》《太原日报》《三晋都市报》《徽派》《映像》《三晋儿女》《太原道》以及新华网、人民网、光明网、中安书画网等等。有的报刊、网站甚至还不止一次地刊文报道、宣传点评。据初步统计，拙著面世后见诸报端、杂志与各大网站的原创书评、消息已有30余篇，其中多是大家名家名记所撰写。这些书评、文论、消息、报道既对拙著和敝人作了评价介绍，又触摸到了我写作背后的故事与心路历程，观察敏锐，视角多维，文采飞扬，点评到位，读之令人击节赞叹！

李光满先生在《学者庞利民的中国传统文化观》中说，庞利民"对祖先传承的中华文化十分热爱，并精耕细作地进行研究，以期在当代发扬光大，现在他以丰硕的成果向我们展现了他内心的那一抹灿烂阳光"。

《国家电网报》庄晓玮女士在《江湖夜雨十年灯》一文中写道："晋商与徽商，行走在广袤的中国大地上，或疾行，或踟蹰，或彷徨，有过春风得意马蹄疾，也有孤帆远影碧空尽，有过一日看尽长安花，也有无可奈何花落去。""桃李春风一杯酒，江湖夜雨十年灯。多少个日夜，庞利民先生孤身闯进历史的迷雾，上下求索，一探究竟。"

《山西日报》记者孙蕊的《在晋商与徽商之间探秘》中写道："读万卷书，行万里路，千百年来一直是我国文人理想的生活方式。比起时下人们工作之余丰富多彩的各种爱好，读书、行走、写作就显得有些曲高和寡，能几十年如一日坚持的人也不多，庞利民是一个。"

光明网刊发的朱怡先生《在历史比较中弘扬传统文化》里说："执着中体现功夫，十年间，庞利民抱着做一个两地文化传播交流使者的理想，沉浸在晋商与徽商的比较研究与写作中，从雾里看花到初窥门径，再到登堂入室，如今的他说起晋商和徽商，已是信手拈来，如数家珍。"

人民网记者李家林先生在《一部丰腴齐全的晋徽商通史》一文中，概括出拙著"一是逐本溯源，二是若网在纲，三是史论结合"三大特色后又写道："总体来看，作者利用在山西、安徽生活工作之便利，走遍两地山山水水，通过分析史料与实地考察结合，引领读者神游三晋大地与徽州六邑，使得该书具有鲜明的创新性、可读性和较高的学术价值。同时，作者高级经济师的身份以及严谨的工作作风，又让该书做到概念上的准确性、结构上的严谨性、逻辑上的严密性和体系上的完整性。这些是本书最大的价值所在。"

《山西工人报》记者吴艳在《十年探秘晋与徽》的报道中讲，历经十载，增删三次，五番校阅，洋洋 90 万言的《晋商与徽商》（上下卷）一书"研究的是商帮，传播的是文化"。

安徽人民出版社秦闯先生在看到"太原道"网络刊发的康小明先生写的《庞利民十年磨一剑著得〈晋商与徽商〉》文章后，特意截出下面这段文字发给我，夸赞康先生这段话写得好：

"利民新作的出版，让我看到了他在这个浅阅读的年代始终坚守在深度阅读和深度写作的第一线，拒绝低俗，抵制肤浅，一如既往地扛起了理想主义的大旗，这是一个领导干部兼作家对理想高贵纯净的守望。在这个纸媒日渐低迷、阅读流于碎片化的状态下，利民能守着大堆晋商、徽商的专著苦心研读，足以说明这个问题。"

是的，记者朋友们写得好！他们概括出了本书的精髓内涵、意义作用，挖掘出了作品背后作者鲜为人知的人生阅历和思想追求。本书在编辑时已将他们的文章全部收入，虽然不乏谬赞，有些也有重复，但总是不同媒体不同记者面向不同受众在不同时间推出的不同报道。它们是公开刊发的文字、已经发生的历史，于我更是弥足珍贵。而这些原创性的文章公开发表于各大主流媒体后，全国各大网站，如新浪、搜狐、凤凰、腾讯、网易，以及其他一些异地报刊也都纷纷跟随予以链接转载。有的海外华侨网站如蒙古国华商网也予以宣传报道。这就使得拙著像插上翅膀的小鸟一样，飞

向祖国各地,传到神州内外,引起学术界和世人的广泛关注与热议。人民网安徽频道就于2017年9月13日又刊发了《讲述鲜为人知的商帮故事 〈晋商与徽商〉面世好评如潮》的报道。文章中说:"《晋商与徽商》首次对两大商帮进行了多领域多角度的比较研究,填补空白,受到业界和读者的广泛好评。"

二、江淮语丝

(一)

学术界、文化界、读书人对拙著持何态度、有何看法呢?尤其是研究明清史的专家学者、研究晋商与徽商的专业学人的看法,这是我格外关注和十分看重的。他们的首肯代表着业界对我的接纳;他们的评价,衡量着拙著的学术价值。虽说拙著在出版时已得到张正明先生和王世华教授两位学界泰斗式人物的联袂推荐,有序在前。但毕竟我大学毕业后一直在企业工作,毕竟我是利用业余时间搞学术研究,毕竟是半路出家,是个由门外向门里窥探、敲门、试进、登堂的人。古语云术业有专攻,俗话讲隔行如隔山。我是行外人,与研究明清史和商帮学的人不熟悉、少朋友,更不是出自哪个先生门下,有师承有同年,可奖掖可呼应。再说,我离开山西十有二年,别了安徽也已五载,故旧相知联则愈亲、不联渐淡。此非他我之故,实乃时间消磨,地远天荒,相聚两难。一时间,业内有何动态我不知晓,知识界有何评价我听不到。好在那一段时间采访不断、媒体热议、同学索书、朋友点赞,我也就这样忙忙碌碌、懵懵懂懂地过了两个多月。

时至8月,桂花飘香。先是看到拙著的安徽美学学会会长、原安徽电力职业技术学院院长陈祥明给我打电话:祝贺拙著出版,称赞书有价值,询问我几时去安徽,他邀请学术界的朋友聚一聚,谈谈对拙著的看法。继而安徽人民出版社的秦闯先生来电讲:第一,社里决定推荐拙著申报由国家出版局评选的"中华优秀传统文化普及图书"。该奖项两年评选一次,社里在已出版的上百部图书中,只推荐两部。要我将媒体已发报道、书评

整理寄他,以作为附件材料。第二,社里决定组织召开《晋商与徽商》学术研讨会,徐敏社长热情支持,要求尽快做出活动策划方案,就在安徽出版大厦一楼会议室举行。加之我大学同室舍友赵运中的孩子在合肥工作,定于9月26日在合肥举行婚礼,请我当证婚人。如此,朋友召唤,皖省有事,我立马购买机票,飞到美丽的合肥。

合肥是我曾经工作过6年的地方。每当飞机降落时透过舷窗看到蜿蜒流淌的南北淝河、波光粼粼的巢湖、满目葱茏的蜀山、七彩缤纷的水田,我总是目不转睛、心潮起伏,心中默念:安徽,我的第二故乡,今天我又回来了。

9月的合肥,气候宜人,空气中弥漫着桂花香味。朋友们早已拟订出个会议方案,只等我来了协商确定。几番沟通交流后,不同方面的朋友达成共识,敲定了拟邀请的专家学者名单,确定了会议召开的时间为9月30日下午,会议的主题是"为迎接党的十九大胜利召开,传承中华优秀文化,弘扬徽商晋商精神,举行庞利民所著《晋商与徽商》学术研讨会"。主办单位是安徽人民出版社。"晋商与徽商"几个字就用姚国瑾先生为本书题写的字体。"安徽人民出版社"几个字就用毛泽东题写的毛体,不用请柬,就用简易白纸,拍照填写大名后或以微信、短信发送,或相遇见面送达,或口头通知即可。在皖有关媒体如人民日报社安徽分社、新华社安徽分社、《安徽日报》、安徽电视台、《新安晚报》等也一并邀请,以便让专家学者们的发言、点评也能让社会知晓。目标确定,任务明确,意见一致,安徽人民出版社鼎力支持,尔后朋友们分头落实,交给我的任务就是签名送书,走访拜谒有关人士。

(二)

在安徽召开拙著学术研讨会,王世华先生是必定要邀请参加的。我在电话中与他约好后,便同秦闯先生一道开车去芜湖安徽师范大学看望他。王先生还是在学校里简陋而略显零乱的书房接待我们。他还是那样精神矍铄、热情好客。我俩向他简要报告了召开学术研讨会的筹备情况后,他连

作者心语

连说好,爽快答应一定到合肥出席。同时他还主动提出应邀请安徽师大副校长李琳琦先生、梁仁志博士和安徽大学历史系主任周晓光教授,他们都是研究徽商徽学的专家,要听听他们的意见。王先生同时签名赠送我一套安徽师范大学新近出版的《解码徽商》(八本)。在中午与我们去吃午饭走出校园时,王先生对我说:"庞书记,工作之余你写出这本书真不容易,你写得的确不错,你的书值得安徽人民出版社重点推出,应该召开这个研讨会。我们有些老师在学校研究、工作一辈子,也拿不出这么一部书。"先生的褒奖,使我由衷地高兴。我难以表达自己的感情,只有再一次紧紧地握住他的手说:"谢谢!谢谢您的褒奖提携!您虽然不大喝酒,我一会儿一定要好好地敬您一杯!"

吃罢午饭,王世华先生又带我俩去参观设在芜湖市九华中路的江南徽商研究院暨徽商博物馆。这时,闻听我在芜湖的原芜湖供电公司党委书记黄铁中先生也赶来了。我们在原芜湖市文化局局长、《徽派》杂志主编房培陵先生(笔名"金陵")的陪同下,院内院外、楼上楼下进行参观游览。此时,小雨淅淅沥沥地下着,院里的花儿含露吐蕊,空气清新醒脑,嗅一嗅都是甜味。不用撑伞,我们边走边看,王先生、房先生不时打断解说员的介绍,如数家珍地给我介绍馆内文物、物后故事。尔后我们到房先生清雅的工作室小憩品茗,说徽道晋。房先生讲,本期《徽派》杂志将隆重介绍《晋商与徽商》,并将先前出版的《徽派》杂志送我一套。沉甸甸的厚礼,雨丝丝般的情意。我与房先生萍水相逢、

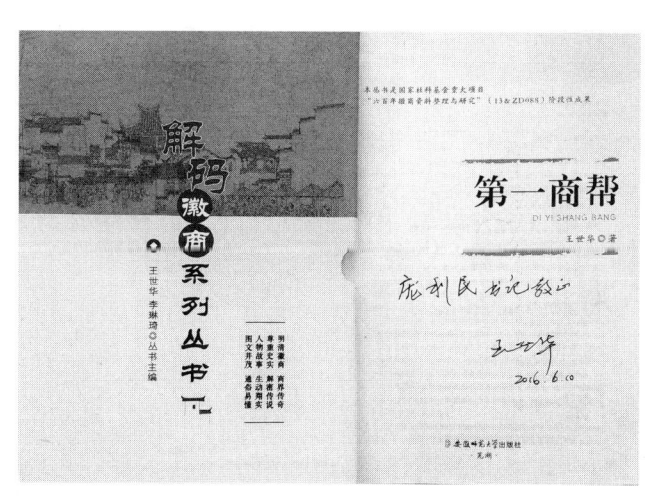

王世华所著《解码徽商·第一商帮》

·009·

初次相见,他便送我《徽派》这样的大礼,我连忙致谢,借茶相敬。

安徽省政协副主席张学平,是我任省政协委员时的领导。我离开安徽后多年没有联系,当朋友联系到他,说我想去拜访他时,他爽快答应,腾出时间约我到办公室面谈。看到我的书后,他不仅随手翻看、连连称赞,还与我讨论起两大商帮的起兴衰落以及今人应如何引为镜鉴。当我说明拟于9月30日下午在合肥召开拙著研讨会,邀请他参加时,他慨然应允届时赴会。不巧的是,9月30日下午省委召开重要会议,如此,不仅张学平副主席没能参加拙著研讨会,其他如王启敏、董庆等好友也都没能莅会。对我来说是有些遗憾。

应邀参加拙著研讨会的其他专家学者,有些我先前认识,这次也做了拜访;有些则打了个电话,托朋友送去拙著;还有些我先前并不认识,这次是由朋友们联系,甚至是经由朋友的朋友联系,由朋友们送去拙著,发出邀请函。当我希望拜访他们,请朋友们转告后,传回来的话是"不用庞先生跑了,他这几天忙。我已收到书,正在拜读。9月30日在会上见吧"!多么朴实的语言,多么厚道而简约的先生,这些先生、大家这么体谅我,我打心眼里高兴。真是文人相交一本书,君子之交淡如水!而这水如长江如淮河,滔滔不息,是人的生命所依。

(三)

9月30日上午,我与陈祥明先生一道赶到安徽人民出版社一楼会议室,检点会场会标、座签席位,同秦闯先生最后确定新闻通稿和社长主持词。忙忙碌碌到中午12时,在社里职工食堂吃了份工作餐。秦闯先生又去忙着打印材料、校对文稿,我与陈祥明先生依据新得到的来人与不来人的情况,再次排定了座席,然后两人各自歪在旁边小会议室的单人沙发上午间小憩。陈祥明先生年长于我,秦闯先生仅比我小一岁,我们仨平均年龄60出头,起早忙碌地做着这样的会务准备工作,有人会问我,庞利民,你在安徽工作多年,难道就没有小兄弟们帮忙?我说朋友你问得好!应该说愿帮忙的人有的是,如本书的另一责任编辑——出版社的卢昌杰先生也在跑前跑后、

忙忙碌碌，但其他在职工作的朋友们，我则一个都不要，原因很简单，就是我不能影响他们的正常工作。

9月30日14：30，拙著《晋商与徽商》学术研讨会在安徽人民出版社一楼第二会议室隆重举行，徐敏社长主持并先行致辞，九十有二的郭因老先生参加会议，原省人大常委会副主任、世界徽商大会会长吴昌期先生上午在巢湖参加完一个活动后，顾不上休息也匆匆赶来了。我先前并不熟悉，甚至没有见过面的钱念孙、翁飞、王荣森、刘政屏、周苏、赵国华、蒋正涛、萧承震等先生参会来了。有些临时有事不能莅会的，如董庆、梁仁智等先生转来了书面发言。在皖各大媒体亦都派员参会。我在山西、湖北的一些朋友也专程赶来，说是要听听名家们的发言，听听名家们怎么说、如何品评。会议室前排后排，甚至角落里都坐得满满当当，计有六七十人。

会议先请郭因老先生发言。先生开口就讲："我听陈祥明先生讲利民先生写了这么一本书，要我参加，我答应了。过了两天又有朋友讲，会上要我发言，而且要有书面发言，我照着他们说的做了。"说着，先生从上衣口袋里掏出自己用钢笔写的稿子，"我看到了一部我很想看到的书——初读庞利民《晋商与徽商》"，开始了他的演讲。他在讲话中论述到的官商关系，深刻犀利，一时引起会上热议。

会中休息，我们照了集体像，人民网人民视频对我和季宇先生作了采访。会议继续进行时，室外细雨霏霏，室内论语绵绵。专家学者们的发言有赞誉、有点评、有商榷、有研讨、有引深、有发散。聆听他们的发言，长知识、开思路，如醍醐灌顶、似渴饮甘露，让我有一种豁然开朗之感，使我认识到对于传承中华优秀文化、弘扬徽商晋商精神，拙著只是起了个抛砖引玉的作用。会上发言的学者十六七人，因时间关系主持人不时提醒大家短些、再短些，重复赞誉的话不用再说，有什么启发、灼见、批评的意见直截了当地讲。时间到了晚上6点半，有的同志言犹未尽，主持人只好让大家有什么真知灼见一会儿吃饭时再议。

晚饭订在出版社不远处的徽宴楼，人们不用坐车走着就可以到达，我备了山西汾酒与神池月饼。中间一个主桌可坐 16 个人，众多先生互相谦让不坐上席，这时王佛生先生讲："今天是利民出书、社长主持，你俩主角应坐上位。"于是大家硬推徐敏社长与我在中间坐定，他们就各自随意入席。当下，入席就座安排次序是门学问。我当办公室主任多年，常常为此犯难。今天名家毕至、少长咸集，先生们在不同单位、不同领域都是响当当的人物，如此随和谦让毫不计较，不仅解决了我的难题，更是令人敬佩！这时酒满菜齐，我起身请徐敏社长致祝酒词。他站起来，一句"祝贺庞先生《晋商与徽商》学术研讨会圆满成功，请庞先生讲话"，就又把球踢给了我。我还能推辞什么呢？我也怎能不说呢？可我说什么呢？刚才在研讨会上我已作了答谢发言，现在我就只有一个"谢"字了，"谢谢！请大家干杯！"接着大家便随意用餐，互相敬起。我也挨个单敬，私语交谈，答谢请教。敬到季宇先生前，他又赠我他新出的《淮军四十年》和《新安家族》两套书。我喜不自胜，直说带回去要好好拜读。与刘杰先生则痛饮三杯，直觉快活。正在酣饮，我的电话响了，原来是人民日报社安徽分社、新华社安徽分社已在网络上报道了今天下午的研讨会。大家闻知这个消息，不消说又是一番庆贺。原来，诸多媒体界的朋友为了赶着发稿，没来吃饭就赶回去编发了。因为明天就是国庆节，放假 7 天，媒体朋友们要赶在节前发稿。同时，有些参会的先生、朋友也赶着坐飞机、上火车、开汽车回家去了。这样，吃晚饭的人比原定的少了许多。

吃饭的人少了，会议的收获却不少。到会的、没到会的专家学者们的研讨论文 18 篇，本书编写时收入第一部分《江淮论坛》。这些发言、论文有的是作者当时所写，有的经过了事后修改补充，有的是根据录音整理，有的已在媒体公开刊发。本人在收录时亦坚持不改不动、原汁原味的原则，褒奖的与批评的、观点与吾一致的和相左的都一一原文照登。这就是在安徽召开拙著研讨会的一些情况。

（四）

拙著责任编辑秦闯先生，是个学富五车、温文尔雅、责任心极强的编审，

作者心语

我到安徽工作后不久即与他相识。他热心、耐心、细心,对文字校对、引文出处、版式设计把关极严。拙著能够在安徽人民出版社作为重点图书推出,与他的努力工作分不开。

拙著从初稿交与他到2017年出版,历时整整3年。这3年,我与他在社里、在其府、在宾馆当面交谈不下6次,电话、微信沟通不计其数,他与我的亲笔书信又有6封达20多页。在与他的相处及书信来往中,我看到一位优秀的编者,一位可敬的文化人。他儒雅谦和、彬彬有礼、诚实守信、执着负责、不厌其烦,既对初稿充分肯定,鼓励我坚持下去,又不时提出修改建议,告诉我好书是"磨"出来的,引导我从写作的野路岔径上走到符合公开出版物规范要求的正路大道。3年来他对拙著三番五校,不仅花费了大量的时间精力,而且带着满满的情感,已把自己的全部心血漫洒到拙著的文字当中。他不仅是伯乐,善于相马;而且是人梯,甘于奉献。他一生为人作嫁衣,为我做的最华丽。在出版社有他这个朋友,我知足也!拙著由他责编,是我的荣幸!下面我摘录部分他与我的书信,以见他做人、做事、做学问的风范,从而纪念我们这份兄弟般的情谊。

第一封来信:

庞书记惠鉴:

去岁夏日,尊台江城著新作,白云黄鹤寄晋徽。时受命责编,深为幸事;用心释读,受益良多;伏案编校,倏已寒暑。现将大著二校样两份、原稿插图纸样一份及我看过的初校样一份,用特快专递一并寄去,请查阅。

《晋商与徽商》纵横千万里,上下五百年,视野开阔,视角独特,内容宏富,文笔畅达。开篇登高望远,构思巧妙,历史背景、地理物产尽收眼底;中篇两商发展,磅礴天下,特色突出,影响巨大,笔墨厚重饱满,时有新见;终篇曲终席散,大势已去,无力回天,耐人寻味。全稿以大量史料为基础,以历史演变为主线,以两商比较研究为重点,从政治、经济、军事、文化、教育、地理环境、婚姻家庭、人文社会

等各个方面,深入探讨了中国明清时期两大巨商的共同之点和独到之处,全面而生动地展现了两大商帮贾海沉浮、兴衰成败的历史画卷,又配以精彩纷呈的诸多图片,真谓八年磨一剑、处处凝心力,堪称一部文图并茂的力作。

大著原稿电脑排版字数约 70 万,原稿提供图片 714 张,书稿加工时几经筛选,现插入校样中的图片有 304 幅。校样总页数达 900 多面,版面字数近百万,考虑一卷成书面数太多,故分成现在的上、下两卷。前 7 章为上卷 400 多面,后 8 章为下卷约 500 面,总体较为平衡。就下一步出版质量方面来说,还望在校改时注意以下几点:

(略去 7 页 12 点)

以上是我对大著编校时的一些想法,在此也做一小结,并向庞总报告。不当之处,歉甚望谅。好书是"磨"出来的,相信经过下一阶段的精心打磨,一部高品质的著作将展现在广大读者面前,并在两大商帮的研究中别开生面,谱写出新的篇章。

专此奉达,妥否,请阅正。余言后叙。并颂

著祺!

秦 闯

2015 年 8 月 12 日于合肥

第二封来信:

庞总:

您好!大著《晋商与徽商》二校样已改完毕,现将三校清样两份、二校原样及二校调整的图片等材料一并快件寄去,请查收。

二校经您闭关打磨,倾力完善,面貌

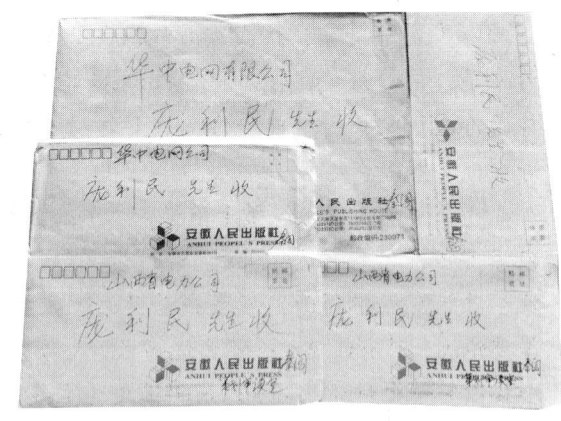

秦闯书信图影

一新。我接读二校,从出版角度,又对全稿文、图用蓝笔做了一些调整、推敲。因二校文字改动删修篇幅很大,图片版面移位甚多,校样上红、蓝、黑、铅各色笔交叉,排版人员对我陆续退改的校样,前后改样亦一月有余。现在新出的三校样,上下卷页码较二校样各减少20面,共888页(含目录);改后版面字数88万(含图片),较二校样减少8万字;全书图片更换七八十幅,并增删数张,插图总量仍在300幅左右。

秦闯书信图影

经过这次大的修改,书稿从文字到图片,从引文到注释,从目录到体例,从正文内容到图片等的著作权,诸方面调整在总体上已然落实。下一步的校改,主要是进一步的细化和局部的深化调整,期望通过不懈的努力,使本书的编校、出版质量达到优良水准,铸成精品。

(略去3页10点)

有关大著二、三校的情况已函一具禀于上。二校时您已做过全面调整;我按上述思路,亦对二校样的文字、表达、标点、图片资料、引文体例等做了一些编校加工工作,所改不妥之处,务请阅示赐正。大著气势宏大、内容丰厚,非深研大量史料、古今文献,积淀各类知识而绝不可为,非投入巨大心血、咬定青山、潜心忍性、增删数稿而绝不可行,非坚守"路漫漫其修远兮,吾将上下而求索"的执着刚毅精神而绝不可成!对此,弟深为感佩。坦而言之,欲高质量地责编大著,任务不谓不艰,亦恐不能胜任,故常以兄"天行健,君子以自强不息"之精神激励自己,持之以恒,编好大著,不负信任。

言不尽意,暂且搁笔。遥祝

冬祺!

秦 闯

2015年12月5日于合肥

第三封来信：

庞总惠鉴：

今日有劳陶丞主任带去大作四校样及上次退改的三校样。三校改样时，虽对全书图片逐张进行了调整、缩小，并删去若干重复或与正文内容无直接关联的图片，但因三校文字有不少增补、修正，故新出的四校样上下卷比三校样只略少一些，约880面，版面字数约90万。

大著四校样已约请曾任安徽师范大学副校长、安徽历史学会会长的王世华教授审稿、作序。王先生是著名徽商研究专家、博士生导师，且对晋徽两商作过深入的比较研究。今年春节前和春节期间，我已与王先生电话及书信联系，并寄去大著上卷。近日与王先生联系，他表示看毕全稿后即为大作撰写序言；我已寄去下卷，并复函表达由衷的谢意，转告了您的感谢之情。

这次四校样共出了4份，两份寄王校长审稿、写序，一份供您校改，一份由我和另一责编卢昌杰校改。有关四校的几点校改注意事项，我已另纸于四校样上，并附我们的部分校改样，侧重部分已用红笔标出，妥否请阅定，仅供四校时参考。此外，大作文字已经过三次校改，图片经几次调整也整体到位，为免四校改样后版面有较大移位，建议四校除改或删去不妥之处外，不再增补较长新的文字，当然，确有必要者另论。

大著是您10年来悉心研究晋徽两商心血的结晶，此次四校，期望通过作者、审稿者和责编的共同努力，精推细敲，深化细部，局部打磨，为其圆满收官再接再厉，力求打造出一部全方位、多层次解读晋商与徽商的精品佳作。即颂

春祺！

秦 闯
2016年3月19日

作者心语

第四封来信：

庞总勋鉴：

近日收到安徽师范大学王世华先生寄来的大著序言及审读样。王先生在这篇3000字的序言中，从学术性与普及性、史料性与创新性、科学性与通俗性、两商研究内容的全面性、丰富性与比较研究的专业性与艰巨性诸方面，对大著的内容、观点、特色——作出评介，称之内容全面详尽、真知灼见迭出、文字功底深厚、追根溯源、条分缕析、言之成理、持之有故。王先生娓娓道来，赞誉有加，并热忱向广大读者大力推荐这部既使史学专业工作者受益匪浅，又使非专业人士深获智慧和启迪，具有相当特色的晋徽两大商帮比较研究的佳作。

王先生在认真拜读大著的基础上，在八九十万字的四校审读样中，也从学术研究专业的视角，就大著的一些观点、表述、释义、引文、人名、地名、书名、时间及相关内容的安排等，或作出改正，或提出建议，或存疑待核、待酌。王先生表示，审读样中有些意见仅供参考，不一定正确，不必强求改动；序如需改动，亦望告他。我已复函王先生，深表感谢。

现将大著序言及审读样一并寄去。审读样中改动、待酌之处请您参阅，并请用其他色笔与您处的四校样并样。全稿改毕，请将两份校样一并退寄给我，我再与我处正在校看的第三份四校样归总调整，之后再出五校样对红，并改正可能遗漏的其他问题。

特此奉达。并颂

著祺！

秦　闻

2016年4月24日

第五封来信：

庞书记惠鉴：

现将大著《晋商与徽商》五校样两份，封面、环扉设计样一套和四校原样一并快件寄去，请查收。并将五校校改的有关事宜报告如下：

（略去一页4点）

大著全面展示了两大商帮明清500余年兴衰沉浮的恢宏历史画卷，涉及地域、政治、经济、军事、文化、婚姻、民俗、家庭等各个方面。我拜读后深受启益，这两年来头脑中满是晋徽两大商帮的身影。庞先生以晋徽商的老黄牛和"徽骆驼"精神激励自己完成大作，我亦以之勉励自己，全身心投入书稿的责编工作，力求打造精品、不负佳作。另，对于书中与两大商帮相关的重大历史事件、人物评述及历史背景资料，如明清至民国的一系列蒙古问题、太平天国运动（咸同兵燹）、俄国十月社会主义革命、外蒙古"独立"、清朝疆域四至、中俄不平等条约签订及领土割让、两大商帮衰落的内外原因分析，以及洪秀全、刘鄂、毛泽东与戴震思想之关联、江泽民祖籍（祖居地）等的叙评及一些时政议论等，在尊重您的文本前提下，作了一些调整或补充。妥否，请阅正。

近日我正抓紧同步对五校样作最后的通校，拟月底之前完成。因力有不逮，深感不安，不周之处，恳望见谅。相信经过与您最后一次打磨，大作在文字流畅规范、史料丰富准确、评述严谨适"度"诸方面定能再上层楼，向广大读者奉献高质量、高品位的精神佳肴！即颂

大安！

秦　闻

2016年12月9日

上述信件我略去了他提出的有关校改时应注意的事项,如有关叙述人称问题、古代纪年、帝王纪年应用汉字数字,括号中用公元纪年,图片要注意版权,语言文字标点符号要规范,对现实与历史话题的议论不应剑走偏锋,不言胜有言,少言胜多言,让历史材料、事实本身来说话,引文、作品名、人名及出处等要标准完整,引文要与权威出版社的纸质原著逐字逐标点核对无误……以上秦闯先生所述,细致入微、要求严谨,真正使我体会到做学问来不得半点马虎,给世人奉献公开的出版物作品,一定要对读者负责,对历史负责,也就是对自己负责。通过《晋商与徽商》一书的出版,3年中与秦闯先生的相处,我从他身上也学到了很多东西,自我也提升进步了不少。这次在安徽人民出版社召开拙著研讨会,他又没日没夜地连轴转、加班干,既要撰写一些文字材料,又要做一些琐碎的事务性工作,辛苦至极,感人至深。他在做人、做事、做学问上都堪称典范,令我敬佩,值得学习!

三、汾畔话絮

(一)

在合肥召开的拙著研讨会上,吴昌期先生就提出要促进两商比较研究,加强皖晋人文交流,我亦表示愿做桥梁纽带,当一个两地文化的传播者。拙著在安徽人民出版社召开研讨会,因为是由安徽人民出版社出版的,它组织召开名正言顺。山西怎么办呢?由谁牵头组织?在什么地方召开?请谁参加?请了他们来不来呢?

经过在安徽召开拙著学术研讨会,我深刻地体会到组织召开专题学术研讨会很不容易,不是闹着玩的。自己苦点累点跑断腿操碎心,心急上火是应该的、次要的。就是每一个前来参加会议的专家学者也很不容易。要耽误他们许多时间,耗费他们很多精力。参加一个专题学术研讨会,评价一部作品,不同于去参加开业庆典、展览开幕式,那些活动,来宾站站台、捧捧场、喝喝彩,即席发表几句祝福讲话即可,有一半个小时也就结束了。

专著学术研讨会则不一样。拙著洋洋90万言，我需提前选定专家、联系到人，再把拙著送到府上或办公室。专家学者拿到书后，要提前浏览或阅读，看完以后要思考要评价，说好要说出怎么个好法、好在哪儿。说不好更难了，既要说出个道道，又要考虑作者感受，遣词造句颇费脑筋——毕竟直言快语的人还是少数。动笔落成文字要推敲措词，准确无误。引经据典要查找资料，持之有故。届时还要搭上半天时间参加会议。会议总有个议程，会场还有个纪律，不得不受约束。倾听别人发言要坐三四个小时，轮到自己讲话也就一二十分钟。总之，参加一个专著学术研讨会，要占用和耗费先生们的时间与精力是难以估算的，先生们拨冗莅会，会上发言，再写出评论文章实在也不容易。

再说，我于山西大学毕业后就进入企业工作，与知识界鲜有交往，同文化人来往不多。离开山西多年，现已年过六旬，退休还家，由原工作单位承办也不合适，一是拙著与原单位关系不大；二是我曾经也是山西电力公司的一个领导干部，作为领导在单位筹办召开自己的作品学术研讨会，显然不合适，影响也不好。我自己就率先否定了这个方案。那怎么办呢？真是身在事中方知难，一时我也心烦意乱，理不出个头绪，陷入迷茫和无奈之中。

难。不办不就不难了，不就啥事也没有了！办。有困难，要请人，花时间，费精力，贴银钱，赔本赚吆喝，还会有人说闲话，图个什么呢？名声头衔待遇对我已如浮云，我一生职业生涯已画上句号。苦思冥想，翻来覆去，待到10月中旬，我毅然做出决定：办，一定要办，"士不可以不弘毅"。在安徽召开了拙著研讨会，在山西也要召开。自己给出的理由是：

一、我有这部书，可以书为媒，以书会友。安徽学界的评价使我对拙著又增加了些许底气。

二、安徽办了，山西不办不好。因为书名叫"晋商与徽商"，晋在前徽在后，至今安徽的朋友在合肥召开的研讨会上对我没有把书名叫作"徽商与晋商"还有善意的微词。我热爱安徽人民，也想为山西人增光。

三、社会责任、使命担当催促着我，呼唤着我。去年中共中央已发文件要传承中华优秀传统文化，安徽人民已呼吁要加强两商比较研究、两省人文交流，我有在两省工作生活的经历，苍天赋予了我传播两地文化的使命，这是我的责任，我一定要担当起来。

四、文人情怀，生平梦想。自己从小喜欢文史，写写画画，无病呻吟。今天有书出版了，一个梦想实现了，正如酿得一坛老酒需要请人品尝，排得一出好戏需要有人观赏。为何不请人、不敲锣打鼓让世人知晓、众人鉴赏呢？酒香也怕巷子深，响鼓也得重锤敲，自古就是这个理。

五、开会研讨，开门纳谏。请专家学者点评，指出拙著不足，听听高人高论，求教方家大家，开阔胸襟，拓展思路，增长知识，提升认识，闻过则喜，改正错误，这正是我千载难逢的学习机会。机不可失，时不再来。一定要紧紧抓住，办成此事。

（二）

思想是行动的先导。思想上想明白了，理出了头绪，做出了正确的决定，行动上就自觉了，激情也来了，办法也多了，腿上也就来劲了。

我是山西大学的学生。我找老师去，我找同学去。山西大学有晋商学研究所。我的老师张存保曾在经济学院任过党委书记，与现任所长刘建生先生搭档共事。在张老师的引荐下，我到了刘先生的办公室。当我说明来意，欲借母校晋商学研究所这个平台，组织召开拙著研讨会后，他爽快答应，不仅当即叫过来他的助手、副所长刘成虎先生交待安排，列出拟邀请人员名单，责成他日后具体联系接洽，而且中午还请我吃饭，拿出他珍藏多年的老汾酒以示庆贺。交谈中得知我俩是同年毕业于山西大学，他是历史系学生，2012年8月，领衔写出《明清晋商与徽商之比较研究》一书。我送他拙著时他亦将其大著签名赠我，我二人随即捧书合影，以示纪念。据我所知，将晋商与徽商进行比较研究，著书面世的，国内可能仅我二人而已。

刘先生之大作是教育部人文社会科学研究项目，书前扉页上有8位专家的综合评语。其封底内容介绍说："本书对明清时期最具特色的两大商帮集团——晋商与徽商进行了全面、系统的比较研究。在阐释两大商帮各自经营的主要行业、整体实力、发展进程、特点及兴衰过程的基础上，分析了晋徽商的制度安排、制度模式和经营管理机制。比较了晋徽商制度模式选择、文化归因，行会组织和制度，乡约民俗安排、官商关系、教育制度、名门望族、资本和人事组织，企业治理机制、内外部业务制度的同异性。探讨了在华夏文化大背景下，区域文化的不同特征及由此所决定的区域经济发展的不同路径和制度安排的多样化问题。这有助于建立区域经济体比较研究的分析框架，深入探寻现代经济体之间不同发展路径的历史归因。"

我初读刘先生领衔著述的这部大作，深受教益和启示，惜与先生相见恨晚，拙著出版前没能得到先生大作。若得早日拜读，定能丰富拙著史料，启发我的思路。亦或学诗仙李太白游黄鹤楼"眼前有景道不得，崔颢题诗在上头"，搁笔不著，扬长而去。不过比较刘先生之大作与拙著，除却书名有相同之处，二者在章节设计、结构安排、写作路径、史料运用、语系行文、思想观点、分析论证上都完全不同。刘先生领衔写作，就是说其著作系集体撰写，拙著是一人扛鼎；先生们领的是教育部研究课题，我则是出于兴趣爱好；先生是专业团队——学院派正规作战，我是业余游戏，辗转三省完成，游击队员而已。读了先生大作，拙著可谓续篇。如有雷同，实属巧合。或谓千里之外心有灵犀，英雄所见略同。刘先生力赞拙著，内有同窗情谊，更是谦和表现。令我敬佩不已！

同学们为我帮忙的则多了去了。如景宏业、周同馨、肖亚光等，一一具名要列长长的名单，恕我省略。还有同学的爱人帮忙，同学的同学帮忙。帮什么忙呢？就帮我联系邀请有关专家学者、新闻媒体。单说三晋文化研究会参与主办拙著研讨会，就是肖亚光同学联系的。李顺通先生到会并写出了书面发言。而这次见到李先生时，我感觉似曾相识，也想起了什么。回家翻翻东西，翻出25年前我俩就有同框的照片。20年前我在临汾电校时获得全省优秀校长奖牌，颁奖者就是时任山西省劳动厅厅长的他。真是生来有缘，原来早就认识。

这等早年相识，10年不联系，见面又熟络者不乏其人，容不再述。有意思的是经肖亚光介绍，认识了热情帮忙的三晋文化研究会副会长兼秘书长贾克勤先生。通过贾先生去拜见李玉明老先生，几番周折后定于一个星期天的上午去见李先生。这一天一大早，由我在山西省电力公司的老同事柏风雷先生开车，从府东街杏花岭出发到南内环街赛格大厦附近接上亚光，再向南到滨河东路长风街口接贾先生，期间我们还绕错了路，走到了滨河西路。接上贾先生后再驱车到府西街原省政府大院内拜访李玉明先生——给李先生送书，邀请李先生参加拙著学术研讨会。正当先生在客厅看我和亚光提供的个人简历和有关资料时，从门外径直进来一个人，我以为也是找先生办事的，礼貌地示意后又专注地与李玉明先生交谈。先生翻看我呈上的拙著，询问了我的一些情况后，即提笔签字，聘请我为三晋文化研究会顾问。这期间只听柏风雷很熟悉地问来人："你来干什么？"只听来人回答："这是我家啊！我来看我爸。"风雷惊诧之际含笑不语。与李先生告别后，此人代先生送我们到门外。原来李玉明先生的名字是他参加革命工作后的化名，他本姓张，这个儿子与我同庚，他不仅与风雷先生曾经是太原工学院的同学，且一直在我们省电力设计院工作，几天前风雷还与他共同参加过一个同学儿子的婚礼，但柏先生只知道他叫张某某，不知道他就是李先生的儿子。由此，我看到老一代革命家的家教家风、儿女们的操守思想。虽然拜谒李玉明先生绕了一个大大的圈子。但这一圈绕得我认识了贾先生，结识了新朋友，我十分高兴。

高中同学姚国瑾先生为了拙著研讨会的召开，亲自与我到山西省作家协会给杜学文主席和周宗奇、陈为人几位作家送书。一次造访不果，有人外出，二次陪我再去。当我将拙著奉送给陈为人先生，他翻阅浏览，交谈片刻后，便起身到自己的书房，拿出他新近出版的《柳宗元传》赠我。当我翻开扉页时，他已恭正地签上大名，盖上名章，又听他谦和地说："文人相交一本书，你的大著我一定拜读。"我诺诺应对："久仰大名，相见恨晚，先生大作，名动龙城。"我家住在府东街南，他家住在府东街北，两家相距百米多些，隔条马路而已。我们单位山西省电力公司与先生单位省作家协会也只是隔条五一路。事后我们俩有一天还在府东街便道上遛弯相遇，驻足交谈。真可谓近在咫尺。

（三）

拙著序言的作者张正明先生是晋商学研究的泰斗，也是从山西省社会科学院走出来的省级领导。在山西召开拙著研讨会，他不能不参加。山西社科院也有晋商文化研究中心，也应请中心的专家学者参加。记得是深秋一个阳光灿烂的下午，我到先生新迁居的府上造访。先生在听了我在合肥召开研讨会的情况，又拟在山西召开研讨会的想法后，颔首支持，深以为然。继而细心擘画，开列参会人员名单，找出自己的电话记录本，一一写上太原、榆次有关专家学者的联系电话。张正明先生叮嘱我："两地学者的发言弥足珍贵、十分重要，你要利用好会议召开后的成果，汇集成册。这不仅对你是个学习纪念，更是皖晋学者在历史上的一段佳话。"我深表赞同。这本书的汇编出版就得益于先生的指点。不知不觉在先生府上呆了一个下午，待我告辞时，西山已是一片红霞，真是莫道桑榆晚，为霞尚满天。

翌日，我去山西省社会科学院晋商文化研究中心拜访宋丽莉主任。原来山西省社会科学院就在并州路我曾经工作过的山西省送变电工程公司附近，很近很好找，以前也去过。谁知如今社科院已搬迁到小店区大昌南路，距离市区约20公里。驱车走了约一个小时，宋女士及她的团队已在办公室候我。我拎着一包书敲门进屋后，不知哪一位是宋女士，问她谁是宋主任，闹了个小小的笑话。宋女士大度地笑过，请我落座后说："你的大著我们已经购买到，正在拜读。"我惊诧问之。她说"我们是专门研究晋商文化的机构，自然十分关注这方面的学术动态"。当我说明是承张正明先生介绍前来拜访，邀请社科院与山西大学等一起主办拙著研讨会后，她爽快地答应了，随后又请来我要拜见的历史研究所高春平所长和赵俊明先生。我也邀请他们参加拟于12月5日在山西大学召开的拙著研讨会。她敏锐地问了一下是周几，当查出这一天是周二时，她建议能不能推一天，因为每周

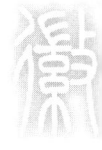

作者心语

二上午院里要召开工作例会,届时多人请假外出不妥。我表示与山西大学晋商学研究所再沟通一下,改为12月6日,以避开这一天。社科院的同志当即愉快地答应。高春平先生还签名赠送了我他的新著《于成龙与山西古今廉政文化研究》,原来他就是热播电视剧《一代廉吏于成龙》的历史顾问。于成龙同大清名相陈廷敬一样是有清一代山西人的骄傲,于当下反腐倡廉、匡正党风的新时代具有重要的现实意义。返家途中,我又折拐到山西大学拜访了山西大学中国社会史研究中心主任行龙先生,邀请他参加拙著研讨会。他热情地签名送了我《山大往事》《走向田野与社会》等著作,遗憾的是他届时要到境外参加学术交流活动,不能出席。

(四)

邀请山西财经大学晋商研究院院长张亚兰参与主办拙著研讨会则更具有戏剧性。当时有几个方面的人士都给我推荐,要请张亚兰院长参加。山西专门研究晋商的机构在太原就是山西大学、社科院、山西财大这三家单位,亚兰女士是这方面很有名气的教授。我一听就觉得应该力邀张院长。可我不认识亚兰女士啊?山西财大也不认识人,怎么才能约见到她呢?我只好找到在我们电力公司财务部工作过的财大毕业生王志先生,托他联系到财大的郭泽光校长。郭校长慨然答应,就给亚兰打电话,亚兰一听是这事,就给她的郭校长讲:"利民先生我认识,我这儿已有他签名送的书,正在拜读呢!说起来我还喊他庞校长,庞大哥哩!"这话传过来,我一下蒙了,坠入云里雾里,这是怎么回事呢?过了一会儿,我的手机响了,是亚兰女士打过来的电话。原来她是我在临汾电校工作时我们办公室主任张霍文的妹妹,当时她可能在学校见过我,一晃这20多年过去了。她考大学、读研、攻博、当教授,学有所成,已是省城颇有名气的金融史教授、晋商学专家。我前半年到临汾电校给国家电网公司新入职的大学生讲课,张霍文先生曾给我说起过他有个妹妹是研究经济学和晋商的,要我签名送她一套书,当时没多想,签上名交给霍文,忽儿就忘了这档子事,真是健忘了。

好了,有了这层关系、这个小妹,财大方面的事哪里还用我再操心。

我去拜访她时，她亦早已在办公室召集她的团队迎候我，不仅与我进行了交流，座谈了两地商帮、万里茶路，还聘请我任晋商研究院的客座教授，给我颁发了聘书，赠送了我两辑研究院编著的《晋商研究》。我感到格外荣幸，回家后着重阅读了其中以"万里茶道"为主题的20篇作品，眼界大开，对万里茶道上的城市、文化、经济以及晋商在其间的重要作用有了更清晰的认识。我印象尤其深刻的是开篇特稿。这篇特稿收录了俄罗斯科学院院士B.G. 米斯尼科夫在2016年6月2日至4日莫斯科万里茶道对话会议开幕式上的致辞。该文披露了许多中国茶叶在俄罗斯鲜为人知的信息。在谈到19世纪前后茶叶在欧洲市场的价格时，B.G. 米斯尼科夫讲：

"茶叶当时在莫斯科非常昂贵，半磅（1磅等于409克）中等品质的茶叶就能换到一张貂皮。在19世纪初最好的中国花茶也卖到每磅10~12卢布。这个价钱非常可观——用它能买到三到四头奶牛……到1842年中国关闭了所有供外国船舶停靠的港口，只保留了经由亚洲通往俄罗斯的陆路贸易通道。俄罗斯商人康斯坦丁·波波夫充分把握住了这一机会。尽管长途贩运负担颇重，开销巨大，但俄罗斯商人最终通过将茶叶转售给英国、荷兰和德国的同行而获得了不菲的收益。"

只保留了经由亚洲通往俄罗斯的陆路贸易通道，这主要就是由山西商人为主经由三江两湖、中原、山西、蒙古贩茶至俄罗斯恰克图的通道。俄罗斯商人此时也只能是从恰克图接茶再向东贩至欧洲。波波夫直到1863年方在我国汉口租下茶园和茶厂。B.G. 米斯尼科夫在致辞中还讲到：1893年波波夫兄弟公司从中国引来茶树苗和刘峻周等10个茶叶技师，在离巴统不远的恰克瓦镇种上了第一批中国茶树，7年后的1900年，在巴黎举行的万国工业博览会上，俄罗斯波波夫茶叶公司出品的格鲁吉亚茶或称为"俄罗斯大叔茶"被评为"世界上最好的茶叶"，荣获金质奖章。而这个茶叶就是刘峻周在恰克瓦种植园种植加工的茶叶。

刘峻周的儿子刘泽荣5岁随父来到莫斯科，后在圣彼得堡大学数学物理系毕业，娶了一位俄罗斯姑娘，曾在一所实科中学教书，也是一位革命运动的积极参与者,因在革命期间他的父亲经营管理着诸多茶园,被划为"阶级敌人",影响到茶叶的生产销售,他曾向列宁提出申述,促使列宁于1918年4月19日签发了茶叶贸易法令草案,并在莫斯科成立了一个中央茶叶委员会,负责国内的茶叶采购储备、分配和贸易。刘泽荣在列宁去世后不久便返回中国,他是中国有档案记载的致力于重塑中俄关系历史的首批学者之一。(以上内容由山西财经大学国际贸易学院齐彬译)这些史料弥足珍贵,我一卷在手,竟日研读,受益匪浅。

(五)

接着我依据张正明等先生开列的邀请人员名单,依次到太原各处并赴榆次下临汾送书拜访。到榆次拜访的人士中,有我们原晋中供电公司的副总工程师郭桂柱先生。他既是研究晋商的专家,又是热心肠的人。听说我某一天要去榆次,他提前将我欲拜见的郭齐文、武殿琦、范浩里、郝汝椿、任晋文、王文清等先生约至老同志活动室,使我一下见到这么多晋中籍研究晋商的专家,省去了我一一拜访,提供了小型研讨的机会。同时我还有幸得到几位先生的签名赠书:郭齐文先生诗书画具佳的《兰韵夕拾》,王文清先生厚沓沓的3卷本《汾酒史话》,郝汝椿先生带着墨香的《合盛元票号》,郭桂柱先生提供的两份晋商史料。

由表弟胡强仁约请,到临汾拜访了山西师范大学经济管理学院院长张崇康教授和原历史系主任史若民教授。张教授爽朗好客,史先生我久已敬仰。史先生也是万荣县人氏,年逾八旬,是资深历史学家。我于2016年11月在太原古籍书店闲逛,看到一个书柜角落里有一部史先生与牛白琳先生编著的《平、祁、太经济礼会史料与研究》,如获至宝,当即购置,回家阅读,受益匪浅。该书是国家社科规划基金"九五"重点项目,由全国古籍整理出版规划领导小组资助出版,是先生花了十多年时间收集整理的平、祁、太这一地域18到19世纪以来仍然散落于民间的商贸碑刻及其笔记史料,全书收集到碑刻104块,私家著述、商人笔记、函稿、账册等12本。这些史料不仅为各地档案馆所未存,也是各地志书所未载,原汁原味、弥足珍贵。遗憾的是先生大作我得之过晚，此时拙著《晋商与徽商》已经付印，否则，有许多史料可以借用，为拙著添彩。今天见到先生精神矍铄、儒雅谦让，又闻知他二十多年如一日，不顾自己年迈体弱，照顾服侍曾经患过脑溢血至今仍然卧床的老伴，平常很少离开临汾出远门。这次来到太原参加拙著研讨会，还事先专门安排好子女回家照料。上午开完会，他下午就要坐高铁回去。虽然来到山西大学这个他青年时期曾经求学工作过的地方，来到他多年未来的太原城，他也无心走走看看，给自己的身体和心灵放个假，他惦念着他相濡以沫的老伴，他不愿让孩子们过多地耽误自己的事情。这真令我肃然起敬。

　　2018年5月，史先生之大作《从近世中外社会演变看晋商股份制的意义》在《中国社会经济史研究》第一期刊出，先生又亲自给我打来电话要邮箱，分享于我。在电话中史先生讲这是他2017年在平遥晋商论坛上发表的演讲，被该杂志社选中，着他修改后于今年全文刊发。我拜读先生恩赐大作，深为先生之立论与论证所折服，他不仅说清楚了晋商创办股份制走在世界前列，而且创立了一项社会良性循环发展的机制，这是5000年中华文明在经济领域孕育出的伟大智慧。文章还用马克思、恩格斯对股份制及其公司的论述，说明晋商从明代伙计制、朋合营利制，到清时晋商股份制、顶身股对社会生产力发展的积极促进作用，至今在世界经济发展史上依然具有非同寻常的历史和现实意义。我深爱史若民先生这篇以世界眼光、马克思主义观点论述晋商股份制意义的文章，文中也提及徽商，故征得先生同意之后，也收入本书。

　　从与史若民老先生的交往，再回想我在皖、在晋两度召开研讨会接触到的这些老先生们，我切身感受到先生之风，山高水长。他们不仅是硕彦鸿儒、学问大家、传灯守道者，更是道德模范、做人楷模、为人师表者。我们作为晚生，要向他们学习！

（六）

　　在山西我还或亲自或转托朋友送书于其他一些领导，他们都有着热情

作者心语

的回应。到省政协拜见薛延忠主席，当他看到拙著，知道我拟在山西召开研讨会时，当即表示支持，说"这是一件很有意义的好事。今年6月习近平总书记考察山西工作时，就提出了晋商精神'诚实守信、开拓进取、和衷共济、务实经营、经世济民'，你应以这个为主题开会研讨"。我茅塞顿开，极力赞成，尔后就以落实习近平总书记的指示为主题，发出邀请函开会论两商。随即他又电话找到还在忙其他事务的省政协马伟副秘书长，请他具体帮助我联系省社会科学院的一些研究员和领导。薛主席真是站位高、作风好、雷厉风行、为民服务。

去山西省人大拜谒常务副主任胡苏平，她不仅在百忙中热情地接待了我，而且当她翻阅拙著，看我简历得知我是万荣人氏时，说她在运城工作时就知道万荣人诙谐幽默、执著耐劳，说我写出这部大著真不容易。当我邀请她参加12月6日在山西大学召开的拙著研讨会时，她满怀歉意地对我说："利民，我是想参加，也想去看看学术界的朋友，但中央在北京举办十九大精神领导干部首期学习班，这期省里让我参加，这时间冲突了，你的会我参加不了。我给你请咱们省人大另一位副主任去，你看可以吗？"我连忙答曰："可以，当然可以。"胡苏平副主任曾任运城市市长，山西省委常委、宣传部部长。我离开山西有年，她还如此真诚地待我，真是古道热肠、大姐风范，令我十分敬佩。告别时，她不仅愉快地与我合影，而且赠送我一本由山西省人民政府新闻办公室新近编著的《品读山西文化》。其意仍是在宣传山西。拙著研讨会召开时，省人大副主任兼省总工会主席田喜荣同志到会讲话，开头就讲他是受胡苏平副主任之托来参加这个研讨会，令我十分感动。

胡富国书记是我尊敬的老领导。他一生热爱山西、建设山西、宣传山西、根系山西，对山西满满是爱、真情切切。他调离山西20多年，我离晋在外也十年有二。这多年没有联系没有见过。但见诸公开报道和微信的一些他的信息，我都一一关注。一次在太原偶遇他原来的秘书郭长江先生，说起老书记，我表达自己欲看望并送书与他。长江先生讲："正好，这两

· 029 ·

天书记在长子老家，我联系你去看看。"这时原安徽省警卫局的政委李庆辉先生也与胡书记熟络，他也是从山西交流到安徽工作后又退役回到山西，这多年与胡书记也没见过。联系后我匆忙叫上外甥苏金星开车，便与李庆辉一道向长子奔去。

  见着胡书记，已近傍晚，落座后他先是充满歉意地对我俩说："听说你们下午就到了，我刚刚午休，他们没叫醒我，这些年养下个睡午觉的习惯，让你们久等了。"接着便同我俩叙旧畅谈，回首往事他想起了在建设阳城电厂、修太旧路时我在省电力公司办公室工作，跑前跑后，有个印象。而李庆辉当时就是在省里警卫处工作，不时与他出差下基层。看到拙著后他直说"这是一本好书"。这一天他略有感冒，与我们说话时不时用着纸巾。茶几上放着瓜子糖块，他让我吃糖时，我说血糖指标高，不能吃。他说："你也糖高啊！那可要注意哩！我也有这个毛病。"说话一个多小时过去了。我们告别他的村舍时，冬季的天早已黑了。年过八旬的他握着我的手执意送到门口，看我们上了车，还在挥着手。我摇下车窗向他招手，再次请他老人家保重，祝他身体健康。车很快在村道上拐了弯，我视线中的他又浮现在脑海中，回忆起宗宗往事，往事并不如烟。

（七）

  日不暇给，时光如梭，当我忙忙碌碌联系专家、走访送书、分发邀请函，忙得不亦乐乎之际，时间已过去了将近两个月。12月5日下午，我到山西大学又拜访了贾锁堂校长，他对拙著研讨会在山西大学召开表示热烈欢迎，又再次叮嘱刘成虎副所长要全力办好。接着我又赶到校内博雅会议中心（因明天参会人多，临时调整了会议室），同肖亚光同学等摆放座签、检点音响，将我带来的两盒安徽黄山毛峰茶叶交给会议服务人员，请她们明天给与会人员沏一杯热腾腾的清茶。这时，安徽的客人王佛生和杨成家两位先生下飞机由李庆辉先生接到了市内老太原饭店，有朋自远方来，不亦乐乎！我便赶过去点了平遥牛肉、寿阳豆干、花生豆、吕梁碗坨、大寨核桃仁、山西过油肉、太原大烩菜、右玉烤羊排、莜面栲栳栳等菜肴，打开一瓶汾酒，倒了一碟宁化府老陈醋,要了一碗山西刀削面,与客人们共进晚餐。

12月6日是个好日子,周三,阴历十月十九日,三六九全占了。虽说是个隆冬时节,明天就是农历大雪的节令,但这一天阳光明媚,晴空万里,没有雾霾。上午8时30分,拙著研讨会在山西大学博雅会议中心隆重举行。室外天寒地冻,室内春意盎然。田喜荣、李玉明、张正明等先生既是领导又是学者,作了重要讲话,我代读了胡富国书记《这是一本好书》的贺信,接着学者们竞相发言,主持人不时提醒注意时间。会议开到中午1点,还有先生意犹未尽,有些朋友同学也因时间关系没有发言,这时,主持人宣布会议结束,我亦遗憾会议时间自己确定为半天有些太短,只好在中午就餐时给大家致谢道歉。午后,我接受了山西电视台记者的采访,当晚《山西新闻》就给予了播报。随后人民网、新华社和《山西日报》《山西晚报》《山西工人报》《山西政协报》《太原日报》等省城新闻媒体都各自作了会议报道。在山西召开的拙著研讨会取得圆满成功!

四、书斋夜话

两地研讨会开罢,我长舒了一口气,自个儿思忖:花甲之年,收获多多,一书出版,两会召开,虽然劳累,很有意义,可以消停消停,放慢节奏,歇一歇、缓一缓,躲进书斋,闲翻汉书。然而人之大脑似个怪物,有点知识文化,总是不停地翻腾。再说自己退休在家,无所事事,步入老年,瞌睡又少,冬季日子昼短夜长,夜晚常常睡不着觉,不时披衣起更,隔窗凝望月亮星星。单就《晋商与徽商》这部书出版后的一些人人事事,在脑中就像过电影似的,梳理梳理觉得还有以下可记。

(一)

书出版了,我要献给父亲,送给乡亲,呈送老师同学们指正。

我写作《晋商与徽商》一书,大爸(我少时过继于大爸)与爸爸生前都是知晓支持的。由于自己的懈怠,两位老人生前都没能看到为儿著作的出版。刚得到从出版社给我寄来的样书,我便从太原赶回万荣县通化村,将上下两卷的著作安放在大爸与爸爸的遗像前，恭恭敬敬地焚香磕头，告慰父亲们的在天之灵：儿子的这部书出版完成了，你们看看吧！你们养我成人，供我上学，我工作后常年在外，业余时间又写作此书，在你们生前我养老尽孝不周，仅以此书报答你们的养育之恩，求得你们的宽恕吧！

我是在通化村长大走出来的孩子，这里有我的族人、我的乡亲、我的长辈、儿时的伙伴，也有当下正在为村镇做贡献的父母官。我们村内一条主街由西向东，20 世纪 70 年代被人为划分为三个大队，现有近万口人，我儿时从上小学到高中，就没有离开过通化村。庞敬一叔祖是我们庞氏家族中长门老家，年近八旬，辈高望重，退休返家后担任通化镇《甘泽河汾》主编、诗联学会会长十年有余。他看到拙著后，欣然赋诗一首、词一阙、联一副，且将吾名嵌在词、联之中。其所作七律"心血凝成一册珍"云：

　　心血凝成一册珍，族人题赠价逾金。
　　每因佳事酣情醉，屡对高风击节频。
　　朱子理学常仰望，关公文化细沉吟。
　　晋徽商贾承传统，卷帙能容天地春。

其词《鹧鸪天·晋商与徽商》及对联见书后《诗文志贺》部分。

谢晋智先生是我高中时的语文老师，家住邻村毋庄，距我家不到 1000 米，我携书看望恩师，先生欣喜不已，事后还专门给家里送来一块梅花报春图匾，上书"利民花甲之年事业有成"，两旁对联为"君电利家帮梓民千秋祜，商文传华夏亮丽九重天"。恩师褒奖，赞誉有过，学生愧不敢当。但先生之美意，我岂忍违拂！

陈世杰先生是我大学时的老师，安徽亳州人，他看罢拙著后，发信息给我讲："利民，你的大作已读完，受益匪浅，很愉快。"并对第 625 页田汉诗赞张小泉剪刀一事解释说："并州刀亦称并剪，它扬名宇内远早于杭剪。杜甫诗《戏题王宰画山水图歌》：'焉得并州快剪刀，剪去吴淞半江水。'即是一证。"随之，我回拨先生电话，感谢他不顾年迈，阅读点评拙著。

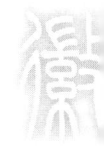

作者心语

恩师谢晋智赠《报春图》

赵运中是我大学同室寝友,毕业后分配到运城师范工作,他收到我寄出的拙著后,认真阅读,赋诗致贺。期间他曾发微信说:"雪天读君书,收获多多。"我回复打油诗曰:"雪大难出门,有书好作陪,注意保护眼,有酒喝一杯。"

（二）

晋皖两省电力公司、国家电网有限公司党校、华中电网有限公司都是我曾经工作过的地方。北京国家电网公司总部也有诸多我尊敬的领导和朋友,电力事业是我一生为之奋斗的事业,电网公司也是我参加工作后的衣食父母。吃水不忘打井人,我有书出版了,我要奉送给这些单位我曾经熟悉的领导和朋友们,他们事先为拙著的出版就给予了许多关心支持。国家电网有限公司党组副书记、总经理辛保安收到拙著后感谢赠书、认真阅读,回复信息说:"书写得很好,内容丰富,资料翔实、获益匪浅。"党组成员、副总经理王敏先生回复曰:"很高兴收到你的两商大作,深耕多年,终有大成,向你表示祝贺和感谢。"其他领导和朋友有的打电话、发微信祝贺赞赏,有的写文撰稿在《光明日报》《国家电网报》网站刊发书评。国家电网有限公司党校与高培中心购置了百余套拙著摆放到图书馆与学员宿舍。许多省市电网系统的干部就是从那儿得知我出了这么一本书,他们中许多人和我也是相互认识或相知的。与高培中心的数十位同事举行了座谈研讨，大家相见甚欢，高兴不已。华电公司党校的常务副校长周承玉先生于2017年秋请我到京给他们系统的后备干部班学员作了题为"晋商诚信文化与票号管理"的讲座。原国务院国资委大型企业监事会主席路耀华先生推荐我到中国企业联合会与中国人民大学联合举办的职业经理人研修班上讲课，2018年春我到人民大学作了整整一个上午"晋商与徽商的人文思想"讲座。中国企业联合会驻会副会长正是我在安徽工作时分管工业的黄海嵩副省长，时隔8年又见到老领导分外高兴，他不仅热情地接待了我，还坐在台下听我唠叨，其礼贤下士之风一以贯之。

山西省临汾电校也是我工作过的地方，这几年承担国家电网有限公司新入职员工——大学生、研究生、博士生的培训，每期四五百人，来自国家电网有限公司系统管辖的各个省市。刘金印校长和解芙蓉副校长不仅请我去讲课，讲晋商徽商，讲我的电力人生，而且还安排了个年轻人丰路帮助我做课件，也使我得以借此机会回到阔别多年的学校去看看老师和同事们。继而我又分别受邀到山西省电力公司党校、大同电校、太原科技大学图书馆娴院讲坛、山西省图书馆文源讲坛、河北省图书馆冀图讲坛以及武汉、安徽等地讲课。弘扬中华优秀传统文化，散发余热，不亦乐乎！

（三）

汾阳市，古为汾州府治所在地，亦是中华酒魂汾酒的生产地。唐人杜牧一曲《清明》歌百世，缘起乃是汾清引。记得我在安徽工作时，朋友曾领我到贵池杏花村参观，说起杜牧，指点杏花，我出门诌得四句打油诗曰："杏花处处有，何必分南北，只要有好酒，我就喝一杯。"于酒，我亦钟爱在汾。茅台喝上二两必醉，还是适应清香型吧！翻阅王文清先生赠我的《汾酒史话》，看到第十二章《留取后人论短长》一节，关于杜牧清明时节来过山西汾阳杏花村的论证，我亦深以为然。结尾处他讲：《清明》诗中的"杏花村"到底是哪个"杏花村"也已不重要，《清明》诗到后来已经成了一首酒诗，"杏花村"也成为酒香的代名词。但既然是酒香的代名词，那么杏花村没酒不行，没有名酒也不行。在全国的 20 多个杏花村中，只有山西杏花村有名酒，而且是在长达 1500 年的时间内，杏花村酒一直是国家名酒。

王文清在其大作第 28 章谈到山西酒与安徽酒，说隋末唐初人王绩辞去六合县丞后，曾隐居武里山东麓（今濉溪东蔡里）将山西乾和酒法和濉溪酒法相结合，提升了濉溪酒的发展，使濉溪成了著名的产酒之地，酿造出了"隔壁千家醉，开坛十里香""名驰冀北三千里，味占江南第一家"的濉溪大曲。今天，"香气馥郁，窖香优雅"，风靡于市的口子窖酒就是源于此。

王绩，字无功，号东皋子，绛州龙门（今万荣县通化村）人，文中子王通之弟。新旧唐史有传，人称"斗酒学士"，有《王无功文集》五卷本传世。《唐才子传》记曰：王绩"性简傲，好饮酒。能尽五斗。自著'五斗先生传'。弹琴为诗著文，高情胜气，独步当时。撰《酒经》一卷、《酒谱》一卷。李淳风见之曰：'君酒家南、董也。'及诗，赋等传世"。

王绩在隋大业十年（614 年）辞去六合县丞，于大业十一年（615 年）至十三年（617 年）"遍游山水、以为长往之策"。其行踪据其兄王度《古镜记》中说："先游嵩山少室，降石梁，坐玉坛……即入箕山，渡颍水，历太和，视玉井。遂出于宋汴……游江南，将渡广陵扬子江……跻摄山曲芳岭……涉浙江，遇潮出海，涛声振吼，数百里而闻。……直入南浦……遂登天台，周览洞壑……还馥会稽……更游豫章。"（见《唐人小说·古镜记》）王绩这三年游历，"渡颍水，历太和，视玉井"就是到了今天的安徽北部太和县一带，太和县介于阜阳与亳州之间。亳州有古井贡酒集团，还有一个玉井酒业有限公司，可以说玉井即古井。王绩是有名的酒中仙士，"视玉井"岂能不豪饮？"跻摄山曲芳岭"就是到了古徽州的绩溪县，由此走徽杭古道进入浙江，到杭州钱塘江观海潮。在过绩溪岭时，他"跻摄山曲芳岭，或攀绝顶，或入深洞；逢其群鸟，环人而噪；数熊当路而蹲"（见《古镜记》），并留下一首七言诗《绩溪岭》：

> 羸马缘溪湾复湾，乾坤别自一区寰。
> 林深村落多依水，地少人耕半是山。
> 蹬道险如过栈道，丛关高似度函关。
> 观风欲问苍生事，旋采童谣取次删。

王绩这首诗见《全唐诗外编》下童养年《全唐诗续补遗·卷一》，原卷诗后注云辑自康熙《徽州府志·绩溪山水》。绩溪岭在绩溪县西北，旧名大尖山，又名翠岭，又名徽岭山。此诗据考是王绩于

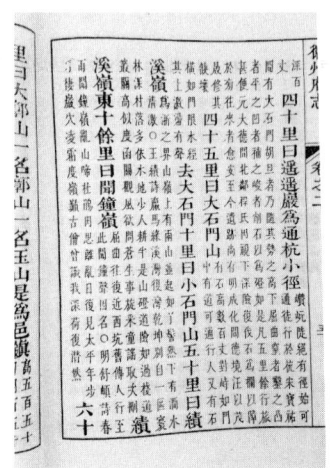
《徽州府志》王绩诗页

《徽州府志》书影

大业十一年（615年）七月南游经过绩溪时所作。1400年后我与诗人同村，诗人于1400年前即游历了古歙绩溪，饱览了徽州山水，观风采诗、问民疾苦、现采童谣、删节选取，早与绩溪、歙州、安徽结下不解之缘。

王通第五代孙王质亦与安徽大有关系。据《旧唐书》卷一六三记，"王质，字华卿……寓居寿春，躬耕以养母，专以讲学为事，门人受业者大集其门。……元和六年（812年），登进士甲科。大和八年（834年）为宣州刺史、兼御史中丞、宣歙团练观察使。在政三年，开成元年（836年）十二月，无疾暴卒，时年六十八……质清廉方雅，为政有声，虽权臣待之厚，而行己有素，不涉朋比之议"。王质去世后，唐朝著名文学家、哲学家、诗人刘禹锡曾为其撰写《唐故宣歙池等州都团练观察处置使宣州刺史兼御史中丞赠左散骑常侍王公神道碑》（《全唐文·卷六〇九·刘禹锡》）。王绩、王质这两段与古徽州有关的史迹我先前不知，今据近日读书所见，详记于此，

以纪念两位乡贤。

<h3 style="text-align:center">（四）</h3>

汾阳是我大学同窗徐德任过市长、书记的地方，拙著出版前他专门为此篆刻了一枚"晋商与徽商"的印章。2017年秋的一天，我约一二好友自驾车从太原到汾阳给他送书，借机又在他的陪同下参观了汾酒博物馆。入馆前看到馆名是恩师姚奠中先生所题，不禁想起当年上学时先生在课堂上讲唐宋文学的音容笑貌，想起前几天翻腾书箱，看到毕业时我们中文系七八级学生与先生的合影以及先生在我们毕业时于"大学时代"上的题词："前途不怕多风雨，雨后江山分外妍。"回首毕业后这35年的人生经历，风雨兼程，一路前行，恰如先生所言。毕业后我还曾拜访过姚先生，请他为我编辑的小册子题写了"养老杂抄"四个字，时年先生已是92岁高龄。今天见字如见人，匾下忆恩师，遂与二三同学在馆下留影，以作纪念。

汾阳市文峰塔公园旁建有明代算学大师王文素的珠算博物馆，我慕名又去参观，喜获2008年8月由科学出版社出版、刘五然等先生校注的王文素《算学宝鉴校注》一书。近500年过去了，算学大师的大作终于刊行问世，可喜可贺，可以告慰九泉之下的王文素先生了。可我心里又酸楚楚的十分苦涩，当下的出版问世与当年的刻版发行毕竟是两回事，有天壤之别，其意义作用效果影响怎能同日而语。

新出版的《算学宝鉴校注》前有3篇序言和刘五然先生写的前言，尔后是正文王文素的"新集通征古今算学宝鉴"42卷，刘五然先生对"《算学宝鉴》做了较详细的注释，对书中之错误和难懂之处都给予了改正和细致的解释，使读者可以较容易地清楚其数学内容。有的注释很长，有点像三国时刘徽注《九章算术》割圆术的注"

《算学宝鉴》书影

（序一，李迪）。序二由中国科学院自然科学史研究所研究员、全国数学史学会理事长郭书春先生所写，序三由陕西经贸学院教授、陕西数学史研究会会长、中国珠算协会算史专业委员会副主任李培业先生所写。二位先生在序中都对王文素的《算学宝鉴》作了很高的评价，也都提到了徽州程大位的《算法统宗》。由徐德同学和阎国平先生总策划，汾阳市委、市政府出品，汾阳市教育电视台和山西狄青文化传播有限公司联合摄制的电视记录片《晋商算学大师王文素》及单行本"解说词"也有二位先生的出镜和话语。下面我将先生们涉及程大位的言语照录于下：

"中国古代数学实际上存在着民间数学和数学家的数学的分野。……明朝吴敬的《九章算法比类大全》、程大位的《算法统宗》等显然是民间数学。而王文素的《算学宝鉴》应该是数学家的数学。它的内容博大精祥，在明代数学中应该占有非常重要的地位。"（郭书春）

"由于明代珠算古籍《盘珠算法》《数学通轨》《一鸿算法》之相继发现，向之所谓自《算法统宗》出版后，珠算始代替筹算之论，已不能成立。故何书为我国最早之珠算书，实有深入探讨之必要。据统计明代的传统数学近80种，存于今者只有十多种。"（李培业）

《晋商算学大师王文素》电视片解说词中四位先生说：

谈中国的珠算，不能不提起一位名人。

他的名字叫程大位，安徽休宁人，60岁时写成《算法统宗》，该书晚于《算学宝鉴》68年。其书畅销全国，外传朝鲜、日本及东南亚，在数学史上占有重要地位，程大位因而备受尊崇。

近年来诸多专家对二人所著学术价值进行比较，提出中国珠算奠基人"北王南程"之说。

中科院研究员郭书春：

我们过去在数学史上有些偏颇，就是重视吴敬和程大位，对王文素就不谈，我觉得王文素这个人在明朝数学中应该算是一个相当重要的人物。在重视证明上，数学严谨上，应该说这是明朝第一部，之后也不多。王文素书是

作者心语

数学家的数学著作，程大位是供商人用的商务数学。

中国珠算史专家李培业：

王文素的《算学宝鉴》在明代那个时代，数学比较低落的时代，他的水平是最高的，因为他的水平比吴敬、程大位他们两个人的水平都高，他纠正了吴敬书中的好多错误，做出了新的自己的计算公式，他的解高次方程能达到九次，而程大位的著作里面只解三次高程，而且还不是个完全方程。

北京师范大学物理学教授赵擎寰：

程大位是接受人家的，抄了人家一部分，王文素是创新的。

"中国珠算泰斗"华印椿先生，他从青年时代即专注于珠算的教学与研究。20世纪60年代，发起组织全国珠算座谈会，上书国家教育部，筹建中国珠算协会，编写过多本珠算教材。晚年他用14年的时间，编写了中国第一部珠算史书——《中国珠算史稿》。

华印椿在《史稿》中明确指出：

王文素《算学宝鉴》在明代许多珠算书中，水平是比较高的。虽然因财力不支未能付梓广传，与程大位风行海内外的《算法统宗》不能相提并论，但两书成就相比，至少在伯仲之间。

在介绍珠算方法历史的十余章中，华印椿引用《算学宝鉴》的方法最多，几乎每介绍一种方法，都首先引用王文素的算法。有人统计过这部书稿，华印椿引用王文素算法24处、程大位算法13处、杨辉8处、吴敬6处。不唯引用，华印椿在史稿中还多次向世人指出，《算学宝鉴》的珠算方法有许多是"首创"、是"创新"，有"独到之处"，"对前人的方法有所发展"。

算盘

刘五然先生在其前言关于《算学宝鉴》一节中也提到了程大位。他是这样说的：

《算学宝鉴》成书后一直没有刊刻，人们对之了解不多，常常与《九章算法比类大全》相提并论，或者认为"从朱世杰到明程大位的三个世纪，没有重要的创作。"（梁宗巨：《世界数学史简编》，辽宁人民出版社，1980年，第444页）事实是，无论是从数学问题和方法的深度、广度，还是算法的严谨性上，《算学宝鉴》都比《九章算法比类大全》《算法统宗》高得多，是不可同日而语的。

除此，刘先生再没有涉及程大位及其《算法统宗》，就是在他所列的主要参考书目中也没有提及。

我将上述6位数学界大家在谈及王文素时涉及程大位的论述原文例出，可见数学界对二人的评价。我没有研究过中国数学史，更不是研究数学者，对此不敢置喙。但我赞成华印椿教授这句话："两书成就相比，至少在伯仲之间。"刊刻面世的影响与民间手抄本的留传也不能同日而语。拙著在第二章《两大商帮的共同点》中，已对王文素、程大位作了比较。现藉此作上述补充。

（五）

在汾阳我还有幸参观了东龙观金代壁画墓，看到葬于金明昌六年（1195年）的"王立之墓"。（编号M5号墓）中的壁画与出土遗物。其墓门两侧各绘一男侍：一个左手执扇，另一个左肩扛着钱袋，左手紧紧攥着袋口。墓室内有"香积厨"，两位侍女一人双手端大盘，盘中放有三摞刚刚出笼的包子，一人双手持盘，盘内有三个小碗；有"茶酒位"，两位男侍中间有一方桌，上有执壶、茶盏、宝盒等茶具，左侧男侍正用刷子洗茶具，右侧男侍正捧盏移步又回望于左。尤其是墓中西壁两侧画的"换钞"图有两男一女三个人物，左侧男性坐桌后，单手执笔作书写状；中间男性在栅栏后，右手拿一纸条状东西从栅栏中伸出；右侧女性右手执一贯铜钱。"换钞"就是货币兑换，是东龙观M5号墓壁画最重要的发现。这必然和墓主

人的生前生活相关,这说明汾州地区当时已广泛使用纸钞,已有易钱的置库,这与《金史·食货志》卷四十八、四十九第二十九所记钱币是相吻合的。瞿大风先生在《元朝时期的山西地区》(辽宁民族出版社,2005年)中说:"河中府、汾州、潞州、解州路等商业发达之地则设行用库窠关,以从八品官员加以管理。这些官员开展金融交易,专门从事发行钞币、买卖金银、收换昏币等各种活动,从而反映出山西地区商品交换的频繁进行与商业活动的分布状况。"

在东龙观 M5 号墓中还发现了墨块和手抄澄泥砚,且有使用痕迹。该砚砚海与砚堂之间相连,正面四周有一条较细的凹线,砚背面抄手处留有一个长方形戳记,内容是上方横写"泽州路家",下方写"澄泥砚记",中间竖写"丹粉罗土"各四个字,两旁画有连枝花纹。从背面可见砚中夹杂有大片红色斑块,黑色素面、光滑温润,保存完好,

汾阳金代墓出土手抄澄泥砚(正面)

汾阳金代墓出土手抄澄泥砚(反面)

是砚中精品。我有幸在县博物馆(关帝庙)一睹它的风采。此砚产自泽州,用在汾州,质地精良、叩之有声,不也实证了泽州也产澄泥砚,汾州物贸昌盛吗!(以上史料见《汾阳东龙观宋金壁画墓》,文物出版社,2012年)

汾阳之行还得到汾阳市文物旅游局局长韩守灵先生提供的三泉镇晋商

后裔留存的手抄本复印件,无头无尾无标题,装订起来有 76 页之多,前 24 页是谈从江南贩茶至俄罗斯恰克图的茶路、注意事项以及对俄罗斯人生活习俗的一些描写,中有一些父对子初入铺肆、外出谋生的叮嘱教导,后面则是一些常识介绍,如"一百单八州""便用分类庄农杂字""增订五言""四言杂字"等。我初初翻阅,尚未细研,但感到有一定的史料价值。

(六)

拙著在山西大学召开学术研讨会经新闻媒体报道,在省城荡起层层涟漪。有相熟者向我索书,有朋友购书后携来请我签名,作为礼品赠送省外客人,言说拙著就是宣传山西的一张历史文化名片。更令我感动的还有以下几桩人事:

一是赵望进先生得知拙著后,托我的本村叔叔,原在太原日报社工作的李甲成先生向我祝贺。我携书到他的工作室去拜访,呈上拙著后他即刻打开阅览,边阅边吟,边写边改,赋诗一首,整整一个上午,全部用于对拙著的阅读和赋诗。当我提出请他随意写副对联以见证校友之情时,他毅然对曰:"我不写别人的。"期间另有客人造访,他亦顾不上接待。当他拟成初稿时,即吟诵给我听,并征求我的意见,复又再作修改。不知不觉已到中午,他又抱歉地对我说:"庞先生,现在我不能给你书写了,你摸摸我的手僵僵的发凉,也写不好字,你明天上午来取吧!"此刻,我鼻子酸酸的,十分感动,先生如此治学严谨、认真书写,言谈身教中已是我学习的榜样。第二天上午,其子赵枫涛即打电话给我,让我去取先生书写的作品。当我得知赵先生是从北京办书展归来又身有小恙,刚刚出院,昨天是第一次到工作室工作时,更是心怀愧疚,由然生敬。事后我应邀出席山西文化促进会又与他相遇,我走过去感谢他为我写的诗作和书法作品时,他又谦和地说:"当时仓促,即兴而发,承你笑纳。"真谦谦君子也!

二是在 2018 年 1 月 20 日召开的山西中华文化促进会一届四次理事会(扩大)上,大会邀请我参加,常务副主席李顺通先生在工作报告中讲到第三点立足公益、突出重点,开展惠民活动时,亦将我提及,他说"邀请

庞利民先生主讲《晋商与徽商》，深刻挖掘重商立业的文化底蕴、诚信义利的经营理念和同舟共济的合作精神。"这次会议新选举了山西省政协副主席姜新文为山西中华文化促进会主席。薛延忠、胡苏平、张复明等省领导出席。当我上前拜见薛、胡两位领导，感谢他们对拙著研讨会在山西大学召开的关心支持时，他们讲已经获悉，听说开得很好、很成功，对我再次表示祝贺！

三是《三晋儿女》杂志于2018年第1期开设《情怀》栏目，用6个版面报道了拙著与研讨会，刊登了记者吴艳写的报道，田喜荣的致词，胡富国、李玉明、李顺通所写的书评，李光满介绍我的文章，同时刊登了6幅研讨会上的照片与我的头像。这是我莫大的荣幸，我要感谢《三晋儿女》的总编李明先生，是他让我登上了《三晋儿女》，让父老乡亲知道了我这个儿子。

四是《太原日报》总编徐大为先生在春节前给我打电话，要我将90万字的拙著压缩节选到七八万字，准备2018年3月初在《太原日报》上连载。我听到后十分高兴，春节前后便埋头于压缩剪裁。俗话讲文章是自己的好，十成要压掉九成，忍痛割爱何其难也！2月底我在侄女庞晓琦的帮助下，将自己七压八剪节选出来的尚有10万字之多的文稿电子版传给徐大为总编，3月14日就开始在每周三的《太原日报·精读》连载，每期近半个版面，刊发四五千字，连载了20期。我将这一消息告知安徽人民出版社编辑秦闯先生，传去报影与电子版，他十分高兴地发来微信说："热烈祝贺大著传播更广，传播形式更多！由衷高兴。这也是我责编书中第一部被报纸连载的学术著作！可喜可贺，赞赞。"我亦欣喜不已，奔走相告，心中十分感谢《太原日报》，感谢徐大为先生。

五是2018年5月18日至20日，我受中华儒学会执行会长、山西省当代儒学研究会会长柳河东先生之邀，参加了在运城市举办的"新时代的儒学创新与发展"国际学术论坛暨文武二圣故里携手传承弘扬中华优秀传统文化研讨会。在会议专题"关公文化与儒商精神"讨论会上，作了题为"关公朱熹与晋商徽商"的发言。会议闭幕时，山东省社科院文化研究所所长、中华儒学会学术委员会副主任涂可国先生作学术总结时给予了点评。会后中国实学研究会秘书长、国防大学教授朱康有先生在其撰写的《论坛综述》中写道："庞利民先生指出：晋商与徽商各自崇拜的精神领袖人物是不同的，前者是关公，后者是朱熹。他们二人是晋商徽商的文化源头、精神领袖，两者既有相同之处又有不同特点。"（见《文创新网》2018年5月22日）我提供的《关公朱熹与晋商徽商》一文也被收入会议论文集中。会上有台湾中华儒学会秘书长吴秋育先生索要拙著《晋商与徽商》，我将仅带有的两套送他一套，吴先生再三鞠躬表示感谢。

2019年6月21日至23日，我又应邀出席了由中共山西省委宣传部指导，中国明史学会、山西省社会科学院、大同市人民政府主办，在大同召开的"一带一路"与山西对外开放暨中国明史国际学术研讨会，向会议提交了论文《大同·明清晋商的起点》，并作了会议发言。

（七）

拙著在第四章《徽商的独到之处》曾专门写了《徽商与新安画派》一节，自然我在皖晋两地都有些书画印方面的朋友，在相互交往中，他们惠赠我一张纸、一方石。挥毫泼墨，写意抒怀，翰墨丹青中志贺传情；捉刀篆印，刻石铭志，方寸天地间珍藏友谊。除了上述已提及的山西郭齐文、赵望进、姚国瑾、徐德，还有安徽的王佛生、萧承震、王文秀、黄小舟、叶如强、潘文华，武汉的汪贻询，山西的郑恩田、张根虎、刘刚、赵岱岭、温学鹏、王义诚等人。对他们的诗书画印书中已作了收录，他们也多是两地闻人，恕不一一介绍。需要记述的有以下"书画三杰"和"电力三客"。

"书画三杰"是王文秀、叶如强、张根虎。

王文秀女士祖籍山西晋城市，为人谦虚豁达、智慧文秀，她的作品如同她的名字一样文质而画秀，是安徽省美术家协会少有的一位女画家。拙著在安徽召开研讨会后，她得知我在编辑本书，细心地将郭因先生的手稿、萧承震先生的贺书收集寄我，又邀请黄小舟先生画了幅墨竹图，自己画了幅红梅怒放图以志祝贺。此图横见侧出、虬枝峥嵘、红梅怒放、翠竹挺拔、

作者心语

笔苍墨润、浑厚华兹，是她动脑筋、花工夫的上乘之作。宋朝范成大在《梅谱·前序》中说："梅，天下之尤物，无问智遇贤不肖，莫敢有异议。"梅是一种品质高出群芳的珍异花卉，自古咏梅、画梅者多矣！她舍赠于我，我珍爱于此，以为本书增光添彩。2018年5月，她回晋城老家携萧承震先生夫妇同行，萧老时年已77岁，又为我题词作画留下墨宝，有同人索字，他亦有求必应，着实令人感动。

潘文华《利民素描》

叶如强先生是安徽省民政厅巡视员，曾在黄山市工作多年，为人热情爽快。他在参加拙著研讨会后，以赋的形式将自己的《晋商与徽商》随谈整理成文字，又用毛笔书写到他定制的宣纸素笺上，计有19页之多。读其赋文采飞扬，观其字笔走龙蛇，我一页页捏笺吟咏，不由也生古人之风。

张根虎先生是山西省文联主席，文化界名人。我去造访他时，方知他早年与山西电力也有情缘，许多老人他也认识。他性格爽朗，为人处世痛快。虽临时有公差没能参加拙著在山西大学召开的研讨会，但事先告知于我，并着人将他写好的以"好事留芳千古，良书播惠九州"为题的书评送到会上。他选用郭沫若先生书浙江宁波天一阁藏书的对联赞赏拙著，我自知先生是谬赞，抬高我了，但作为读书人，我是深爱这副对联的，便又请张先生书写，他电话里听清楚我的意思后，慨然应允，书写后又着人送我。一次见面，两番得墨宝，既古道热肠，又相交至简，真三晋义士也！

"电力三客"是潘文华、汪贻洵、赵岱岭。

潘文华先生是芜湖电力公司退休职工，1939年生于福建漳州永春，一生酷爱漫画，在我出生之年他已在报端发表漫画作品，一生计有3000余幅漫画问世。与华君武、方成、朱根华、江有生等老一代漫画大师多有笔墨来往。我在安徽工作时抓企业文化建设，曾支持先生在中国电力出版社出版《潘文华电力安全生产漫画选》。这书名题签就是华君武先生早年为先生所题。

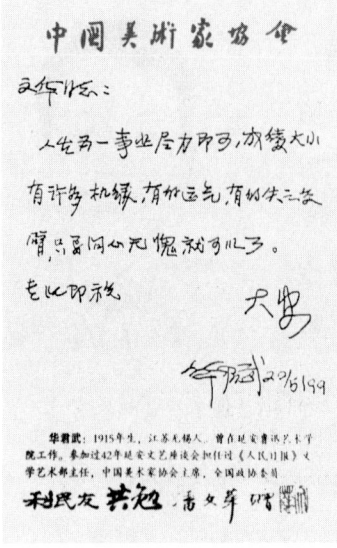

华君武信札

我承蒙先生抬爱,代为写了小序。潘先生得知我要出版《晋商与徽商》一书,曾要为拙著插图创作漫画。当时我已离皖到汉工作,感到先生年近八旬,身体欠佳,不敢大劳;再则书已排版在校对之中,若再插图,势必大动,故婉言谢绝了先生的美意。不久,他为我画了幅素描肖像,又将华君武先生给他的一封书信复印给我。华先生在信中言:"人生为一事业尽力即可,成绩大小有许多机缘,有的运气,有的失之交臂,只要问心无愧就可以了。"这段话我十分喜欢,故录于此。拙著出版后,我到芜湖安徽师范大学拜访王世华先生,也顺道看望了潘先生,他病体初愈,身体弱些,但健谈如故,甚觉宽慰!

汪贻洵先生是华中电网公司退休职工,字紫石,斋号闲堂,祖籍安徽歙县,1946年10月生于江苏宜兴,1961年至1965年受业于金石学家、书法篆刻家、湖北省文史馆副馆长唐醉石先生。曾任原东湖印社副社长兼秘书长,中国书法家协会湖北分会会员。当时我在武汉工作,正利用业余时间校对书稿,离退休处处长陶丞先生不时帮我查找资料,参与校对。紫石先生得知后不仅篆刻两枚印章送我,还将"利民藏书"一方收入他《墨华印草——闲堂书法篆刻及文稿选》一书,边款刻"利民先生嘱正。'民'假古玺,化之以汉。甲午年八月,紫石刻"。汪先生作为唐醉石的高足,一生敬师爱师,曾有《唐醉石雄秀印风探源》等多篇文稿问世。有其同窗者杭州聂富国赠他诗云:"六十春秋一叹息,朱文白墨两依稀。前番今世皆印缘,长歌短酌畏我师。"

于金石之学我是门外汉,一窍不通,只晓得印,信也。于合同、契约、文件上盖个戳子、关防或按个手印就是凭证,或颁布执行,或约者信守,

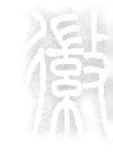

作者心语

不能反悔。亦或在字画上盖个名章、闲章,既是点缀,又是信符,有头有尾,红色吉祥。至于什么青田、寿山、巴林、昌化更是常常分不清道不明。直到前两年还认为篆刻是个雕虫小技。只是到了去年,山西省电力公司书画协会在阳泉办了个篆刻班,请刘刚和姚国瑾先生去讲课。我退休闲居,没啥事做,也赶去凑热闹,跟着听了三天讲座,在刘刚先生手把手的指导下,刻了个大大的"印"字,朱文设计个篆书"龐"字,这一听一试一动手,方才知晓篆刻学问博大精深,方寸之间气象万千,上溯秦汉遍涉六书,下逮西泠流派纷呈,书法刀法有机统一,雕虫小技学问大矣!我也知难而退。亦劝刘刚先生为保护眼睛,今后少治印多书道。

赵岱岭先生是介休市供电公司职工,亦是省内治印名家,行余书社会员,去年夏天我在山西省电力公司筹办篆刻书法展览时认识了他。后又承他相邀到介休市参观了他的工作室及后土

汪贻洵《墨华印草》书影

庙、袄神楼、琉璃牌坊等历史文物遗存。他说到给我刻个闲章,我踌躇再三,刻什么好呢?前年取斋号为颐庐,已请姚国瑾先生题写,王义诚先生也给篆刻了个"颐庐耕夫",意在老当益壮,笔耕不辍,自己不能安逸消闲,还要继续耕耘。忽儿灵光一闪,心想自己还不能躲在颐庐,养老延年,一心只读圣贤书,两耳不闻窗外事,不观窗外红尘滚滚、青山绿水、天气变化,故嘱赵先生曰:刻个"衔云翁"吧,边款请题"花甲取雅号,壮心凌青云。"不久,赵先生即朱文刻就,转送予我。我以此明志,刻石为证,笑话国人(万荣县号称"笑话王国")不怕笑话。姑且颐庐笔耕、读书学习,夜话谵语、推窗衔云吧!

（八）

夜不得眠，披衣翻阅枕边李元庆先生所著《三晋古文化源流》一书。李元庆（1934年~2009年），万荣县通化镇人，山西省社会科学院研究员。我早年在山西省送变电工程公司工作时，与先生单位住家邻近，又是老乡，常去拜访。后因我调离山西，故联系较少。今天捧书思人，音容宛在。若先生在世，我在山西召开拙著研讨会他必定出席，社科院的事务联系，他必将出力。岁月无情、天不假年，愿先生在天国安息！

李元庆先生在其大作中专门写了一节《商业文化勃勃中兴》。其中第一部分主要写先秦时晋与三晋国家巨商大贾辈出，商业文化繁荣，其所据史料主要以司马迁《史记·货殖列传》为主。这便又促使我从书橱中拿出《史记》阅读。在《货殖列传》中，司马迁提及的春秋战国时与晋和三晋有关的商人就有计然、范蠡、白圭、猗顿、卓氏等人。范蠡虽不是三晋人氏，但他是计然的学生、猗顿的老师。此五人可谓华夏商祖。另李元庆先生还提及段干木、吕不韦也是三晋人氏，古籍中有确切记载他们的经商活动。我夜读汉书，缅怀古人，深为敬仰，下面亦依据《史记·货殖列传》小作简述。

计然是春秋时晋国流亡贵族的后裔，"其先晋国之公子也，尝南游于越，范蠡师事之"。"昔者越王勾践困于会稽之上，乃用范蠡、计然。计然曰：知斗则修备，时用则知物，二者形则万货之情可得而观已。……积著之理，务完物，无息币。以物相贸易，腐败而食之货勿留，无敢居贵。论其有余不足，则知贵贱。贵上极则反贱，贱下极则反贵。贵出如粪土，贱取如珠玉。财币欲其行如流水。修之十年，国富，厚赂战士，士赴矢石，如渴得饮，遂极强吴，观兵中国，称号'五霸'"。计然之谋，富国强军，越王勾践用其计，终于灭掉了吴国，成为"春秋五霸"之一。

"范蠡既雪会稽之耻，乃喟然而叹曰：'计然之策七，越用其五而得意。既已施于国，吾欲用之家。'乃乘扁舟浮于江湖，变名易姓，适齐为鸱夷子皮，之陶为朱公。朱公以为陶天下之中，诸侯四通，货物所交易也。乃治产积居。

作者心语

与时逐而不责于人，故善治生者，能择人而任时，十九年之中三致千金，再分散与贫交疏昆弟，此所谓富好行其德者也。后年衰老而听子孙，子孙修业而息之，遂至巨万。故言富者皆称陶朱公。"范蠡将计然治国之策用于治家，乘扁舟，游江湖，选择交通便利、货贸通畅的天下之中陶为经商之地，随时逐利，择贤而用，散财济贫，富而有德，"故言富者皆称陶朱公"。这岂不是天下商人之楷模，当今富商应学习的吗？为富不仁、花天酒地、"富二代""富三代"之不耻行径在陶朱公龛下终为尘埃，为人所不耻。

"白圭，周人也。当魏文侯时，李克务尽地力，而白圭乐观时变，故人弃我取，人取我与。……能薄饮食，忍嗜欲，节衣服，与用事童仆同苦乐，趋时若猛兽挚鸟之发。故曰：'吾治生产，犹伊尹、吕尚之谋，孙吴用兵，商鞅行法是也。是故其智不足与权变，勇不足以决断，仁不能以取予，强不能有所守，虽欲学吾术，终不告之矣。'盖天下言治生祖曰白圭。"白圭这一套生意经是千古不变的经商之理，他节衣缩食、戒欲去嗜，做事干活与童仆下人同苦乐、共劳作，时到如猛兽出击、挚鸟扑物，治生若宰相治国，孙吴用兵，商鞅行法，善于权变，勇于决断，仁心宅厚，能取能予。难怪"盖天下言治生祖曰白圭"。

"猗顿用盬盐起。而邯郸郭纵以铁冶成业，与王者埒富"。《孔丛子》说："枚产问子顺曰：'臣匮于财，闻猗顿善殖货，欲学之。然先生同国也，当知其术，愿以告我'。答曰：'然知之。猗顿，鲁之穷士也。耕则常饥，桑则常寒。闻陶朱公富，往而问术焉。朱公告之曰：子欲速富，当畜五牸。于是乃适西河，大畜牛羊于猗氏之南，十年之间其滋息不可计，赀拟王公，驰名天下。以兴富于猗氏，故口猗顿。"太史公记录了猗顿用盐起家，与王者埒富。《史记·货殖列传》"集解"条下载录了《孔丛子》解释。由此可知猗顿是鲁国穷士，耕织不得温饱，拜陶朱公为师，在猗氏之南畜五牸而富，后又业盐，赀拟王公，驰名天下。太史公又云："长袖善舞，多财善贾，其猗顿之谓乎！"韩非亦言"上有天子诸侯之势尊，而下有猗顿、陶朱、卜祝之富"（《韩非子·解老》）且将猗顿之富摆在陶朱之前，可

·049·

见早在春秋时业盐就最能致富,富者可与天子诸侯这些权势尊荣者相比。

猗顿还是珠宝商人,著名的玉器鉴赏家。《淮南子·氾论篇》记:"剑工惑之似莫邪者,惟欧冶能名其种;玉工眩玉之似碧卢者,惟猗顿不失其情。"

猗顿墓

猗顿阁

碧卢或云硋砆,碧卢是一种美玉,硋砆是像玉的石块,二者易混淆,只有猗顿能够辨别玉理,分清是玉是石,不失其情。《尸子·治天下篇》云:"智之道,莫如因贤,譬如相马而借伯乐也,相玉而借猗顿也。"《抱朴子·擢才》亦云:"结绿、玄黎非陶猗不能市也。"结绿、玄黎皆美玉名,玄又写作"悬"。这两种美玉没有陶朱公和猗顿鉴别定价,在市场上是不敢交易的。这说明猗顿是著名的珠宝商人,玉器鉴赏家。

今山西临猗县古称郇阳,由原临晋县和猗氏县合并而成。县南王寮村有猗顿墓,亦是我大学同窗赵运中的家乡。2018 年 5 月 15 日,我在他及其兄长赵兴中的陪同下拜谒猗顿陵墓。墓园门楼上有石刻"猗顿陵"三个字,上挂横幅"猗顿诞辰 2498 周年祭祀庆典"。门楼过庭左边立有临猗县人民委员会 1960 年所立的文物古迹保护标志石碑。墓前甬道中竖一猗顿站像,两旁有简陋的石兽。像东十余米处有猗顿阁,阁内塑一猗顿坐像,一手持桃于胸前,一手自然抚于膝上。阁前一通碑乃清朝道光十七年(1837年)所立,碑文曰:"猗顿者,春秋时一巨富翁也,历年虽久,而遗像孤坟在县治南之王寮村,古迹照然,其县之名猗氏者,盖据此……猗顿鲁穷士也,问富陶朱家于郇,得三园五𢑨之术,累一息万倍之积。传言:西抵桑泉,东跨盐池,南条北崌,皆其所有,其富甲天下……"甬道正北是砖旋随墙门,门楼上刻"猗顿墓"三个大字,两旁对联为"高风著四海贤名永在,伟绩照千秋光热常存"。穿过随墙门即是猗顿圆形墓冢。有砖雕碑亭,中立一石碑,竖写"古猗顿氏冢"五个大字。我们在碑前凝视默哀,绕冢一周,缅怀古贤商祖。甬道西有房五间,西墙上有壁画四幅,乃是介绍猗顿生前事迹,两旁白石灰山墙上有20世纪90年代任临猗县长刘振龙先生的题诗。整个陵园树木葱茏、芳草侵道,规模不大,令人肃然起敬。

出了陵园,沿小巷折拐到赵运中同学家里,兴中先生签名送我一本由他编辑的王寮村党支部村委会、王寮猗顿文化研究室编著集结的《布衣商圣》一书。书中影印的史料典籍和有关论述使我进一步得知猗顿本姓王,名俍,生于公元前480年,育有王寮、王景、王鉴三子,如今俨然为三个村落。雍正版《猗氏县志》记载王寮村有猗顿宅、猗顿庙、猗顿墓。村南有通往秦川的古盐道。猗,古籍《路史》云:"夏有猗国,伯明、寒国之君,猗姓。"《河图括地象》记:"有猗氏之国,猗夏朋淫不义,少康灭之。"猗,许慎《说文解字》解释为"犗犬也,从犬奇声"。犗指阉割了的公牛,

猗顿墓壁画

猗与阉割牲畜有关，也指阉割牲口这一行业。猗顿原就是个阉割牲畜的人。猗顿向陶朱公问术，得"三园五牸"之教，三园者桃园、杏园、桑园，五牸者牛、马、猪、羊、驴五种雌性牲畜。猗顿在畜养五牸过程中，繁殖的猪、牛、马、驴性别无法控制，雄性的牲畜不仅时常踢、咬、顶、撞，伤残现象时有发生，而且争风吃醋、争强斗狠，时常酿成悲剧，也没有好的经济效益。猗顿从阉人身上得到启发，操刀阉割公猪、公牛、公马、公驴。他在牲畜身上的这一牛刀小试，从此改良品种，给牲畜内留下了犍牛、骟马、骟驴。为此，世人称他为"猗顿"，后人尊他为阉割牲口的祖师爷，从而忘记了他的本姓原名。2014年4月12日王寮村举行猗顿诞辰2494年祭祀大典活动，有山西中华文化促进会常务副会长兼秘书长李顺通先生出席并讲话。此后村中年年祭祀，缅怀追忆商祖，对后人进行中华传统文化教育，真乃一桩善事。

万荣县大黄牛

卓氏，战国时赵国人。"蜀卓氏之先，赵人也，用铁冶富。秦破赵，迁卓氏。卓氏见虏略，独夫妻推辇，行诣迁处。诸迁虏少有余财，争与吏，求近处。处葭萌。唯卓氏曰：'此地狭薄。吾闻汶山之下，沃野，下有蹲鸱，至死不饥。民工于市，易贾。'乃求远迁。至之临邛，大喜，即铁山鼓铸，运筹策，倾滇蜀之民，富至僮千人，田池射猎之乐，拟于人君。"卓氏具有远见卓识。当同为俘虏的其他人"少有余财"，行贿于吏，求近迁时，他主动提出远迁至眠山之下，到临邛后见有铁矿，即择地而居，鼓炉铸铁，商贸于滇蜀，家中奴隶仆役千人，田野池塘射猎游戏之快乐堪比君王。可谓一时巨贾。

太史公所记先秦大贾，我读《货殖列传》，还喜欢陕西商人任氏。任

氏在秦亡世乱之际,不取金玉而独窖仓粟,后金玉尽归任氏;不争奢侈而折节为俭,后富数世;购买田畜不图贱买而独取贵善,以滋子孙;教育家人立有家约家训,不是自己种田养畜的不衣不食,公事不毕不得饮酒食肉。以此为闾里表率,连汉朝皇帝都敬重。其原文如下:

"宣曲任氏之先,为督道仓吏。秦之败也,豪杰皆争取金玉,而任氏独窖仓粟。楚汉相距荥阳也,民不得耕种,米石至万,而豪杰金玉尽归任氏,任氏以此起富。富人争奢侈,而任氏折节为俭,力田畜。田畜人争取贱贾,任氏独取贵善。富者数世。然任公家约,非田畜所出弗衣食,公事不毕则身不得饮酒食肉。以此为闾里率,故富而主上重之。"

"段干木晋之大驵,而为魏文侯师"(《吕氏春秋·尊师》)。驵,是对骏马的称谓,充当贩马交易市场的经纪人也叫驵。因此,段干木可能主要是以贩马或贩马经纪人为业的商人。同时,他又是一位"守道不仕""不趋势利""隐处穷巷"而又"声驰千里"的大贤人(见皇甫谧《高士传》),他是孔门弟子卜子夏的学生,深受魏文侯崇敬,被拜为"王者师"对治理魏国做出了重大贡献。

吕不韦是战国末年韩国阳翟(今河南禹县)人,原是从事珠宝生意,是"往来贩贱卖贵,家累千金"的"阳翟大贾"。(见《史记·吕不韦列传》)来到赵国都城邯郸后,做起了政治投机的大买卖。在他看来做珠宝生意固然可以赢利百倍,而做"立国家之主"的政治买卖却可赢利无数,(见《战国策·秦策五》)他见到此时在赵国做人质的子楚,认为此"奇货可居",便将自己已怀有身孕的爱妾送给子楚,后来子楚返国继承秦之大统,成为秦庄襄王,其爱妾成为襄王夫人,生下儿子,就是秦始皇嬴政。他的政治投机取得成功,自己也做了秦的相国,被封为文信侯,尊号仲父,一度掌握了秦的大权。(见《史记·吕不韦列传》)

呜呼!一部史记,史家之绝唱,无韵之离骚。为之穷首皓经者代不乏人。研学商道,岂能不读太史公之《货殖列传》!曾有民国学者潘吟阁讲:读中国书而未读《史记》,可算未曾读书;读《史记》而未读《货殖列传》,

可算未读《史记》。我于近日再读，浅尝辄止，感于几个与三晋有关的先秦巨贾，偶有所得，摘记于此。可谓学习笔记。需要再赘述的是"迁生龙门，耕牧河山之阳"。河津名龙门。元人王思诚《河津县总图记》：迁生龙门，居于太和坊。永嘉四年（310年）汉阳太守殷济立碑树垣。故迁乃山西河津人氏！

五、花甲呓语

成功召开皖晋两地学术研讨会，媒体连篇累牍地给以宣传报道，这自然是我人生中最为高兴的一件大事。在上述过程中我已将策划组织参与这些个活动台前幕后的人与事大致写了出来，做了交待。至于专家学者们的发言、观点，读者们在阅读本书后自然明了，恕不多叙。只是我作为活动的主角、当事人，虽然年过花甲，此时仍然心潮澎湃，有许多感悟和心里话仍欲一吐为快，只是杂乱无章，姑且记录如下，权当花甲梦呓吧！

（一）世上无难事，只要肯登攀。心坚石穿，有志者事竟成。我十年磨一剑，写作《晋商与徽商》一书是如此，组织策划成功召开两地学术研讨会也是如此。不怕困难、迎难而上、持之以恒、不懈奋斗，终究会有所成，有所收获。

（二）精诚所至，金石为开。世上还是好人多。莫说文人相轻，更多雅士相重。两地学界文人，我多不认识，经朋友转为介绍，我们一见如故，他们鼎力相助。我持以诚心拜谒，他守一信字赴约，拨冗参会，费神撰文，点评拙著，口吐珠玑。谦谦似君子，山高水长。谈笑皆鸿儒，醍醐灌顶。油然令人敬佩。

（三）宝剑锋从磨砺出，梅花香自苦寒来。唐代禅师黄檗《上堂开示颂》诗偈云："尘劳迥脱事非常，紧把绳头做一场。不经一番寒彻骨，怎得梅花扑鼻香。"写书苦，挑灯夜战，劳心费神，一把辛酸泪，满纸荒唐言，谁知梓上语，字字皆劳神。召开个人专题学术研讨会更苦，写书是你一个人的事，召开学术研讨会是众人的事，这班人又不是一般的人，他们都是

教授博导、首长长者、名家名流、作家大家。他们都已功成名就,甚至已经功成身退,曾经沧海难为水,除却巫山不是云。请他们出席,有的苦于不相识,无交往;有的苦于难联系,约不上。约上了,说什么,费心思;约不上,回绝了,感到失望。住皖时暑热难耐,汗流浃背;留并时寒彻冻骨,呵气成霜。自找苦吃,回味无穷。苦中得乐,获得皖晋两地拙著学术研讨会的圆满成功!

(四)德不孤,必有邻。君子成人之美,不成人之恶。一个好汉三个帮,众人拾柴火焰高。拙著学术研讨会能在两地顺利召开,与诸多朋友的热情帮助支持是分不开的。朋友多了路好走,朋友帮忙事能成。朋友们为我在皖晋两省召开两场学术研讨会够哥们、够义气,没说的。他们有的本人就是教授学者、名人名家,开会发言、请托专家,保障了出席人数,提升了会议档次。据安徽人民出版社的朋友反馈,社里为拙著召开的学术研讨会在该社历史上也是规模最大、人数最多、开得最好的。山西亦然。有的朋友是多年故交,他们开着私家车,陪我邀请专家、拜访客人、接送来宾、校对文稿,会前会后做了许多琐碎而不可或缺的工作。我真诚地感谢这些方方面面的朋友们!

(五)学海无涯,学无止境、学然后知不足。听鸿儒大家点评,高屋建瓴,高度、宽度、深度无一不有。既激情四溢,又温润如玉。真有听君一席话,胜读十年书之感。读专家学者文章,甘露滋养,义理、考据、辞章无一不备。或大含细入独辟蹊径,或成竹在胸包罗万象,引经据典论之有据,文采飞扬理贯其中;豪迈时如壶口瀑布,一泄千里、声震峡谷、振聋发聩;婉约处若新安江水,千汇百集、宛转出山、终归大海。高亢如金钟玉磬、余音绕梁;低沉似细雨绵绵,润物无声。读之如饮琼浆,韵味绵长;咂之如嚼橄榄,回味无穷。观照自己,才疏学浅,真有班门弄斧之嫌。还得以苦做舟,问学求教,努力学习。

(六)闻过则喜,见贤思齐。好听的不好听的都听,说长的道短的都登。拙著两地研讨会上共收到40余篇专家学者的发言论文,各类媒体原创书评

9篇、消息18篇,诗词联书画志贺点赞若干。我这次收集汇编时来文照登,不增不减,原汁原味,留作纪念。尤其是一些批评之言,犀利之作,或有弦外之音的文章,我更是爱不释手,捧读再三,从中深刻体会先生专家们的拳拳爱心。如在合肥研讨会上,季宇先生在讲到"徽人好讼"这一点时,引经据典,从不同角度论证徽人好讼是因为徽州人有文化底蕴,重风水、习律令,善于以法维护自己的利益。指出我在写作这一节时如果能从这些方面思考着笔,亦或再包容一些是不是更好!我赞同季先生这个观点。回来后看他赠送我的《淮军四十年》,书中对淮军、对李鸿章的一些描述他就是秉持这样的写作思想,他把发生历史事件的各种因素、人物功过、影响作用都一一摆出来,让读者去思考、去感悟、去作评判,在思想上包容性很强。我听听看看他的言论和作品,深受启发和教益。他这样写作,其作如人,儒雅、含蓄、内敛、彬彬有礼、风度翩翩。比之如徽茶,观之有色、饮之留香、回味无穷。

再看山西作家周宗奇先生的文章,其标题就是"好听的和不好听的——研讨庞利民《晋商与徽商》"。文中讲"好听的,估计'英雄所见略同'者甚众,故而不再显摆,既然是研讨会,我倒想说点不好听的"。接着说了两点,又附了一篇《走得最远的商家》。大家读后便知。周先生之风格,显然与季先生不同、与徽州人不同,典型的我们北方人的性格,率真豪爽、直言快语,有燕赵侠士之风。比之如汾酒,观之清澈、饮之甘醇、热心暖肠。

其他诸位专家学者的书评亦都是上乘之作,类似批评建议的观点都很有思想见地,对我大有教益,在此不再一一例举。

对待批评,我在工作时曾言:虚心使人进步,学习使人进步,总结使人进步,批评使人进步。"人贵有自知之明",说明人有自知不易,我们在社会上做事,难免会有这样那样的不足和错误,但往往自己又不自知,常常悔之晚矣。若他人能够指出,既是高明之人,又得具有勇气,还是一种负责任的态度,是难能可贵的。在现实生活中我们作为一个成年人,或又是一个不大不小的领导干部,有几人还给你提意见、指缺点呢?又有几

人虚怀若谷、开门纳谏、喜欢诤友？故尔"宝贵意见"于我常常不是一句空话，经常令我昼思夜想，再三掂量。诚然，关于批评，由于各自站位不同、角度不同、所负责任不同、信息渠道和信息量不同，会有一些认识上的分歧和差异，但有批评总比没有好。知道有意见可以及时修正，少犯错误。可以藉此做好思想工作，统一步调行动。可以求同存异，让历史去证明检验。这是我对待批评和不同意见的一贯态度和一点感悟。

（七）谁言寸草心，报得三春晖。知我者谓我心忧，不知我者谓我何求。我忧一些世风不正、人心浮躁，有人失去道德底线，中华民族传统美德不能大行其道。我求以史鉴今资政后人，通过传播两商优秀传统文化，使看到它的人们能够汲取其思想精华，为新时代实现中华民族的伟大复兴做出贡献。我一个电力行业的退休职工，名利上还有什么可求？虚名于我还有什么作用！平居生活我有一箪食、一瓢饮、一袭衣、一卧榻、一卷书、一书桌、一支笔足矣。

（八）不经一事，不长一智。我在享受成功的喜悦时，亦收获了诸多人情世故，感受到一些以前没有感受到的情趣。去岁我已年过花甲，幸运的是眼还不花，也从来没带过眼镜，故而还能看清这分外妖娆的世界，近近远远、长长短短、明明暗暗、多多少少，五彩缤纷、眼花缭乱，乱花渐欲迷人眼，花丛下边有阴影。忽而悟到阳光下行走，谁人没有背影。立竿见影，天文学家方能测出日月轨迹。人不交往经事，怎能识其秉性。搂草逮兔子，意外收获，何不惊喜。况儒家云"壁立千仞，无欲则刚，海纳百川，

绛州大堂官缄

有容乃大"。佛家讲:"大肚能容容天下难容之事,开口常笑笑世间可笑之人。"对这样的人,我一一宽恕,有这样那样的人笑我,我也一笑了之。

(九)头顶三尺有神明,心存敬畏,公私分明,守住底线,不越雷池一步。召开拙著学术研讨会,这是我个人的事,与两地原工作单位无关,我不能麻烦原单位的领导和同志们。有私交甚好的朋友利用节假日、下班时间帮忙可以,其他则一律婉言谢绝。这是我在两地召开研讨会坚守的一条底线。

另一条底线是对开会邀请的专家学者,不发红包,不给出场费。当时有朋友给我介绍这方面的情况,讲这是规矩,我坚持说不。一是考虑召开拙著研讨会花了钱,担心专家学者们评论时因此只说好,不说坏,只讲优点,不讲缺点,评价不公允,使我不能真正受到教益。二是有说好的言论文章,别人还会说那是我花钱买的。如此,对我不好,也有累于专家学者的清名。三是当下中央高举反腐利剑,颁行八项规定,纠正党风,匡正时弊,我们开会也要风清气正。基于这三点考虑,至今两地专家学者在拙著研讨会上的发言文章我已收集到40余篇,也有些朋友赐书赐画,但我坚持做到文人相交一张纸一本书一杯茶,清清淡淡、简简单单,没有丝毫铜臭。诚然,专家学者们参加研讨、撰写论文,要花费很多的时间和精力,尤其是我在编辑本书时,又一次拜读他们的文章,再结合自己写作的苦衷、耗费的时间,给他们相应的报酬也是应该的。为此,我深怀愧疚。

这些年我也经常思忖,自己跳出"农门",考上大学,参加了工作,在央企做到高管,国家已经给了我不菲的待遇,自己生活可谓已达小康。但小康之后、工作之余干什么呢?花花世界无奇不有,非我所好,也不敢去好。功名利禄回头空,何处是尽头!金钱多了噬人,位置高了招风,以不当手段取之更是风险无常,我既已认知,岂能非为?不若选一课题,认真研习,躲进书斋开卷有益,游历山川开阔胸襟,伏案写作思接古今,躺而静思神交天地。如此消闲暇、娱身心、远尘嚣、去浮躁,与书作伴,命笔涂鸦,平平淡淡,安安然然,岂不正是读书人的理想、人生一大幸事。

(十)日月如梭,时不我待。一晃60年过去了,我已离职退休,回家

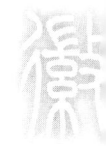

养老。一晃 2017 年又过去了。回首这一年,真是不平凡。先是正月初四家父一跤跌倒,再呼不醒,当夜即驾鹤西去。我身为长子,长年在外地工作,没陪老父一日,老人也一日都不让我在床前尽孝,倏地就这样离开了我们,我实在不能接受,日日悲伤,浊泪滚滚。继而到 5 月拙著出版,忙碌至今,正当我在合肥昏天黑地地筹备召开研讨会之时,96 岁高龄的岳父又溘然长逝。我们开会研讨之日,就是岳父下葬之时。从得到噩耗到他安葬这三天时间里,我心急如焚、两头牵挂,恨无分身术到他灵前祭奠,送他一程,见上老人最后一面。两地研讨会开完之后,我又忙于编辑本书,白日里联系作者整理会上发言,请大家定稿后馈赠于我;黑夜里拜读文稿,校对文字,编辑分目,又忙得不亦乐乎。这一晃 2018 年又过去了。时光催人老,岁月不饶人,一万年太久,只争朝夕。我虽没有做到乡贤大儒王通所说的"终日乾乾",然回首这些年的日子,总归是好学笃行,没有虚度,"天行健,君子以自强不息",我愿终身践行。天道酬勤,勤为成事之宝,这是天理之道,愿后人永远遵循。

六、驼铃回响

在《晋商与徽商》一书中,我于第七章《驼铃帆影,晋商足迹遍天下》专门写了一节旅蒙晋商在蒙古的经商活动及其在中俄恰克图茶叶贸易中所起的重要作用,深为旅蒙晋商骄傲和自豪,也为蒙古大漠的民俗风情和自然风光所吸引。先前我在南方工作 10 年,万里茶道的起点,福建武夷山、湖南安化、湖北羊楼洞都去过。江南水运之航道长江、汉江至河南社旗;运河水运杭州、扬州、徐州、济宁、聊城这一段也都去过;从中州越太行、穿三晋、走西口(杀虎口)至呼和浩特、包头、巴彦淖尔这一

驼铃

线也曾看过；唯独从东口（张家口）到多伦、锡林浩特、二连浩特、海拉尔这一线没有走过。早就想沿着当年的万里驼道到草原东部再走一走看一看，寻找往昔晋商在蒙古行走生活的足迹，感悟一番我在上小学时就背过的乐府民歌《敕勒歌》："敕勒川，阴山下。天似穹庐，笼盖四野。天苍苍，野茫茫。风吹草低见牛羊。"圆了我走完万里茶道的梦想。2018年7月中旬，我退休有闲，便约了王大勇、谢亮喜、李小明三位好友，自驾车去内蒙古东部旅游，从太原经大同到张家口，尔后沿"张（张家口）库（库伦，今乌兰巴托）大道"进入内蒙古东部，先后走到多伦、赤峰、通辽、霍林河、阿尔山、海拉尔、满洲里、黑山头、额尔古纳、根河、阿龙山、满归、漠河、北极村、恩和哈达、奇乾、莫尔道嘎、室韦、锡林浩特、二连浩特、朱日和、乌兰察布等地方。每到一地，必先参观当地博物馆，学习蒙古历史文化，收集旅蒙晋商资料。在张北、多伦、赤峰、海拉尔、二连浩特、乌兰察布等博物馆内，看到有诸多介绍旅蒙晋商的资料、图片、实物。有的辟为独立单元专门介绍晋商，有的在介绍旅蒙商时重点介绍晋商。多伦则历史上就建有山西会馆，现又重新修整后对外开放。在二连浩特市东的白垩纪恐龙国家地质公园景区，新发现的清代伊林驿站，现已辟为伊林驿站博物馆，馆内以介绍驿站和旅蒙商人为主，其中在介绍旅蒙商时重点介绍的是晋商。站在一个个博物馆内，看着文字、图片、实物介绍的昔日晋商，我心潮起伏、思穿百年，耳边响起驼铃声，眼前浮现晋商影，久久不愿离去。回到太原宅中我复习收录资料，阅读购买图书，思绪翻腾，昼夜难眠，思来想去，感到旅蒙晋商还有以下可记。

（一）草原四野拜关公

关公不仅是晋商的精神领袖，是旅蒙商人、汉人敬奉的偶像，也是蒙古族人民崇拜的偶像。乌兰察布市在元代时称集宁路，是帝国腹里、民族熔炉，东屏京畿、北藩大漠、西控绥包、南扼晋冀，自古以来就是华夏民族与北方部族争奇斗艳的舞台，亦是中原文化与草原文化交融荟萃的熔炉。早期这里居住着被统称为狄的古老部族，尔后匈奴、鲜卑、乌桓、柔然、高车、羌戎、突厥相继登场。社会安定时这里交通发达、辐辏八方、农牧并兴、商贸繁荣、多教并存、文化昌盛。在乌兰察布市博物馆我不仅看到"走口外"单元对晋商的介绍，清代光绪二十九年（1903年）理藩院向旅蒙商颁发的信票，"德和瑞"凭贴取铜板面文，晋商结社碑

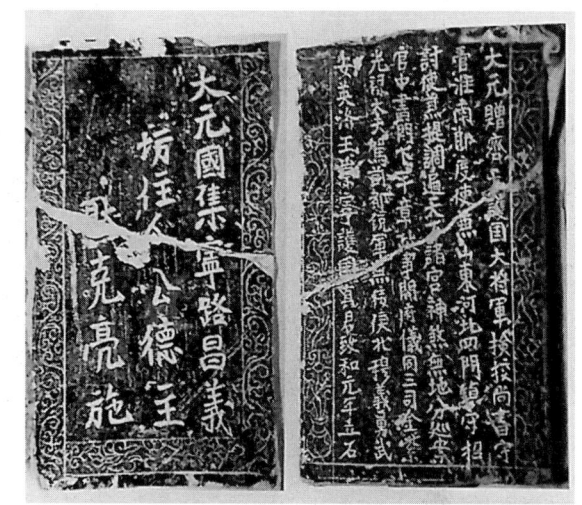

元代关公牌位

拓片等珍贵遗存，而且看到关公牌位碑石拓片，其背面文字是"大元国集宁路昌义坊住人公德主，耿克亮施"，正面文字是"大元赠齐天护国大将军，检校尚书，守管淮南节度使，兼山东、河北四门镇守招讨使，兼提调遍天下诸宫神煞，无地分巡案官，中书门下平章政事，开府仪同三司，金紫光禄大夫，驾前都统，无佞侯，壮穆义勇武安英济王，崇宁护国真君。致和元年立石"。

由此石碑可知在元朝时集宁路住人耿克亮施主就敬奉关公。石碑上所刻写的关公封号、官爵之多，实属罕见，表示了施主即民间对关公神灵的无限崇拜，希冀关公管理保佑一切。碑末署"致和元年立石"，致和元年是公元1328年，正是元朝宫乱、皇帝更迭之年。这一年即有三个年号，致和、天顺、天历。文宗"于致和元年九月十三日，即皇帝位于大明殿。其以致和元年为天历元年，可大赦天下"。当月即"加封汉将军关羽为显灵义勇武安英济王，遣使祠其庙"。（明宋濂等撰，《元史》卷三十二，宋文宗一，中华书局）这是有元以来对关羽的正式官方加封，说明蒙元帝国从皇帝到百姓都敬奉崇拜关公。文宗甫一即位，既加封关羽，乃是"国乱思良将，家贫念贤妻"。其时正是元廷内讧、兵围大都、战火不已。文宗皇帝希望

内蒙古多伦山西会馆

汉将军关羽显灵，平定天下战乱，以保京师与社稷平安。

多伦县是有名的塞外商埠，坐落在多伦县城的山西会馆是清朝时内蒙古地区唯一的外省会馆。此山西会馆集资兴建于清乾隆十年（1745年），占地面积5500平方米，建筑面积1800平方米，由四进院落组成，院内有大小戏台，关公大殿。大戏台一副抱柱联："一曲阳春唤醒今古梦，两般面貌做尽忠奸情。"横额"演绎春秋"。关公殿前一副抱柱联："若无三分诚意问你烧香何用，果有一点忠心见我不拜无妨。"横额"亘古一人"。另有"山西夫子""忠义师表"等匾额。大殿前一副抱柱联则是描写旅蒙商人："黄云匝地遮沙漠衰草连冈走骆驼，车辙纷腾市井嚣百年修养得今朝。"横额"赢得富足"。另外牌楼、偏门还有匾额"相与共赢""晋省胜境"。山西会馆是山西商人祭祀关公神灵、结社、集会、娱乐的场所，"一堂谈笑，皆作乡音，雍雍如也"。而今我临其境，睹物怀古，先贤们在此集结货物、整理行囊、牵骆驼、出拔子的情景似乎历历在目。

张北，历史上又称"无穷门"，元时为兴和路，元武宗时于此建中都，地处大漠与中原交通要冲，为历代兵家必争之地，战国的赵、燕和秦、汉、北魏、明六代都在这里修建长城。古代著名的蒙金野狐岭之战，近代著名的苏蒙联军对日狼窝沟之战就都发生于此。这里还是素称"北方丝绸之路""万里茶道"张库大道途经的一个重要节点，商业繁荣盛极一时，商道文化影响深远，晋商足迹与此更多，关公崇拜遍及张北。据《张北县志》（1934年版）记载，考张北各寺庙，以关帝庙为最多，龙王庙、奶奶庙次之。《张北县志》"祠庙"一节记:"万佛寺在张北县城内北街路西,其建筑始于元代,嗣后倾圮坍塌,复于清光绪四年,重修万福寺。"万佛寺乃三教一体寺院,院中间建有关公庙,面阔三间,进深6米,单檐歇山式布瓦顶,除有红脸关帝座像、周仓、关平站像,还有关帝行像坐于轿中,每逢庆丰收酬神唱戏时,当地百姓入庙来请关帝行像出巡,祀神完毕送回原处。由此可见关公在元中都地区为蒙汉人民所崇拜。(见《无穷门外话张北》,线装书局,2009年)

清代内蒙古49旗蒙古王公的最大府第喀喇沁亲王府,在其西跨院不仅建有宗祠、佛堂、书塾、揖让厅、练功场,而且建有文庙(孔庙)、武庙(关帝庙)。武庙廊檐下悬挂蓝地金字匾额"亘古一人",两楹悬挂对联"大义参天地,英风冠古今",殿内塑红脸关公坐像一尊,关平、周仓站立两旁,两楹抱柱联为"挂印封金忠肝义胆,拒曹扶汉正气英风"。由此可见,关公不仅在蒙古商贾云集的城镇、寺庙供奉,也在蒙古王爷的府第供奉。"喀喇沁"是蒙古语,汉语意为"守卫者"(尚有其他说法)喀喇沁亲王府是清代喀喇沁右旗扎萨克王的府第,始建于清康熙十八年(1679年),北枕林木葱郁的柏山,南临碧波荡漾的锡伯河,原占地300余亩,有房屋400间,现已设为喀喇沁旗王府博物馆,是全国重点文物保护单位,国家4A级旅游景区,内蒙古自治区十大历史名胜之一。

呼伦贝尔市是内蒙古东北部的地级行政区,处于中国北部边疆,总面积25.3万平方千米,比山西省多出10万平方千米。呼伦贝尔草原是因两大湖而得名,一个称作呼伦湖,一个称作贝尔湖,两湖以乌尔逊河为纽带相连接而成为姊妹湖。呼伦湖全部在呼伦贝尔市境内,而贝尔湖现在则以湖为界,大部分划在了蒙古国境内,其周围的草原也被人为地分割开了。

在呼伦贝尔市政府所在地海拉尔区,历史上就有两座关帝庙。一是建在城北1000米处的关岳庙,当时以晋商为主集资兴建,光绪二十六年(1900年)毁于沙俄炮火,光绪三十二年(1906年)重建,殿内有关帝圣君塑像,全副戎装侍立两旁的是周仓、关平、廖化、王甫等随从塑像。殿内立柱上有楹联"忠贯日月,义懔千秋"。西室是看庙人居卧,东室是进香达官仕女、富商大贾休息之处。前殿东西二角建有钟楼、鼓楼。关岳庙又与道教、佛教、儒教三教合一。关帝一身化为三教神,信徒顶礼膜拜,祈求关圣帝君保佑他们生意兴隆、财源茂盛,逢凶化吉、人畜平安。

二是建在城西约500米左右的关帝庙,该庙为副都统衙门于嘉庆元年(1796年)所建,正殿是关羽塑像,后殿分两层,上层是经库,下层是看庙人的居室,来此布施进香的多为清军将士、衙署官员。可见这是副都统衙门对士兵进行忠义仁勇教育的一部分,意欲士兵向关羽学习,忠诚报国、守边卫疆。副都统衙门里也有三副对联,一副是大门抱柱联"纵横两万里北国寒地江南雨莫非王土,先后五千年胡漠淳风汉中俗皆是中华";一副是衙门议事厅抱柱联"天高地远帝命亦达荒牧野,位卑责重民生常沐圣泽恩",蓝底金字匾额是"承命泽民";一副是厅内展览的宣统二年(1910年)珠尔干河总卡官赵春芳站像两旁的励志联:"同德同心愿与九分卡伦而共誓,我疆我土当期千里边疆之无虞。"由此可见清朝将士守北疆、卫中华、泽民生也是一腔热血。

在内蒙古首府呼和浩特、包头及蒙西地区,当然也有关帝庙,包头、呼和浩特有些街道就叫关帝庙街。这两个城市及蒙西一些地方以前去过,这次没去,故不再赘述。但这就足以说明穹庐四野拜关公、关公神灵佑草原。

当然,蒙古族人民第一崇拜祭祀的还是自己的民族英雄,元太祖皇帝成吉思汗铁木真。草原上的蒙古族、满族、达斡尔族、鄂温克族、鄂伦春族等民族最早信奉的是原始宗教萨满教。萨满为通古斯女真词语,意为因兴奋而狂舞之人,盖指跳神之巫师而言,教名即缘于此。萨满教最高神明为"长生天",蒙古语称为"孟和腾格里",相信万物均有神灵,"天"是自然万物的主宰,世间一切自然现象都是苍天安排的,上天赋予人类灵魂。萨满教也崇拜地,称地为"额和德勒嘿",意即大地为母亲。在自然事物之外,萨满教崇拜灵魂,认为灵魂不灭。其主要宗教活动是占卜、跳神、祭祀,主要应用于治病、求子、祈求保佑丰收、宗教节庆、为死者送魂等。

所以多桑在《蒙古史》中说萨满巫师常常是"兼幻人、解梦人、卜人、星者、医师于一身"。萨满的法具主要有神服（包括神帽、神衣、坎肩、神裙）、神鼓、念珠、面具、神绳、记神棍等。

萨满教作为原始宗教，在汉民族中也有信奉者，如笔者故乡山西万荣、河津一带，民间至今也以"天"为大，方言中呼天为"爷"（ya），正月初一家中祭祀献爷、献祖宗，家中求子、干旱求雨、出门求平安都求天爷保佑。清光绪五年（1879年）版《河津县志·卷二风俗》记："元旦，燔柏叶或焚束薪，名曰'兴旺火'。陈牲、醴、果、馐，祀天地、祀神、祀先。家众以次跪拜，称寿毕，出拜尊长及戚里焉。饮食相招，十数日乃已。"民国七年（1918年）版《万泉县志·卷二县俗》记："正月元日，夙兴，燔柏叶，设香烛，备肉脯、蒸食、酒馔，盛服拜天地、拜五祀、拜祖考神主、拜父母兄长，遍登亲友门相拜贺，曰贺岁。合族至家庙拜祖宗，前后以尊卑序。"两部县志所记风俗大体相同，都将拜天地列为第一，足以说明我乡人民以信奉祭祀老天爷为大。我今年过花甲，自小在故乡长大，后虽外出求学工作40余年，但年年春节回家过年，大年初一基本上也都是按此礼仪，在父母的带领下祭拜。如此，敬天敬地敬祖宗，头上三尺有神明，常常心存敬畏、不忘根本，敬业、勤勉、慎独。

诚然，佛教格鲁派喇嘛教（黄教）自有清以来，就是蒙古族人民信奉的主要宗教，几乎人人信仰，家家供佛。喇嘛教自元代传入蒙古族地区，大清一统后，从顺治帝开始，康熙、雍正、乾隆等皇帝在蒙古草原大力推行喇嘛教。康熙二十九年（1690年）康熙皇帝率数十万大军于多伦诺尔以北乌兰布通击败准噶尔部首领噶尔丹的叛乱后，丁翌年五月在多伦诺尔草原会盟外蒙古三部、内蒙古48旗王公，其间康熙大帝应蒙古各部王公请求，愿在这块"川原平衍，水泉清溢，去天闲，刍牧之场甚近"之地，建一座宏伟的喇嘛庙以资纪念。这就是现存的汇宗寺，该寺建于康熙三十年（1691年），取《夏书·禹贡》"江海朝宗于海"之意，蒙语称"呼和苏默"，意为青庙，又称"东大仓"或"章嘉活佛庙"，因1706年康熙皇帝派五世达赖的大弟子章嘉图克图（活佛）大国师到此住持该寺。1712年寺庙建成，康熙不仅题写了寺名"汇宗寺"，还题写了"声闻届远"匾额。1714年又御书汇宗寺碑文，即多伦诺尔会盟碑以记其盛事。汇宗寺是清王朝在蒙古地区敕建的第一座喇嘛寺庙，也是清化蒙古高原藏传佛教的总本山（见"汇宗寺"前汉白玉石刻简介）。乾隆皇帝说："兴黄教即所以安众蒙古，所系非小。"乾隆二十一年（1756年），清王室又支持在新巴尔虎左旗阿木古郎宝力格苏木建成寿宁寺，乾隆也御书题写了"寿宁寺"三个大字。寿宁寺又称"甘珠尔寺"，因寺内珍藏乾隆六年（1741年）乾隆皇帝御赐的《甘珠尔经》及多版本、多文字的《甘珠尔经》而得名。清朝统治者在蒙古大力推行黄教，建筑庙宇，敕赐庙名、佛经，鼓励蒙古民族青年男女入空门、当喇嘛，规定喇嘛可免除一切赋役，不当兵，享受各种特权，一般穷苦阿勒巴图（箭丁）、哈木济尔噶（随丁）只有当喇嘛才能受到尊重。清政府要求蒙古族家庭有两男者送一人当喇嘛。因此，大量的蒙古族男子出家入庙当喇嘛，蒙古族人民几乎全部信奉喇嘛教。喇嘛在蒙古民族及草原上其他几个少数民族中，形成一个庞大的社会阶层，内部也是等级森严、法规繁多。喇嘛教随之渗透到蒙古人民生活的各个方面，如移营远行、男婚女嫁、生老病死，均请喇嘛来"卜凶问吉"，"消灾驱邪"和"解脱引度"都由喇嘛来办。喇嘛教成为蒙古族及草原其他民族人们生活的重要组成部分，政治、经济、军事、文化无不受其影响。由于喇嘛不参加生产劳动，不结婚生育，对蒙古族的社会生产和人口增殖产生了消极影响，喇嘛教从思想与观念上成功地帮助了清朝统治者和蒙古王爷对广大蒙古族人民和草原其他民族的控制。

（二）张库大道响驼铃

作为研究晋商与徽商的爱好者，在内蒙古草原漫游18天，最令我高兴的莫过于在参观所到之处的博物馆时，看到有对晋商的介绍、展品中有晋商遗留的实物、旅途中偶尔购买到的图书记载着晋商在内蒙古草原经商的故事，而且在介绍旅蒙商人时，都把晋商放在冀、鲁、豫、陕、甘商人之前。

作者心语

说明晋商在蒙古草原、在万里茶道乃至欧亚国际贸易中做得最早、最大、最强,最受蒙古族人民的欢迎。

乌兰察布市博物馆"走口外"单元介绍说:入清以来,政府对阿尔泰军台、杀虎口等驿道的修设与巩固,以晋商为首的各路旅蒙旅俄商帮对"茶叶之路"的开拓,使本区作为中外交通枢纽和华北著名商埠的地位得以恢复和发展。自康熙时起,原山西、直隶的农民通过杀虎口(西口)、张家口(东口)陆续进入本区,耕种明朝时荒废的土地;咸丰、光绪以至民国,移民垦荒达到高潮,民间称为"走口外"。

张家口地处蒙古高原与华北平原交界处,阴山山脉与燕山山脉在这里接头,并将这里分成坝上和坝下两个地理区域。市区北端东西太平山之间的大境门据长城之要隘,扼边关之锁钥,中间有清水河流过。大境门上四个大字"大好河山"由察哈尔都统高维岳1927年所书,气势磅礴,遒劲有力,是张家口的象征。张家口地当孔要,连接边关,草原文明与农耕文明在这

张家口大境门

大境门旁张库大道起点石刻

里交汇，由蒙古高原南下京畿这里也最近最便当，它的地理位置决定了它千百年来历来都是兵家必争之地，从战国时赵国、燕国起到明代，在这里就不断修筑长城，以防御草原诸多马背上的民族南下中原侵扰掠夺。

张家口既是沟通南北的交通要道、军事要塞，自然也是草原与内地商品交易的集散地。明代时就开设西境门以通互市。清顺治元年（1644年）开大境门扩大边贸。大境门是张库大道的起点和集散点。明末清初在张家口做生意的八大家商人皆为山西人，彼时此八大家商人几乎垄断了张家口、库伦、恰克图这一互市贸易区的所有贸易。这次我由张家口越野狐岭，到达张北，在参观张北县元中都博物馆时，购得一本《无穷门外话张北》（由该书编纂委员会编著，2009年线装书局出版）。书中在谈到张库大道时就多次提到晋商，提到"大盛魁"商号："其中最著名的如晋商常万达，他组织了一支庞大的驼队，专门向乌兰巴托运贩茶叶，兴盛时骆驼达到一万峰，每年输出茶叶几百万斤；当时设在张家口蒙古营的'大盛魁'商行是张家口旅蒙商中最大的商号，实力雄厚，有资本两千万两白银，每年贸易额达到九百到一千万两白银，控制着市场中蘑菇、皮张、鞍鞯等商品的价格，经销的商品遍及江南塞北。"当时的运输工具主要以马、驼、牛等畜力为主，车有勒勒车，据《呼伦贝尔志略》描述：勒勒车"轮不甚圆，辕不求直，轴径如椽，轮高四尺余，以一牛曳之而行，首尾相连，一童子可御十余辆"。在漫长的张库大道上，驼铃叮咚，牛车悠悠，首尾相接，绵延数里，相互间吆喝应答，哼着小曲，唱着晋剧，"三千里荒野绝塞，六十日沐雨栉风"，一路逐草追水，风餐露宿，披星戴月，在穹庐下形成一道壮美的风景线，给浩瀚的草原带来了无限的生机。时有张家口"老草地"之称的杨兆德老人用亲身感悟说："别人都做不过老西子。"杨兆德老人祖上以拉骆驼走口外谋生，后来也开始做生意。该书在谈及旅蒙晋商时亦情不自禁地挥笔写道：山西人精明、能算、敢开拓、勤劳、务实、能忍耐。对晋籍商人赞赏有加。

清末民国时期，在张北、多伦一带晋剧、二人台戏班子亦十分活跃，

作者心语

既有三个天镇籍人各自当班主的罗长青罗家班、丁五子班、二老板班，又有塞外晋剧名伶姊妹花——阳高的刘凤霞、汾阳的王桂兰以及其他晋剧演员李子健（二蔓青）、二迷糊、子都生、小金善、柴狗子、四盏灯、十七生等人；还有因肚子里戏文多，人称"戏篓子"的汾阳人齐志刚，刘凤霞就拜其为师。

二老板曾领二人台戏班，教育领带出一批梨园新秀、戏剧名伶。他教戏认真、要求严谨、多才多艺、生旦丑角都能教，在艺术上造诣很高，可谓张北二人台祖师爷级班主之一。

丁五子，原名丁义祥，生于1911年，是名震塞外的民间二人台艺人和班主。他精民歌、小曲，善踩高跷、说口外"蹦蹦儿"，是个有名的丑角。其演出闻名的剧目就有《卖菜》中的县令、《割红缎》中的货郎、《小寡妇》上坟中的淘气（小叔子）、《耍女婿》中的刘二疙瘩、《走西口》中的二表弟，以及一丑一旦戏中的《赶脚》《拉骆驼》《方四姐》《回南关》（又名"白山卖妻"）。《回南关》是东路二人台的代表作，也是丁五子丑角戏的经典，他饰演的店掌柜将一个两面三刀、见钱眼开、势力奸猾的市侩小人表演得淋漓尽致、栩栩如生。由上述所列的这些剧目亦不难看出，它们都与旅蒙商人有关，都是以商人为题材的作品，可见当年东口商业繁荣之一斑，旅蒙商对艺人、文化艺术界的影响。而丁五子作为一位颇有造诣的民间艺人，至今在坝上有关他的艺术歇后语还有很多，如"丁五子的笑话——没完""丁五子的刮嘴——有甚说甚""丁五子的干壳（快板）——咋说都顺嘴"。

当年的班主带领自家班在坝上一带演出并不卖票，大都是依靠起莜面（挨户收莜面）、收鸡蛋、管顿饭而生活于民间舞台。一班人马套上牛牛车，拉上简单的行头和收莜面的口袋就出行演出了，班主、主演及跑龙套的演员们各拿多少钱或多少实物，班主提出个意见大家同意就成班了，一般没有固定的收入。班主以写戏、编剧和应付官场、市场为主，也参加演出演奏活动。由此可见班主、演员之辛苦艰难、以艺谋生，亦可看到晋人晋剧晋商文化在坝上一带的传播与影响。

二连浩特市郊伊林驿站博物馆

岁月悠悠，商道沧桑。二连浩特是万里茶道（即张库大道段）的一个重要节点，也是草原丝绸之路的一个重要驿站。蒙元时期这里建有玉龙栈，公元1257年，大蒙古国大汗蒙哥与其弟忽必烈曾在此会面，设玉龙大宴，据《元史·卷三·本纪三》记："冬，帝度漠南至于玉龙栈。忽必烈及诸王阿里不哥、八里土、出木哈儿、玉龙塔失、昔烈吉、公主脱灭干等来迎，大燕（宴），既而各遣归所部。"

蒙元时期国家疆域庞大，横跨欧亚大陆，成吉思汗和他的子孙们为了实施有效统治，在全国建立起了密如蛛网的驿道、驿站系统。公元1229年，窝阔台汗颁发了"大撒扎"（法律），制定了"置仓廪、立驿传、政事大修"的"站赤"制度。1271年忽必烈汗颁发《站赤条例》，进一步规范了蒙古站赤及汉地邮驿制度。汉字"站"与交通联系在一起就是从蒙元时期开始的。元代凡属王公朝会、军队调动、使臣往来、官物运输，均赖驿路之站赤以运转，至于"转送朝廷方面及郡邑文书往来，则有专设之急弟铺"。《站赤条例》规定"十里至二十五里，设一急递铺，十铺设一邮长，铺设卒五人"，依公文火急成度分日行三百里到五百里，朝令夕至。站铺是元朝政府"通达边情、布宣号令"的重要工具。据《元史·兵志》统计，有元一代全国站赤总数达1400余处，所设有陆站、水站、牛站、马站、狗站、轿站、步站。因地制宜，使用不同的交通工具，建立不同的站赤。

清朝嘉庆二十五年（1820年）在此设立伊林驿站。伊林驿站设在距二连浩特市东北9000米处的盐池西北坡。该盐池蒙古语称"额仁达不苏淖尔"，意为"色彩斑斓的盐湖"。后来"额仁"一词演变为"二连"。现在的伊林驿站遗址博物馆建在二连浩特市白垩纪恐龙地质公园内。走到驿站广场,首先看到大轱辘木轮"老倌车"(勒勒车)、喂牛马的木槽及驿站柴门。进入驿站遗址博物馆,不仅看到在当地征集来的诸多旅蒙晋商遗留什物,更有专门的单元介绍晋商。珍贵的晋商遗物有"柳编茶叶篓子",上面篆书写着"大盛魁茶庄"五个大字;"柳编圆桶提盒",上面两行楷书,一为"晋商茶庄",一为"光绪九年",共8个大字;长柱型"官礼茶食",上面确凿地盖着印戳,方框内横写"天生号"三个字,竖排两行写着"一品清香,晋阳郡"7个字;在晋商橱窗内,不仅摆有"同庆号官礼茶食"圆饼老茶砖,而且用数十个小戥子称摆出一个大大的"晋字";另有诸多黑白老照片介绍"大盛魁"等旅蒙商人的买卖交易。

大盛魁柳编茶篓

在张库大道的起点"大好河山"大境门商贾交易模型前,用蒙、汉、英三种文字介绍山西商号"十大裕",其中汉字内容为:

从民国初年开始,依托张库商道繁荣的贸易往来,张家口商界"十大裕"称雄一时。"十大裕"掌柜霍枚,祖籍山西孝义。明初移民时迁入张家口万全县,历五六代至霍枚时家业大振。当时,霍家在张家口开设的店铺均以"裕"字冠名,其中有"裕成泰"绸缎庄、"裕盛和"杂货铺、"裕源永"总汇庄、"裕源宏"杂货店、"裕源恒"杂品店、"裕福成"饭店、"裕源"碱店、当铺、缸房、油酒店共十家,人称"十大裕"。

在用以上三种文字介绍"大盛魁"时这样写道:大盛魁是清代山西最大的对蒙贸易商号,极盛时有员工六七千人,商队骆驼近二万峰,活动地区以科布多、乌里雅苏台、库伦(今乌兰巴托)为中心,覆盖喀尔喀四大部、内蒙古各盟旗、新疆乌鲁木齐、库车、伊犁和俄国的恰克图、西伯利亚、

晋商茶庄提盒

莫斯科等地区。其资本十分雄厚,声称其资产可用50两重的金元宝,铺一条从库伦到北京的道路。

在介绍信票与商帮、商号时,其墙上三段文字是"信票是进入蒙古草原贸易的商人必须持有的凭证与执照,信票制度是清政府对汉商去蒙古草原从事贸易的管理手段,最初信票只发给八家皇商,著名的晋商大盛魁就得到过这样的信票"。在明清500年中,中国各地方性的商业劲旅逐步形成,号称"五大商帮"(如晋商、粤商、徽商、浙商、苏商)。晋商作为商帮之首,起源最早,发迹于宋代。明朝时与徽商南北并峙,至清朝时独占鳌头。一个商号的命名,和一个人起名字一样,反映着经营者的价值观。晋商大部分商号的名字都带着"义、德、诚、信、厚、公、合"等字样,晋商也确实是以诚信笃实,义孚天下称雄商界500多年的。馆中还介绍山西商帮通过商号实现了汇通天下,在金融汇兑方面登上了成功的巅峰。

徜徉在伊林驿站遗址博物馆,逐一观看这些以介绍晋商为主的实物、图片、文字,我流连忘返,一看再看,耳边不时响起驼铃声,真想开上宝驹一路北上,跨出国门,再到今天蒙古国的首都乌兰巴托(库伦)及至俄罗斯的恰克图走走看看,走完张库大道。那里或许还有旅蒙晋商留下的遗迹遗物。只可惜,一道国门挡住了去路,一排冰冷的铁丝网告诉我那里已是另一个国度,跨过去要办理复杂的手续。我在第二天的参观中只能望门兴叹!而后决定向内蒙古东北方向去,到呼伦贝尔大草原去看看。

(三)呼伦贝尔多晋商

途经锡林浩特市我们去参观了贝子庙、额尔敦敖包、锡林郭勒盟博物馆。绕到科尔沁草原腹地通辽市,参观了孝庄故居——达尔罕亲王府。路

作者心语

过霍林郭勒市拜谒了可汗山,游览了观音湖。穿越兴安岭时参观了阿尔山市1935年6月由日本人所建的火车站,阿尔山国家森林公园里的天池、地池景区,而后由新巴尔虎左旗进入呼伦贝尔草原。

呼伦贝尔草原位于大兴安岭西北侧,北以额尔古纳河为界与俄罗斯相望,西南两侧与蒙古为邻,东与东南依大兴安岭山脉。沿途只见河流弯弯,湖泊澄澈。大兴安岭山不高,山山相连,海拔也就在1000米至1500米,山顶浑圆,山坡弛缓,没有明显的山脊线,树林多为白桦树、樟子松、落叶松、榆树、柳树、杨树。广袤的草原地势平坦,宽阔无际,芳草如茵,鲜花斑斓,海拔一般在700米左右。或有被开垦耕种的土地,油菜花儿黄艳,土豆花儿粉嫩,放眼望去,一望无际,下车走走,花香扑鼻,大型机械化喷洒机行进在土豆垄上,直令我啧啧称赞。蓝蓝的天上白云飘,白云下面马儿跑,这里分不出哪里是山地、哪里是草原,翻过一道岭,再过一道岭,无论是林缘还是草甸,都是水草丰茂的天然牧场。开车行走,不时看到远方一团白云与天地相接,待到走近,原是一群白羊。问其牧者,言有上千只之多。这里也是世界著名的三河牛、三河马的故乡,风干牛肉马奶酒,牛乳奶酪马奶茶,手抓羊肉烤全羊,山珍湖鱼驯鹿肉,都是令人馋涎欲滴的美味佳肴。

到达海拉尔市是7月21日下午4时左右,我们开车直奔伊敏河西岸呼伦贝尔副都统衙门博物馆参观。没想到在这样一个以呼伦贝尔地区军事、行政为主的首府衙门内,竟然有一个馆专门介绍旅蒙商人,而对旅蒙商人的介绍又是以山西的八大商家为主。

呼伦贝尔,据嘉庆间人西清《黑龙江外记·卷 》记载:"呼伦贝尔,一作呼伦贝雨尔,通称海兰儿。盖其地有池,一曰呼伦,一曰贝尔,官军屯住二池间,因以地名。而谓之海兰儿,则指凯喇尔一河(即今海拉尔河),亦音转也。"雍正五年(1727年)中俄《恰克图条约》签订后,始于呼伦贝尔地方设置卡伦,雍正十年(1732年)派遣护军统领博高第驻呼伦贝尔,总统境内官兵,隶于理藩院。乾隆七年(1742年),改总管为"副都统衔总管",

·073·

划归黑龙江将军管辖。

旅蒙商，泛指山西、河北、天津、北京、张家口等地区北出塞外草原在蒙古地区从事商业活动的人，主要以行商为主，在呼伦贝尔以"八大家"最为有名。清代和民国时期，一代又一代的旅蒙商人，在呼伦贝尔草原上，面对逐水草而居的游牧民族，以敢为人先的商业胆识、不畏艰辛的创业精神，万里行贾，济军济牧济民，造就出一代代一批批吃苦耐劳、勤俭持家、经商有道、诚信为本的旅蒙商。他们在当时特定的社会经济环境中，在呼伦贝尔草原上建立起一种自由顺势的庞大经济模式，踏出了亘古未有的驼路商道。随着草原文明史的发展，旅蒙商中的诚信经商者，为社会繁荣进步和民族团结作出了贡献。同时，他们在经商的过程中，开创了卓尔不群的旅蒙商文化，这是一种宝贵的值得后人借鉴的文化遗产。这段话是挂在馆内墙上的部分前言，可见对旅蒙商人的高度评价。

考证最早到达呼伦贝尔地区的汉族人，最早在呼伦贝尔定居的汉族人，最早在呼伦贝尔经商的汉族人，以及呼伦贝尔城池的建设，皆为山西人氏。最早到达呼伦贝尔地区的汉族人是西汉时期的卫青和其外甥霍去病，二人为西汉时河东郡平阳人，也就是今天的山西临汾人。汉武帝元狩四年（119年），由于匈奴屡犯边境，武帝命大将军卫青率兵由定襄郡（今内蒙古和林格尔一带）、骠骑将军霍去病率兵由代郡（今河北省蔚县一带）出塞北击匈奴，舅舅外甥相约度尽大漠也要打败匈奴。随后大败匈奴单于伊稚斜和其自次王（仅次于单于的统帅）赵信所统之兵。"逐至寘颜山赵信城，得匈奴积粟食军。"《史记·卷一百一十一·卫将军骠骑列传》。据钱穆《史记地名考·卷二十九·匈奴北胡地名》：寘颜山、赵信城当在外蒙古。由此可讲卫青、霍去病最早到达了呼伦贝尔和克鲁伦河两岸。

呼伦贝尔最早有汉人定居当始于明朝。明朝不仅从山西、河北等地派驻屯兵，还从山西、河北招募商人出拔子到漠北做买卖，搞手工业和建筑业。清朝时在呼伦贝尔边境设置诸卡伦，当时所募之兵也多来自山西、河北。卡伦，满语音译，意为"更番候望之所"，引申为哨所之意。清时在呼伦

贝尔地区设卡伦始于雍正五年（1727年），当年清政府派郡王策凌伯四格、侍郎图里琛等，会同俄罗斯使臣萨瓦勘定疆界，沿境内额尔古纳河岸设置了12处卡伦，每卡伦驻防官1员、兵丁30名，计有370多人，其任务是执行防守国界的巡逻和警戒，维护边境安全，此为外卡伦。雍正十一年（1733年）在距外卡伦以内500～1000米处，又设置了15处内卡伦，以加强与外卡伦的联络，每卡伦驻守官1员、兵丁20名，计有300多人。光绪年间，清政府又"改招农民充当卡兵，仿古人屯田之意，为经久之谋"。这便使从山西来的卡兵、农民成为常驻呼伦贝尔地区的居民。

清政府在呼伦贝尔建立起完善的军台（驿站）、卡伦后，为了保障军需供应，即命内地一部分商人随军负责供应军需物资和人马粮草，主要为战争和军事服务。康熙皇帝率大军平定准噶尔部首领噶尔丹叛乱时，就给山西八大家商人颁发有效期为一年的"部票"执照（亦称"龙票"），准其随军负责粮草供应，往返贸易。这些商人借机携带茶砖、绸缎、布匹等卖给蒙古人，"归则易赢马、毡裘，捆载雾集"。雍正十一年（1733年），为解决新建卡伦兵丁及牧区官民急需的生产生活用品，又给八大家商铺发给龙票，准其在海拉尔建立商号。这时八大家商铺主人便从山西老家招来一些穷亲戚，给他们提供货物、车辆、资金，让他们到呼伦贝尔经商，在海拉尔建立分号。到18世纪末，在海拉尔的山西、河北、山东等地的旅蒙商十分活跃，马车、驼队通途成网，往来贸易络绎不绝。据《呼伦贝尔志略》记载："旧海拉尔围以土墙，其创建南北二门，商房、市房、小铺甚多，此为海拉尔繁盛之区，入蒙之马车往来，均于此通过。蒙人之交易货物者，亦咸集于此。攘往熙来，现于吾人之眼帘者，均为采购原材料之人。驼群之啸聚，大车之奔驰，蒙人色彩之衣冠，形形色色，异常动人。欲观东方特殊之风者，均与此见之。"至嘉庆中叶，呼伦贝尔共有人口4769户29713口，在当时黑龙江地区内人口数量仅次于齐齐哈尔。

海拉尔市及呼伦贝尔副都统衙门始建于雍正十二年（1734年），其时副都统衙门有各类军事总管、副总管、佐领、骁骑校、护军校、关防、蒙古翻译及管台、笔帖式128人，管辖之区为今呼伦贝尔市大兴安岭以西地区。海拉尔城建在伊敏河西岸现海拉尔区正阳街一带，又据《呼伦贝尔志略》记载："海拉尔城周四里，南北街二，东西街一，就商户门房为垣，通南北二门，起砖楼于其上……"现存3个圆拱洞门的南门楼，四柱式华丽牌楼就是在当年遗迹上修复重建的。其城"就商户门房为垣"，城内商户多为八大家之商人，而八大家皆山西人士，故可曰海拉尔市是山西人所开埠肇建。

总览呼伦贝尔副都统衙门博物馆对旅蒙商形成、发展、鼎盛及经营方略的介绍，我归纳概括认为有学蒙语、习蒙俗、交蒙友、赶庙会、说隐语、挂幌子这样六点。

1. 学蒙语。八大家店铺内上至老板、下至徒弟，都必须学好蒙古语，黄昏铺面关板后在店内要用蒙语交谈，否则会让老板训斥。语言是交流的工具，在蒙古牧区与牧民交易，不懂不会蒙语是不行的，这是基本条件、基本要求。清人徐珂在《清稗类钞·农商类》记："山西商号伙友在蒙古者通蒙语，在满洲者通满语，在俄边者通俄语。每日昏暮，伙友皆手一编，习语言文字，村塾师徒无其勤也。"同时店铺商号、老板、伙计都起蒙古名字，写上蒙文，以便蒙古牧民称呼和记忆。

2. 习蒙俗。俗话讲"入乡随俗""客随主便"。汉人在蒙古草原经商，与蒙古族人民交往，必须了解遵循蒙古族人民的风俗习惯，包括礼仪、服饰、饮食、居住、嫁娶、祭祀、丧葬、禁忌等等。了解民族礼仪风俗才能不犯忌不犯错受到蒙古人民的欢迎，才能根据风俗习惯组织运输蒙古族人民所需的货物，因而也才能生意兴隆、财源茂盛。

按照蒙古族习俗，听到马蹄声，店铺掌柜、伙计要出门迎客，接过缰绳为客人牵马拴马；到蒙古包造访要绕到蒙古包后面下马，直冲蒙古包门或骑快马而至，意味着报送不吉利之事，是不礼貌的行为；无论见到蒙古族男女，必须用蒙语"门德""赛音白努"问好；接近主人数步时，屈右膝致礼；交谈时取出鼻烟壶，双手递给蒙古族牧民，嗅后，牧民也双手捧出鼻烟壶递给店主人嗅，这时不能拒绝，拒绝是不礼貌的行为，如果装烟招待牧民，那是更为尊敬的礼遇；最高贵的礼节是献哈达，献哈达表示着最诚挚的友情、最大的荣幸，蒙古民族敬献哈达一般以蓝色为主，白色、淡青色次之，八大家商人贩运的哈达一般按照蒙古族的习俗，用丝绢做成长方形，长一丈左右；住在蒙古包内不能赤身裸体，不能举足向火，不能踩坐门槛，不能训斥孩子，不能坐在佛龛前。至于吃饭饮酒，更是有一番礼仪规矩，恕不一一再叙。总之，为了在蒙古牧区做好生意，八大家商号对民族礼俗做了详尽的调查，有些甚至定为铺规，相约成章，要求店员伙计们严格遵循。故当时常年在蒙古草原做生意的汉人几乎蒙化了。

3. 交蒙友。蒙古族有谚语："独木不成火，独身无后人。""马的好孬骑着知道，人的好歹交着知道。"旅蒙商人在草原经商与蒙古族人交朋友分两类，一类是与蒙古各盟、旗、王爷及上层官吏们交往。清朝早在入关前就在已归附的漠南蒙古中编佐设旗。旗是清朝国家行政体制中在蒙古地区的基本军事、行政单位，同时也是清朝皇帝赐给旗内各级蒙古封建主的世袭领地。旗是在蒙古地区原有氏族部落基础上，参照满族八旗的组织原则，经过编组佐领，安置属民，分给牧地，划定旗界，任命扎萨克形成的。相邻若干旗编组为盟，设盟长一人，会盟一般三年举行一次。八大家商人在蒙古草原经商，虽然持有"龙票"，但他们为了求得保护，为了在各王爷的领地内做好生意，每到一地首先拜访这些王爷、官吏和上层人物，送上金银绸缎等礼物表示敬意。有些店掌柜经常出入王爷府、官府，与这些上层人物吃饭、饮酒、打牌、闲聊以结情谊。有的官员还在商号入了股份，当时在草原有"一品官二品商"的民谚，就反映出这个官商关系。这个官商关系世代相交、百年和好，比在内地的官商关系更密切巩固，使得山西八大家商号在蒙古草原终有清一朝长盛不衰、名震大漠，其他商号则再也难以深入进去，分其蛋糕，占其市场。

第二类是与蒙古族牧民交朋友。有牧区牧民来购货，他们以诚相待，笑脸相迎，有时甚至迎接出去几里远。迎来牧民吃住在自己店里（前铺商店后屋旅店）不收钱，牧民存放钱物不点数，以示信任。牧民往往将钱款交老板，所需物品由老板在其店内配置代购。牧民们这一趟赶来一般都要置备一年的生产生活用品，牧民们购好所需物品之后，店内老板伙计要帮助装货、套车、再送出城去，方与客人告别。尔后在这一年内，牧民们很少再次进城买东西卖牲口，他们由此把所有精力都集中在逐水草而居的游牧生活中。老板们在为牧民们选购物品后，往往还会送上一些"礼品"，说是给家中老人、妇女或是儿童的，由此拉近主客关系，维护永久客户。

当时在草原上的贸易主要是以物易物，蒙古语称为"谙达贸易"，谙达是蒙古语盟友、朋友的意思，谙达贸易意为"易物为好的朋友、盟友、结义兄弟""货换货，两头乐"。旅蒙商八大家与蒙古族、达斡尔族、鄂伦春族、鄂温克族人民建立起了良好的信用关系，这些民族的人民也称他们为"谙达"，谙达贸易是蒙古地区重要的贸易形式之一。

4.赶庙会。有史学家说"明修长城清建庙"。清康熙皇帝多伦会盟之后，在蒙古地区推行喇嘛教，修建了许多庙宇。据清末统计，仅漠南蒙古就有1000多座寺庙。甘珠尔庙是呼伦贝尔地区最大的喇嘛庙。有庙必有庙会，有庙会必有集市贸易。每当庙会时，僧众云集，人流如梭，佛事频繁，香火兴旺。旅蒙商人便赶骆驼、套牛车，拉上货物去庙会上出售。与赶庙会同类型的还有不少流动售货、贩货的驼队，称为"货房子""出拔子"，有的商家甚至走包串落，送货上门，深入到牧猎区去收购和出售商品。如八大家中的弘盛号兴盛时期就有"牛车一百五十辆，八个蒙古包，七八十人去草地作买卖"。资金少者，也有

勒勒车

2000两左右白银，店员二三十人。比如甘珠尔秋季庙会，每年农历八月举行，前后半个月，贸易场地设在庙北开阔的草原上，围成环形市场，设有南北二门，南门两侧是车市，为布特哈（满语，意为"渔猎"，汉译"打牲处"。清朝政区名，在嫩江两岸一带，今为扎兰屯市）及索伦使用；门东向北是卜奎（达斡尔语"勇士"音译，即今齐齐哈尔市）、多伦商铺；门西向北是北京、张家口、奉天商铺；北门外是俄国人商摊；市场中央设副都统行幕和税务机关，驻官员和卫兵。按行业及地区分类则是中

袖筒指语

国商场、俄国商场、牲畜市、木器市。经营项目包括茶叶、面食、肉类、皮货、棉织、地毯、医药、金银首饰、木器、马具、陶瓷、铜铁具等等，无所不备，无所不有。用当地俗话讲，"除了狗的偶蹄和绿色羔羊皮，无所不有"。

5. 讲隐语。我小时在农村集市上曾看到有人商品交易时，在袖筒里、草帽下捏手指，不知其意。后问大爸方知这是在袖里讨价还价，是一种交易方式，为不让第三者知晓，这也是老商人的身份象征，不会指语交易，不懂商业隐语，自然是刚出道的小伙计，不是商界老手。这次在呼伦贝尔副都统衙门博物馆看到对此有详细介绍，故拍下照片，兹录于下：

一、二、三、四、五分别以手指代数；六为大小指，形如烟袋；七为大二中三指，形如镊子；八为八叉，九为钩了，十为拳头。交谈时在袖筒里或帽子下进行，双方以手指表示数字。买卖双方以暗语答话，其形式在袖筒内用手指作式，表示方法为：一、握对方拇指；二、握对方食指和中指；三、握对方食指、中指和无名指；四、握对方除拇指以外四指；五、握对方五指全部；六、用除己拇指以外四指挠对方四指；七、将对方拇指、食指插入己拇指、食指之间；八、己拇指、食指插入对方拇指、食指之间；

九、用食指挠对方或勾对方食指。上述暗号,"一"可意味着十或百,"二"可意味着二十或二百,以此类推。

使用隐语也有十个汉字代表一、二、三、四、五、六、七、八、九、十,即天、地、光、时、音、律、政、宝、畿、重。这十个字的含义是天称作一,因为天最大,当然为一也;地次之为二;光指日月星三光,故称之为三;时,指春、夏、秋、冬四季,故为四;音,古代的音阶有宫、商、角、徵、羽五音,故而音为五的代名词;律,指黄钟、土簇、姑洗、簇宾、夷则、无射等六种定乐器(相当于现在的校音器),故代表六;政,指日、月、水、火、木、金、土北斗七星,因此代表七;宝,指景天科八宝属植物,又有佛家八宝、道家八宝,故以宝代八;畿,是先秦时期的行政区划,分为候、甸、男、采、卫、蛮、夷、镇、藩九畿,故而代表九;重,重点之意,即一的重复数,九加一为十,完满货足,是为一十之数。另外还有行话,称一为流、二为戳、三为品、四为瞎、五为拐、六为挠、七为候、八为桥、九为弯、十为海,十一为一大一小,五十五为两拐等等。

以上指语、隐语乃是商道行话。在袖里讨价还价,市面交易过程中便捷、保密、文雅,买卖双方,袖筒伸指,你来我去,指定乾坤,达成交易,你欢我喜,贵贵贱贱,他人不知,交易不成,抽手散去,摸个行情,不伤和气。是古人一种行之有效的谈判、论价方式,更是重要的商道文化。

6. 挂幌子。行为商,坐为贾。从古至今,一般开店的坐贾都要在自己的店门前挂个商幌。商幌又称"幌子""招子""望子"或"招幌",大体分为文字幌、实物幌、模型幌和象征幌四类。旧时商铺幌子比比皆是,远远望去十分醒目,目不识丁者,根据幌子便知为何类店铺。如当铺挂一块木牌,上书"当"字;茶庄在木牌中间写一"茶"字,两上角用茶叶形状加以装饰,一般多是黑底金字;旅店和澡堂在灯式纸糊柜上写上旅馆和澡堂字样,夜间里灯光四照,便于旅客夜晚投店就宿;裁缝铺挂一块布望子,两旁及下面一锯齿形色布加边点缀,上书"成衣局"三个字;酒店一般是在2米多长的红布旗中间画一酒坛,里面写"酒"字,或在旗中写上"杏花村"

三个字，称酒旗儿；药店是由4块红色木牌相连垂下，上面画着圆形黑色膏药，有的则在上面写个"药"字。形象性地悬挂广告则如：饭店的幌子是在箩圈的下面贴上红色布条，箩圈象征笼屉，红布条象征火焰，以红布条的多少代表饭店的开业年数；小型旅馆挂着个柳条笊篱，下边系着一块红布，以示留人小店，饮食方便。实物性的幌子就直截了当摆以实物招揽客人，如卖猪肉包子的店铺，就在门前摆一大大的猪头吸引客人，同时也昭告有宗教信仰不吃猪肉的行人不要在此逗留；同样有卖羊肉的店铺则在门前挂一羊头。

幌子

幌子，是商家的招牌，宣传广告，亦是经营行业、项目分类的标志，它生动形象，醒目易辨。对于目不识丁、语言不通的蒙汉下层民众更为方便，一望便知，省得走错店、进错门，多费口舌，浪费时间，客主两便。幌子，亦代表着诚信、标志着地点，客户从挂什么幌子的店铺知道卖的什么货，货好价宜，下次还会去，是个回头客，可谓老相与。反之，如果客户在你的店里买到假货、次货或明显高出市场价格的东西，则可根据幌子找上门去，让你退货、理赔，因为"挂羊头卖狗肉"的商人毕竟也有，在蒙古草原与牧民不等价易物交易的汉商也不乏其人。否则，也就不会有"挂羊头卖狗肉"这个词了。

参观毕呼伦贝尔副都统衙门，我们便到老城区饭馆去吃涮羊肉、喝奶子酒。肉鲜酒香，人闲气爽，一夜无话。第二天一早我们去参观呼伦贝尔民族博物院，其院名由启功先生题写，是依原呼伦贝尔市政府旧楼所建。进了博物院，有大大的宣传版面立在入馆门前，上书"唐风华彩——晋祠博物馆藏唐代名碑拓片展"，由该博物院与太原市晋祠博物馆联办，展览时间为 2018 年 6 月 25 日至 7 月 27 日。展览布在一楼大厅,我匆匆看时心想:从古至今山西人民与呼伦贝尔地区人民就友好交往不断,真是可歌可赞。上二楼参观民俗森林狩猎文化,迎面大理石雕塑上刻着金色"摇篮"二字,下面三行黑字,是著名历史学家翦伯赞先生的一段话:"呼伦贝尔这个草原一直是游牧民族的历史摇篮,出现在中国历史上的大多数游牧民族,鲜卑人、契丹人、女真人、蒙古人都是这个摇篮里长大的。"是啊,这些民族都曾在这里成长壮大,度过了他们美好的童年和青春时期,也在这里创造了独具特色的狩猎、游牧文化。如现在尚存的鄂温克、鄂伦春族人就还以驯鹿、狩猎为生。"鄂温克"在鄂温克语中就意为"住在大山里的人们"。这些民族在他们强大起来之后,便从呼伦贝尔走出去,跨越森林、草原、大漠,或入主中原,或征服欧亚大陆,演绎了一幕幕惊天地、泣鬼神,永存世界史册的壮美画卷,为我国统一多民族国家的形成和发展,为中西方政治、经济、文化、人口的交流和发展,都做出了永不泯灭的历史贡献。

继而我们一行又游历了满洲里、额尔古纳湿地、根河冷极村。经阿龙山、满归进入黑龙江省到达漠河北极村。在"金鸡之冠""北"字广场与"神州北极"诸景点,"我找到北了"!返回经胭脂沟采金小镇妓女坟到黑龙江源头洛古河村,听其名称,望其坟头,凭吊古人,不知道当年有多少闯关东的晋、冀、鲁、豫淘金者在此魂断沟底,命丧黄泉。清朝末年在此单独为妓女建造坟地,就从侧面说明了这一历史。她们的俊秀与风流,她们的凄楚与哀怨,既代表着当年这里黄金遍地、繁华昌盛,地冷人不冷;又代表着淘金人命运悲惨、有家难还,今日有酒今日醉,有钱地窝买春去。胭脂沟又名"老金沟",是当年慈禧太后御封的"胭脂沟"。1877 年鄂伦春人在此葬马发现金苗,光绪十三年(1887 年)清政府委派吉林候补知府李金镛为漠河金矿首任督办,这里的黄金产量一度超过具有"黄金天府"之称的山东省招远县,跃居全国之首。现在胭脂沟建有的李金镛祠堂,就是以介绍有关老金沟采金为主。可见北极村不仅有冰雪、森林、极光,还有黄金宝藏。

作者心语

在洛古河村的黑龙江源头逗留片刻后，我们经恩和哈达进入原始森林，沿额尔古纳河东岸一条尚未开放的边疆公路到达奇乾。沿途车行三个多小时，两旁森林夹道，罕见人烟。蝴蝶成群，惊起若风卷落叶；野鹿窜越，入林而倏忽不见；松鼠上树，直攀树梢云端；野鸡飞起，扑楞楞淹在草间。真如清人西清所说"棒打獐子瓢舀鱼，野鸡飞进饭锅里"及行人张广才所云"豺狼逐我驰，山鸡向我舞。谷口咆熊罴，松根窜松鼠"之情景。

奇乾，地处额尔古纳河畔，大兴安岭北部原始森林腹地，三面环山，一面临水，民居以"木刻楞"房为特色。奇乾有边防驻军，与我同行的同乡王大勇的侄儿王着名在南京军事学院毕业后就分配在此当兵，现在也是小排长。我们此行绕道到奇乾，就是要看望看望为国守北疆的这个小老乡。

奇乾是蒙古族人的发祥地，著名的额尔古涅·昆遗址就藏在此。下午我们一行参观了这个神秘的地方，一块硕大的原石矗立在绿草如茵的地上，上面用蒙汉两种文字镌刻着"额尔古涅·昆"几个大字，茂密的原始林木白桦树、松树环绕四周，一棵粗壮高大的松树上挂满蓝色的哈达。"额尔古涅·昆"意为"险峻的山坡"，额尔古涅·昆是蒙古神话《化铁出山》的地方，据14世纪波斯史学家拉施特写的《史集》记载：很早很早以前，蒙古部落在与其他部落交战中失败，仅有两男两女逃到了额尔古涅·昆这个地方，这两对男女经过生息繁衍，人口逐渐增加，感到此地狭小，便谋划出山，在莫尔道嘎一带找到了铁矿山，便宰杀了70头牛，制成70个风箱，堆起柴火，引火鼓风，化开矿山，不仅获得了无数的铁，也开辟了一条出山隘的路，从此，蒙古族部落便由森林进入了广阔的草原。这个传说生动地说明了蒙古族的起源。这两对男女也有汉文译说男为苍狼、女为白鹿，苍狼与白鹿繁衍生息，逐步壮大，走出森林。而这支从森林里走出来的蒙古族人就是蒙古族的黄金家族，一代天骄成吉思汗即是他们的后裔。

奇乾在清光绪三十四年（1908年）设置珠尔干河总卡伦，管理莫里勒河、毕拉尔河、牛尔河、长甸、伊穆河、奇雅河、永安山，额勒和哈达等卡伦的边务和内政。今天的奇乾又驻扎着中国人民解放军边防联队，守卫着祖国的北疆大地。在奇乾边防哨所参观，我手持望远镜，眺望额尔古纳河对岸俄罗斯山峰，心知山那边的石勒喀河右岸就是尼布楚。正是因为康熙二十八年九月（1689年9月）《中俄尼布楚条约》的签订，暂时遏制了沙俄帝国侵略的魔爪，使呼伦贝尔地区及清朝东北地区获得了较长时间的和平与安宁，使得晋商乃至其他商帮可以到这一地区做生意，从而才有了旅蒙商。因为《中俄尼布楚条约》共有8条，其中第5条就明明白白地写着："两国既永远和好，嗣后往来行旅，如有路票，准其交易。"从边防哨卡下来，告别为国戍边的边防战士，开车行走在经莫尔道嘎到室韦的森林里，我不禁百感交集，心潮涌动，

边走边唱出"五言排律"蒙东行：寻访晋商路，驱车万里行。当年驼铃响，今日喇叭鸣。大漠风光美，牛羊入画屏。河流多净澈，青草更葱菁。山淡老鹰绕，林幽小鹿宁。奇乾横哨所，神圣有雄风。北瞰俄国境，西瞻是外蒙。昔时贩茶去，骡马锦裘迎。互市双边利，汉蒙多挚情。草原文脉晟，展馆物藏丰。但愿人长久，五洲共月明。

本书170余幅插图皆由我拍摄和提供。

本书在编辑过程中，得到秦闯、王玉声、肖亚光、高巨海、康成平、谢增吉、张杰颖、陶丞、雷利、卢晓山、刘秋月、王尧、瞿思远、丰路等先生和女士的诸多帮助，得到我的侄女庞晓琦，外甥李晓青、李纪庆的帮助，他们或收集文稿，或录字校对，或联系出版，做了许许多多琐琐碎碎的工作，在此，我一并向他们表示衷心的感谢！

2018年10月初稿
补充修改于2019年7月

参考文献

［1］司马迁.史记,北京：中华书局,1959.

［2］王绩著,韩理洲较点,五卷本会校.王无功文集,上海：上海古籍出版社,1987.

［3］王绩撰,康金馨、夏连保校注.王绩集编年校注,太原：山西人民出版社,1992.

［4］刘昫,等.旧唐书,北京：中华书局,1975.

［5］宋濂等撰.元史.北京：中华书局,1976.

［6］丁廷楗,卢询修,赵吉士,等.徽州府志（影印版）,合肥：黄山书社,2009.

［7］谭其骧.中国历史地图集1—8.北京：中国地图出版社,1987.

［8］李元庆.三晋古文化源流,太原：山西古籍出版社,1997.

［9］王大方.草原访古.呼和浩特：内蒙古大学出版社,1999.

［10］钱穆.史记地名考.北京：商务印书馆,2001.

［11］史若民,牛白琳编著.平祁太经济社会史料与研究,太原：山西古籍出版社,2002.

［12］方伟华编著.黄鹤楼卷·黄鹤楼传奇,长春：吉林摄影出版社,2004.

［13］赵越主编.古代呼伦贝尔.呼伦贝尔：内蒙古文化出版社,2004.

［14］王文素原著,刘五然等校注.算学宝鉴校注,北京：科学出版社,2008.

［15］中共汾阳市委、汾阳市人民政府出品,山西狄青文化传播有限公司、汾阳市教育电视台联合摄制电视纪录片《晋商算学大师王文素》解说词,2008.

［16］《无穷门外话张北》编纂委员会编著.无穷门外话张北.北京：线装书局,2009.

［17］季宇.新安家族,安徽：安徽文艺出版社,2010.

［18］潘文华.电力安全生产漫画选,北京：中国电力出版社,2010.

［19］伊林驿站遗址博物馆画册,内蒙古西地文化设计,2010.

［20］王明义.告诉你一个真实的孝庄.北京：文化艺术出版社,2010.

［21］刘建生,燕红忠,张喜琴,等.明清晋商与徽商之比较研究,太原：山西经济出版社,2012.

［22］山西省考古研究所,汾阳市文物旅游局,汾阳市博物馆编著.汾阳东龙观宋金壁画墓,北京：文物出版社,2012.

[23] 季宇. 淮军四十年, 北京: 人民文学出版社, 2015.

[24] 王文清. 汾酒史话, 北京: 中华书局, 2015.

[25] 郑晓光, 吴汉勤, 刘朝纯撰. 喀喇沁旗王府博物馆巡览. 呼伦贝尔: 内蒙古文化出版社, 2015.

[26] 山西财经大学晋商研究院编. 晋商研究第三辑, 北京: 经济管理出版社, 2016.

[27] 王世华, 李琳琦, 张恺, 等. 解码徽商, 芜湖: 安徽师范大学出版社, 2016.

[28] 汪贻洵. 闲堂书法篆刻及文稿选——墨华印草, 北京: 中国文化出版社, 2016.

[29] 郝汝椿. 合盛元票号, 太原: 北岳文艺出版社, 2017.

[30] 高春平, 等. 于成龙与山西古今廉政文化研究, 太原: 北岳文艺出版社, 2017.

[31] 郭齐文. 兰韵夕拾, 太原: 三晋出版社, 2017.

[32] 山西省人民政府新闻办公室编著. 品读山西文化, 太原: 山西人民出版社, 2017.

[33] 王寮村党支部村委会, 王寮猗顿文化研究室编著. 布衣商圣, 2018.

[34] 马飞敏, 张越伟. 二连浩特·科学导游指南. 上海: 上海科学普及出版社, 2018.

[35] 漠河县旅游局. 漠河旅游指南, 2018.

[36] 清光绪五年校注本《河津县志》, 太原: 三晋出版社, 2010.

中国国家图书馆捐赠证书

江淮论坛

江淮论坛

2017年9月30日在合肥安徽人民出版社参加《晋商与徽商》研讨会的专家学者合影

前排从左至右：陈祥明 赵国华 王世华 李 宇 吴昌期 郭 因 徐 敏 叶如强 萧承震 刘 哲
后排从左至右：白 明 王文秀 侯 斌 黄小舟 刘玻屏 蒋正涛 郝根强 宋宏 翁 飞 庞利民
王佛生 刘 杰 钱念孙 周晓光 王荣森 秦 闯 卢昌杰

郭因先生在合肥研讨会上发言

王世华先生在合肥研讨会上发言，右为吴昌期先生

作者与崔伟合影

作者与张学平合影

作者与王启敏合影

作者与黄海嵩合影

作者与刘哲（左）、秦阊（右）在安徽人民出版社

《晋商与徽商》学术研讨会后,作者在合肥"徽宴楼"致答谢辞

作者(中)与刘杰(左)、季宇(右)把酒欢庆

弘扬优秀企业家精神

——在《晋商与徽商》学术研讨会上的讲话

吴昌期

我是听王佛山先生说有这么一个《晋商与徽商》学术研讨会,这本书是庞利民先生写的,我很感兴趣,特意赶来参加这个会,听听各位专家学者对历史上这两个著名商帮的论述。今天看到在座的各位我很高兴。

我接触商帮文化是在退休以后,我发起成立了徽商商会,从2005年成立到现在已经十三四年了。当时成立徽商商会的时候,我们在北京人民大会堂开了个会,叫首届徽商商会成立年会,那时候参加这个徽商商会的大概只有六七家,大家热情都挺高的,也请了很多的学者发言。

以后每年都开一次这样的年会,到现在已经是第14届。最早成立徽商商会的时候,我们对现在徽商的情况和过去历史上徽商的情况、对历史上商帮和现在商帮的情况做过简单的了解,当时与我们有联系的大概有十几个这样的商帮,有晋商、潮商、北京的京商、深圳的深商、宁波的宁商等等。在2005年的时候,我们对这十几个商帮大概统计了一下,其中,从它的经济实力来讲,比较弱的恐怕还是徽商,当然还有赣商,晋商也是比较弱的。最强的是潮商,潮商的会长是李嘉诚。潮商这一家的营业额比我们十几个商帮加起来的总和还要多。

现在徽商的商会组织发展得很快,已经从几家发展到了200多家,不仅是国内的各个省市有,境外的商会大概也有三四十家,美国、欧洲、日本都有。

徽商总的数量也有很多了,大概有10万个,10万个企业家。这些我讲的大部分都还是民营企业,看起来很多,实际上这些民营企业有很多都是在

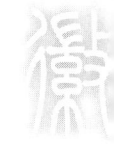

20世纪90年代以后才逐渐起来的，有的是出去上学啊、打工啊才逐渐发展起来的，实力还比较弱，真正有成就的也就是几千人。

2005年我们在北京开会的时候，很多人很热情，做了一面会旗，叫"天下徽商"。会上大家讲过去徽商是十大商帮之首，钻天洞庭遍地徽、无徽不成镇，徽商是很有名的。在商帮里面很有名的还有晋商。其实历史上的徽商概念和现在安徽商会的概念在地理位置上是两回事。晋商地理位置没有多大变化。现在安徽省版图和原来徽商兴起时候的地理位置大不一样，当时徽商所在的地方就是江南的鱼米之乡，是很富裕的地方，所以它大部分的经商事迹都在江南，在苏州、无锡、浙江这一带，所以它形成的文化简单地讲就是江南文化。

重振徽商辉煌，我们有一面旗子、有个口号叫"天下徽商"，我们怎么能够把它变成跟过去一样叫"徽商天下"！这个"徽商天下"提出来要分两步走，一步呢就叫徽商组织遍天下，以前这个徽商组织很多，特别是李鸿章那个时候，光是徽商的会馆差不多就有200个，北京就很多，苏杭到处都有，那时候徽商商帮啊、商会啊非常多，现在这个目标达到了，徽商组织遍天下，到处都有徽商商会。

第二步呢就是逐渐地在这个基础上，变成徽商实力雄天下。光有组织不行，还要有实力！实力有两个，一个叫硬实力，一个叫软实力。软实力就是徽商文化，硬实力就是徽商经营发展的情况。从硬实力来说呢，一个就是有10万多家徽商企业，一年总的营业收入大概在四五万亿，超过了安徽省，发展得比较快。第二个硬实力呢，就是年营业额在1000亿上下的这种特大的徽商，大体上有十几家将近20家，有一批这样的领军人物。第三个反映徽商实力的就是徽商的上市公司，大体上有100家左右，这些上市公司都比较大，有年营业额超过100亿的。

徽商的软实力主要反映在文化上面，徽商传承历史文化，现在徽商的软实力比过去更加明显，除了对过去徽商经营理念的传承，还从事了很多关于文化方面的产业，有电影啊、出版啊。另外徽商在文化事业上，大概还办有

100多家徽商博物馆、徽商会馆、徽商文化馆，徽商书画馆。有几个徽商办的博物馆在全国都有名，比如说深圳的至正博物馆，这个博物馆现在是中国最大的民营博物馆，也是联合国和中国合作的唯一一家博物馆。

参加《晋商与徽商》这本书的学术研讨会，感到挺高兴。因为晋商和徽商都是文化突出的商帮，过去像这种在一起研究或比较研究很少，讲徽商就讲徽商，讲晋商就讲晋商。今天将这两个放在一起研究讨论是很好的，我想这两个商帮都是很有文化的商帮，有很多共同点。商帮文化实际上既是中华文化的一支，又是代表地域文化。地域文化中非常有名的有徽文化。徽文化也是因为徽商形成的，是很博大精深的，我们这位王校长（王世华）和他的老师就是研究徽文化的领头人。研究徽文化现在有很多机构，我们曾经开过好几次徽文化的研讨会。全世界研究徽文化的有100多家，因为徽文化在中国的地域文化里面是一个显文化。当然其他的还有齐鲁文化、三晋文化、河洛文化、闽南文化等等，这些都是中国很有名的地域文化。但是研究最多的就是三个文化，一个是敦煌文化，一个是藏文化，一个就是徽文化。这三个文化在国外叫做中国地域文化里面的显文化。这三个文化里都有点沟通，我们曾经也开过几次三个文化之间的沟通会，但是三个文化之间的地域距离太大了，大家的语言都不通，沟通起来困难很多。庞利民先生现在把晋商文化和徽商文化放在一起研究，我觉得这是一个很大的创举。不仅历史上晋商和徽商有各自的文化，当代晋商和徽商也有。这本书发行以后我非常高兴。我看这个历史文化的比较，是对历史文化的传承。

最近，各位可能也都看到了2018年9月25号新华社全文发表了《中共中央、国务院关于营造企业家健康成长环境，弘扬优秀企业家精神，更好发挥企业家作用的意见》。共有10个方面29条。中央全文发表这个文件，对我们研究商业文化很有促进作用。这个文件第一就是讲要进一步改善企业家的环境，第二要弘扬优秀企业家精神，第三要发挥企业家的作用。特别是中间的弘扬优秀企业家精神，"精神"这两个字，就是属于企业、商业文化，这一段有很多关于企业家文化的论述。这个文件所以引起大家的关注，第一

大明宝钞　　　　　大明宝钞　　　　　大清宝钞

因为是在党的十九大召开前夕发布的,第二它是中华人民共和国成立近70年来第一份由中共中央和国务院发布的关于企业家的文件,以前从来没有过。所以我想,在这个时候安徽人民出版社出版发行庞利民先生《晋商与徽商》这本书,对于贯彻中央的这个文件,弘扬优秀企业家精神,提高对中国企业、商业的管束力,对晋商徽商的发展,肯定都是有很大的促进作用。我来得匆匆忙忙,刚从巢湖赶过来,也没仔细看这本书,就讲这些。谢谢大家!

吴昌期　原安徽省副省长,原省人大常委会副主任。安徽省企业家联合会会长,安徽国际徽商交流协会会长。

我看到了一部我很想看到的书
——初读庞利民《晋商与徽商》

郭 因

我很早就希望有一部将晋商与徽商合在一起进行比较研究的书问世。我很高兴,我的这一愿望如今已经实现。

利民先生这部书的优长和价值,两位有关专家分别作的两篇序言说得很清楚。两位专家合写的推荐词对此也概括得很精准。

收到利民先生这部书的当天晚上,我就看了书的序言和后记,接着几个晚上,又翻阅了全书,并较仔细地看了第二章、第三章、第十三章、第十四章。

我想,此书内容丰富、文字活泼,颇有独到见解,这一定会成为读者的共识。我还深觉利民先生的不少观点深得我心。我曾经想,并且现在还在想这样几个问题:

第一,政商关系,具体说,官员与商人的关系问题。自有工商业以来,搞政治的人与搞工商业即搞企业的人就有扯不断的关系。说近点,李鸿章搞洋务运动,孙中山搞革命,都要联络企业家。蒋介石发迹,靠的是以虞洽卿为首的江浙财团。共产党取得政权前后也团结了李烛尘、胡厥文等人。邓小平搞改革开放,请了荣毅仁出山办中信公司,如此等等,都不乏成功范例。左宗棠在浙江、在新疆建功立业,就很得力于胡雪岩这个企业家。如今随着改革开放的需要、振兴中华的需要,晋商与徽商也在振兴。在此过程中,就有个官与商的关系问题需要很好解决。这个关系究竟应该如何对待与处理,恐怕很该深入研究,以求正确面对。

第二,徽商贾而好儒,好程朱讲究的正心诚意修身齐家治国平天下的儒

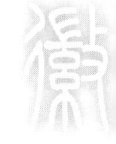

学。晋商贾而好实，好王通、薛瑄、傅山讲究的经世致用的实学。徽商尊崇朱熹而尚仁，晋商尊崇关羽而尚义。"仁者人也""博爱之谓仁"，重对人的博爱。"义者，宜也""行而宜之之谓义"，讲究爱人的分寸、爱人的度。仁与义合在一起，是既要爱人，又要讲究对不同对象的爱的分寸、爱的度。其实儒家讲"爱有差等"也就是讲爱的分寸，爱的不同性质、不同程度。这应该既是经商的人为人的准则，也是任何人为人处世的普适准则，这一套恐怕也是治国理政的人值得参考的，特别是在构建和谐世界、构造人类命运共同体的进程中的人，更特别是各国政要值得参考。

第三，徽商、晋商都能一面为客地造福，一面更为家乡造福。这和"饮水思源""落叶归根"这种传统的民风民俗很有关系，更应归因于农业社会的讲究以农为本、以乡土为根的时代背景、时代思潮。如今，由于市场经济兴起，农民进城务工成为一种大潮，农村中几乎仅有少数老幼，这样下去，新农村建设靠谁建，又建给谁用呢？今后，我们到底是该继续鼓励农村青年进城大搞走西方现代化老路的城市化呢，还是应该鼓励农民工回乡，并鼓励城市青年下乡，大兴生态立体农业、农工商文教卫一体化的大农业，进而建设互联网加绿色高科技的生态城乡一体化的后现代社会呢？这恐怕也是个须要认真研究的问题，特别是个需要顶层很好设计的问题。

第四，关于徽商、晋商的衰落与复兴问题。徽商、晋商以及全国各地的商帮，历史上都有起有落、有盛有衰。除了自身的原因，起和盛都由于社会比较太平；落与衰，大都由于社会动荡不安，特别是由于天灾、战争等。只是到了解放后，土改断了工商业者的后方和退路，全行业公私合营，断了工商业者自身发展的前途，工商业全部国营接着又取消定息，这样一来，哪里还有所谓徽商、晋商以及粤商、潮商等等呢？直到"文化大革命"后拨乱反正、改革开放，民营工商业渐渐复苏和兴旺，这才有了徽商、晋商的所谓复兴，但也已非原貌。

我觉得，我们国家领导人提出的构建和谐世界、构建人类命运共同体，这也就是共产主义的目标。我们国家现在对内搞的精准扶贫奔全面小康，对外搞的"一带一路"、亚投行、金砖国家等等,就是奔向这个目标的正道。我相信,中共十九大之后,国内外都会有越来越好的形势,徽商、晋商以及其他地方的这个商那个商,都会有光明的前途。

当然,面对晋商、徽商的复兴,需要研究与解决的问题还很多,希望有心人、有志者都能继利民先生之后,一道来思考,一道来商议,一道来行动,一道来解决。

看了利民先生这本书,我还曾突然想到,现在的官员为何不能像利民先生这样,以从政后的全部业余时间与精力去钻研一个课题、写一部书?希望利民先生这本书也能给大家一点启发。

总之,要谢谢利民先生这本书,谢谢写了这本书的利民先生。(收录略有删节)

郭因先生手稿

郭因 别名胡鲁焉,笔名路泥男。安徽绩溪人,民盟成员,著名美学家、徽学家。曾任安徽省人民政府文教委员会政策研究员,安徽省政协文学艺术研究所副所长、文史委员会副主任,安徽省美学学会会长,中华全国美学会第一届理事会常务理事,安徽省绿色文化、绿色美学会名誉会长等职。

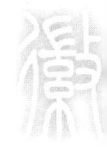

一本学术性与可读性兼备一体的优秀著作

王世华

选题新颖。早在明代中期,随着全国商品经济的发展,商人队伍已非常活跃,并逐渐形成了十来个大的商帮集团,其中徽商与晋商这两大商帮最为有名。明代万历、天启年间的官员、学者谢肇淛在《五杂俎》中曾写道:"富室之称雄者,江南则推新安,江北则推山右。新安大贾,鱼盐为业,藏镪有至百万者,其他二三十万,则中贾耳。山右或盐,或丝,或转贩,或窖粟,其富甚于新安。"这两大商帮一直到清代还在继续发展,前后延续四五百年,生意做得非常大,对国家的政治、经济、文化各个方面都产生了巨大的影响,自然会引起历史学和经济学学者的注意。所以从20世纪八九十年代开始,就有不少学者甚至外国(日本、美国、韩国、新加坡)学者投入很大的精力对它们进行了研究,据估计可能产生了几十部著作、几千篇论文,这些都大大加深了人们对两大商帮的认识。但是迄今为止,对这两大商帮进行比较的研究成果还是少之又少。据我所知,此书出版前,只有山西学者组成一支团队共同研究这个问题,出版了《明清晋商与徽商之比较研究》一书,由于作者大多是经济学背景,所以那本书更多使用经济学的方法、范畴进行研究,当然给人耳目一新的感觉。但毋庸讳言,由此作者队伍对徽商研究不多,所以涉及徽商的部分出现了不少硬伤。除此书以外,关于两个商帮比较研究的论文也只有两三篇。所以我认为庞利民先生的这本著作,选题很新,抓住了商帮史研究中的最薄弱环节发力,这是非常有学术价值的。

内容丰富。本书内容全面详尽、丰富多彩。关于两个商帮的兴衰历程、经营行业、活动范围、选人用人、科举仕宦、建筑特色等方方面面作者都进行了详尽的论述和比较,洋洋洒洒 15 章 90 万言,内容非常丰富。甚至将徽州女人和山西婆姨也进行了有趣的分析和对比。作者在论述每个问题时,总是追根溯源、详其本末。比如,盐业是两大商帮经营的重要行业之一,作者在讲到这个问题时,将自古以来我国的盐业政策进行了详细梳理,从自古专营一直到"开中制""折色制""纲盐制",最后到票盐制,盐业政策的演变过程交待的清清楚楚,使读者一目了然。读过这本书,可以说对晋商与徽商的基本情况都会有个全面的了解。

  观点创新。一本书的学术价值主要是看它有没有提出新观点,而本书中确实提出了一些新观点。作者对每个问题的阐述并非搬袭前人的看法,而是在研究大量史料的基础上,经过深入思考而提出自己的灼见,这是难能可贵的。本书第二章、第三章专门论述晋商与徽商的共同点和不同点,指出他们的共同点就是所处环境都是地瘠民贫,穷则思变;走上商途后都是生财有道,经营有方;他们致富后也都建设家乡,传播文化;两个商帮中都有人精研算学,编著商书;他们都是富而不贵,都是荣归故里或客死他乡。作者又指出两大商帮有四大不同点:地域大小不同;兴盛年代不同,晋商兴起于明初"开中制",徽商兴起于明中叶"折色制";精神领袖不同,晋商崇拜关羽,徽商崇拜朱熹;民风习俗不同,徽人好讼,晋慎入衙。这些观点的系统提出,这还是第一次。作者还通过两个具体事例做进一步论证:晋商王文素和徽商程大位毕生喜爱数学,刻苦钻研,都各自著有算学著作,但两人境遇却大不相同。王文素著成《算学宝鉴》后因囊中羞涩,无钱刊印,只能以手抄本在民间流传。而程大位著成《算法统宗》后刊行问世,洛阳纸贵,坊间翻刻不断。通过这一事例,作者看到两个商帮文化上的不同,说明"晋籍商人对此文化性的东西重视不够"。书中对银行与钱庄、票号优劣的分析也让人耳目一新。作者认为,票号与银行的最大区别就是各自所建立的信用体制不一样、责任不一样。票号的存贷款是建立在诚信和道德的基础上,这种信任只存在于一定范围之内,业务范围有限,责任却是无限的,风险也难以避免。而现代银行是建立在制度与信任的基础上,它的贷款实行抵押制,存款门槛低,可把

江淮论坛

2017年9月30日在合肥安徽人民出版社参加《晋商与徽商》研讨会的专家学者合影

前排从左至右：陈祥明　赵国华　季　宇　王世华　刘政屏　郭　因　徐　敏　叶如强　萧承震　刘　哲
后排从左至右：白　明　王文秀　侯　斌　刘　杰　黄小舟　蒋正涛　郝根斌　宋　宏　秦　闯　翁　飞　庞利民
　　　　　　　王佛生　　　　　　　　　　　　钱念孙　周晓光　王荣森　卢念杰　吴昌期

郭因先生在合肥研讨会上发言

王世华先生在合肥研讨会上发言,右为吴昌期先生

作者与崔伟合影

作者与张学平合影

作者与王启敏合影

作者与黄海嵩合影

作者与刘哲(左)、秦闽(右)在安徽人民出版社

《晋商与徽商》学术研讨会后,作者在合肥"徽宴楼"致答谢辞

作者(中)与刘杰(左)、季宇(右)把酒欢庆

弘扬优秀企业家精神

——在《晋商与徽商》学术研讨会上的讲话

吴昌期

我是听王佛山先生说有这么一个《晋商与徽商》学术研讨会,这本书是庞利民先生写的,我很感兴趣,特意赶来参加这个会,听听各位专家学者对历史上这两个著名商帮的论述。今天看到在座的各位我很高兴。

我接触商帮文化是在退休以后,我发起成立了徽商商会,从 2005 年成立到现在已经十三四年了。当时成立徽商商会的时候,我们在北京人民大会堂开了个会,叫首届徽商商会成立年会,那时候参加这个徽商商会的大概只有六七家,大家热情都挺高的,也请了很多的学者发言。

以后每年都开一次这样的年会,到现在已经是第 14 届。最早成立徽商商会的时候,我们对现在徽商的情况和过去历史上徽商的情况、对历史上商帮和现在商帮的情况做过简单的了解,当时与我们有联系的大概有十几个这样的商帮,有晋商、潮商、北京的京商、深圳的深商、宁波的宁商等等。在 2005 年的时候,我们对这十几个商帮大概统计了一下,其中,从它的经济实力来讲,比较弱的恐怕还是徽商,当然还有赣商,晋商也是比较弱的。最强的是潮商,潮商的会长是李嘉诚。潮商这一家的营业额比我们十几个商帮加起来的总和还要多。

现在徽商的商会组织发展得很快,已经从几家发展到了 200 多家,不仅是国内的各个省市有,境外的商会大概也有三四十家,美国、欧洲、日本都有。

徽商总的数量也有很多了,大概有 10 万个,10 万个企业家。这些我讲的大部分都还是民营企业,看起来很多,实际上这些民营企业有很多都是在

20世纪90年代以后才逐渐起来的，有的是出去上学啊、打工啊才逐渐发展起来的，实力还比较弱，真正有成就的也就是几千人。

2005年我们在北京开会的时候，很多人很热情，做了一面会旗，叫"天下徽商"。会上大家讲过去徽商是十大商帮之首，钻天洞庭遍地徽、无徽不成镇，徽商是很有名的。在商帮里面很有名的还有晋商。其实历史上的徽商概念和现在安徽商会的概念在地理位置上是两回事。晋商地理位置没有多大变化。现在安徽省版图和原来徽商兴起时候的地理位置大不一样，当时徽商所在的地方就是江南的鱼米之乡，是很富裕的地方，所以它大部分的经商事迹都在江南，在苏州、无锡、浙江这一带，所以它形成的文化简单地讲就是江南文化。

重振徽商辉煌，我们有一面旗子、有个口号叫"天下徽商"，我们怎么能够把它变成跟过去一样叫"徽商天下"！这个"徽商天下"提出来要分两步走，一步呢就叫徽商组织遍天下，以前这个徽商组织很多，特别是李鸿章那个时候，光是徽商的会馆差不多就有200个，北京就很多，苏杭到处都有，那时候徽商商帮啊、商会啊非常多，现在这个目标达到了，徽商组织遍天下，到处都有徽商商会。

第二步呢就是逐渐地在这个基础上，变成徽商实力雄天下。光有组织不行，还要有实力！实力有两个，一个叫硬实力，一个叫软实力。软实力就是徽商文化，硬实力就是徽商经营发展的情况。从硬实力来说呢，一个就是有10万多家徽商企业，一年总的营业收入大概在四五万亿，超过了安徽省，发展得比较快。第二个硬实力呢，就是年营业额在1000亿上下的这种特大的徽商，大体上有十几家将近20家，有一批这样的领军人物。第三个反映徽商实力的就是徽商的上市公司，大体上有100家左右，这些上市公司都比较大，有年营业额超过100亿的。

徽商的软实力主要反映在文化上面，徽商传承历史文化，现在徽商的软实力比过去更加明显，除了对过去徽商经营理念的传承，还从事了很多关于文化方面的产业，有电影啊、出版啊。另外徽商在文化事业上，大概还办有

100 多家徽商博物馆、徽商会馆、徽商文化馆，徽商书画馆。有几个徽商办的博物馆在全国都有名，比如说深圳的至正博物馆，这个博物馆现在是中国最大的民营博物馆，也是联合国和中国合作的唯一一家博物馆。

参加《晋商与徽商》这本书的学术研讨会，感到挺高兴。因为晋商和徽商都是文化突出的商帮，过去像这种在一起研究或比较研究很少，讲徽商就讲徽商，讲晋商就讲晋商。今天将这两个放在一起研究讨论是很好的，我想这两个商帮都是很有文化的商帮，有很多共同点。商帮文化实际上既是中华文化的一支，又是代表地域文化。地域文化中非常有名的有徽文化。徽文化也是因为徽商形成的，是很博大精深的，我们这位王校长（王世华）和他的老师就是研究徽文化的领头人。研究徽文化现在有很多机构，我们曾经开过好几次徽文化的研讨会。全世界研究徽文化的有 100 多家，因为徽文化在中国的地域文化里面是一个显文化。当然其他的还有齐鲁文化、三晋文化、河洛文化、闽南文化等等，这些都是中国很有名的地域文化。但是研究最多的就是三个文化，一个是敦煌文化，一个是藏文化，一个就是徽文化。这三个文化在国外叫做中国地域文化里面的显文化。这三个文化里都有点沟通，我们曾经也开过几次三个文化之间的沟通会，但是三个文化之间的地域距离太大了，大家的语言都不通，沟通起来困难很多。庞利民先生现在把晋商文化和徽商文化放在一起研究，我觉得这是一个很大的创举。不仅历史上晋商和徽商有各自的文化，当代晋商和徽商也有。这本书发行以后我非常高兴。我看这个历史文化的比较，是对历史文化的传承。

最近，各位可能也都看到了 2018 年 9 月 25 号新华社全文发表了《中共中央、国务院关于营造企业家健康成长环境，弘扬优秀企业家精神，更好发挥企业家作用的意见》。共有 10 个方面 29 条。中央全文发表这个文件，对我们研究商业文化很有促进作用。这个文件第一就是讲要进一步改善企业家的环境，第二要弘扬优秀企业家精神，第三要发挥企业家的作用。特别是中间的弘扬优秀企业家精神，"精神"这两个字，就是属于企业、商业文化，这一段有很多关于企业家文化的论述。这个文件所以引起大家的关注，第一

  大明宝钞   大明宝钞   大清宝钞

因为是在党的十九大召开前夕发布的，第二它是中华人民共和国成立近70年来第一份由中共中央和国务院发布的关于企业家的文件，以前从来没有过。所以我想，在这个时候安徽人民出版社出版发行庞利民先生《晋商与徽商》这本书，对于贯彻中央的这个文件，弘扬优秀企业家精神，提高对中国企业、商业的管束力，对晋商徽商的发展，肯定都是有很大的促进作用。我来得匆匆忙忙，刚从巢湖赶过来，也没仔细看这本书，就讲这些。谢谢大家！

  吴昌期 原安徽省副省长，原省人大常委会副主任。安徽省企业家联合会会长，安徽国际徽商交流协会会长。

我看到了一部我很想看到的书
——初读庞利民《晋商与徽商》

郭　因

我很早就希望有一部将晋商与徽商合在一起进行比较研究的书问世。我很高兴，我的这一愿望如今已经实现。

利民先生这部书的优长和价值，两位有关专家分别作的两篇序言说得很清楚。两位专家合写的推荐词对此也概括得很精准。

收到利民先生这部书的当天晚上，我就看了书的序言和后记，接着几个晚上，又翻阅了全书，并较仔细地看了第二章、第三章、第十三章、第十四章。

我想，此书内容丰富、文字活泼，颇有独到见解，这一定会成为读者的共识。我还深觉利民先生的不少观点深得我心。我曾经想，并且现在还在想这样几个问题：

第一，政商关系，具体说，官员与商人的关系问题。自有工商业以来，搞政治的人与搞工商业即搞企业的人就有扯不断的关系。说近点，李鸿章搞洋务运动，孙中山搞革命，都要联络企业家。蒋介石发迹，靠的是以虞洽卿为首的江浙财团。共产党取得政权前后也团结了李烛尘、胡厥文等人。邓小平搞改革开放，请了荣毅仁出山办中信公司，如此等等，都不乏成功范例。左宗棠在浙江、在新疆建功立业，就很得力于胡雪岩这个企业家。如今随着改革开放的需要、振兴中华的需要，晋商与徽商也在振兴。在此过程中，就有个官与商的关系问题需要很好解决。这个关系究竟应该如何对待与处理，恐怕很该深入研究，以求正确面对。

第二，徽商贾而好儒，好程朱讲究的正心诚意修身齐家治国平天下的儒

学。晋商贾而好实，好王通、薛瑄、傅山讲究的经世致用的实学。徽商尊崇朱熹而尚仁，晋商尊崇关羽而尚义。"仁者人也""博爱之谓仁"，重对人的博爱。"义者，宜也""行而宜之之谓义"，讲究爱人的分寸、爱人的度。仁与义合在一起，是既要爱人，又要讲究对不同对象的爱的分寸、爱的度。其实儒家讲"爱有差等"也就是讲爱的分寸，爱的不同性质、不同程度。这应该既是经商的人为人的准则，也是任何人为人处世的普适准则，这一套恐怕也是治国理政的人值得参考的，特别是在构建和谐世界、构造人类命运共同体的进程中的人，更特别是各国政要值得参考。

第三，徽商、晋商都能一面为客地造福，一面更为家乡造福。这和"饮水思源""落叶归根"这种传统的民风民俗很有关系，更应归因于农业社会的讲究以农为本、以乡土为根的时代背景、时代思潮。如今，由于市场经济兴起，农民进城务工成为一种大潮，农村中几乎仅有少数老幼，这样下去，新农村建设靠谁建，又建给谁用呢？今后，我们到底是该继续鼓励农村青年进城大搞走西方现代化老路的城市化呢，还是应该鼓励农民工回乡，并鼓励城市青年下乡，大兴生态立体农业、农工商文教卫一体化的大农业，进而建设互联网加绿色高科技的生态城乡一体化的后现代社会呢？这恐怕也是个须要认真研究的问题，特别是个需要顶层很好设计的问题。

第四，关于徽商、晋商的衰落与复兴问题。徽商、晋商以及全国各地的商帮，历史上都有起有落、有盛有衰。除了自身的原因，起和盛都由于社会比较太平；落与衰，大都由于社会动荡不安，特别是由于天灾、战争等。只是到了解放后，土改断了工商业者的后方和退路，全行业公私合营，断了工商业者自身发展的前途，工商业全部国营接着又取消定息，这样一来，哪里还有所谓徽商、晋商以及粤商、潮商等等呢？直到"文化大革命"后拨乱反正、改革开放，民营工商业渐渐复苏和兴旺，这才有了徽商、晋商的所谓复兴，但也已非原貌。

我觉得，我们国家领导人提出的构建和谐世界、构建人类命运共同体，这也就是共产主义的目标。我们国家现在对内搞的精准扶贫奔全面小康，对外搞的"一带一路"、亚投行、金砖国家等等，就是奔向这个目标的正道。我相信，中共十九大之后，国内外都会有越来越好的形势，徽商、晋商以及其他地方的这个商那个商，都会有光明的前途。

当然，面对晋商、徽商的复兴，需要研究与解决的问题还很多，希望有心人、有志者都能继利民先生之后，一道来思考，一道来商议，一道来行动，一道来解决。

看了利民先生这本书，我还曾突然想到，现在的官员为何不能像利民先生这样，以从政后的全部业余时间与精力去钻研一个课题、写一部书？希望利民先生这本书也能给大家一点启发。

总之，要谢谢利民先生这本书，谢谢写了这本书的利民先生。（收录略有删节）

郭因先生手稿

郭因　别名胡鲁焉，笔名路泥男。安徽绩溪人，民盟成员，著名美学家、徽学家。曾任安徽省人民政府文教委员会政策研究员，安徽省政协文学艺术研究所副所长、文史委员会副主任，安徽省美学学会会长，中华全国美学会第一届理事会常务理事，安徽省绿色文化、绿色美学会名誉会长等职。

一本学术性与可读性兼备一体的优秀著作

王世华

选题新颖。早在明代中期，随着全国商品经济的发展，商人队伍已非常活跃，并逐渐形成了十来个大的商帮集团，其中徽商与晋商这两大商帮最为有名。明代万历、天启年间的官员、学者谢肇淛在《五杂俎》中曾写道："富室之称雄者，江南则推新安，江北则推山右。新安大贾，鱼盐为业，藏镪有至百万者，其他二三十万，则中贾耳。山右或盐，或丝，或转贩，或窖粟，其富甚于新安。"这两大商帮一直到清代还在继续发展，前后延续四五百年，生意做得非常大，对国家的政治、经济、文化各个方面都产生了巨大的影响，自然会引起历史学和经济学学者的注意。所以从 20 世纪八九十年代开始，就有不少学者甚至外国（日本、美国、韩国、新加坡）学者投入很大的精力对它们进行了研究，据估计可能产生了几十部著作、几千篇论文，这些都大大加深了人们对两大商帮的认识。但是迄今为止，对这两大商帮进行比较的研究成果还是少之又少。据我所知，此书出版前，只有山西学者组成一支团队共同研究这个问题，出版了《明清晋商与徽商之比较研究》一书，由于作者大多是经济学背景，所以那本书更多使用经济学的方法、范畴进行研究，当然给人耳目一新的感觉。但毋庸讳言，由此作者队伍对徽商研究不多，所以涉及徽商的部分出现了不少硬伤。除此书以外，关于两个商帮比较研究的论文也只有两三篇。所以我认为庞利民先生的这本著作，选题很新，抓住了商帮史研究中的最薄弱环节发力，这是非常有学术价值的。

内容丰富。本书内容全面详尽、丰富多彩。关于两个商帮的兴衰历程、经营行业、活动范围、选人用人、科举仕宦、建筑特色等方方面面作者都进行了详尽的论述和比较,洋洋洒洒15章90万言,内容非常丰富。甚至将徽州女人和山西婆姨也进行了有趣的分析和对比。作者在论述每个问题时,总是追根溯源、详其本末。比如,盐业是两大商帮经营的重要行业之一,作者在讲到这个问题时,将自古以来我国的盐业政策进行了详细梳理,从自古专营一直到"开中制""折色制""纲盐制",最后到票盐制,盐业政策的演变过程交待的清清楚楚,使读者一目了然。读过这本书,可以说对晋商与徽商的基本情况都会有个全面的了解。

观点创新。一本书的学术价值主要是看它有没有提出新观点,而本书中确实提出了一些新观点。作者对每个问题的阐述并非搬袭前人的看法,而是在研究大量史料的基础上,经过深入思考而提出自己的灼见,这是难能可贵的。本书第二章、第三章专门论述晋商与徽商的共同点和不同点,指出他们的共同点就是所处环境都是地瘠民贫,穷则思变;走上商途后都是生财有道,经营有方;他们致富后也都建设家乡,传播文化;两个商帮中都有人精研算学,编著商书;他们都是富而不贵,都是荣归故里或客死他乡。作者又指出两大商帮有四大不同点:地域大小不同;兴盛年代不同,晋商兴起于明初"开中制",徽商兴起于明中叶"折色制";精神领袖不同,晋商崇拜关羽,徽商崇拜朱熹;民风习俗不同,徽人好讼,晋慎入衙。这些观点的系统提出,这还是第一次。作者还通过两个具体事例做进一步论证:晋商王文素和徽商程大位毕生喜爱数学,刻苦钻研,都各自著有算学著作,但两人境遇却大不相同。王文素著成《算学宝鉴》后因囊中羞涩,无钱刊印,只能以手抄本在民间流传。而程大位著成《算法统宗》后刊行问世,洛阳纸贵,坊间翻刻不断。通过这一事例,作者看到两个商帮文化上的不同,说明"晋籍商人对此文化性的东西重视不够"。书中对银行与钱庄、票号优劣的分析也让人耳目一新。作者认为,票号与银行的最大区别就是各自所建立的信用体制不一样、责任不一样。票号的存贷款是建立在诚信和道德的基础上,这种信任只存在于一定范围之内,业务范围有限,责任却是无限的,风险也难以避免。而现代银行是建立在制度与信任的基础上,它的贷款实行抵押制,存款门槛低,可把业务做大。在组织形式上，现代银行建有董事会、监事会，决策民主化，与票号的总经理集权管理体制有很大区别。责任上，现代银行又是有限责任制，从制度上规避风险等等，这些论述确实颇有见地。作者将徽商与晋商衰落的原因和过程写得也很详细精彩，尤其写到在社会转型关头，晋商票号掌柜由于思想保守，一次又一次错过办银行的机会，读来真令人扼腕叹息。书中类似新见还有很多。

雅俗共赏。书中没有大段大段的引文，但也不是戏说和杜撰，作者是阅读了大量的资料，通过自己的研究，将这些资料融汇贯通，然后用通俗、优美、流畅的文字深入浅出地表达出来，真正融科学性与可读性于一体，很耐看，确实是一本雅俗共赏的著作。普通大众读了此书可以获得不少知识和教益，专业学者读了此书也会受到很多启发，对进一步深入研究颇有帮助。

精神可佳。作者并不是专业学者，也不是一般工作人员，而是一位领导干部，工作非常忙，却能够写书，其精神真值得我们学习。一是热爱中国优秀传统文化的精神。他是晋商后裔，对晋商有天然的感情，但他又在安徽工作，对徽商也产生了浓厚的兴趣，随着对这两大商帮的深入了解，更觉得这是中国优秀传统文化的一部分，必须进行研究，让它们发扬光大。这种精神确实值得我们学习。二是那种迎难而上、锲而不舍的精神。比较研究很难，不少学者望而却步，但庞先生明知困难重重，却迎难而上，非要研究这个课题，他放弃了10年间所有的休息天，抵御了钓鱼、打牌、旅游等各种诱惑，省下时间，一头扎到书本里、资料里，真是"十年磨一剑"，才推出了如此一部巨著，实在了不起。这种潜心治学的精神值得我们学习。

王世华　安徽省徽学学会会长，原安徽师范大学副校长、教授、博士生导师。王世华为《晋商与徽商》一书所作的序在2017年7月的《记者观察》以"追寻晋徽商帮的足迹"为题发表，2017年9月以"一本有特色可读性强的佳作"为题在《徽派》发表。

晋商徽商衰落原因略议

王荣森

收到庞利民先生惠赠的《晋商与徽商》一书后，在很短的时间里，只能粗略地浏览。深感庞利民先生10年笔耕不辍，洋洋90万言，道尽了晋商徽商的方方面面。我作为一位在高校从事经济史教学的教员，十分钦佩庞利民先生为我们提供了一本研究晋商徽商的很好的著作。此书也获得了我国徽商晋商研究专家的首肯。这本书的装帧编辑印制都十分精美，对我国社会主义市场经济建设、商业文明建设，有重要的借鉴意义和参考价值。

明清是中国资本主义萌芽时期，也是晋商徽商鼎盛之时。晋商徽商都以经营盐业闻名，晋商尤以票号最为出名。山西商人在全国各地建设了很多山西会馆，据考有500余座之多。晋商依托这些会馆，缔造了晋商商业帝国。山西商人雷履泰创设的"日昇昌"是中国历史上第一家票号。到鸦片战争前夕，山西票号大约有8家。太平天国起义后，山西票号承揽清政府对外活动款项汇兑等国际业务，票号商人还在国外设立分支机构，例如，祁县合盛元票号总经理贺洪如于1907年在日本神户、东京、横滨、大坂都开设分支机构，平遥的永泰裕票号在印度加尔各答开设分号。徽州包括歙、休宁、婺源、祁门、黟、绩溪六县，即古代的新安郡，地产丰富，人多田少。徽州人以丰富的山林物产，利用新安江水运的便利，经营盐、米、丝、茶、纸、墨、木材等，其中以典当商最为著名。明清时期的徽州，既是一个徽民"以贾代耕""寄命于商"的商贾活跃之区，又是一个"十户之村，不废诵读"的文风昌盛之乡。对于晋商与徽商的兴盛，庞利民先生在书中做了全面细致充分的陈述。

下面想就晋商徽商衰落的原因与庞利民先生商榷讨论。庞利民先生对于

晋商与徽商衰落的原因做了内因和外因两个方面的分析,其分析是有理有据的,也是翔实可信的。但是根据我自己对于中国经济史的阅读和长期的教学体会,还可以从以下几方面讨论衰落的原因,特此提出,供庞利民先生今后进一步研究时参考。

一、封建政治制度腐败,国势衰微

清朝是一个以农业为主,没有现代工业,手工业也不是十分发达的封建王朝。在面对西方列强入侵的情况下,封建王朝无力对抗西方的工业文明,在受到列强凌辱时节节败退,政府政策屡屡失误。例如,雍正五年(1727年)清政府和俄国政府确定把库伦(今乌兰巴托)附近之恰克图作为双方商人的贸易点。中国从恰克图输往俄国的商品以茶叶为大宗,其业务当时皆为晋帮商人所垄断。然而,第二次鸦片战争以后,俄国以"调停有功",俄商得以享受特权,深入到中国内地攫取物产和推销其产品。

再如,19世纪末,外国资本主义开始了掠夺山西煤炭资源的活动。山西人民爆发了争回矿权运动,晋商也积极参与其中,千方百计出资赎回矿权,投资开办山西近代最早、规模最大的矿业公司。但由于当时山西当局的压迫,在资金上釜底抽薪,却终不能有所作为。

在徽商发展问题上,清道光十一年(1831年),两江总督陶澍革除淮盐积弊,改善清朝财政,实行"票法",几年之间,不仅亏欠商人的数千万两盐课得以销除,反增收以千万计,盐商受到重大打击。清王朝黑暗的政治统治使咸丰同治年间的徽州战乱不断,太平军与清军攻防争夺,十村九毁,徽商在人力、财力、物力上受到严重的摧残。加之,泥古于封建生产经营方式的徽商在与新兴的闽、粤、江、浙商帮的竞争中,逐渐被其压倒。更因帝国主义入侵,外资渗入,国外商品倾销,广东、江浙财阀开始兴起,徽商终至衰败。

封建政府把晋商徽商作为政府推行财政政策和提供军协饷的工具。明初晋商藉明朝统治者为北方边镇筹集军饷而崛起,入清后又充当皇商而获得商业特权，更为清政府代垫和汇兑军协饷，所以当封建政府走向衰亡时，山西商人也必然祸及自身。清朝康熙乾隆时，对典商查禁重利，后又加增典税，咸丰四年（1854）起实行"厘金"，税卡林立，这使得经营钱业的徽商举步维艰。在现代工业文明和商业文明进入中国时，作为封建清王朝附庸的晋商徽商难逃厄运。

二、晋商徽商以手工业生产为基础，经营上墨守成规

晚清中国虽有洋务运动，但整个社会仍然是农业为主的社会，参与商业贸易的大多是农业产品和少量手工业产品，对外贸易的规模更是十分有限。加之晋商徽商在经营上墨守成规，致使后来与买办相联结的浙商潮商后来居上。例如，清末晋商票号多墨守成规，不愿或不能改制为现代银行，户部银行只得改由江浙绸缎商筹办，致江浙财团后来居上。不久，户部银行改组为大清银行，再请山西票号参加协办，无奈山西票号又不应召。结果，山西票号始终未能参与国家银行，第一次失去了改组银行的机会，加之后来又错过的三次改组机会，终于无法振作。根深蒂固的封建意识，使得晋商资本流向土地，在明代已屡见不鲜。入清后，晋商购置土地者也很是普遍。有民谣称："山西人大褥套，发财还家盖房置地养老少。"

贷本经商是徽商资本来源之一，即借高利贷从事商业经营。佃仆制是具有严格隶属关系的租佃制度，明清时期在徽州尤为盛行。佃仆制的佃仆以契约或宗规家法的形式确定与主人的关系，社会地位介于奴仆与佃户之间，是奴隶制的残余。贷本经商、佃仆制与现代商业经济不相容，当徽商遭遇现代西方商业文明冲击时，其衰败不可避免。

三、缺乏工业化基础，不能因应交通方式的变革

铁路和公路的兴建，火车和汽车进入中国，交通工具的深刻变化，使得山西和徽州在地理区位上的重要性发生了重大的变化。现代工矿业加工业的兴起，更使晋商徽商不可与之匹敌。20世纪初，虽然晋商中一些有识之士以

高度热情投资民族工业，但由于当时保矿运动的影响，其资本主要投入了投资额大、见效周期长、管理要求高并受运输条件制约的煤矿业，而不是投资少、周转快、利润高的棉纺、面粉、卷烟等轻纺工业，致使资金大量积压，陷入困境。即使制造砖茶的晋商也仍是依靠手工作坊，在制作上又受到了俄商的排挤。中日朝鲜交涉事起，清政府推行"引俄制日"政策，更使俄商先后控制了一些中国的产茶区。鸦片战争以后，资本主义国家的舶来品倾销，徽商经营的手工业品敌不过外商用机器生产的商品，就连"只此一家"的徽墨，也受到舶来品钢笔、墨水的冲击。

光绪三十一年（1905年），俄国西伯利亚铁路全线通车，俄商经海参崴转铁路运费低，且便捷。交通方式的变革，使得山西与徽州的地理区位不再显得十分重要了。

以上三个方面，我以为庞利民先生在书中讨论得还不够，寄希望以后庞利民先生的新著中能够做出更深入的研究。

王荣森　中国科技大学管理学院教授、管理学家。

平遥协同庆票号地下银库一角

登高望远 汲古思今

王佛生

庞利民先生《晋商与徽商》一书,历经十年磨砺,通篇巨著、洋洋90余万字,可谓大作也。我未能通篇阅读,只是用目录学的方法对章节和脉络进行了浏览。一些特别感兴趣的章节逐字研读,虽仅此而已,却也感慨万千。该书体量庞大,庞先生选择晋商和徽商两大商派进行研究,也正是从中国经济出现资本主义萌芽的初始阶段开始,对500多年来经济发展,特别是商业经济发展,在具有悠久历史文化的土地上留下的缩影和迸发出来的火花进行比较研究。为了完成这部巨作,庞先生参阅多达一百六七十部典籍和众多的历史资料,在数以千计的图片中挑选300多幅,引用摘取的文章段落、诗词,甚至奏折、碑文、遗训数以千计。全书分为15个大的章节,考据、论述、归纳、提炼,资料之丰富,条理之清晰,见解之独特,都给读者留下无限的遐思。阅读《晋商与徽商》这本书可以获得大量的历史信息。这些信息中,有的是作者从众多的史料中摘出并匠心独具地连在一起,像一串串闪光的珠链;有的是在大街小巷、村落民居经常看到的挑檐飞榭、楹联抱柱、牌匾字号,经作者的点拨顿觉精神,且哲理深邃。还有很多的规制礼节、掌故经典,作者更是花费了大量的时间和精力进行梳理和延伸,见微知著、追根求源、由表及里从传统文化的深层空间寻觅晋商徽商兴衰的深刻原因等等。毫无疑问,这是一部非常有价值的专业论述。

《晋商与徽商》这本书的第二个特点是构思独特。庞利民先生利用比较研究的方法论,对这两大商帮的异同进行了多方面比较研究,提出了许多有独到见解的论点,又归纳成不同于一般的结论。诸如对两大商帮所处不同地理文化的研究,更是匠心独具:徽商崇尚朱熹,程朱理学的思想流淌在一代又一代徽商的血脉之中;晋商崇尚关公,仁义诚信的基因延续着晋商辉煌的进程。又如对新安画派的研究,把一般意义上新安画派起源于明末清初这一观点上推至唐代,可谓是追根溯源,气度非凡。我是研究新安画派的,对新安画派的渊源只追溯到元四家,薛稷在黟县做过官而且在美术史上的地位也相当凸显,应该对新安画派产生影响。实际上任何一座高峰都有着它浑厚的积淀,可见作者对问题思考的深邃。还比如,该书对"富贵"的论述和总结也别具一格,著名国学大师饶宗颐先生画了一幅扇面,正面画了一朵牡丹,雍容华贵,反面书写了四个字"宜富当贵"一下子把格调提升了起来。徽商和晋商应该都看到了这些,从"富而不齿"到"富而好学"难道不是耻而后思的必然!庞先生不厌其烦地阐述归纳,很大程度上体现出作者的价值取向和人格修为。又比如晋商兴起于明初的"开中制",徽商兴起于明中叶的"折色制"等等,可谓匠心独具,别开生面,让人耳目一新,且又为两大商帮的研究开辟了更远阔的空间。庞先生在做晋商和徽商研究时,不限于一点一事,而是在一个更包容的领域内去寻找兴衰的缘由。诸如,对晋商徽商民居特色、建筑风格,甚至徽州女人、山西的婆姨都给予了详尽的阐述,这些都充分体现出独特的思维方式和与时俱进的研究方法。正是如此,才增加了读者阅读的兴趣,吸引着更多的人去关注晋商和徽商的兴衰,以史为鉴,启发当今。

庞先生的情商与才华以及人格的魅力也在这部巨著中给我留下了深刻的印象。从材料的选取到章节的编纂,无不折射着作者的一种使命感和责任感,无不展现着作者"先天下之忧而忧,后天下之乐而乐"的文人情结。庞先生学的是文学专业,但他一直在电力系统工作,职务在身,案牍烦恼,却不忘初心,用自己积累的知识和独特的经历,十年勤勉,十年艰辛,终成此著,令人敬佩。《论语》有云:学而优则仕,仕而优则学。前者是他走向领导岗位,为社会服务,是社会的选择,也成就非凡;后者是这些年来他几乎把所有的业余时间全用在晋商与徽商的研究上,朝露暮霞,孜孜耕耘。庞先生极富文采,全书条理清晰、思想深邃,读来朗朗上口,时而又有诗情画意,无不给读者一种积极向上的感觉。

　　我与庞先生相交十年有余，他总是温文儒雅、平和淡定，交往言谈之中，无不透出学者的风范。东坡有诗云"腹有诗书气自华"，庞利民先生"站在黄山看到的徽商晋商的故园与商路，万山丛中徽道弯弯，表里山河晋路漫漫，运河汉江航程绵绵"，可谓登高望远，汲古思今。

王佛生山水画

　　作为本书的读者，一种感慨油然而生。向《晋商与徽商》一书致敬，向庞利民先生致敬。

　　王佛生　安徽省美协顾问，黄宾虹画院院长，原安徽省民政厅巡视员。2017年9月30日、12月6日分别在合肥、太原参加了《晋商与徽商》学术研讨会。该文是他在两次会议发言的修订稿。

不沾金银气　只做著述人

刘　杰

庞利民先生的《晋商与徽商》出版了，对于此作品的研讨会，我期待已久，正如庞利民先生在《晋商与徽商》后记中所说，从他动意著述开始，我就是他的铁杆粉丝，一直到作品出炉，我们就期待着这个著作研讨会，就像一台好戏好想让大家欣赏评判一下一样，希望专家们给他这一伟大的工程把脉点评。

说实话，虽然庞利民先生在著述过程中曾经拿出部分章节给我看，让我提提意见，那时候也只是觉得此项工程很有意义，但凭庞先生一个人能否做得了、做得好，心里挺替他担忧，如此浩大的学术工程，应是一班人或是一个研究所承担的，而他却要自己担纲做下来，其艰难程度可想而知。但我又坚定地认为，他行。为什么？因为庞利民先生是山西万荣人！

山西万荣有着深厚的文化底蕴，幽默的笑话故事是全国出了名的笑话名邑，古已有之，历史悠久，闻名中外。其实，幽默诙谐只是万荣人外在的表现形式，万荣人骨子里却充满了坚韧、执着和深邃。诚如序一作者张正明先生所言：知悉他是山西万荣人，更为他的精神所感动，这样艰难宏大的工程唯有万荣人才能完成！

庞利民先生不光完成了，而且完成得相当精彩！当我拿到如此皇皇巨著，我再一次被震撼。为了这个研讨会，我选读了书中大部分章节，研读了序一和序二，还有作者后记，读后更觉庞利民先生不光有惊人的学术毅力，更有独到的学术眼力。他对晋商和徽商两大商帮的比较研究思想深刻，比较出了相同处，研究透了不同处，如此精辟的比较研究，国内外确属罕见。张正明先生称他为晋商与徽商研究另辟蹊径、增光添彩,做了一件很有价值的事情!序二作者王世华先生也称赞说,在这点上庞先生真为我们树立了一个学习榜样。

庞利民先生后记里写到我们的友谊,那是缘于差不多相似的人生经历。在他来安徽工作之前,我在山西工作了两个年头,在那里我为山西灿烂的佛教文化、晋商大院文化、南部洪洞大槐树寻根文化所陶醉、所倾倒,在离开山西前作了专题调研,回到安徽用6年时间写作了《触摸山西》《三晋风采》,之后在太原召开了两省专家学者参加的作品研讨会。不久,庞利民先生从北京来到安徽,说起山西,特别是说起晋商大院文化,更是有说不完的话题、道不完的情缘。随着工作的深入,庞利民先生渐渐迷上了安徽的大好河山和丰厚民俗,以及同样源远的徽州文化和徽商,并深情写道:"吾生欣慰处,有缘到徽州。不沾金银气,要识古徽州。"

岂止是"要识",庞利民先生凭着他对晋商的熟知,在识得古徽州后,开始了对两大古代商帮的研究。我识晋商是肤浅的,在山西两部著述中也只是识个皮毛,我对古徽州也没有系统深入的研究,虽然写过有关报道,那也只是偏重于某一方面,比如徽派建筑、徽州谜窟开发保护等。而庞利民先生就不同了,他一旦进入角色,就对晋商、徽商摸了个遍,摸得透彻,摸到了骨子里,比较研究出了两大商帮从兴盛到衰败的全过程,分析总结出了两大商帮生存发展的社会因素和土壤环境,这就比我所做的要有意义得多、有价值得多。

我在庞先生的《晋商与徽商》中看到,晋商的独到之处是创设了票号,汇通天下,将晋商推入一个崭新的时代。对此,2016年春节,李克强总理到山西考察时曾再次对晋商创新精神给予高度评价,并说这种创新精神在当今时代也有着积极意义。庞利民先生在发掘晋商勇于创新时,也将徽商的独到之处作了重点比较,认为徽商贾而好儒,以贾衍文。庞利民先生比较研究了两大商帮,他的学术成果同样具有独到之处,那就是两大商帮的文化背景、文化涵养、文化追求也大不相同。晋商崇尚关公诚信,徽商信奉朱熹理学,

不同的文化土壤孕育出不同的精神境界,虽然都以盐业起家,都与茶、典、票号相关,但又都有所倚重,各具特色:徽州以贾衍文,人文兴盛,科举进士多,三晋俊秀子弟多入贸易一途,商贸实业金融巨贾多;徽商文牍相诵,晋商学徒则多口口相传;徽派建筑美轮美奂,掩映于青山绿水之间,山西大院气派壮观,雄踞在黄土高原之上。特别是书中专列一章《徽州女人与山西婆姨》,从不同角度写出了嫁为商妇的幽怨和艰辛、伟大与平凡,读之令人叹惋!庞利民先生在写完这一章后,意犹未尽,不禁大兴感叹:"在本章《徽州女人与山西婆姨》的写作过程中,笔者深深地为先母们的事迹所感染,常常饱含热泪,激情不已,越写越痛,越写越不能罢笔;同时也深切感到:在我国古代封建社会,女人最苦,嫁为商人妇的女人更苦,商人亡故后守寡的贞节烈妇更是苦上加苦、苦不堪言、言之不尽……"由此看来,庞利民先生是带着感情作学术研究的,他不是仅仅就资料去研究比较,他把深厚的爱憎情感、丰富的人文素养融入枯燥的学术著述,让枯涩难读的学术著作鲜活生动起来,充满了引人入胜的生命活力。同时,庞先生的著述还有着自己独特的语言风格,既诙谐又富有哲理,可看出万荣人话语体系的涵养深厚,也让学术性著作更具迷人魅力,令人读来倍感亲切,如见其人,似在面叙。

做古代商人妇苦,但苦也有苦的不同,晋商婆姨是将心中的苦掏心掏肺地唱出来,如《走西口》《小亲圪蛋》等等,那如泣如诉的山西民歌就是商人妇的内心表白,说出来总比憋在心里强,唱出来就不会让心揪着痛;在这一点上,徽州女人就不那么洒脱了,高墙孤灯独自吟,出门还要扮轻松,最大的追求就是在那高高的旌表牌坊上留美名,这种憋屈的苦大大超过了唱出的苦。这也是山西文化和徽州文化大不相同之处。

做古代商人妇苦,做学术研究也苦,做晋商与徽商比较研究更苦!庞利民先生历经十载,将工作之暇,八小时之外的一切时间和精力投入书稿的写作,晓起晚睡,摆脱尘世浮躁干扰,躲进书斋,潜心研究,凭着万荣人"一根筋"的执着劲、晋商"老黄牛"和徽商"徽骆驼"的精神,孜孜以求,负重致远,终成正果。他的这种精神就是晋商、徽商精神的精髓。庞利民先生研究的是商帮,传播的是文化,他成功地将两大商帮代表的三晋文化和徽州文化传播给广大读者,他也将自己的执着奉献精神传播给我们,他就是我们要学习的榜样。唯一觉得不满足的是,我原想让庞先生将书名定为"徽商与晋商",他执意现在的书名,也情有可原,毕竟他是山西人。但这并不影响我对此著的喜欢,也不影响我对他的敬仰。说到此处,步庞先生诗韵我也赋诗一首:

> 吾生欣慰处,有缘识庞公。
> 不沾金银气,学术扬美名。
> 三晋老黄牛,不辞骆驼行。
> 笔耕虽辛苦,再盼有新功!

刘杰 原人民日报社安徽分社社长、高级记者;安徽省新闻工作者协会副主席。该文于2017年10月27日在《安徽日报》副刊《黄山》栏目发表时略有删改。

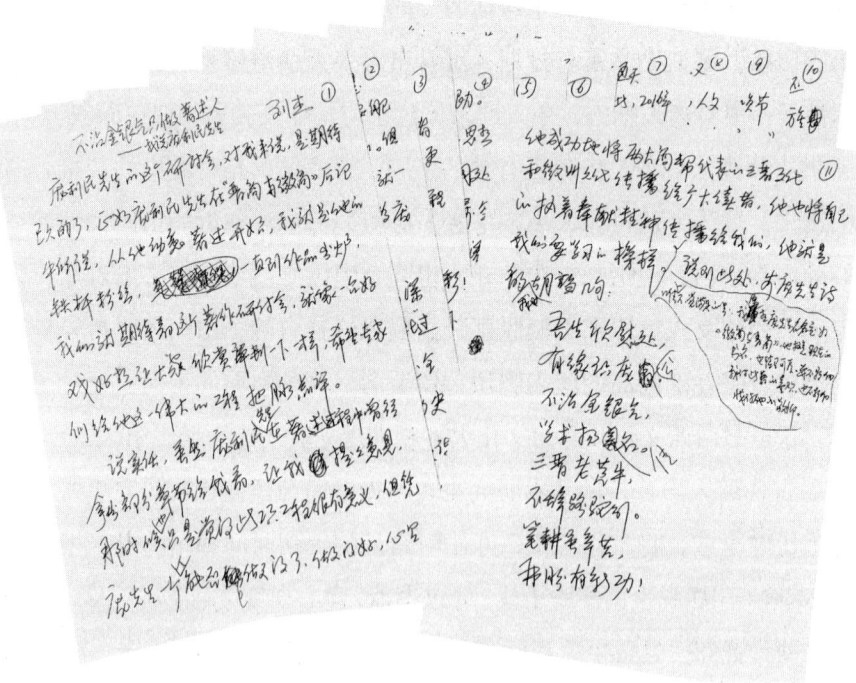

刘杰手稿

《晋商与徽商》随谈
——在9月30日学术研讨会上的发言

叶如强

庞利民先生山西人氏,生于斯热爱于斯,与晋商有血脉渊源;又长期在安徽工作,奉献于斯,感怀于斯,对徽商有深入体验。我与先生相识多年,对他身上蕴积和散发出的儒雅、仁厚、坚韧、风华印象深刻。利民先生一直从事电力行业,深具专业经济实践能力和专业精神,又长期担任领导,负责党务工作,有广阔的视野和广博的理论素养。他大学读的中文,与文史魂牵情系。批阅增删十载,效韦编三绝,终于水滴石穿,洋洋90万字,《晋商与徽商》横空出世,蔚然以为大观也。

综览巨著印象有四:

一曰系统性。置晋商徽商于政治、经济、社会、人文、地域以至境外考察,对其成因、兴起、繁荣、衰亡……逐次从各种角度剖析,并娓娓道来。

二曰宽广性。譬如灿烂的徽文化,如朴学、教育、建筑、雕刻、绘画、园林、戏剧、民俗,徽商反哺大焉。而晋商与其地域文化,亦关联大焉。至于晋商与徽商之心路履痕、山西婆姨与徽州女人之情境与凄凉,亦令人叹喟不已。

三曰纵深性。晋商之票号、股份,徽商之茶、丝、盐,不可不察也。以往著述大多以此为背景,轻轻带过。利民先生却由此开掘,溯根求源。如所述之盐,堪为盐论;所状之茶,亦为茶经。从容浏览,泛百科也。由此顺延,独立成书。

四曰时代性。马克思主义历史唯物论与辩证法,现代经济学研究方法,若《江村经济》之社会学体验与剖析,均贯穿全书,既具历史意义,也富现实意义，发人深省。譬如论及其兴也勃、其亡也忽，外因中战争、外患、盘剥、争利、官营等等，更深究其自身，如农耕社会的历史局限和思想保守，过度奢靡纵欲，所谓生于忧患死于安乐耳！追慕先贤，激励后人，吸取教训，以为警戒。今天，在祖国复兴路上，继承晋商、徽商"老黄牛""徽骆驼"精神，弘扬其走出去，与外地空间和文明充分结合起来的光荣传统，善莫大焉。

利民先生著述思维缜密、逻辑周严、分类科学，一也。比较研究，二也。余初识比较研究，始于《管锥编》，其旁征博引、中西合璧，让人叹为观止。考据求证，三也。小心求证，而非大胆设想，所引述皆有来历。编年体例，章节分明，正史之道也。然以此为纲之中，又辅以《史记》列传手法为目。如家族、人物、行业、事件，均一一重墨彩绘，此其四也。逻辑推理、科学论断，五也。

"青青子衿，悠悠我心。"利民先生语言文学功底深厚，极富魅力，首先当然是精神，如论及新安画派，对其枯寂、清冷、高古、萧远之状描，让人如临画境；其次为平实顺畅、深入浅出，循文章正道，不似一些论述，艰涩难懂，味同嚼蜡。再者，简练深刻、优美形象、含情寓理、才气纵横。美学著作中，余爱读宗白华和李泽厚。利民先生之作，亦令人手不释卷也。

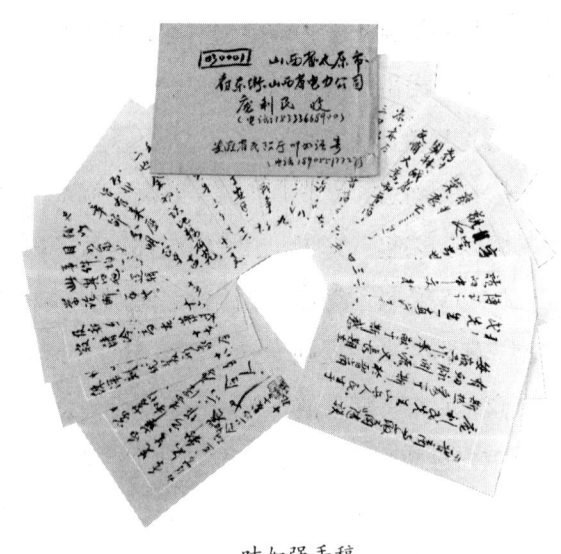

叶如强手稿

叶如强　安徽省民政厅巡视员。曾任休宁、歙县县委书记，黄山市委组织部部长。

在大历史观下写照两大商帮

宋 宏

我与庞利民先生是在 2006 年他刚到安徽来不久就相识的。当时,他出差到徽州去了一趟,有感于徽州商帮和徽州文化,当时就萌生了想法,回来跟我讲能不能将徽商和晋商这两个商帮做个比较呢。我心里顿时一喜,喜的是这种比较一定很有意义,当即赞成,回答说:"你这个想法好啊!应当去做。"现在庞先生厚重的《晋商与徽商》新著面世,当年的想法结出了丰硕果实,实在可喜可贺!

我是做经济研究的,对历史学的知识和研究基本不通,若要评价这部大著,在大家面前不啻班门弄斧了,只是谈点阅读后的感受。

一、这是一部大历史观下写照的两地商帮史。因为学习经济史,我看过一些有关中国商帮的著作和论文,应该说把中国最具影响的晋徽两大商帮做对比性研究的还颇少见。王世华校长写过中国十大商帮,还有很多关于各个商帮的考据研究著作和论文,但大都是对各个商帮的分别观照,不是联系起来的相互比较。诸位史学专家指出,庞先生的《晋商与徽商》视角广大是其亮点,我以为本书给出一个很好的学术范式,就是运用大历史观的研究视角和方法,观照和研究两大商帮的地域、经济、文化等等现象。

所谓大历史观,我们知道在黄仁宇先生的《万历十五年》《中国现代化的历程》等著作中有突出体现,实际上李约瑟在做中国科技史研究的时候,就是用这种研究范式。也正是从中外科技发展史的比较中,他发出了著名的"李约瑟之问"。

大历史观范式的视野和方法,第一是宏观把握,就是现在大家所讲的视野非常开阔，常常表现为跨区域跨时代的宏观视野。第二是比较对照，在联系中相互比较。第三个是微观解剖，对很多的具体问题鞭辟入理，研究得很透彻、很深入。从大见小，又从小见大，加上比较对照，使得个性、共性、异同、深广等纷呈毕现。在《晋商与徽商》的整个大框架里，在研究的方法上，我觉得宏观把握和比较对照这个特点非常明显。所以我以为，庞先生的这部书在学术范式上可谓在大历史观下跨地域跨时代的一个学术研究，对于深化中国经济史的研究也有很好的启示意义。

二、这本书出版正当其时。大家知道9月25日新华社全文公开发表了《中共中央、国务院关于营造企业家健康成长环境，弘扬优秀企业家精神，更好发挥企业家作用的意见》的重要文件。看前一段时间企业家是不是有点灰头土脸的感觉，经营压力、社会压力都非常大。中国经济要发展要创新，不靠企业家是不行的。企业家是稀缺资源，所以在这个时候出版《晋商与徽商》，一个重要意义就是以历史的观照来进一步阐发中国的企业和企业家生长需要什么样的环境、需要什么样的制度保障等等。

这些方面我们从历史的经验上可以得到一些借鉴与启示。我们在研究中国的一些企业和企业家的时候，发现古代的、明代以后一直到近代，中国是自然经济、农耕文化，国家发展和治理是以农为本的主导思想，经济学史上叫重农主义，对工商抑制的多，所谓农为本、商为末。

我们的视野还可再放大一些，这样比较起来恐怕更加有意思。大家刚才谈的多是晋商和徽商的官商关系，我们不妨看一下更远的地域。大概是在相同的历史年代，西方的一些国家是依靠重商开始崛起，比方说西班牙、葡萄牙、荷兰、比利时、英国等等，这些国家就靠重商主义主导海外贸易，其中包括"海盗"的商业流通。这些国家的官商关系不同于当时的中国，它们的朝廷、国王鼎力支持商业、商人，没有抑制，而且还运用国家力量保护海上商业利益。在这些先行崛起的近代西方国家，官商关系完全是一致的，是同一方向的。当时中国的官商关系就不一样，是朝廷和官僚权宜性地利用商人的关系。晋商和徽商与官府的关系虽然比较亲密，官方对他们的利用有时也达到了极致，

就是说在利用这个基础上,两大商帮发展到了高峰。但是官府为己之利可以迅速地翻手为云、覆手为雨,一手翻覆商人就完了。这个不是简单的官商关系,应该讲是经济社会制度的问题。这其中的反差很大,从这些方面可以看出很多制度性的缺陷、环境上的差异。

这些中外历史现象的观照可以引起我们进一步思考。适宜的制度能够激励和保护商人乃至今天的企业家顺利成长,产业长兴;反之就会抑制商人和企业家,经济社会就会衰败落后。今天我们如何营造适宜商人、企业家真正成长起来、发展下去的环境。特别是当代企业家怎么能够在稳定的制度环境中,成为民族经济的中流砥柱,我想在这方面还有很多问题需要研究,《晋商与徽商》在大历史观下研究写照两大商帮,其阐述和方法会给我们更多的启示。个人管见,或有不当,也请庞先生和大家指教。我就简单说这些,谢谢大家!

马鞍

宋宏 原《安徽日报》理论部主任、高级编辑、经济学家,安徽省人民政府参事室参事。

比较研究两大商帮 传播优秀中华文化

陈祥明

21世纪以来，徽商和晋商研究在学术界逐渐成为显学。多年来，研究晋商和徽商的专家、专著都不少，但将这两大商帮联系起来，专门进行比较研究的学者和成果则不多。《晋商与徽商》首次对中国两大商帮进行了多领域、多层面、多角度的比较研究，洋洋90万言，内容全面详尽，观点多有创新，在国内外尚属罕见。作者为晋商与徽商研究另辟蹊径，增添光彩，做了一件很有价值的事情。

《晋商与徽商》研究视野开阔，内容全面详尽。作者对两个商帮的兴衰历程、经营行业、活动范围、从商之道、选人用人、科举仕宦、建筑特色等方方面面，都进行了详尽的比较和论述，甚至将徽州女人和山西婆姨也进行了细致的分析对比。作者在论述每个问题时，总是追根溯源、详其本末，依据充分而让人信服。

《晋商与徽商》不蹈袭前人看法，观点多有创新。作者在梳理和研究大量史料的基础上，经过深入思考而提出自己的灼见，概括出了两大商帮的六大共同点和四大不同点，以及两大商帮各自的独到之处。两大商帮的六大共同点即所处环境都是地瘠民贫，穷则思变；走上商途后都是生财有道，经营有方；他们致富后也都建设家乡，传播文化；两个商帮中都有人精研算学，编著商书；他们都是富而不贵，世人不齿；他们或荣归故里，或客死他乡。两大商帮的四大不同点即地域大小不同；兴衰年代不同，晋商兴起于明初"开中制"，徽商兴起于明中叶"折色制"；精神领袖不同，晋商崇拜关羽，徽商尊崇朱熹；民风习俗不同，徽人好讼，晋慎入衙。两大商帮的独到之处：

晋商创设票号,汇通天下;徽商贾而好儒,以贾衍文。这些观点的系统提出,在两大商帮的研究中还是第一次。书中对两个商帮在文化态度上的典型描述、分析生动深刻;作者对银行与钱庄、票号优劣的分析让人耳目一新;作者将徽商与晋商衰落的原因和过程写得很详细精彩。

《晋商与徽商》具有开阔的文化视野,不仅着眼于商帮本身,而且着眼于与两大商帮相联系的晋文化和徽文化。作者揭示了两个地域在文化价值取向上的不同,揭示了两个商帮在文化态度上的差异,揭示了两种文化从外在形态到内在精神上的各自的特点。譬如说,徽州人文兴盛,科举进士多,崇拜朱熹,奉朱熹为精神领袖;山西崇尚实学,

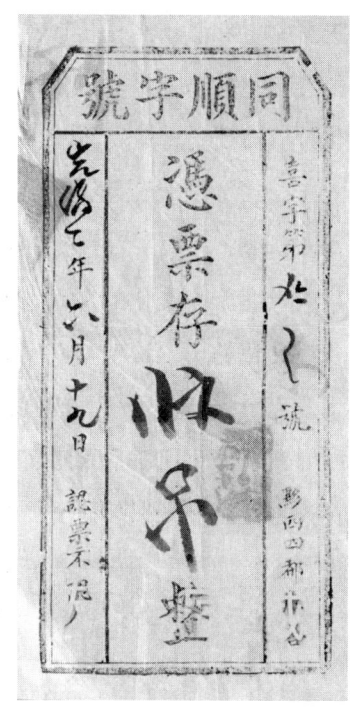

黟县"同顺字号"票

俊秀子弟多入贸易一途,崇拜关公,奉关公为精神领袖。晋地入号学徒规矩严谨,注重师带徒;徽地选人用人不拘一格,唯才是举。徽派建筑美轮美奂,山西大院气派壮观。书中通过典型事例,对两个商帮在文化态度上的描述分析生动深刻:晋商王文素和徽商程大位毕生喜爱数学,刻苦钻研,都著有算学著作,但两人境遇大不相同。王文素著成《算学宝鉴》后因囊中羞涩,无钱刊印,只能以手抄本在民间流传;而程大位著成《算法统宗》后刊行问世,洛阳纸贵,坊间翻刻不断。通过这一事例,作者看到两个商帮在文化上的不同,说明"晋籍商人对此文化性的东西重视不够"。

徽文化和晋文化都是极具特色的地域文化,是中华文化的重要组成部分,其中有诸多优秀的东西值得传承弘扬。《晋商与徽商》研究的是商帮,传播的是文化。作者力图通过晋商把三晋文化介绍给安徽人民,通过徽商把徽州文化介绍给山西人民;通过对晋商与徽商的比较研究,把两大商帮所代表的

三晋文化和徽州文化传播给全国人民,把晋商与徽商身上所体现的中华优秀传统文化传播给世界人民。因此,《晋商与徽商》的创作出版具有重要的文化价值与现实意义。

最后,提一点建议供大家参考。今后学术界应进一步加强和深化徽商与晋商研究,不仅关注两大商帮的不同特点、两大商帮与经济的关系,还要关注两大商帮与文化的关系,两大区域商帮文化与整个中华文化的关系,徽商晋商文化的历史价值与现实意义等问题,展开多维度、多层次的、深入的学术研究。进一步重视和加强徽商与晋商的比较研究,同时重视两大商帮文化研究以及与此相联系的徽文化与晋文化比较研究。庞利民专著《晋商与徽商》在这方面可谓开风气之先,打下了重要基础。我们应该继续前进,开阔研究视野,扩展研究领域,拓新研究方法,将两大商帮文化研究以及与此相联系的徽文化晋文化比较研究,推向新的学术境界,取得新的学术成果。

陈祥明　安徽省美学学会会长、美术评论家,原安徽省电力职业技术学院院长。

清慈禧太后赐祁县乔家九龙灯

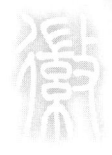

关于《晋商与徽商》一书的几点看法
——在该书出版学术研讨会上的发言提要

周晓光

一、著作的选题是一个有价值的课题。晋商与徽商是明清时期重要的商帮,在所谓的中国十大商帮中,是最为重要的两大商帮。作为一个研究课题,首先一个问题是,两大商帮有没有可比性?从其性质、发展历史、影响与地位等方面来看,晋商与徽商是有可比性的。那么,第二个问题是,这种比较有没有价值和意义?从实际情形来看,两大商帮既有共性也有个性。也正是因为他们具有的不同发展道路,这种比较才有了学术价值和理论探讨的意义。因此,这是一个有价值和意义的课题。

二、这是迄今为止最为全面的晋商与徽商比较研究的著述。将晋商与徽商进行比较、并提,很早就出现了,比较典型的是大家熟知的一条史料:"富室之称雄者,江南则推新安,江北则推山右。新安大贾,鱼盐为业,藏镪有至百万者,其它二三十万,则中贾耳。山右或盐,或丝,或转贩,或窖粟,其富甚于新安。新安奢而山右俭也……"(明人谢肇淛《五杂俎》)学术界对晋商与徽商也有较多的比较研究,但从总体来看,关于晋商和徽商各自的研究成果要远远多于二者之间的比较研究。我们注意到,庞利民先生的《晋商与徽商》可以说是迄今为止最为全面的晋商与徽商比较研究的著述。这不只是就该书的字数和篇幅来说的(90万字),更主要在于它的内容。这部书比较的内容,已经突破两个商帮本身的内容,而深入到晋商与徽商文化的比较,深入到滋养两个商帮的地域文化的比较研究。

三、作者对已有的晋商与徽商研究成果进行了较为全面的梳理。这是了解目前晋商研究、徽商研究成果的一部重要参考书，既有学术价值，又有社会普及意义。

此外，这部书文字畅达、通俗易懂，书中配了诸多图片等，都是值得肯定的。

周晓光　安徽大学历史系主任、教授、博士生导师，徽学研究专家。

作者（中）与周晓光（左）、秦闻（右）合影

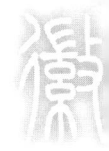

在比较中突破
——读《晋商与徽商》有感

周金富

晋商、徽商名列中国商帮之首,近代以来,对它们兴盛衰亡历史文化研究方面的专家学者,人才济济;学说专著,精彩纷呈。

这里,有一位曾在山西工作多年,后被交流到安徽省电力公司担任党组书记的庞利民,他有对晋商的了解,又有幸在徽文化里熏陶多年,凭着浓厚兴趣、满腔激情和执着精神,在学术道路上,跋涉10年,研学、撰写了具有突破性成果的新作《晋商与徽商》。

《晋商与徽商》一书,上下两卷,洋洋90万言,由安徽人民出版社出版。一经推出,它的学术价值迅速得到专家的肯定。特别是得到了山西、安徽两省明清经济史研究权威的首肯。

庞利民先生是我十分尊敬的老领导,曾多次得到他治学方面的教诲。读了《晋商与徽商》,我感悟了它厚重的学术价值,更感受到《晋商与徽商》之作,来之不易。

著作内容:全面详尽 科学通俗

《晋商与徽商》,共15章,上卷7章,下卷8章。全篇对两个商帮的兴衰历程、经营行业、活动范围、选人用人、科举仕宦、建筑特色等方方面面都进行了详尽的论述和比较,甚至将徽州女人和山西婆姨也进行了细致的分析和对比。《晋商与徽商》内容的全面和详尽程度着实令读者称道。

作者庞利民在论述和解析问题时,总是追根溯源、详其本末,让读者搞清楚来龙去脉。比如在对两大商帮的科举仕宦进行比较时，作者附上了有关科举的专文，详细介绍了我国科举制从隋代产生后历代的变化以及在各级考试录取中的各种专门制度。这些内容为广大读者全面认识晋、徽两大商帮架起了一座桥梁，读者凭借这些论述和相关知识更加深了对晋商、徽商的了解。

"晋商与徽商，行走在广袤的中国大地上，或疾行，或奉谀，或踟蹰，或彷徨，有过春风得意马蹄疾，也有孤帆远影碧空尽；有过一日看尽长安花，也有无可奈何花落去。"像这种用文学的语言写成通俗易懂的著作是《晋商与徽商》的一大特色。与常规的史学著作不同的是，该书以流畅细腻的笔触，引领读者神游三晋大地和徽州六邑，书中作者引用了许多文学作品中描写商人的史料，如《红楼梦》《金瓶梅》"三言二拍"《儒林外史》等，这是传统史学著作鲜有的。唯如此，本书既是说理的，论之有正规史料的著作和文物佐证，又是大众的、耐读的、通俗的作品。全书收集插录了近300幅图片，以文引图，以图鉴文，图文并茂，既给人以视角上的冲击，又增加了历史的厚重感，阅读时赏心悦目、具象难忘，殊为珍贵。

《晋商与徽商》对观点的提出和问题的研究十分严谨，而在解答阐述时，却条分缕析、娓娓道来、通俗易懂。全书通篇对每个问题的阐述都是有的放矢、言之成理。在比较晋商和徽商两大商帮时，凡涉及复杂的问题，作者没有故作高深之论，而是举重若轻、深入浅出、层层剥笋，使读者在非常轻松的阅读中愉悦地接受观点、搞清问题，显示了作者深厚的文字功底。

学术价值：系统提出两大商帮的异同点

将晋商与徽商这两大商帮联系起来放在一个大系统内进行比较，找出其亮点和特色、共同点和不同处，这是《晋商与徽商》的学术价值所在。"徽州大地，层峦叠嶂，河流如织；山西东倚太行，西临黄河、南接中原、北通大漠。两地地少人稠、缺吃少穿的共同环境，是晋商和徽商做生意的原动力。"庞利民先生以两大商帮的兴起、发展、鼎盛、衰落历程为主线，通过比较研

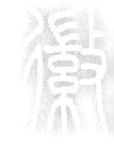

究的独特视角,探究其兴衰沉浮的事实真相和深层原因,挖掘历史积淀的贾道智慧和经验教训,串起了晋商与徽商背后的地域、政治、经济、军事、文化、建筑、家庭的点点珠玑。

山西地处黄河以北,徽州位置长江以南,两地相隔万水千山,但在明清时期,都产生了举国闻名的重要商帮。《晋商与徽商》,这部上、下两卷大作的细节式的历史素描和抽丝剥茧的深入分析,其学术创新不在于它对两大商帮研究的深度和广度,而在于对二者的不同侧面进行对比分析,让我们透过现象看到本质,在比较中得出全新的观点,最终形成对两商研究的最新突破:首次提出晋商与徽商的六大共同点与四大不同点。六大共同点即所处环境都是地瘠民贫,穷则思变;走上商途后都是生财有道、经营有方;他们致富后也都建设家乡,传播文化;两个商帮中都有人精研算学,编著商书;他们都是富而不贵,或荣归故里或客死他乡。两大商帮有四大不同点,即地域大小不同、兴盛年代不同、精神领袖不同、民风习俗不同。

晋商研究专家张正明认为,系统地提出六大共同点与四大不同点的学术观点,在两大商帮的研究中还是第一次。

成功启示:机遇总是留给有准备的人。

庞利民先生并非史学专业研究者,但历史给了作者一个既了解晋商又能熟悉徽商的重要机遇。首先,庞利民毕业于山西大学中文系,除熟读中外文学,还专门研究过《红楼梦》《三国演义》《金瓶梅》《儒林外史》等中国名著,先后出版了几本文化管理类著作,足见其有胜任《晋商与徽商》作者的文字功底。其次,作为土生土长的山西人,庞利民是晋商的后裔,他的曾祖父就是一位商人,外公还是一位大商人,他身上流淌着晋商的血液,有着深厚的晋商情结。大学毕业后,他在山西工作20多年,深受三晋文化的熏陶,对晋商情有独钟,也为他系统深入研究晋商打下了坚实的基础。第三,一次偶然的机遇,作为央企的一名高管人员,2006年7月,国家电网公司党组将他从北京交流到安徽省电力公司任党组书记。在安徽任职这6年,又为他研究徽商提供了难得的机会和条件。

庞利民交流到安徽任职后,美丽的江淮山水和厚重的徽州文化深深地吸引了他,使他对江淮大地有了深深的眷恋,对安徽人民有了深厚的感情,对徽商文化也产生了兴趣。在基层单位检查供电工作时,他有机会访古镇、入民宅、看祠堂、观牌坊、赏"三雕",被魅力厚重的徽州山水和徽州文化吸引,由此不断加深对徽商的浓厚兴趣。多年来,他每到一个地方,总要购买一些介绍当地的图书,深入学习了解。庞利民坐拥徽州书籍、专心学研徽商和徽州文化,凭着浓厚兴趣、满腔激情和无畏精神,坚定不移地在学术道路上艰难地跋涉。

坚韧的意志是《晋商与徽商》研究成功的根本。这本书是作者历时 10 年,辗转于山西、安徽、湖北三省而完成的。作为一位正厅级领导干部,文山会海、案牍劳神,繁杂的公务占去了他的大部分时间,而历史研究又非得投入大量时间不可,他怎么有精力研究和写作?

10 年来,他广泛系统地搜集有关徽商和晋商的图书,查资料,做笔记,写心得。将 8 小时工作以外的时间和精力,无不投入这部书稿的资料搜集和文字写作上。工作之余,他推掉应酬、潜心学研、笔耕不辍,凭着晋商坚忍不拔的精神,努力做"徽骆驼",引经据典、孜孜以求、持之以恒,我们在《晋商与徽商》书末的主要参考文献里就看到罗列着 150 多本著作。由此可见,他从一个外行逐渐变成内行并登堂入室的艰辛过程。

庞利民治学严谨,每一个论据都有精准的出处,他早期收集资料时有不少二手资料。他在有关资料中看到了马克思在《资本论》中提到的唯一中国人——徽商王茂荫。为了找出这个人在原著中的记载,他通读了马克思的巨著《资本论》。10 年来,他过着苦行僧般的生活。庞利民感叹:为了《晋商与徽商》,真的达到了"衣带渐宽终不悔,为伊消得人憔悴"的境界,其中的艰辛是常人无法忍受的。

庞利民的这种精神就是晋商、徽商精神的精髓。值得称道的是,在研究晋商与徽商过程中,他的工作并没有因此受到影响,他曾是全国五一劳动奖

章获得者。

机会是偶然的,但成功存在于必然的努力。庞利民将晋商的坚忍不拔的精神和徽商的"徽骆驼"精神融为一体,10年苦耕,终获硕果。追踪作者的创作成功之路,我认为机会总是留给有准备的人。

周金富 芜湖供电公司原思想政治工作部主任。

此文发表于2017年第9期《徽派》杂志《徽学探究》栏目。《徽派》本期将《晋商与徽商》一书重点推介,列为封面首条,内文用了10个页面将作者庞利民在书中的部分后记以"一生痴绝处,有缘到徽州"为题刊发,将张正明先生的序一以"一部很有见地的学术著作"、王世华先生的序二以"一本有特色可读性强的佳作"为题刊发。刊发时配发了作者照片、书影及作者与王世华先生、秦闰先生和有关商帮的9幅图片。《徽派》杂志配发的"编者按"如下:

庞利民,曾是央企电力系统高管,有着山西、北京、安徽、湖北多地的工作经历,在即将卸任之际,他用10年工作之余辛劳撰著的《晋商与徽商》由安徽人民出版社隆重推出,在史学界、理论界、文化界、企业界引起极大反响。我国著名晋商、徽商研究专家张正明、王世华先生为书作序,联袂推荐。

《晋商与徽商》,洋洋90万言。本刊选登了其中的序、作者后记和读者感言,推介该著,让各位读者从中领略晋商、徽商及其著作风采。

《徽派》杂志书影

两商竞秀　笔有春秋
——读《晋商与徽商》的感想

季　宇

今天非常高兴，应邀参加《晋商与徽商》研讨会。我和庞利民先生认识也有十几年了，他在安徽省电力公司任党组书记的时候，电力系统有个作家叫陶勤之，他跟我讲他们书记对徽商很有兴趣，当我去跟他见面的时候，就给他带去一套20卷的《徽商文化全书》。

我记得当时送的就是安徽人民出版社出的那套徽州的书。我们在一起吃了饭，谈了很久。临走时，庞先生还送给我一套《万荣笑话集》。没想到十几年以后，他竟然写出这么一部厚重的《晋商与徽商》，所以我这次看见他以后，第一句话就是"你给我一个惊喜"。这本书上下两册，90万字，厚厚的，沉甸甸的，是一部非常有价值、非常厚重、学术性和研究性都很强的著作。我深感意外和敬佩！试想，即便是一个专业研究者，能写出这样一部书也是很不容易的，何况他是一个业余研究者，而且担任领导，在领导岗位上工作又多，能写出这么好的一本书，让人非常意外。刚才世华校长、翁飞教授也讲了，他们的看法，我都赞同。十年辛苦不寻常，十年磨一剑！终成正果，可喜可贺。

下边，我谈几点感受：

第一，选题新，有开创性。把晋商和徽商"两商"放在一起进行比较研究还很少。刚才世华教授说，山西有几个经济学家，好像是集体研究出了一部论文集。但像这样专门把"两商"放在一起研究的专著，以前还没见过。所以我觉得选题具有开创性。徽商的资料我看过不少，当然不是从研究角度，

而是从文学创作角度看。因为创作需要,有人找我写徽商,我就得做一点研究。后来,我写《徽商》,写《新安家族》,也搜集了不少有关资料。2008年前后,中央电视台影视部副主任傅思先生到合肥来找我。他刚刚拍完《乔家大院》,他是该剧的制片人。他到合肥来找我,是想让我写一部徽商的电视剧,就是后来在央视一套黄金档播出的《新安家族》。当时他跟我讲他想拍三部戏,第一部是《乔家大院》,已经拍出来了;第二部就是我这个《新安家族》;第三部他要拍浙商。他说他拍了这三部剧,就把中国具有代表意义的商帮全拍完了。他讲的是什么意思呢,就是说这三个商帮有连续性,最早应该是晋商,然后是徽商,徽商以后是浙商。在讨论《新安家族》怎么定位时,他跟我讨论说写这个徽商最好能和晋商区别开。那么怎么区别呢?我就找了很多资料,但也没有找到一本专门写两者比较的书,所以我就想,当时如果庞利民先生能把这本书写出来,对于我来讲帮助就太大了。所以从这个角度看,这部书是很有开创性的。

第二,史料性强。刚才翁飞他们都讲了,这部书对两大商帮的兴起、发展、衰落以及异同都有详细的论述,而且有丰富的史料来佐证。我看了上册主要是宏观性的论述,下册是对两大商帮的一些专题性研究,包括一些个案,如商人、女人、建筑等专题性的研究。史料性非常强,有些我过去看到过,有些从没看到过,非常新鲜,也非常有价值。所以从这里看,作者的确花了不少功夫,下了很大的心血。

第三,学术性强。这部书我觉得不光有丰富的史料,还有很多作者自己的发现和研究在里边,特别是关于晋商和徽商的比较,过去像这样做的并不多,而且在这里面有很多新东西,有作者自己独立的见解。除了宏观比较外,作者特别在下册对两大商帮在微观上进行了一个个专题性的比较,我觉得作者研究得也非常细,而且有自己的发现和见解。像刚才大家都谈到的徽州女人和山西婆姨,把两者进行比较研究,过去从来没见过。所以我觉得这部书除了丰富的史料性外,还具有很强的学术性。

第四,有可读性。这本书尽管史料性和学术性很强,但它深入浅出非常好读，不仅学者可以读，研究者可以读，而且普通大众也可以读。

我看过的徽商资料不少，我的关注点和研究方向不同，我关注的是形象和故事，比如当时的人怎么吃、怎么喝、穿的什么、怎么交往，以及他们的说话方式。比如前段时间我写的辛亥革命，孙中山贡献那么大，但我同样关心他回国的时候从哪个站下来、穿的什么衣服、戴的什么帽子。我关注比较有温度的史料。而且我在看史料的时候也不受专家的影响，我会想一些东西。所以我在看庞先生这本书的时候，也想到一些东西，提供给大家参考，也算是一些新的思路吧！

一是关于"徽人好讼"，这一点跟晋商不同。庞先生书中讲到了两者的异同。徽州人喜欢打官司，这是事实。我也看到不少这样的说法，但我觉得徽人好讼实际上是一个表象，里面有更深层次的原因，我觉得学术上都值得探讨。在一般史料中，过去的一些文人笔记都把好讼看成是一种恶习陋俗，古人传统的看法是喜欢打官司的肯定是刁民，是不本分的老百姓，本分的老百姓不会动不动就去打官司，但是从现在角度看也不完全如此，实际上好讼是法律意识强的一种表现，徽商实际上比晋商开放。比如说很简单的例子，晋商做生意的时候把银库摆在山西，在自己家里挖个地窖藏银子，徽商绝对不干这个事，他们不可能把银子都藏在徽州，他们在哪里经商，就会把钱带到哪里，所以有"无徽不成镇"之说嘛。而且徽商很会经营，他们一分钱都要放贷出去，不可能存在自己家。所以从现代的角度看，徽商善于用法律来保护自己。庞先生这本书里面写到了欧阳修在徽州做知府时说徽人"民习律令，性喜讼……其视入陛牢就桎梏，犹冠带偃簪，恬如也"。这里面首先"习律令"就是说徽州人熟悉法律，他懂法，懂法才敢打官司。但是徽州人打官司有时也会利用法律漏洞来达到自己的目的。包括在武汉打了好多官司，所以武汉人都认为徽州人太刁滑，这才有"上有九头鸟，下有湖北佬，十个湖北佬，不敌一个徽州佬"的民谣。当然，徽州人打官司，也不光是和外边人打，徽州人自己也打。我觉得，庞先生在写徽人好讼时可以更包容一些，思路更开放一些。学者怎么看，我不知道，但我觉得可以深入研究一下。因为徽州

人懂法、重法也是有根据的。从史料上看,徽州人很早就有契约观念。我看最近有好多关于徽州契约文书方面的资料整理出来。契约文书就是徽州人法律意识强的表现。许多事情,他们都要定契约,像租船、入股等等。所以我觉得,看待好讼这个问题,完全可以有新角度。徽州人为什么喜欢打官司,我没有具体研究过,但我每次看到这些资料就会想到,不能简单化地、概念化地来定义这个事。

此外,还有一点,徽人好讼,除了法律意识觉醒早,还有就是传统观念重。徽州人打官司,一半都是为了风水打官司,许多官司的案例都与风水有关。他们为什么要为风水打官司?这就要说到传统文化对徽州人的影响。因为风水关系到子孙后代的荣华富贵,这是很重要的事。现在讲叫迷信,当时不是。我们知道,历朝历代都重视天文历法,特别是明代、清代都有钦天监。钦天监是一个专门管天文历法的机构。这个钦天监有好多部门,其中有一个部门,就是专门看风水,占卜吉时的,什么时候举行什么仪式,什么时候下葬,都要由钦天监看一看,当然是指皇家。所以我觉得像徽州人好讼这个问题,一方面是徽州人法律意识比较强,另一方面是传统文化影响大。当然,学术上我没有找到支持,好像也没有人写这方面的论文,但是我觉得这是个很好的课题,希望有专家和学者来研究。

二是关于商帮的衰落。这一点实际上庞先生讲得很详细了,分析得非常透彻,观点我都赞成。因为我对这个商帮衰落也关注过。在写有关徽商的小说和影视作品时,我也寻找过答案。徽商为什么会衰落?除了客观的原因,如战乱、兵火、外敌、政策的变化等等,主观上原因也有,如没有把赢利投入到再生产中去,而是大量投入到消费上,还有挥霍浪费、炫富攀比、吸食鸦片等。这些庞先生书中都有详尽的分析。这些都对。但从现在的改革开放进程看,一个事物的衰落最重要的往往是思想观念问题。为什么在同样环境政策下,有的商帮衰退了,有的没衰退,有的还兴起了。像浙商,浙商不仅没有衰败反而兴起了,就是因为你没变他变了。据统计,中国现在最大的商帮是潮商,徽商、晋商都落后了,这说明什么问题?说明思想观念问题。庞先生书里面写的我也仔细看了,讲到晋商思想保守,山西票号衰落的内因正在此。但这里面没讲到徽商,实际上他们都有共性的问题,都是思想观念落后了、保守了。这个书里面讲到茶商的中兴问题,实际上茶商中兴是一个回光返照,这对徽商来说本来是一个机会,是可以抓住以重新振作的。当时丝绸业和竹木业都衰退了,但是茶叶在世界上还是很有竞争力的,外销品中茶叶是大宗。但是当时国际贸易的发展已逐渐工业化、标准化,徽商没有看到这一点,大部分还都是手工制作。手工制作不符合标准化要求,官府里面有人看到了这一点,两江总督衙门已经下文要求徽商改机制茶,但是徽商抵制啊,徽商的这些大老板都有钱,而且在朝廷里有势力,他们抵制,所以这个事情就没搞成。最后像斯里兰卡、印度、爪哇的一些茶兴起来了,他们那个茶实际上比我们晚,但他们取代了我们。特别是从浙商看,他们为什么能后来居上?浙商中很多都是买办出身,我们过去都认为买办是资本主义的,实际不是,他们是最早跟外商打交道的,学到了很多的现代经营理念,而且这些人后来不少都转化为民族资本家,像王槐三、虞洽卿、叶澄衷等后来都成了大资本家,他们是最早具有国际眼光的一批人,当然是在经商方面。所以这一点我觉得可以多花点笔墨把它分析透,这对我们当今的现实也有观照意义。我们在现实中遇到的改革开放的最大难题不就是思想观念问题吗?因此,徽商晋商的衰败,思想观念陈旧落后保守是一个重要方面。

当然,我讲得这些也不一定正确,仅供参考。最后时间关系,我也不多说了。祝贺这部书出版,感谢庞利民先生写了这样的好书,也感谢安徽人民出版社出了这本好书,在社会效益经济效益上都取得这么好的成绩,非常值得祝贺。谢谢!

季宇 安徽省文联、作协名誉主席,著名作家。

火镰

人生精彩又一笔

陶勤之

一

老领导工作之余，图文并茂地写了部前无古人后可能无来者的巨作《晋商与徽商》！

老领导出生在晋商的诞生地山西，又是文化人，在山西任职多年，对晋商的历史自然是熟悉，后来一不小心被派到安徽任职！到各地考察调研时也就熟悉了徽商的发展史！

于是这位事业心很强的领导干部也就萌生了要把晋商和徽商放到一块比较着写本书。这可不是一般的文化人能够做到的事情！了解晋商，未必就了解徽商！晋商和徽商都了解，未必就能写好！

用十年磨一剑来形容老领导写出这本《晋商与徽商》是一点也不夸张的！因为这本书从拟稿到成书，我都曾亲眼目睹！后来老领导又一

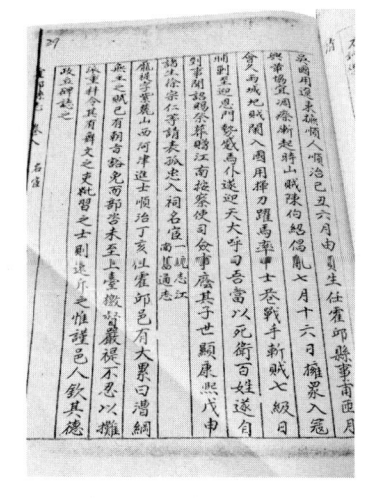
《霍邱县志》内文书影

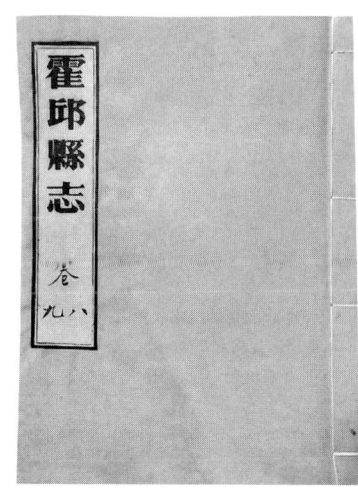
《霍邱县志》封面书影

不小心离开了安徽，我俩虽然相隔渐远，但每次联系时都提及这本书的写作进度！

老领导是性情中人，祖上在顺治四年（1647年）曾任我老家霍邱县的县令！霍邱县的老县志上记载了老领导祖上造福霍邱老百姓的功绩：庞禔，字紫麓，山西河津进士。顺治丁亥任霍邱，邑有大累。曰漕纲无主之赋，已有朝旨蠲免，而部咨未至，上台檄督严，禔不忍以摊派重科令。其有舞文之吏、粃习之士则远斥之。帷谨。邑人钦其德政，立碑志之。（《霍邱县志·卷八·名宦》民国十七年钟嘉纂修）

因此老领导对我也就多一份情感，再加上我俩有着共同的爱好和兴趣，也就相处甚笃。虽然我有这样或者那样的过错，老领导都能海涵地一笑！

《晋商与徽商》的出版意义我不敢多说，因为人民网和新华网都作了大篇幅报道，给予了高度评价！我只能说这是老领导人生中最完美最精彩的一笔！

这本书的历史重要性远比老领导各地任职的意义大多了……若干年后可能后人不知道老领导在哪任过职，但只要后人看到《晋商与徽商》就会想到世上有这么位文化人！

对晋商，我了解不多，但晋商历史上是官商一体的"黑白"两道！

黑的是煤，白的是银！在山西不少地方还保留着古老的银庄，挖煤和放贷银两，要是没有官家的股份，你也挖不下去收不回来！

徽商一绿一白，绿的是茶叶，白的是食盐！

严格地说，徽商就是二道贩子，跑单帮的。一根扁担两个竹篓，茶叶挑出去，食盐运回来！日积月累地越做越大，越做越富有！

富有了的徽商开始在文化上下起了功夫。

这可能是徽商知道只有文化才能传承历史、惠及子孙……

二

徽商是安徽人的骄傲，也是生意人的学习榜样！老领导业余时间写作的长篇巨作《晋商和徽商》把徽商写得很到位。原安徽省作家协会主席，后来

又任安徽省文联主席的文友更是好友季宇著述的《徽商》也把徽商写得很透彻。

这两部巨作都很值得有学识的生意人好好地看一看，不仅能从中得到经商的启发，也能从中领会到徽商的生意之道，尤其重要的是学习到徽商的生存能力！

徽商不仅是实实在在的富裕，关键是徽商能够游刃有余地生存在政商两界，而且历经几百年不衰，这就很值得现在的这个富商、那个首富们好好地学习和借鉴！

有人说徽商精明，但徽商人做的是货真价实的东西，赚的是辛苦钱。再说徽商人之所以有精明儒雅气质，关键是他们的基因就不同于一般的商人。

徽商的祖先大都是前朝的皇亲国戚或者达官贵人，这些人在朝代更替中有的是为躲避后朝的追杀，有的是信守一臣不事二主的忠君信念，他们携家带口躲到了当初还没得到开发、瘴气不散的南方山区。在这个恶劣的环境中要生存下去，就要学会动脑学会动手。

在山多地少，粮食难以自给自足的时候，徽商人看上了满山遍野的茶叶，于是一根扁担两个竹篓地运出去，开始了徽州人的经商道路！

如果仅仅靠一根扁担两个竹篓和唧唧刚刚的独轮车运出贩回，徽商人不管怎样精明和会做生意，也难以有后来的发展壮大，形成自成体系的徽文化。徽商的发展和自成一体的徽文化艺术的形成，主要得益于徽州的母亲河新安江……

三

新安江发源于安徽，经浙江入大海，绵延几百里，丰富的水利资源养育着两岸百姓，便利的水上交通曾经成就了徽商人的事业和徽文化艺术的发展。

新安江水利资源富裕了流域的百姓，便利的水上交通成就了明清时期徽州地区的商人。那时候一船又一船的茶叶通过新安江便利的水上交通，运输到东南沿海各大城市。

有一次到曾经属于安徽徽州地区管辖的江西婺源晓起，走在新安江支流的古河道边的石板路上,青石板铺就的古路,原汁原味的有几百年之久!

  石板路上有道长长的深深的车辙,是独轮车碾压出来的。看见后不由得蹲下摸摸圆滑浑厚的独轮车碾压出来的痕迹,眼前好像看见徽商人推着唧唧刚刚的独轮车,一车车山货一大早运到就近的码头,再一船船地运到东南沿海地区。

  在东南沿海地区处处商铺都见证了徽商人的心酸泪水。

  徽商赖以成就事业的码头我去过得不多,著述巨作《晋商与徽商》的老领导工作之余到过好多徽商曾经用过的码头考察和体验。

  徽商人的生意靠得是水上交通,晋商人的生意靠得是车马。

  码头是徽商人的交通枢纽,也是徽商人赖以生存的货运要道。如果没有这些新安江上的货运码头,徽商人靠那些唧唧刚刚的又运不了多少东西的独轮车贩卖货物,是很难成就基业的。

  如今这些码头都成了徽文化遗址,渐渐地淡出了后人的视野,不会再有人知道这些码头曾经演绎了多少悲欢离合……

  陶勤之 安徽省电力公司史志办主任,作家,收藏家。

手推独轮车

《晋商与徽商》学术研讨会致辞

徐 敏

尊敬的各位学者、各位领导、各位媒体朋友们:

大家下午好!

金秋时节,丹桂飘香。为迎接党的十九大胜利召开,传承中华优秀文化,弘扬徽商晋商精神,在国庆、中秋佳节即将来临之际,我们满怀喜悦与各位嘉宾聚会一堂,举行庞利民先生所著《晋商与徽商》的学术研讨会。在此,我谨代表安徽人民出版社向参加今天研讨会的诸位领导、专家学者表示热烈的欢迎和衷心地感谢。

《晋商与徽商》(上、下卷)是安徽人民出版社2017年5月推出的重点图书。晋商与徽商是中国历史上两大著名商帮,在明清商界雄踞全国十大商帮第一、第二位达数百年之久,其历史价值与现实意义深受社会各界关注。研究两大商帮的兴衰成败,以史鉴今,资政于今天的经济社会发展,是诸多明清经济史研究者追求的目标。多年来,研究晋商和徽商的专家、专著并不少,但将这两大商帮联系起来,专门进行比较研究的学者和成果则不多。《晋商与徽商》首次对中国两大商帮进行了多领域、多层面、多角度的比较研究,洋洋90万言,内容全面详尽,观点多有创新,文字晓畅易懂,在国内外尚属罕见。作者为晋商与徽商研究另辟蹊径,增添光彩,做了一件很有价值的事情。著名晋商研究专家张正明先生和著名徽商研究专家王世华先生对这本著作作了很高评价,并联袂作了推荐。

全书以两大商帮的兴起、发展、鼎盛、衰落历程为主线,通过比较研究的独特视角,第一次全方位、多层面、多角度地探究其兴衰沉浮的事实真相和深层原因，挖掘历史积淀的贾道智慧和经验教训，串起晋商与徽商背后的地域、政治、经济、军事、文化、家庭、民俗、建筑的点点珠玑。作者通过翔实的史料和不同侧面的对比分析，系统还原了两大商帮由明代业盐起家，至封建王朝消亡而"无可奈何花落去"的历史轨迹；并以流畅细腻的笔触，引领读者神游三晋大地与徽州六邑，领略两地人文习俗和美丽风情，感悟蕴集于两大商帮、至今薪火不息的传统文化和精神真谛，具有鲜明的创新性、可读性和较高的学术价值。

本书研究的是两大商帮，传播的是优秀文化。通过对晋商与徽商的介绍和兴衰成败的分析，挖掘出晋商与徽商穷则思变的创富动力、重商立业的文化底蕴、诚信义利的经营理念和同舟共济的合作精神，对于贯彻落实"创新、协调、绿色、开放、共享"五大发展理念必有助益，对于弘扬社会主义核心价值观很有作用，对于弘扬晋商与徽商所体现的中华优秀传统文化很有意义，对于当代商人和企业家大有裨益。

《晋商与徽商》也是我社为传承优秀传统文化而全力打造的重点图书。本书是作者呕心沥血、筚路蓝缕，凭着徽商、晋商精神，十年一剑的心血结晶。为了将好书出好，我社责编也以徽商、晋商精神为激励，深度参与、深度投入，在编审校改、语言规范、体例完善、引文查核、装帧版式、印刷装订等出版工作的各个方面下大力气，历时三年，倾力打造精品。为了保证该书的出版编校质量，我们以出版者的视角反复推敲打磨，参阅学习了大量资料，并与作者或当面或书面或电话或微信沟通商议。除社内编校外，我们又专门约请著名徽学研究专家、安徽省徽学会会长王世华教授审读全书，王先生给予了大力支持并欣然作序推荐。在全书的版式体例、装帧设计、印刷制作方面编辑人员也反复推敲考量，许多设计样被推倒重来，而为了几百张图片与内容匹配到位，又一次次调整版面位置，尽量少留遗憾。印刷时选择质量优、规模大的省新华印刷公司，并多次下到印刷车间查看效果和质量。经过3年不懈努力，2017年5月终于使该书能以内容与形式较完美统一的面貌呈现在广大读者面前。

当前,中共中央办公厅、国务院办公厅已印发《关于实施中华优秀传统文化传承发展工程的意见》。全力出好《晋商与徽商》,积累、弘扬中华优秀传统文化,正是我社为此应做的绵薄贡献;同时,抓好具有重大文化传承和积累价值的重点出版工程,不断推出精品力作,也是我社不懈努力的目标。

谢谢大家!

2017年9月30日

徐敏　安徽人民出版社社长。

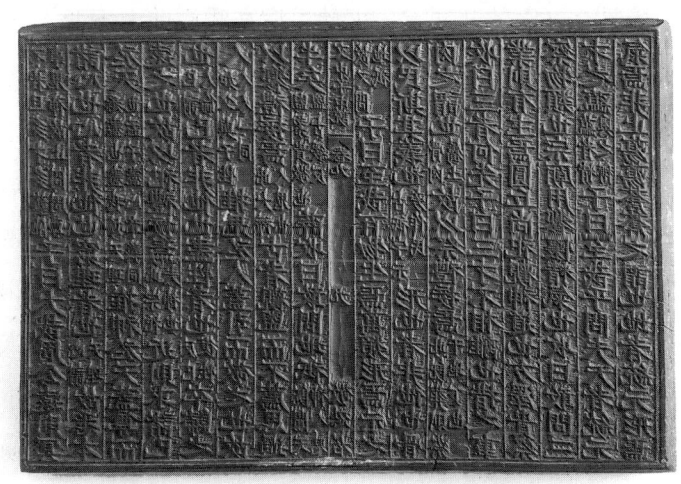

通化王氏后裔藏明文中子木刻板

十年磨一剑的比较史学佳作
——读庞利民《晋商与徽商》

翁 飞

比较史学是现代历史研究领域一门方兴未艾的重要学科，它兴起于20世纪初的西方史学界，80年代在中国得以流行，一个重要的原因即是走上改革开放快车道的中国，面对一个开放的世界，亟需通过古今中外各种历史与现状的比较，探索出强国振兴之路。

比较史学涉及的领域和学科很多，几乎涵盖史学研究的所有问题和现象；而它本身，就是试图通过两种或两种以上的历史现象的比较来加深、扩大和验证对历史的认识的一种方法。根据比较史学奠基人、法国年鉴学派创始人马克·布洛赫在其比较史学的代表作《致力于欧洲社会的比较历史研究》中所提出的，历史比较研究应该具备两个基本条件：一是对象之间要有一定的类似性，二是要有一定的共同点。因此，摆在我面前上下两大卷、煌煌90余万字的《晋商与徽商》（安徽人民出版社2017年5月版），正是这样一部比较史学的巨著。

也正像本书的两位序言作者，晋商研究大家张正明先生和徽商研究领军人物王世华先生一致指出的，晋商与徽商是明清时期我国著名的两大商帮、也是明清时期商品经济发展的奇迹。记得恢复高考后，我们作为第一批历史专业本科生进入高校学习，老师都会在课堂上给我们讲授，中华人民共和国成立以来中国史研究的"五朵金花"（即中国古代史分期问题、中国封建土地所有制形式问题、中国封建社会农民战争问题、中国资本主义萌芽问题、汉民族形成问题），作为研究中国历史的入门课题，其中之一的"资本主义

萌芽问题"就是与明清商品经济发展,区域性商人群体涌现密切相关的。这些商人群体有着一个特定的名称"商帮"。当时,不仅仅是晋商和徽商,还有"四大商帮"(晋商、徽商、浙商、粤商)说、有"十大商帮"(山西、陕西、宁波、山东、广东、福建、洞庭、江右、龙游、徽州)说,等等。各种名目繁多的"商帮",明白无疑地表明了两大基本共同特征:第一,虽然时间上稍早稍晚,所有商帮都是发生、兴盛于明清时期,说明中国商品经济到了封建社会晚期,已经进入一个空前活跃、涵盖地区空前广泛的时代(尽管对它的性质是不是资本主义萌芽还有争议);第二,所有这些形形色色的商帮,在同一时期大量涌现,应该是按照当时的商品经济规律和准则进行商品交易及相关的市场经济活动,但他们又表现出各自鲜明的地域特色和抱成团的团队(或曰群体)意识,这就是所谓"商成帮"。搞清楚这些商帮在当时社会背景下进行商品经济运作的规律和特征、兴衰起落的共性和个因、他们之间的竞争与联系⋯⋯无疑对破解中国资本主义萌芽问题,在今天来看就是中国从中世纪如何走向近代资本市场,这样一个历史命题,有着很深刻也很现实的意义。

然而,长期以来,学术界在明清商帮的研究领域大都局限在某个商帮自身的研究,也有一些对各大商帮的介绍性著作和文章,但都是泛泛而谈。缺乏对商帮与商帮之间真正深入的比较研究,比如晋商和徽商,在明清商界究竟谁是真正执牛耳者?由于数据来源不同,缺乏准确的计量和判断。又如清朝闭关锁国后,仅剩广州一口通商,朝廷特许的十三行,分别为粤、闽、徽商把持,而晋商未在其中,对它的外贸交易有否影响?今天,我们看到由庞利民先生所著的《晋商与徽商》是对当时众多商帮中实力最强、最有代表性的这两大商帮进行比较、分析、解剖,这正是一个破题之作。拜读之后,更感觉到这是一部凝聚作者10年心血的区域经济比较史的上乘佳作。本书责任编辑秦闯先生,是30年前我主持编撰《安徽近代史》的责任编辑,对他在责编过程中的认真细致,早有体会。30年后的这厚厚两大本,无论装帧设计、版式编排、文字校对,更是精益求精,令人赏心悦目,不愧是上乘之作。老

友所托，要我写一篇书评，因此不揣浅陋，谈谈自己粗浅的读后感。通读全书，我觉得有以下三个鲜明的特点：

一、比较着力，视角独特

比较史学的核心价值在于比较，全书最着力用功的地方也在于比较，从该书第一章《故园与商路》起，就开始将山西资源禀赋与徽州自然特产进行比较。第二、三两章更是全书的重心所在，前者论述两大商帮的六大共同点，后者分析两大商帮的四大不同，条分缕析，分类排比，议论风生，林林总总，让人一目了然。此外，还设有《徽商晋商科举仕途比较探幽》《晋商徽商建筑异同及特色》以及《徽州女人与山西婆姨》这样一些专章，进行更加具体细致的比较研究，效果自然十分显著。马克·布洛赫曾经提出：比较研究在历史学中大致有三种用法：验证和解释假说，发现不同社会（地区）的独特性，提出新的问题。以此对照，庞利民先生在全书开篇就提出："以史为镜，可以知兴替。本书试图从地域、政治、经济、军事、文化、建筑、家庭等角度来寻找晋、徽两商的兴衰轨迹，发现贾道沉浮背后的事实真相，挖掘历史积淀背后的智慧和经验，力求对正处于剧烈变革和快速发展阶段的我国现代化事业，起到一定的借鉴和启迪作用。"通过对两大商帮的上述比较研究，作者的意图基本实现了。

二、剖析深刻，鞭辟入里

比较的目的是为了更好地分析总结历史的经验教训，历史上的晋商和徽商都曾经雄踞明清商界数百年，徽商"贾而好儒"、以贾衍文，数代儒商名扬天下；晋商票号，汇通天下，以严格的号规和群体参与的企业精神做大做强。这两大商帮乃至明清时期有所成就的各大商帮，均以诚信经商作为立身之本。徽商敬朱熹，晋商奉关公，加以本书所列晋商、徽商的众多代表人物，都是诚实守信的精英楷模。同样，本书第四章《徽商的独到之处》，第九章《晋商选人用人之道》，对于今天的人才培养，都具有很好的借鉴作用。

当然，也正如作者所感慨的，到了近代，随着封建王朝的衰亡，曾经在历史上创造辉煌的这两大商帮毕竟"无可奈何花落去"地走向衰败，成为历史的一声叹息。但是，作者并非仅仅停留在叹息上，而是进一步深入分析，总结了晋商徽商衰弱的外部原因和自身内因。盐法改革导致把持官盐运销的晋、徽两帮中的盐商率先衰落，咸同年间的战乱兵燹、清政府的苛捐杂税、外资入侵，是晋商徽商衰落的外因。而思想保守、体制陈旧（票号、钱庄、典当，无法应对西方近代金融业的挑战），生活奢侈、不思进取，是两大商帮衰败的内因。作者不仅仅限于论断，而是在书中以大量实例加以举证，这就使得分析鞭辟入里，结论令人信服。

三、文字清新，可读性强

令我十分钦佩的是，作者本人学中文专业出身，文史不分家，以文入史，文字清新优美，90余万字的巨著，洋洋洒洒，一口气读下来，丝毫没有疲累之感。无论章节的名称和编排，还是正文叙述，细节勾勒之处，引人入胜。比如介绍徽商起源地徽州的"徽"字："……宋徽宗宣和三年（1121年）五月廿四日，歙州被诏改为徽州，'徽'字的本义《说文》解释为'三股绳也'，三纠绳三合而纠之，大绳索也。'三股为纠，二股为纆。''徽'字是指大绳索，其意思有捆绑、囚禁、束系之意。如'置之徽墨，肃正国典''徽之纠墨，制以锁铁'。宋徽宗赵佶改歙州为徽州，意思是要将徽州人捆绑起来，以图徽州安定。因为当年梁山好汉宋江招安后率军平定了爆发于徽州的方腊起义，故而改歙州为徽州。无独有偶，六年后，1127年'靖康之变'。宋徽宗与儿子宋钦宗被捆绑押至五国城（今黑龙江依兰县）囚禁，于1135年去世，死后庙号徽宗，同时也把这个字留给了自己，真是不无讽刺、世事难料。当然，'徽'字还有美、善之意，标志、符号之意，如国徽、校徽、帽徽、旗帜等。乾隆年间编的《徽州府志》说，徽州之得名，'取绩溪之大徽村为名'，'盖郡境内存徽岭、徽溪，扬之水出焉，说者以为取诸此'。就最后一句'说者以为取诸此'，说明编者亦持怀疑态度。这是后世徽州人自己的溢美之词，而宋徽宗改歙州为徽州原本应是捆绑之意。"这一段，旁征博引，有典有故，读起来妙趣横生。当然，我们今天解释安徽的"徽"字，是从偏旁结构上，说明它是山、水、人、文的组合，好山好水、人文昌盛。

值得一提的是，徽商和晋商并非是各自独立运作，不相往来，而是有着较为密切的交集。作者在上卷最后一节，专门讲述了巍峨耸立的山西会馆，其中提到了亳州的山陕会馆（花戏楼），惜未能展开。最近，亳州市文物部门拟重新修缮花戏楼，请我帮忙提出参考意见。经查证史料，花戏楼，原名大关帝庙，亦称"山陕会馆"。由于戏楼的砖雕、木雕、彩绘多以地方戏曲折子戏为主要内容，所以俗称"花戏楼"。花戏楼始建于清顺治十三年（1656年），位于安徽省亳州城北关隅咸宁街，为山西商人王璧、陕西商人朱孔领发起筹建，后经康熙、乾隆两朝共百余年多次扩建。1988年1月13日被国务院批准为第三批全国重点文物保护单位。一个有意思的现象，花戏楼里面的大庙又叫"大关帝庙"，大殿正中供奉关羽木雕像，两侧立关平、周仓像。建筑中木雕的内容主要是三国戏文十八出，比如《长坂坡》《割须弃袍》《七擒孟获》《击鼓骂曹》《三气周瑜》《曹操刺董卓》《空城计》《千里走单骑》《华容道》《凤仪亭》等，虽历经岁月风霜却仍色彩艳丽（这是民间已经失传的"一色三套平涂"的彩绘技法）。这印证了晋商供奉崇拜的神祇是关羽，但在曹操的家乡亳州，居然雕刻出"击鼓骂曹"的戏文木雕，着实罕见。这也说明了当地居民的包容与涵养。

根据史料记载，亳州自古为四大药都之首，晋商和陕商每到冬季，便携带北方的皮毛、干货等到这里采购药材、进行交易，而南方的徽商也会携带丝绸、茶叶和新安药材，到这里交易，徽商和晋商、陕商交易成功后，就会在花戏楼轮流做东、搭台唱戏，一般是连唱七天七夜。这样一种各大商帮之间的贸易联系，是中华民族大家庭内在发生的必然联系，标示着广袤的神州大地不同地域之间经济文化生生不息的交流和互补。因此，我们在研究"一带一路"时，对于中国古代中原、西北和南方的丝茶、药材贸易，也应予以足够的关注。

最后，与两位序言作者同感，庞利民先生作为一个负有相当责任的领导干部，能在繁忙的公务之外，把几乎所有的业余时间都投入到晋商与徽商的比较研究中，回报桑梓、回报工作过的第二故乡，十年磨一剑，十年辛苦不寻常。这需要一种学以致用的高尚情怀，需要一种正确的人生价值观，如果我们的干部，都能做到这样，廉洁自律就不是一句空话。以业余时间做专业的研究，以出世的精神做入世的学问。联想到刚刚传达的习近平总书记对精神文明建设的重要批示："坚持创造性转化、创新性发展，精益求精、潜心磨砺，以传世之心打造传世之作。"庞利民先生以他的实际行动做到了。向他致敬，向他学习。

翁飞　安徽省文史研究馆馆员，历史文化研究中心主任，大别山文化研究院院长，历史学博士、研究员。该文2017年10月9日在安徽省大别山文化研究院公众网络刊发。

作者（右）与翁飞（左）、叶如强（中）合影

视野宽阔 别开生面
——读《晋商与徽商》随感

钱念孙

拿到厚厚两大本的《晋商与徽商》，我跟大家感受一样，很惊讶也很惊喜。安徽学术界的很多学者都熟悉，包括研究徽商的、研究历史的，起码到目前为止，还没有人写出这样一部较为全面比较徽商与晋商特点、达到煌煌 90 万字规模的大著。这本书并非出自专业学者之手，而是一位领导干部利用业余时间含辛茹苦做出来的，感觉非常了不起，值得敬佩。这是第一点感受。

第二点突出感受，就是作者对徽商和晋商的比较并不仅仅是一种商业的眼光，或者说只是对商人和商业活动等进行比较。作者除了对徽商和晋商的兴起之路、商业理念、经商特点及衰落原因等多有探讨外，还对两者在科举、文化、建筑、选人用人之道、徽州女人与山西婆姨等方面进行比较。这实际上已经深入到了一个写文化的层次，不仅表明作者视野广阔，有较为深厚的文化修养，同时也确实写得别开生面，有自己的开拓。

比如从科举的角度来看徽商与晋商，就很有意思。晋商重经世致用，做得规模较大，而且创新也比较多，如山西票号汇通天下等等。这些观点，我都赞同。但为什么徽商往往更受到学术界、文化界，特别是思想教育界的推崇？一些思想文化史方面的书，很多时候把徽商抬得较高、写得更多，相对来说对晋商的关注和评价有时显得不够充分。这其中的关键，主要与两者是否"崇文重教"有关系。庞先生这本书谈了许多生动的事例，都可以说明这一点。比如晋商一个叫王文素，经商之暇刻苦钻研，写出算术书《算学宝鉴》，但他的书就因缺钱而无法刊刻，只能以手抄本形式在民间流传。而徽商程大

位写出算术书《算法统宗》,不仅得到及时刊印出版,而且引起很大的反响,历代翻印不断。相比较而言,晋商对文化性的东西不太重视,而徽商却比较看重。徽商有那么多人中状元,那么多人热衷科举,原因就在这里。徽州明清两朝以才入仕、以文垂世者,数不胜数。据姚邦藻先生主编的《徽州学概论》统计,徽州明代有举人1100多人、清代有举人1536人。又据李琳琦先生所著《徽州教育》第六章称:徽州在明清两代共有文武进士1303人,其中文进士1136人。所谓"连科三殿撰,十里四翰林""父子宰相""同胞翰林""四世一品"等科举奇观,在古徽州屡见不鲜。晋商也很有钱,很有实力,但是他们把钱花在教育上、科举上较少,因而中举者、为官者相对较少,与徽商相比颇有差距。这其中的原因,庞先生书中讲到一条,就是徽州有诸多大家族,徽商几乎都把科举当做一项家族事业,培养优秀子弟苦读中举,以光耀门楣、兴盛家族;晋商把更多精力放到经营上,基本上没有把科举当做家族大事来抓。这样梳理和总结很有意义,对现实也有启示价值。

庞先生不是一位专业学术者,我觉得这可能是他的短处,也可能更是他的长处。他的思考脱开一般已有的思路和框框,以他的经历、他的眼光、他的体会和思考,包括他所在的国有企业虽然与过去经商有区别,但也主要涉及经济活动的经验和感悟,他把这些东西融入所写书中,增加了书的鲜活度和启发价值。实际上,一本书的价值,过去把资料整理出来就很可贵,但是在今天这个电脑网络发达的时代,要什么资料,鼠标一点马上就出来了,关键还是看有没有独到的眼光、体会和见解。我也看过一些关于徽商的书,确实感到庞先生这本书里面有很多新的视点、新的思想,觉得还是挺珍贵的。

另外今天来开这个会,我也很受启发,特别是前面郭因先生说的,还有季宇提到的官商关系问题。郭因先生提出了一个官跟商的关系到底应该怎么看待问题。实际上熟悉中国文化史、思想史、历史的人都知道,官商自古无法分,从管仲开始,他是一国的宰相,他那时候跟商的关系可谓密不可分,包括他的思想也有一些政商一体的成分。那么徽商在这点上呢?特别是明清时期,徽商很愿意跟官府结交,因为官府也是一种市场,像红顶商人胡雪岩许多时候做的是官府生意。徽商为什么会有人喜欢打官司,而晋商一般却谨慎入衙呢?这也是因为徽商的文化程度高,与官府联系多,也善于和官府打交道,所以它打官司赢得多。

最近习近平总书记提出官商关系既要"亲"、又要"清"。如何做到,这很值得探讨和研究。这本书涉及这个问题,但似乎没有清晰的解答。像我们这样在安徽搞社会科学研究的,看到这个书有一点自觉惭愧,感到对这个庞先生非常佩服。我看了这本书,不论是书的整体架构,还是具体论述,然后到语言表述,都是达到比较高的水准。祝贺庞先生这本书的出版,也感谢人民出版社推出这本书,让我们和更多的读者知道了这本书。

钱念孙 笔名愚如、今心。安徽省政府参事,安徽省社科院文学研究所所长、研究员,安徽省文联副主席,安徽省文艺评论家协会主席,民盟安徽省委副主委。多次荣获全国"五个一工程奖"。

作者与钱念孙合影

架起学术与通俗间的桥梁

——庞利民著《晋商与徽商》读后

梁仁志

从纯粹学术发展的视角看,无论是晋商研究,还是徽商研究,都已取得了极其丰硕的成果,甚至可以说真正意义上的所谓研究空白已经很少了。今后的研究之路将要怎样走?遂成为每个晋商或徽商研究者时常的自问。所谓"不识庐山真面目,只缘生在此山中",庞利民先生虽非专门从事晋商或徽商的学者,但却找到了另一条颇具创新之意的研究之路,那就是对晋商与徽商进行全方位的比较研究。由于比较研究常常困难重重,它需要研究者既要精通晋商,也要精通徽商,故被晋商和徽商的研究者视为畏途,都不敢轻易尝试。但庞利民先生却集十年之功拿出了一本极其厚重扎实的研究成果——《晋商与徽商》。仔细通览该书,可以发现它亮点迭出,概而言之,主要有三:

一是它是第一本对晋商与徽商进行全方位比较研究的学术专著。该书从桑梓之地的地域环境、经商地域、兴盛年代、精神领袖、与文化科举的关系、经营行业、兴衰原因、选人用人之道、建筑特色等方方面面,对晋商和徽商进行了全景式的比较研究,这不仅加深了我们对晋商和徽商的认知,也让我们对明清商帮有了一个较为整体的印象。因此,这本书无论对晋商研究,还是徽商研究,乃至对中国商帮史的研究,都具有重要的创新意义和学术价值。

二是该书架起了学术与通俗间的桥梁。目前关于晋商或徽商研究的著作主要有两类,一是专门的研究者所编纂的严谨的学术著作,这类书往往学术性强,但语言相对比较艰涩,很难引起一般读者的兴味,故常常只能在学术圈内流行甚至被束之高阁。一是一般小说家所写的晋商或徽商故事,虽易为一般读者所喜闻乐见，却常常违背历史事实或常识，多是胡编乱造的戏说，其结果是向读者传播了不正确的晋商或徽商历史，误导了受众。该书却很好地实现了学术性与通俗性的结合。它内容严谨，言之有据，所有的观点和结论都是建立在文献的基础上，从这个角度说，该书无疑是一本严谨的学术著作；但该书又不同于严谨的学术著作，它的文字通俗易懂，由于作者阅读了大量的晋商和徽商文献及研究成果，对相关史实可谓成竹在胸，故洋洋洒洒90万言的巨著却如讲一个很好听的故事一样娓娓道来，妙趣横生。因此我们说，该书架起了晋商和徽商研究的学术与通俗间的桥梁，必将对晋商与徽商研究学术成果的推广产生积极影响。

三是提出了一系列新问题新观点。作为一本学术著作，该书对晋商、徽商兴盛及衰落的原因、两者发展的不同路径等问题均作了深沉的思考。同时，由于该书是一本比较研究方面的著作，有比较就会有新发现，通过比较，作者敏锐地发现了晋商和徽商的"四大不同"，进而发现了徽商的独到之处，即"贾而好儒"与"以贾衍文"；通过比较，作者也更加清晰地揭示了徽州人文之盛与山西科举不胜的更为深层次的原因。值得一提的是，该书还对徽州女人与山西婆姨进行了全方位的有趣的描述与比较，既生动刻画了封建时代商人妇的伟大与付出，也描绘了她们的艰辛与痛楚。该书对徽州得名之由来，盐与晋商、徽商之关系的解读也都富有新意，读罢引人沉思。

综上，该书既是一部十分严谨厚重的学术著作，也是一部饶有兴味的通俗读物，它非常成功地架起了晋商和徽商研究的学术与通俗间的桥梁，从而开辟了晋商与徽商研究的新境界，推动了中国商帮史研究的进一步发展。

梁仁志　安徽师范大学历史与社会学院副教授、博士后，中国古代史专业硕士生导师，中国商业史学会理事。

在《晋商与徽商》作品研讨会上的发言

董 庆

庞利民先生是我的好朋友,其不仅在事业上十分成功,在学术上也颇有建树。利民先生潜心于晋商、徽商文化研究,历经十载艰辛,完成宏篇巨著《晋商与徽商》,以独特视角"解码"晋商、徽商不为人知的"秘密"。首先向利民先生巨著问世表示热烈祝贺。其次,谈谈我对《晋商与徽商》的一点感受。我认为本书有以下六个特点:

一、研究的深入性。本书总结了晋商与徽商的六大共同点和四大不同点,对晋商和徽商的独到之处进行了深入研究并做了详细介绍,让人们深刻认识到两大商帮的兴盛起伏。本书深入浅出、脉络分明,通过阅读,读者不仅能够了解到两地的风土人情、文化历史,更能了解到两个商帮的风云变化、兴衰起伏以及导致两个商帮孕育、发展、衰落的深层次原因,这种对晋商与徽商的深入性研究还较为少见。

二、研究的开创性。山西与徽州,一北一南,相隔千山万水,但在明清都产生了闻名全国的重要商帮。多年来,很多专家学者对两大商帮孕育、兴盛、衰落的原因及经验教训,进行了深入的研究,但很少有专著和论文对两大商帮进行比较研究,《晋商与徽商》填补了这一空白。

三、研究的完整性。本书以对晋商、徽商的研究为切入点,内容涉及地理环境、文化历史、政治制度、人物介绍、古代建筑、科举制度、商业经营、金融管理等等一系列内容,对比分析深入,内容完整详尽,人物事例丰富,让读者进一步开阔了视野、丰富了知识、增长了见识,对两人商帮研究内容如此完整,目前在国内还较为少见。

四、研究的科学性。作者在对晋商徽商的研究过程中，坚持深入查找资料，认真分析研究，细致论证核实，史料翔实可信，内容科学严谨，对每个问题的阐述都言之有理、言之有据，对每个人物的评价都客观公正，进一步增加了本书的客观性、科学性，对于我们学习、研究相关历史知识具有很大的借鉴帮助作用。

五、研究的文化性。本书研究的是商帮，但折射的是文化，作者通过把两大商帮的比较研究，总结出两大商帮的思想文化、习俗文化、发展理念、行为特征等等，其实就是两地的文化特点。而且通过本书，把徽州文化介绍给山西人民，把三晋文化介绍给安徽人民，并可以把两大商帮所代表的三晋文化和徽州文化传播到全国各地和世界各地。

六、研究的借鉴性。通过阅读本书，读者不仅能够了解到两大商帮，而且通过对两大商帮的兴衰起伏，可以做到以史为鉴。特别是对企业管理者来说，可以从晋商徽商的兴盛中学习到企业管理的经验，如他们敢于突破、勇于创新、经营有方、尊重知识、尊重人才等。也可以在晋商徽商的衰落中借鉴到企业管理的教训，如他们在成功后，穷奢极欲、安于现状、思想保守、行为禁锢，不是继续开拓新的领域，寻求更大的空间，而是将自己或禁锢、或蛰居，导致两大商帮日渐走向没落。

通过对本书的阅读，我们可以深刻感受到三晋文化和徽州文化的博大精深，深刻感受到作者对三晋文化和徽州文化的满腔热爱，作者能够把对两地文化的热爱转化成持之以恒的钻研精神，转化成上下求索的探索精神，值得我们去学习。在此，对作者为我们提供这么丰富的精神食粮，表示衷心地感谢和崇高地敬意。

董庆　历任淮南市委宣传部部长，安徽省新闻出版局副局长，安徽省委宣传部副部长兼省文化发展改革办公室主任，安徽演艺集团有限责任公司党委书记、董事长。

《晋商与徽商》学术研讨会（合肥）答谢辞

庞利民

尊敬的吴昌期主任、郭因老先生，各位教授、研究员、先生们、朋友们：

今天是个好日子。桂子月中落，天香云外飘。群贤毕至，少长咸集，点评拙著，褒奖有佳，我十分感动，真诚感谢！

感谢各位先生拨冗莅会，精彩发言。我与诸位方家大贤有的认识，有的不认识。认识者一见如故，聚谈不厌，我虽离皖，牵挂常念；不认识者，神交已久，久仰大名，名下大著，捧读有三。正是今天在座的和不在座的先生们的大作引领我走上了学习研究徽商与晋商的道路，给我提供了丰富的资料和养分。《晋商与徽商》一书是在先生们提供的沃土中发芽开花成长起来的，是在安徽省各级领导和朋友们的关心支持下杀青面世的。（如后记中提到的政协杨多良主席以及 29 日上午表示了关心、祝贺的张学平副主席）

感谢时代出版传媒股份有限公司和安徽人民出版社出版《晋商与徽商》。拙著初到社里，宛如一个青涩纯真、不施妆粉、带点野性的粗糙村姑，后经三年打磨，五番校改，方将她梳妆打扮成了今天这样一个俊俏新娘。为此，我衷心地感谢本书的责任编辑秦闯先生和社里其他相关人员，感谢你们为本书出版所付出的劳动和心血。今天，更要感谢时代出版社传媒股份有限公司和安徽人民出版社的领导，你们策划组织这次学术研讨会，搭起了这个平台，邀请来这么多德高望重、学富五车、名贯华夏的专家、教授、研究员和领导们汇集一堂，研讨拙著。我深知不是每一本书出版后社里都会开研讨会，不是每个研讨会都有这么多的专家学者出席、都有这么高的规格。这不仅是对拙著的肯定，是我的荣幸，也是安徽人民出版社的盛事、安徽史学界的盛事、江淮大地的盛事。躬逢盛事将令我终生难忘，这次盛会将载入史册。

在此，还要感谢人民日报社驻安徽分社人民网、新华社安徽分社、《经济日报》《安徽日报》、安徽电视台、《新安晚报》、中安在线等新闻媒体的领导和朋友们，是你们的妙笔生花、宣传报道，使《晋商与徽商》像插上翅膀一样为全国人民所知。你们将要播发的本次研讨会上专家们的高见卓识，将使晋商与徽商更为全国人民所知所重！你们的辛勤劳动亦令我十分感动，我要真诚地感谢你们。

一笔著两商，十年磨一剑。《晋商与徽商》倾注了我终生所学，花费了我十年心血。刚才诸位专家对它进行了精辟点评，多有谬赞，这是对我的提携褒奖。更有专家指出不足，提出建议，这是对我的关心支持，说明学无止境。不论是赞誉还是建议，我都虚心接受，认真思考。赞誉激励前行，我将再接再厉；建议有助完美，我将吸取改进。

徽学博大精神，徽商精神永存。在徽商与晋商的学术道路上我刚刚拾得一砖一瓦。今后我还要努力发扬徽骆驼精神，继续学习研究，继续从先生们的著述中吸取营养，发扬光大徽文化、皖文化。我是晋人，我愿做一个两地文化传播的使者，传承中华优秀文化，弘扬徽商晋商精神。

先生们、朋友们，美丽的皖山皖水是我的终生喜爱，江淮大地是我的第二故乡。先生们山高水长、道德高尚、著作等身，是我终生学习的榜样。朋友们古道热肠、玉壶生春、一片冰心，是我的海内知己。胜地盛事聚高朋，金玉良言绕屋梁，小生今日聆教诲，愿立门下守青灯。祝福先生们、朋友们健康长寿，欢迎大家到山西做客。

谢谢！

2017 年 9 月 30 日于合肥

灵璧石

三晋论坛

2017年12月6日在山西大学博雅会议中心参加《晋商与徽商》学术研讨会的专家学者

前排坐者：史若民（左）李玉明（中）张正明（右）

立者：李佛生 王水成 庞利民 杜学文 高春平 贾克勤 康小明 康成元 刘建生 刘成虎 梁四宝 王志超 张亚兰

站者：常忠武 李顺通 范浩里 任雪文 郭桂柱 姚国建 张宏元 周宗奇 陈为人 张崇康 王文清 肖亚光 李建荣

吕飞飞 武殿琦 乔 南 赵俊明 冯丽红 杨建德 雷建德 雷 利 续学功 胡保仁 梁 艳

景宏业 王玉声 刘春阳

· 159 ·

山西大学《晋商与徽商》学术研讨会会场　　山西大学《晋商与徽商》学术研讨会会场

山西大学《晋商与徽商》学术研讨会会场

三晋论坛

作者与胡富国交谈

作者与薛延忠合影

山西大学《晋商与徽商》
研讨会上陈为人先生发言

作者与胡苏平合影

作者与李玉明合影

作者与山西大学校长贾锁堂合影

作者与《合盛元票号》作者郝汝椿合影

三晋论坛

作者(中)在山西省社会科学院与宋丽莉(右一)、高春平(右二)、赵俊明(左二)、山西省电力公司谢增吉(左一)合影

作者向山西省图书馆赠书

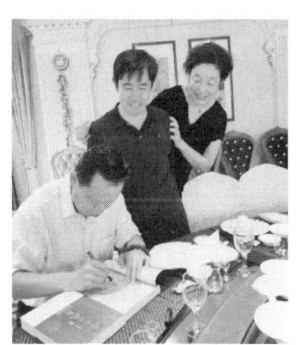

作者给大学同学签名赠书

作者向国家电网有限公司新入职大学生赠书

作者在山西省图书馆文源讲坛讲座

文源讲坛听众

这是一本好书

胡富国

得到庞利民同志惠赠我的他的大著《晋商与徽商》，先看了张正明先生和安徽王世华先生写得序言、目录和后记，随后又看了部分章节。看后我感到这是一本好书。张正明先生是晋商资深研究专家，也是我的老朋友。记得当年他写得《晋商兴衰史》一书，我还曾写过序言。今天由李玉明、张正明先生主导召开利民同志的《晋商与徽商》学术研讨会，这是一件好事，我很高兴。我因工作日程安排冲突，不能前去参加看望与会同志，请利民同志代我向两位先生问好！向与会同志们问好！祝贺研讨会圆满成功！

这本书好，好在它将两大商帮作了比较研究。晋商与徽商是明清社会我国历史上闻名全国的两大商帮，他们的兴盛衰落有什么相同之处、不同之处，各自又有什么特色，利民同志在书中都有详尽的论述，看看他的书我们就能明白。研究历史是为了启迪未来，学习古人是要做好今人。明清晋商与徽商的贾道智慧、思想精神，对于今天我们的商人和企业家仍大有裨益。安徽地处江淮，连接南北，是我国一个很重要的省份。徽州人文厚重、山川美丽，是一个令人向往的地方。两商比较，互相学习，两省交往，共同提高。利民同志有在两省工作的经历，希望当好这方面的桥梁和纽带。

这本书好，好在他宣扬了晋商精神。将我们山西文化传播到了安徽，传播到了全国。大家知道，今年6月习近平总书记考察山西工作时提出了晋商精神："诚实守信，开拓进取，和衷共济，务实经营，经世济民。"这是对明清山西商人精神的高度概括和最高赞赏，也是对当今我们山西人民的殷切希望和热情鼓励，我们一定要大力学习宣传践行习近平总书记提出的晋商精神。习近平总书

记提出的晋商精神,就是习近平新时代中国特色社会主义思想的组成部分。利民同志在书中明确写出山西商人的精神领袖是关公,关公就是晋商的魂、晋商的形象代表,关公文化就是山西文化的核心。他的这个视角和认知是十分正确的。我们山西历史上就不乏忠义诚信之士,从介子推到保护赵氏孤儿的程婴,从关公到郭子仪、狄仁杰,从杨家将到于成龙,从高君宇到抗日战争、解放战争中的吕梁英雄、太行儿女,山西人民为中华文明传承、为新中国的诞生都做出了杰出的贡献。今天,我们山西人民就要学习关公的诚信、忠义、仁勇精神,学习先贤先烈们的思想文化,弘扬践行总书记提出的晋商精神,紧密地团结在以习近平同志为核心的党中央周围,以习近平新时代中国特色社会主义思想为指引,以党的十九大描绘的美好蓝图为目标,努力奋斗,开拓进取,振兴山西,为实现中华民族伟大复兴的中国梦交出合格的山西答卷。

庞利民同志在山西工作时与我也多有工作交往,他也是我的老部下。我记得阳城电厂筹备开工时,他在省电力局办公室工作,跑前跑后,辛辛苦苦。当年修建太旧路时,有个礼拜天,我带领干部现场办公,从旧关下来到娘子关电厂吃午饭,也是他招呼接待。这几年国家电网有限公司把他交流到外省工作,他不仅工作干得出色,获得了全国五一劳动奖章,而且利用业余时间写出这么厚沓沓一本书,洋洋90余万言,真是不容易。听说这本书出版后社会反响较大,诸多媒体作了宣传报道,安徽方面也召开了专题学术研讨会,学术界评价很高。这是我们山西人民的骄傲啊!这说明庞利民同志做了一件很有意义的事情。他十多年身在外省,心系家乡,歌颂山西,宣传山西。逢人便说山西好,书名也要将晋商放在前(见他的后记),可见他山西情结重,为人讲情义。我祝贺他写出了这么一本好书。我为山西人民有他这样的好儿子而感到高兴!

2017 年 11 月 28 日

胡富国 原山西省委书记。该文在山西大学召开的研讨会上宣读。2017年12月12日在《记者观察》刊发。2018年1月在《三晋儿女》第一期刊发。

在《晋商与徽商》学术研讨会上的致辞

田喜荣

（根据录音整理，未经本人审阅）

尊敬的各位学者、各位朋友、各位媒体朋友们：

大家上午好！

隆冬时节，艳阳送暖。为贯彻党的十九大精神，传承中华优秀文化，弘扬晋商徽商精神，弘扬习近平总书记视察山西时提出的"诚实守信、开拓进取、和衷共济、务实经营、经世济民"的晋商精神，我们满怀喜悦地与各位嘉宾聚会一堂，举行庞利民先生所著《晋商与徽商》学术研讨会。在此，我代表省人大

田喜荣发言

常务副主任胡苏平同志向参加今天研讨会的诸位领导、专家学者致以诚挚的问候和衷心地感谢！

《晋商与徽商》（上下卷）是安徽人民出版社2017年5月推出的重点图书。晋商与徽商是中国历史上两大著名商帮，在明清商界雄踞全国十大商帮第一、第二位达数百年之久，其历史价值与现实意义深受社会各界关注。研究两大商帮的兴衰成败，以史鉴今，资政于今天的经济社会发展，是诸多明清经济史研究者追求的目标。多年来，研究晋商和徽商的专家、专著都不少，但将这两大商帮联系起来，专门进行比较研究的学者和成果则不多。

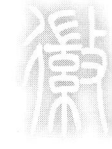

庞利民同志积十年之功，呕心沥血，筚路蓝缕，凭着徽商、晋商精神，写出洋洋90万言的《晋商与徽商》一书。该书出版后，在社会上引起很大反响，新华网、人民网、光明网、《安徽日报》《山西日报》《记者观察》《徽派》等媒体广泛宣传报道。9月30日，安徽人民出版社在合肥组织召开了学术研讨会，安徽方面有关领导和知名学者都莅临并给予了很高评价。今天我们在庞利民同志的母校山西大学举办《晋商与徽商》学术研讨会，也是对安徽学术界的一个回应，是对《晋商与徽商》的一次深入研讨，是关心关注于晋商的领导和晋商专家学者们的一次有意义的重要聚会。

党的十九大报告指出："培育和践行社会主义核心价值观。深入挖掘中华优秀传统文化蕴含的思想观念、人文精神、道德规范，结合时代要求继承创新，让中华文化展现出永久魅力和时代风采。"中共中央办公厅、国务院办公厅也印发了《关于实施中华优秀传统文化传承发展工程的意见》。全面落实党的十九大精神，弘扬中华优秀传统文化，宣传晋商精神，研究晋商和三晋文化既是我们应该做的，也是我们不懈努力的目标。

下面，我想借这个机会说两句题外话，提一个问题。

我曾经在省政协工作过，我旁边坐的就是我们晋商研究的泰斗张正明副主席，也曾多次聆听过他的讲座、教诲。今天在座的也都是专家学者。想提个什么问题呢？就是现在安徽、山西为什么落后了？新近出炉的2017年全国百强县排行榜，浙江有23个，江苏有22个，山东21个，这三个省占到66%。作为中部的大省安徽有一个肥西县，山西则榜上无名。再看看中国的百强民营企业，也没有山西、安徽的。全国前500名的民营企业里，大概到250名左右有安徽的，到了300名左右才有山西的企业。昨天下午省委举行一个高层次讲座，中国社会科学院院长白崇礼为我们作了两个小时的学术报告，现在国家的35项重点科研项目，安徽有一项，山西一项也没有。徽商、晋商在中国商界辉煌数百年，为什么近代以来、改革开放以来落伍了？

这本书我昨天下午才拿到，晚上浏览了一下。庞利民先生对徽商晋商的历史功绩、发展轨迹、发展规律、兴衰成败作了分析。安徽人与山西人有很好的经商基因。为什么有这么好的基因,我们却没有传承下来?研究历史是要回答现实,是为了以古鉴今,我想请专家学者们研究这个问题,给广大读者提供一个精神上的警醒和反省。

去年以来,我们山西省委、省政府呕心沥血努力工作,已争取到国务院出台的《国务院关于支持山西省进一步深化改革 促进资源型经济转型发展的意见》(国发〔2017〕42号文),全文已于9月11日公开发布。这是国家给予山西历史上一次重大的发展机遇。如果说改革开放、1992年邓小平南方谈话是两次发展机遇,那么这就是山西的第三次发展机遇。这个文件含金量很高,在山西是前所未有的。我们一定要紧紧抓住,积极作为。我也希望各位专家学者借党的十九大东风,结合贯彻落实十九大精神和国务院42号文件。进一步通过研究晋商文化,把现实和历史结合起来,鼓励、激励、警醒山西人民能够在这第三次发展机遇中,跟上时代步伐。否则的话,我们山西将要一直落后于全国发达地区。我的这个提问和看法不一定正确,仅供各位专家学者参考!

谢谢大家!

2017年12月6日

田喜荣 山西省人大常委会副主任兼省总工会主席。该发言摘要分别在2017年12月7日《山西工人日报》,2018年1月第一期《三晋儿女》杂志刊发。由记者吴艳女士报道。

徽派木雕缠枝莲花纹
镶嵌玉石象骨八仙过海屏风

参加《晋商与徽商》研讨会感言

李玉明

各位专家、学者、同志们：

今天,我们大家相聚在有500多年历史的山西最高学府山西大学,召开《晋商与徽商》一书学术研讨会,意义深远,是一件大好事,真是可喜可贺!

《晋商与徽商》作者庞利民同志1982年毕业于山西大学中文系,是中国人民大学工商管理学院毕业的研究生,曾荣获全国五一劳动奖章,他先后在国家电网有限公司所属的山西、北京、安徽、华中等电力企业工作,该同志善于研究,学识渊博。他的这部新作,第一次为广大读者全方位、多层面、多角度地探究描写了晋商与徽商兴衰沉浮的事实真相和深层原因,挖掘了历史积淀的贾道智慧和经验教训。这部书分上、下两卷共15章。全书对晋商与徽商作了全面系统的研究和深刻生动的阐述,是国内第一部融学术性和普及性为一体的晋徽商帮比较史力作。

这部书概括出两大商帮的六大共同点和四大不同之处,系统全面地对晋商与徽商各自的独到之处进行了研究整理,《晋商与徽商》的学术成果和研究价值,对于弘扬社会主义核心价值观很有意义,对于弘扬晋商与徽商精神所体现的中华民族优秀传统文化和当代商人、企业家的时代精神都大有借鉴作用。现在,我愿意再听听大家的意见!

李玉明　原山西省人大常委会副主任,三晋文化研究会会长。该文在2018年1月《三晋儿女》第一期刊发。

一部有思想见地的著作

张正明

晋商与徽商是明清时期我国最著名的两大商帮。研究两大商帮的兴衰成败,以史鉴今,资政于今天的经济社会发展,是诸多明清经济史研究者追求的目标。多年来,研究晋商的专家、专著不少,研究徽商的专家、专著也不少,但将这两大商帮联系起来,专门进行比较研究的学者和成果则不多。2016年五一劳动节期间,庞利民先生携来他即将付梓的《晋商与徽商》一书。该书对两大商帮进行比较研究,洋洋90余万言,这在国内外尚属罕见。他为晋商与徽商研究另辟蹊径,增光添彩,做了一件很有价值的事情,真是可喜可贺!

山西地处山右,表里山河,世称"三晋"。从明初至晚清,山西商人转贩粮、布、盐、煤、铁、茶等商品,纵横千万里,足迹遍天下,称雄商界500年,殊为世人所称道。梁启超先生曾言:"鄙人在海外十余年,对于外人批评吾国商业能力,常无辞以对。独至此有历史、有基础、能继续发达的山西商业,鄙人常以自夸于世界人之前。"晋商在清季首创票号,汇通天下,建立伙计制、人身顶股制,实行东家与掌柜(职业经理人)两权分离、总号与分号一体化、"三爷"不允许进店等号规制度,顺应了封建社会商品经济的发展,接近于现代企业制度,在我国经济发展史上具有十分重要的意义。

徽州地处皖南丛山之中,一府六邑。明清时徽州商人宛转出新安,走四方,贾而仕,仕而商,亦商亦儒;经营茶、盐、木、典等行业,以善于经商而闻名全国,有"钻天洞庭遍地徽""无徽不成镇"之说。胡适先生

三晋论坛

在其"口述自传"中说:"我是安徽徽州人。……徽州人正如英伦三岛上的苏格兰人一样,四出经商,足迹遍于全国。最初都以小本经营起家,而逐渐发财致富,以至于在全国各地落户定居。"徽商发财致富以后,"贾道儒行",重视文化发展。徽州素有"东南邹鲁""文化之邦"的美称,在理学、绘画、建筑、雕刻、医学、戏剧等方面都取得骄人成就,仅清季以来,硕彦大儒就有戴震、胡适、陶行知、黄宾虹等,可谓山川秀丽、人杰地灵。

山西与徽州,一个在黄河以北,北接内蒙古高原;一个在长江以南,南邻江西、浙江。一北一南,相隔万水千山,但在明清都产生了闻名全国的重要商帮。这是什么原因使然呢?两大商帮的相同之处是什么,不同之处是什么,各自的特色优点、风云人物、衰落原因乃至经验教训又是什么,等等。这些都是明清经济史研究者长期关注的课题,也是当下人们想要获得的答案。今天,看了庞利民先生这本《晋商与徽商》的比较研究,我觉得他破了题,有了答案。虽然作者在书中的有些见解乃是一家之言,但他言之有理、论之有据、史料翔实,殊为可信。这是一部很有思想见地的学术著作。

这部上下两卷的大作共分15章,从两大商帮的家园与商路谈起,终结于两大商帮的衰落。它概括出晋商与徽商的六大共同点与四大不同处,对晋商的独到之处——创设票号、汇通天下,徽商的独到之处——贾而好儒、以贾衍文,以及两大商帮的著名商人作了介绍。作者论及明代晋商、徽商的兴起,主要都是操猗顿之术,以盐起家;清代两大商帮的兴盛,则都与茶、典、票号相关,且官商结合。徽州人文兴盛,科举进士多,崇拜朱熹,奉朱子为精神领袖;山西崇尚实学,俊秀子弟多入贸易一途,崇拜关公,奉关公为精神领袖。入号学徒规矩严格,注重师带徒;选人用人不拘一格,唯才是举。徽派建筑美轮美奂,山西大院气派壮观。书中专列一章《徽州女人与山西婆姨》,从不同角度写出了嫁为商妇的幽怨和艰辛、伟大与平凡,读之令人叹惋!书中对拙著《晋商兴衰史》中所附录的日本谷井阳子女士

· 171 ·

收存的手抄本《贸易须知·炳记》（辑要）所存在的讹舛衍脱之处，一一对照《生意世事初阶》进行增补，使之趋向完善，成文可读，可谓学有用心、肯动脑筋、能下苦功，实属难能可贵！全书收集插录了近300幅图片，以文引图，以图鉴文，图文并茂，既给人以视觉上的冲击，又增加了历史的厚重感，阅读时让人赏心悦目、具象难忘，殊为珍贵！

这本书是作者历时10年，辗转于山西、安徽、湖北三省而完成的。这对于一位在职正厅级干部来说是十分不容易的。他在该书后记中表述了自己写作的艰辛，我看后甚为感动。今年五一劳动节期间，我与作者初次见面，知悉他是山西万荣人，1982年毕业于山西大学中文系，在山西工作过20多年，深受三晋文化的熏陶，对晋商情有独钟。2006年他交流到安徽省电力公司工作，美丽的江淮山水和厚重的徽州文化深深地吸引了他，使他对江淮大地有了深深的眷恋，对安徽人民有了深厚的感情，对徽商文化也产生了浓厚的兴趣。为此，他在工作之余，推掉应酬，潜心学研，笔耕不辍，凭着万荣人的执着劲儿、晋商的坚忍不拔精神，努力做"徽骆驼"，刻苦耐劳、负重致远，旁搜远绍、引经据典，持之以恒、孜孜以求，"筚路蓝缕，以启山林"，终于写出了这部大作，蹚出了一条研究晋商与徽商的新路子。他的这种精神很值得称赞，这种精神就是晋商、徽商精神的精髓。

本书研究的是商帮，传播的是文化。作者力求通过晋商把三晋文化介绍给安徽人民；通过徽商把徽州文化介绍给山西人民；通过对晋商与徽商的比较研究，把两大商帮所代表的三晋文化和徽州文化传播给全国人民，把晋商与徽商身上所体现的中华优秀传统文化传播给世界人民。因此，庞利民先生不愧为一个传播晋徽两地文化和弘扬中华优秀传统文化的光明使者。

说史自省，读古明今。研究历史，是为了昭示未来。明清晋商与徽商虽然早已逝去，化为云烟，但他们的精神尚在、文化永存。本书通过对晋商与徽商的介绍和兴衰成败的分析，挖掘出晋商与徽商穷则思变的创富动力、重商立业的文化底蕴、诚信义利的经营理念和同舟共济的合作精神，对于贯彻落实"创新、协调、绿色、开放、共享"五大发展理念必有助益，

对于弘扬社会主义核心价值观很有作用,对于当代商人和企业家大有裨益。我相信,庞利民先生的这本《晋商与徽商》的出版一定能够得到读者的喜欢。

2016 年 6 月

张正明　国内著名晋商研究专家,现为山西省晋商文化研究中心主任,研究员、博士生导师,中国商业文化研究会高级顾问。曾任山西省社会科学院副院长,山西省历史学会会长,第十届全国政协委员,山西省政协副主席,民进中央常委,民进山西省委主委。这是张正明先生为庞利民《晋商与徽商》一书写得序言。2017 年 10 月 9 日在《人民政协报》《学术·深度》版刊发。

二连浩特市郊伊林驿站晋商展橱

百年之约 晋徽之缘
——在《晋商与徽商》研讨会上的发言

王文清

庞利民先生的《晋商与徽商》一书,是跌宕在太行天柱间的纵横捭阖,是奔涌在汾河新安江中的商帮往事,是一部别出心裁的晋徽两省商业史。此书拂去尘封、连缀珠玉、发掘内质,淬炼精魂,照亮历史的暗昧。为利民先生点赞,为《晋商与徽商》点赞。

研究商帮史的,最让人感到亲切的,也最富有蕴含的,最终也绕不开的,就是晋商与徽商。晋商和徽商是中国明清时期著名的商帮。两大商帮远去的身影,早已消失在历史的烟尘中,留下的只是传说或不成篇章的记忆。

近年来,研究晋商和徽商的书出版了不少。而利民先生则是把中国最具代表性的这两大商帮写成了一部书。这部书是利民先生执着于对晋商文化、徽商文化的本质、内涵和山西安徽两省地域风采情韵的不倦地探寻、叩问、采撷,更是乐此不疲的身心体验,其目的,就是想去唤醒世人对晋商徽商关注、认识的那份热忱。这部书是经过千辛万苦终成的巨制,它系统全面地收集整理了两大商帮的历史状况,从浩如烟海的文史资料中寻觅晋商徽商的影子,从各地或完整或破败的遗存中挖掘晋商徽商的文化,为两省商业史、中国商业史的研究做了一件有意义的事。

利民先生此书的最大特色,就是把晋商和徽商这一明清时期中国两大商帮放在一起,以现代人的视角和富有历史感的人文考证,通过对晋商精神、徽商精神内涵进行高层次和全方位的提炼,着力于实现深的发掘和新的发现,并在这个基础上鞭辟入里地洞彻了晋商徽商在明清时期发展交替变化中所呈

现出的内在法则与基本规律。用翔实的史料和不同侧面的分析,系统还原了晋商与徽商的起家、兴盛直至衰败的发展轨迹,引领读者神游晋徽两省,领略两省人文习俗和美丽风情,感悟蕴集于两大商帮、至今薪火不息的传统文化和精神真谛,从深度发掘和高度概括中探寻晋商徽商的精神"质"点和思想"亮"点,进行了纵的论述和横的比较,形成一部通俗易懂的晋徽商帮比较史。

从《晋商与徽商》一书中分析的晋商与徽商的兴衰的过程可以看出是与封建国家的专卖制度有关,财政制度的调整对这两大商帮的发展产生了非常重要的影响。他们都具有官商结合的特征,对封建专卖制度有着依附性,逐步成为封建国家巩固财政经济的工具,当封建国家出现财政危机时,其衰落也不可避免。在"农业为本,商业为末;重农轻商,重本抑末"的古代中国,晋商和徽商,通过经商,不但找到了自己的生存之路,更在主流社会找到了商贾的一席之地;不仅改变了自己的人生格局,更为那个时代注入一抹亮丽的色彩。

历史上的晋商勤劳、智慧、坚韧,曾经"心系家国""胸怀世界""汇通天下",也讲究"叶落归根"。徽商有"徽骆驼"和"绩溪牛"的美称,是吃苦耐劳、聚财节俭之写照,还有安徽人"出门身带三条绳,可以万事不求人"的说法,显示徽人以破釜沉舟心理投身商场。出门带着三条绳,可以万事不求人,意思是说徽商出门总带着绳索,身背的行囊坏了,或者货物绳子断了,都用得上自备的。必要时,还可以用它来上吊。很明显,当时不少徽州人就是抱着"不成功,便成仁"的思想投身商海的。这种精神,晋商也是具备的。作为在安徽工作多年的山西人利民先生也是具备晋商勤劳、智慧、坚韧以及"心系家国""胸怀世界""汇通天下"的特性和徽商"徽骆驼""绩溪牛"的精神的。为了写这部书,他几乎走遍了山西和安徽的大部分地区,有这么厚实的铺垫、这么真切的体验,笔端倾注了情感,自然会绽放出我们面前这部大作的熠熠光彩。没有吃苦坚守的这股子劲和精益求精的工匠精神,是不会有今天这个场合的。

一个地方失去历史记忆，它的文化就会窒息。晋商留下了珍贵的文化遗产，闪耀着不可磨灭的光辉。晋商的昨天孕育着今天的胚胎。追溯晋商的兴衰历史，或能启示人们把握现在。

晋商、徽商是中国古代商业王国两扇厚重的大门，利民先生的这部书把这两扇门打开了，从这道门，可以窥见中国悠久的包括商业史在内的各门类历史。书中，既见作者史料运用的娴熟与准确，又见作者史识的通达与渊博。有这么多的史实、这么多的实证、这么多的梳理与研究，可补正史之不足，可为执政之鉴镜。我认为，此书是中国商业文化研究的重大成果，是一部论述中国商帮史的精当之作、上乘之作、新锐之作，在原创性和创新性的双重提升中达到了思想的升华与认知的飞跃，极具社会功能与学术价值，为中国商业史文化研究开辟了一条新路。是对中国商业文化研究的重大贡献，给正在转型的山西提供了自觉、自信和自强的勇气和动力，是激励山西人民的精神源泉，是提升山西形象的金字招牌，是实施文化强省的有力支撑。

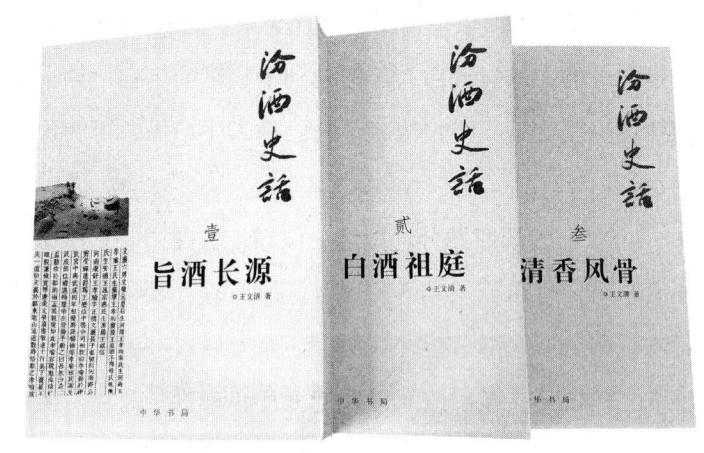

王文清《汾酒史话》书影

相信利民先生的《晋商与徽商》一定能够唤起各界同人的家乡自信，也期待更多的人关注晋商，研究晋商。

王文清　晋商画院著名画家，汾酒史专家。

读《晋商与徽商》有感

史若民

25年前的10月,有位对中国商帮感兴趣的同志就曾向我提出过有关晋、徽两大商帮的异同问题。我知道他是要我说"晋商啬而徽商奢",但由于我并不完全同意这样的看法,所以我没有回答。但晋、徽两大商帮到底有何异同,我当时确实也没有底。尤其是对于徽商,头脑中一片空白,更不敢置喙。谁知25年后的今年10月,我却意外地收到庞利民先生的大作《晋商与徽商》,欣喜不已。

洋洋90万言,上、下两册,我用了两个礼拜的时间,拜读完毕。其文辞之隽永,叙述之朴实、恳切,史料的选择、应用,结构之处理、安排,都十分精当。读起来朗朗上口,真是一番享受。其鲜明之特点在于"博""通""实"。现将我印象深刻者分述如下:

一、所谓"博"者,就是涉及的面非常广。举凡有关晋、徽两地的地理、气候、物产、交通、风俗、习惯、人文、历史、哲学、艺术、医学、教育、科考、建筑等等,无不比较异同。读之,如临其境,如会其人,既是读史,又若观光。其中之教育、文化、哲学、医学等学术思想及其对于各自商帮的影响,更是光彩夺目、发人深省。除两大商帮的名商、名产的创始人与发明者外,仅涉及的数学家就有王文素、程大位两位;思想家有王通、朱熹、薛瑄、傅山、戴震、胡适等多位;更有新安中医学家徐春圃、汪机、孙一奎、张杲、吴崑、江瓘、郑宏钢、方有执、吴澄、汪昂、程国彭、吴谦、程文囿等多位,图文并茂,宛如一幅生动活泼的晋、徽两地全景式社会文化思想活动发展史画卷。比如从王通的儒学到朱熹的理学;从傅山的经世之学到戴震的朴学;

从关公文化到新安医学,从《伤寒论条辩》到《医宗金鉴》,从温补学派的出现到到命门学说的提出;从吴澄首论脾阴到我国最早喉科专著《重楼玉钥》等等及其叙述,应该说都是博大精深的文化盛宴,令人赏心悦目、受益匪浅。

二、所谓"通"者,本书作者,凡叙一事一人,不论晋商、徽商,总是围绕运盐、销盐这种人人离不开的大宗商品,有头有尾,娓娓道来,使人一目了然。比如写晋商,除简单回顾晋商早期经营食盐历史外,着重写了明初修长城、设九边,为解决军需,对大宗商品食盐,由国家专卖转而出让于民,招商中盐以及从山西向外移民,使山西商人利用地利之便和移民之人脉,到边关纳粮棉等实物中盐,得到了迅速发展,从而成为一大商帮;写徽商,则从古"山越"之人说起,到(经过民族融合而形成的)徽民,从南宋临安建都,经济中心的转移为之提供商机,徽民得地利之便,掘得了第一桶金,有了原始积累。至明中叶实行以纳银两为中心的"折色制"后,有利于南方商人就近在扬州交银便可领到盐引,才迅速发展成为一大商帮,始有徽商之名,理由充足,条理清晰。期间有关晋、徽二商发展的各个阶段以及各个阶段发生的历史演变、地理变迁乃至于出现的历史名词、地理概念,诸如"折中法""中纳法""开中制""折色制""纲盐制""票盐制""九边""飞钱""交子""会子""账局""票号"等,都能深入浅出、条分缕析,做到明白通达。又如对晋、徽两大商帮的精神领袖关羽与朱熹的论述。一个武士,一个理学家,他们的思想、精神如何从南宋产生,为什么步步得到统治者的敕封,又为各地商人所崇敬,进而形成一种文化现象,作者从"靖康耻"说起,一直说到现在,读之令人豁然。再比如徽人好讼,作者从东晋、南朝说起,一直写到明清,徽商所到之处都有习染;晋人之民风淳厚,作者从尧舜禹三圣时代一直写到明清晋商的兴盛地带,即山西晋中地区,有根有据,生动感人。就连叙述晋、徽二商时涉及的王茂荫、刘鹗等类人物,也都能有头有尾,一叙到底。再比如戏剧,除了说明两大商帮对于中国戏剧发展做出了巨大贡献外,对于头绪繁多的各个流派也做了简单梳理,让人对元末明初,从河汾三角洲一带兴起的河汾民歌、山陕梆子的各种梆子腔、到徽班进京以及京剧的形成,

三晋论坛

都有了个清晰的了解。

三、所谓"实"者，就是史料可靠，证据确凿。所述事实，真实可信。作者无论对于晋、徽二商的历史叙述或是对于晋、徽二商有关方面的评论，都以原始资料为凭。尤其是容易引起歧见的评论，始终坚持徽人评徽商、晋人论晋事。比如徽商的衰落。作者不仅引用了大量徽人徽商的公私记录、档案史料，还着重从太平天国的建国思想、制度政策入手，真真切切地说明了徽商衰落的真正原因，令人信服。至于晋商衰落，作者以李宏龄所保存的票号原始信件，层层分析，使票号领军人物毛鸿翰的顽固守旧思想及其颟顸自大面目，跃然纸上，若他不栽大拐，天理难容。其他方面"实"的例子还有很多，可谓立论必有据，用据必择其可靠可信者。有关这一方面我就不再多说，读者一看便知。

总之，这是我看到过的近年来出版的写晋、徽二商研究，写得最完备、可读性最强的一本好书。它既是集晋商、徽商两大商帮研究之大成的鸿篇，又是开晋商、徽商两大商帮全面比较研究之先河的巨著。

值此国家提出"一带一路"倡议，建设人类命运共同体的新时代到来之际，对于晋、徽二商的诚信敬义、奋斗拼搏精神的宣扬，可谓正逢其时。

2017 年 12 月 2 日

史若民　原山西师范大学历史系主任、教授，著名晋商研究专家。

万荣县李家大院
砖雕照壁

附：从近世中外社会演变看晋商股份制的意义

史若民

中国的股份制源于明代晋商的伙计制以及牧业、农业的东伙合作制。它发展至近代是以无限责任制为特征、垄断中国近代金融汇兑业达一个世纪之久而闻名于世的山西票号。这种股份制的产生与发展对社会进步有什么意义，至今还没有引起人们的重视。现将我的粗浅认识分述如下。

一是它的先进性

长期以来，人们一直认为，我国现代企业的两权分离制度、股份制及其股份公司，是19世纪末20世纪初随着西方殖民者的入侵与经济渗透，才在中国形成和发展起来的。这实在是一种民族虚无主义的误解。因为，事实上早在19世纪20年代之初，第一家票号日昇昌成立时，就实行了完全彻底的两权分离制度，它的资本组织就是股份制。它的源头是明代晋商的伙计制、东伙合作制，与西方殖民主义的经济渗透没有渊源关系，很有中国特色。因此，我曾在接受一位关注晋商、佩服山西票号的法国学者采访之后，不由得以自豪的心情，写过一首打油诗，说的正是这件事：

晋商文化魂，诚信与敬义。

股份制先行，两权已分离。

万荣县李家大院
打麦场徽派防火墙

马恩若了解,当惊中国奇。

人力资本股,世界之先进。

职工准主人,劳资能两利。

斯密《国富论》,也逊它几分。

前贤能创造,何故妄自菲?

实现中华梦,传统要发力。

(史若民:《体考文存》,中国国际文化出版社,2017年,第412页)

诗虽写得不好,但把晋商在资本组织与人才资本方面的创新表现——股份制、资本所有权与资本经营权的两权分离、人才资本股(即身股)等以及在世界经济发展史上具有的非常先进的历史和现实意义都粗略地提到了。因为我们知道马克思在19世纪六、七十年代写《资本论》时,归根结底是要通过对资本的研究,解决资本来到世间如何影响社会各阶层、各阶级关系的发展,探寻人类社会和谐发展的形态与方向。至于中国从货币到资本变化的情况,马克思了解得并不多,只知道中国有个搞货币的王茂荫,却不知道这时的中国晋商资本已经实行资本所有权和经营权两权分离的股份制经营了。在他的《资本论》写到第三卷,大约是19世纪60年代时,发现欧洲出现了上述资本所有权和经营权两权分离的股份公司。(参见《马克思恩格斯全集》第25卷,人民出版社,1974年,第493页)其实这时,中国晋商资本的股份制早已经实施了一个多世纪。山西票号已经把股份制中的人力资本股即身股(早在1824年创立的第一家票号日昇昌中,就由大掌柜雷履泰和东家李大全所定的合约)给契约化、规范化、股份化了,(参见《山西票号史料(增订本)》,山西人民出版社,2002年,第638页)而当时马克思还只是个5岁的孩童。这就说明中国晋商的股份制至少要比欧洲的股份制早出两个多世纪。究其原因,这是由于山西票号股份制,其前身是明代的伙计制:"其合伙而商者,名曰'伙计'。一人出本,众伙共而商之,虽不誓而无私藏。"(有关伙计制的文字,参见寺田隆信著、张正明等译:《山西商人研究》,山西人民出版社,1986年,第252页)这里需要强调的是,这个"伙计"在资本所有者东家的眼里，可不是仅仅能下苦劳动的苦力，他是包含着道德素养、诚信敬义，又能使资本生出利润，"虽不誓而无私藏"的理财专家；是一种较之货币资本更有能量的"身股"资本。资本一旦交给这种人经营，就有可能生出利润来。具体事例有明代成化年间（1465年~1487年）山西平阳府绛州人韩重以50两白银交给伙计党直做本金，让其经营牟利。说明这时，资本所有权和资本经营权已经分离。（参见寺田隆信著、张正明等译：《山西商人研究》，山西人民出版社，1986年，第255~256页）遗憾的是，盈利如何分配，无资料佐证，我们尚不明确。但有一点可以肯定的是，作为一种崭新的商业经营模式，即东家出资，伙计领本自主经营的伙计制的创建权，也即发明权是平阳商人则是无疑的。到隆庆二年（1568年），山西商人在延绥镇（陕西榆林，这里偏僻贫困，又远离故乡）脱离了乡里关系，没有了以"行止相高"的商业道德基础。于是，便在"伙计制"的基础上，创立了一种叫"朋合营利"的制度，其主要内容是山西商人将巨资交与土商"各私立契券，捐资本者计利若干，躬输纳者分息若干，有无相资，劳逸共济，宜其不相负也"（庞尚鹏：《清理延绥屯田疏》，见《明经世文编》卷三五九，页十九）。通俗点说，就是资本所有者（即捐资本者）出钱，经营者（即躬输纳者）出力，两者在约定的经营时期之后，按一定比例分配利润。为了使东家对经营者放心，也使经营者苦心经营后，在赢得的利润中，自己应获得的一份利润有可靠保证，遂立契约。这就是时人所说的"朋合营利"。它是一种契约化、制度化了的，较"伙计制"更进步的，所谓的"东伙合作制"。捐资本的山西商人，俗称"东家""经营者"（即躬输纳者，昔日所称之为伙计）。这种东家与伙计的合作营利的制度，简称"东伙合作制"。它有两种分配方式：一种是按比例分配，如上述之"朋合营利"；一种是把资本作股（即把捐资本者的资本，等量分做若干股），俗称"银股"。人力顶作若干股，俗称"顶身股"，而后统一按股份平均分配利润的办法。这种资本若干股，人力若干股，到期按股分红，利润分配由此明确。我们把它称作股份制的"朋合营利"或"东伙合作制"阶段。（参见史若民：《平祁太经济社会史料与研究》，山西古籍出版社，2002年，第107页。史若民：《体考文存·山西票号专题片制作提纲（初稿）》，中国国际文化出版社，2017年，第272～273页）

当然，这种股份制还显得粗糙，实践过程中，据史料所载，也曾出现过纰漏。随着时间的推移，晋商在实践中是会不断将其规范化的。由于这种两权分离有利于资本增值，所以不仅大有积聚的富人"出本，众伙共而商之"；一些小有积聚的人，据史料记载，也有联合起来，按照股份制的原则，共同请一位善于经营理财的人去领本经营。比如，道光初年，介休侯生芸领吴龙图等16家银本金各数万两，进行商业性运营。北自奉天，南达浙江，凡重要商埠码头，均设有字号。每三年算账一次，将利解交。直到1838年7月东掌发生讼案前，多年来都是如此。（参见张集馨：《道咸宦海见闻录》，中华书局，1981年，43页）。这就是中国股份制的源起及其发展、演变。

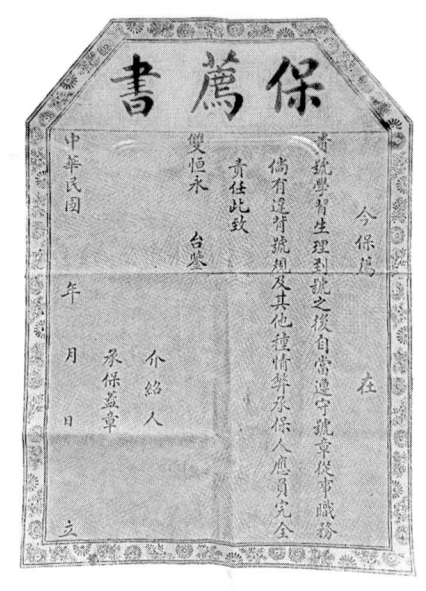

晋商保荐书

至于人力资本，作为知识、技能道德素养的载体，西方把它作为资本投资，是20世纪中期的事。而晋商早在1724年大盛魁成立之前就已把人力作为资本在它的经营实践中运用起来了。即使从1724年算起，也比西方早出230多年。（参见史若民《体考文存·山西票号专题片制作提纲（初稿）》，中国国际文化出版社，2017年，第278～279页）这种人力资本股的好处是它可以协调劳资关系，调动职工劳动积极性。所有成员只要努力做出成绩，都有可能在其工作的企业里顶上身股，都可以成为该企业中的未来主人，即我上述打油诗中所说的"准主人"。因此，不仅可以说，它为人才的成长、技能的发展提供了很好的价值导向，成为人才发展的原动力；而且这种资本的经营模式还能使资本在其营运过程中,所起的功能方面就不仅仅限于产生阶级、阶级对立、对抗乃至斗争。只要组织科学,它还可以使劳资之间崇信、敬义、尽心竭力,地位有尊卑而不对抗,身份有阶级而不斗争,和谐共处,共创双赢。山西票号一个多世纪的经营实践,雄辩地证明了晋商的股份制度及其顶身股的魅力。第二次世界大战后,美国企业中实行的内部职工持有股与晋商的顶身股所揭示的道理,本质上是相同的。美国科技人才得以迅速成长,美国企业之所以能够和谐发展,少有罢工,正由于此。这就说明人同此心、心同此理,不过,这方面还是中国人走在了历史的前面。这就说明中国在经济组织和资本经营方面是大大领先于西方的,同时,也雄辩地说明了基层的中国人并非只知安于现状、乐于守旧之辈,而是具有强烈的创新意识和发明精神的。

二是创立了一项社会良性循环发展原理

鉴于我国历史自秦亡以后,伴随着每一次王朝更替的都是打打杀杀,"尸横遍野,赤地千里",总是以极大地破坏生产力为代价的。究其原因多是由于"富者田连千顷,贫者无立锥之地",贫富悬殊,无法生存者,必然抗争。60多年前,我们不是刚刚进行过一场土地革命吗?股份制出现以后,社会的发展应该可以做到共富,避免这种恶性循环,所以我把它称为社会良性循环发展原理。

何以见得?

首先,先说我们的核心价值观。它是由"富强、民主、文明、和谐,自由、平等、公正、法制,爱国、诚信、敬业、友善"24个字组成的。要建设这样一种社会,首要的是选人用人。因为这样的社会靠那些说话不算数、毫无信用的痞子是绝对建不成的。这种对国人的素质要求,尤其是道德方面的诚信敬义、爱国等,古代又何尝不是如此?在晋商的精神文化中,上述之核心价值观的表现是非常丰富的。至于晋商股份制的源起——伙计制的人事组织原则更是以诚信敬义为前提,是晋商文化之魂。所以晋商文化的核心价值观,不仅是一种先进的精神文化宝藏,同时更是一种能使社会永远沿着良性循环轨迹前进的经济组织保障机制。因为经济活动是任何一种社会形态中的中心活动，经济组织中的人事组织原则正确与否最能诱导人性，而人性的向善与向恶，将对社会发展产生巨大影响。晋商的这个伙计制可以引导人性向善，它是古今中外社会屡试不爽的良性发展核心价值观。

综观晋商的历史，从春秋时期的计然七策到明代的伙计制，再到清代人力股的股份化，2500年来，每当关键时刻，极富活力的商人总有点子出来，在他们的带动下，农也活了，工也火了，整个社会热气腾腾、繁荣昌盛，人民生活得到改善。当然也不可避免地会出现一些富民，这些富民中也有极个别为富不仁者，他们成了野心家们用以利用群众打富济贫、改朝换代的口号。打富之"富"是其诱贫之饵，济贫之"贫"是其玩弄的工具。而专制独裁的帝王们，为了其宝座的稳固，对于民间冒出来的任何势力都不能容忍。于是迁移豪富者有之、贱辱商贾者有之、苛税勒索者有之。一时之摧残尚可忍，法定之贱辱则伤商心。动辄冠以奸商、投机倒把的帽子，几代人都难以翻身。自从刘邦抑商以来，以迄明清，各个王朝在抑商方面虽然程度不同、方法有异，有时候，个别皇帝出于需要，也实行恤商政策，但抑商的基本政策并未根本改变。正是这种抑商的圣旨、法令、政策使中国的生产力发展缺少了刺激的活力，停滞不前了。这是晋商的悲剧，也是所有中国工商业者的悲剧。但愿这种悲剧永远不要重演。明代，由晋商想出来的这个能使社会良性循环发展的经济机制，坚持的核心价值观、坚持的人事组织原则，包含两个基本内容：一是人事组织以诚信敬义为前提；二是创业原则坚持利以义制，要想益己，必先利人、裕国。前者见于明代沈思孝的《晋录》，后者见于战国时期赵（今山西安泽）人《荀子·大略》和清代张旭东的《汇兑记》。（见史若民：《票商兴衰史》，中国经济出版社，1992年，第1～2页）过去人们只把它作为一般史料来使用，很少有人把它作为社会发展的一项原理去研究。我想，自然科学发展有各种原理，社会科学的发展不应只局限于某一种原理，也应允许有各种原理。所以，如果我们把晋商的股份制、特别是身股发展所起的社会作用认真研究后，就会发现，其实，它未尝不是一项十分重要的社会良性循环发展原理。历史上，山西人之所以诚实守信、誉满天下，与这种股份制经济机制规矩的熏陶不无关系。试简要说明。

元明以降，中国封建社会已经发展到烂熟的程度，各行各业都出现了资本主义生产的萌芽。许多地方由于经济发展，社会财富有了相当的积累。正如元代《马可·波罗行记》所说"从太原到平阳这一带的商人遍及全国，获得巨额利润"。又如明代沈思孝《晋录》说"平阳、泽、潞豪商大贾甲天下，非数十万不称富"。这些富人对财富的态度是什么呢？是窖藏吗，不是。他们想出了一个办法，别人把它总结成了一个字，叫做"其居室之法'善'也"。这个"善"字怎么解释呢？说他是行善也好，说他的办法好也行。具体办法是"富者，蓄藏不于家，尽散之为伙计。估人产者，但数其伙计若干，则数十百万产可屈指矣"（沈思孝：《晋录》）。从"蓄藏不于家，尽散之为伙计"这方面讲，可以说是"行善"了。但是，他行善散予财富让其作资本用的这个"伙计"，可不是无原则的，也不是无前提条件的。在他的眼里，一定认为这个伙计是讲诚信敬义的、绝对可以信赖的。就如《晋录》中所说的那种"祖父或以子母息丐贷于人而道亡，贷者业舍之数十年，子孙生而有知，更焦劳强作以还其贷"（沈思孝：《晋录》）的孝顺、诚实、守信的人，才是那些大有积聚的富人们争相招揽的伙计。他们认为这样的人，既"不忘死"，岂"肯背生"（沈思孝：《晋录》）。所以便大大方方地、恭恭敬敬地将所存银两交给这些伙计作资本，放手让伙计全权经营。从此，这些富人的货币，按其后马克思《资本论》所下的定义，就变成堂堂正正的资本了，而且是社会资本。这样一来，富人不仅落了个善名，而且其财富有了管理人和经营者，还有望增值；诚信敬业的贫者可以利用这个资本经营牟利，既能使自己有机会致富，又能扩大生产、增加财富，使社会富裕、文明、繁荣。更为重要的是，它向社会提供了一种诚信敬义的良善价值导向。这样一种一举几得的事情，岂能不说是个好办法吗！可惜，马克思这时还未出生，不可能知道在亚洲的中国古老文明中竟有这种不带血污的资本。它的社会效应是"富者不能遽贫，贫者可以立富""有本无本者，咸得以为生"（沈思孝：《晋录》）。这种办法能使社会上所有"以行止相高"的诚信敬义的人吃得开、行得通、有尊严、活得快活，整个社会风气为之良性循环。也就是所谓"其居室善而行止胜也"（沈思孝：《晋录》）。山西人之所以"诚实守信，誉满天下"，正是由于这种股份制经济机制规矩熏陶的缘故。因为过去中国并没有专门的商业学校，山西的孩子们到了十三四岁，普通人家都是托人把孩子送到工商铺户做学徒，他们认为即使学商不成，也可以让孩子知道如何处世做人。这是我们亲身经历过的山西解放前的历史实际。我在平、祁、太做了3年的调查，过去这一带人们的契约精神深深地感动着我。殷俊玲先生在调查后还写了一本《晋商与晋中社会》，大家不妨一读。

这里还应说明的是，在我们这个多年受阶级教育的国度里，人们对富人、资本家的概念已经形成了某种思维定式，认为富人都是狠心狼，资本家都是黑心肠。说富人会有善心，岂非天方夜谭？对于这样的认识可以理解，无需争论。因为那时马列主义尚未出世，按当时传统价值观来分：人，只有君子与小人、好人与坏人，根本没有今天我们人为制造的那种所谓阶级之分。但有一点，必须明确。那就是富人也罢，资本家也好，乃至穷人，都有私心、有私欲。都想发财，钱对人们来说都是多多益善。既然如此，你就没有办法阻止富人、资本家想办法用他的资本为自己的财富增值。上述之伙计制、东伙合作制、股份制公司的办法并非是什么善心，正是当时晋商中的富人、资本家为满足其私欲，殚精竭虑想出来的能使其资本多多生利增值的办法。它既利己也利人，符合人性，是他们私欲发展的必然。它的出现，在当时解了贫之困，转动了大社会，劳资双方皆大欢喜去牟利。尤其是股份制中身股的设立，对于人才的培养、技能的发展起了巨大的推动作用，作为一种价值导向，成为社会发展的原动力。这就叫做利用人的私心、私欲，因势利导，顺水推舟，让死宝变活宝，社会便自然而然地运动起来，发展前进了，而且是按照诚信敬义的价值导向发展进步的，所以不会出现大面积道德沦丧、正义缺失的问题。

关于股份制实行以后的社会变化，我以平、祁、太为例予以说明：据太谷1842年重修大观楼碑记所载，本县工商铺户共571家。平遥1837年重修市楼碑记载平遥城内大字号222家，另外还有14个集体户，约有店铺近百家。

祁县由于碑记损毁阙如，无法统计，不过以当时"金祁县，银太谷"的民谚来说，祁县的商家绝不会少于平遥城内，总在300多家以上。至于由平、祁、太三县的各总号派出，到外地开设的分号则遍布全国，很难说出一个准确数字，比如道光六年（1826年）仅太谷县的阳邑镇重修静信寺碑记，在外地被募化银的达1400多家。嘉庆十六年（1811年）至嘉庆十八年（1813年）平遥重修市楼碑记被募化银的，能看清花名者达1137户。1811年的花名单已漫漶不清，只有总银数2000余两在碑文中有记录，如按此次每户平均捐银数4两计，则1811年被募化的商户也有500多家。这样一来，平遥的商铺分号，这时，即1813年前后，也有1600多户。祁县碑记阙如，但据上述同样的理由，它的商号分号绝不会低于平遥，应该也有1600多家。如此算来，平、祁、太三县1840年鸦片战争前，也即1842年太谷重修大观楼碑记书写之前，遍布全国城镇、商埠、码头的商号、手工工场以及各种金融业的总、分号，大约总在5000家以上（参见史若民：《票号与近代中国》，中国言实出版社，2014年，第224～225页）。1842年太谷重修大观楼碑记书写之后，平、祁、太三县的经济发展更快了。金融是经济发展繁荣的标志。1842年前，作为金融业的票号只有日昇昌、蔚泰厚、蔚丰厚等8家，分号也不过几十家，至清末，票号总号增加了5倍，达41家，分号分布在全国110个城镇共480多家。（参见史若民：《票号与近代中国》，中国言实出版社，2014年，第247页）与金融业发展的同时，其他行业也随之扩张。从1842年至清末，其他行业的分号到底增加了多少，没有碑记，无法统计。但按票号的发展情况，最保守估计，其他商业的总、分号增加也应在前次5000多家的一倍以上，即达1万家以上。试想，在总面积仅有3000平方公里的平、祁、太三县，人口明末不到20万，清代咸同年间（1851年～1874年）最多也只有80万（参见史若民：《票号与近代中国》，中国言实出版社，2014年，第159～160页）的情况下，在全国各地散布着其工商铺户达万家，平均每80人就有一个工商户的"大富之区"。这在200年前的中国，真是一件了不起的大事。如果说我这个以工商户多少来说明"大富之区"还不靠谱的

话,我再给你举个北洋政府档案的例子。清末金融风潮后,专以信用而不靠抵押放款的山西票号,至辛亥前夕由原来的40余家,只剩下19家了。民元统计损失,除大德通等5家未报外,据天成亨等12家票号统计:损失现银1 335 896两;损失衣物折合现银308 570两,合计损失1 644 466两(《山西票号史料》,山西人民出版社,1990年,第492页)。另据1913年天成亨等14家票号存放实绩统计表所列数字:其时账面显示,共吸收存款25 091 708两,共放出贷款31 509 295两。存放相抵尚余6 418 587两。如果再加上上述辛壬年战事损失之1 644 466两,山西票号当时的财富,除大德通、大德恒、三晋源、大盛川、世义信5家未参加统计,不知存放实绩外,仅上述14家的净资本应当是8 063 054两。(参见史若民:《票号与近代中国》,中国言实出版社,2014年,第502页)用这些资本足以开办一所较之由清政府1897年投资500万两所开办的中国通商银行还要大得多的大银行了。可见称它为当时中国的"大富之区"之说法不虚。究其原因,当时山西之大富,绝非像今天的挖煤、卖矿,归根结底应归功于诚信敬义的伙计制、东伙合作制、股份制的两权分离与身股的设立。它使晋商的发展摆脱了家族的圈子,开始了任人唯贤和唯才是用。各家的经理,当时叫大掌柜,都是本行业的专家,使其工商业既可以跨行业发展,又能扩大资本经营,才使其得以快速发展,进而超越徽商。这里的大字号商业、工场手工业、金融业,在经营管理方面,大多实行的是经营权和资本所有权分离的经理即大掌柜负责制,顶身股制。在红利的分配上人股、银股享有同等权利。这与近代西洋的股份制企业几乎是并驾齐驱。而人力股之股份化,则更是近代股份制企业经营管理方面的光辉创新,在实践上则如前述,遥遥领先于世界。因为雇员一旦在事实上与主人能够处于平等地位,那将给雇员在工作上以极大的动力。这正是平、祁、太在短短的100多年里能够快速发展,能够聚集巨大财富,成为全国"大富之区"的奥秘所在和力量源泉。

以上所谈,仅及物质层面。至于精神层面,获益更多。因为事实上从票号创立之日起,之后的近一个世纪,正是中国进入近代的一个世纪。他们不仅为中国的民族资本商业服务,而且为中国的民族资本工业服务。他们在诚信敬义的服务中确实是致富了,但并没有忘记他们应尽的社会义务,更为难能可贵的是,并非由于清政府号召,他们却能主动地、积极地带头参与兴学、救灾等社会活动,其扶危济困的美德佳话,至今在晋中一带流传。其爱国操守还表现在左宗棠率大军收复新疆,军饷遇到困难,票号尽了资金及时调拨的责任,因而有左宗棠从新疆回京,路过乔家拜访票号东家乔致庸并为其题联的佳话。清政府建设海军,资金短缺,票号献了金,为此,李鸿章为其大门题联。在19世纪末、20世纪初,民族危机严重的关头,资产阶级掀起的爱国运动中,票号的东家、经理们冲锋陷阵,为收回中国的利权、路权、矿权与帝国主义进行了坚决的斗争,为创办中国近代化的企业贡献出自己的力量。(参见史若民:《票号与近代中国》,中国言实出版社,2014年,第207页、第22~44页。史若民:《体考文存》,中国国际文化出版社,2017年,第234~238页)其思想境界之高尚,其行为之坚决,其成果之辉煌,不仅为中国经济界所注目,也为世界各国所重视。过去,人们总以为他们不过是奸商,除了批判而外,没有什么好研究的。不可否认,他们中确曾有过唯利是图的奸商,但那不是主流,那些唯利是图者,同样为当时晋商的主流社会所鄙薄。他们在上海以及当时13个通商口岸所起的作用,不仅为各国的领事所关注,也为当地华商所倚重。他们在重庆打击过高利贷,在兰州平息过金融挤兑风潮。(参见史若民:《体考文存·山西票号专题片制作提纲(初稿)》,中国国际文化出版社,2017年,第250~255页、第267页)在北京与苏州间以及全国各地,山西票号是当时金融市场利率的积极调节者,哪里银根紧、利率高,他们就立即设法往哪里调拨银两。对于稳定当时当地的金融市场起着积极的作用,对于当时当地经济发展都做出过贡献。(参见史若民:《票号与近代中国》,中国言实出版社,2014年,第118~127页)

那么,曾经代表晋商这一阶段主流社会的思潮、精神风貌,究竟是个什么样子?需要用什么语言文字来表述?就让我们读一读平、祁、太留存的碑刻,看一看他们当年的告白,再对他们的思想境界下结论吧。1907年《太谷重

修大观楼记》说:"彼夫文学彬彬,胚胎欧化者,雅典之大观也。厂肆栉比,工商云集者,伦敦之大观也。学校林立,农业称胜者,柏林之大观也。此数大观者,岂仅以其地哉?亦其人为之耳。晋地唐虞故都,开化最早,民俗纯良,为中夏最。……今夫天下之事,有所观感,则易于兴起。迩者,中外交通,文明浸灌执柯伐柯,取则不远,观于声光电化诸学术,则为士者可以兴矣。观于商埠租界各公司,则为商者可以兴矣。观于肥料之精审,机械器用之便捷,则为农工者可以兴矣。沿海诸省所谓智慧渐开,文化日进者,职此之由。晋人财力聪明岂遽出他人下,不于此时急起直追,将何以立天演之界耶?"平遥商界在资产阶级爱国运动的推动下,1911年在市楼的碑刻中就提出了"在商战益烈"的形势下,向西方学习,以便实现"东西渐被""阛阓勃兴"的新气象。(参见史若民:《票号与近代中国》,中国言实出版社,2014年,第174页)尽管这是《大观楼记》作者对"大观"二字之意的推演,但他却代表了平、祁、太工商界当时对中国时局发展的普遍看法。早在1906年秋,合盛元票号鉴于外国银行来中国开设者日多,以致商政财权浸为所夺,于是就谋挽回利权之法。1907年,该号在其告白中,不仅发出了与《重修大观楼记》相同的声音,而且付诸行动。"启者,近来环球大通,商务争胜,而国家特设专部鼓励讲求,唯我商人亦须及时起发,以图扩充。乃观各国银行来吾邦开设者甚多。其晋之汇业一途,亦与银行所司无异,然独不能出洋半步,良可慨也。(本号)有鉴于此,用特选派妥人,提出重款,先渡东洋各处,创设支庄"(参见史若民:《票号与近代中国》,中国言实出版社,2014年,第175页)。这个告白的思想境界是高尚的。他们的实际行动,旨在维护中华民族在国际交往中的各项利权,旨在争取中华民族在国际交往中应该享受的平等权利。更是值得称道的,请注意,这可是120年前用领先世界的股份制的办法,发了财,致了富,引导社会风气良性循环,从诚信敬义的道德层面升华到爱国、救国的更高境界的商人和资本家的声音。你能说这个办法不是引导社会良性循环的一个原理吗?

这个办法在扬弃资本主义使社会共富方面,较之暴力更为有效,使社会发展更和谐、更稳当。因为股份制越是扩大,越是进入新的生产部门、新的行业,越会消灭分散的私人产业。这是市场经济自由竞争,大鱼吃小鱼,先进并吞落后的规律决定的。股份公司中的一些执行职能的资本家转化为单纯的经理,成了别人的资本管理人,而资本所有者则转化为单纯的货币资本家,成为公司债权人之一。公司的财产不再是各个互相分离的生产者的私有财产,而成为直接的社会财产。这种通过股份制把私人资本转化为社会资本,把各个互相分离的生产者的私有财产转化为直接的社会财产的过程,都是资本家们自觉自愿进行的,也是资本主义社会自行向社会主义行进的过程。他们赚得的利润、每届分红,都要留下"护本、统事、副本、护身"等名目不同的公积金,以扩大经营。这实际上都是在自觉不自觉地积累社会资本,应该说这种社会资本积累的过程,就是社会主义元素逐渐成长的过程。对此,马克思、恩格斯都有分析与评论。

三请看马克思、恩格斯对股份制度及其公司的论述

马克思说:"股份公司的成立。由此:1.生产规模惊人地扩大了,个别资本不可能建立的企业出现了。同时,这种以前由政府经营的企业,成了公司的企业。2.那种本身建立在社会生产方式的基础上并以生产资料和劳动力的社会集中为前提的资本,在这里直接取得了社会资本(即那些直接联合起来的个人的资本)的形式,而与私人资本相对立并且它的企业也表现为社会企业,而与私人企业相对立。这是作为私人财产的资本在资本主义生产方式本身范围内的扬弃"。3."在股份公司内,职能已经同资本所有权相分离"。"实际执行职能的资本家转化为单纯的经理,即别人的资本的管理人,而资本所有者则转化为单纯的所有者,即单纯的货币资本家"。"因而劳动也已经完全同生产资料的所有权和剩余劳动的所有权相分离。资本主义生产极度发展的这个结果,是资本转化为生产者的财产所必需的过渡点,不过这种财产不再是各个互相分离的生产者的私有财产,而是联合起来的生产者的财产,即直接的社会财产。另一方面,这是所有那些直到今天还和资本所有权结合在

一起的再生产过程中的职能转化为联合起来的生产者的单纯职能,转化为社会职能的过渡点"。"这是资本主义生产方式在资本主义生产方式本身范围内的扬弃,因而是一个自行扬弃的矛盾,这个矛盾首先表现为通向一种新的生产形式的过渡点"。4."股份制度","它越是扩大,越是侵入新的生产部门,越会消灭私人产业","它是在资本主义体系本身的基础上对资本主义私人产业的扬弃"。(以上见《马克思恩格斯全集》第25卷,人民出版社,1974年,第493~496页)

这就是继马克思在《〈政治经济学批判〉序言》中提出"两个决不会"(即"无论哪一个社会形态,在它所能容纳的全部生产力发挥出来以前,是决不会灭亡的,而新的更高的生产关系,在它存在的物质条件在旧社会的胎胞里成熟以前,是决不会出现的"(参见《马克思恩格斯全集》第13卷,人民出版社,1965年,第9页)。从而否定了他自己曾经主张过的通过暴力革命消灭资本主义的理论后,进一步通过对资本的研究、对资本的组织——股份制度以及股份公司的研究,揭示了资本主义社会股份制经济的发展最终必然会过渡到社会主义的道路。本文引用的上述在股份公司中的"两种职能转化""三种扬弃""三个过渡点",正是资本主义生产方式本身范围内的自动转化、自我扬弃和自然而然的过渡。对此,这时正在整理马克思《资本论》第三卷遗稿工作的恩格斯十分赞许,他说:"自马克思说了这些话以来,大家知道,一些新的工业企业的形式发展起来了。这些形式代表着股份公司的二次方和三次方。……在每个国家里,一定部门的大工业家会联合成一个卡特尔,以便调节生产。一个委员会确定每个企业的产量,并最后分配接到的订货。在个别场合,甚至于会成立国际卡特尔……"这些大股份公司,无论国际卡特尔或者托拉斯,都使"竞争已经为垄断所代替,并且已经令人鼓舞地为将来由整个社会即全民族来实行剥夺做好了准备"。(参见《马克思恩格斯全集》第25卷,人民出版社,1974年,第495页)

与经济上出现上述变化差不多同时,政治上亦有了显著的变化。也正是由于有了这种变化,所以,恩格斯与马克思一样,都对他们曾经在《共产党宣言》中宣扬过的通过暴力革命消灭资本主义私有制的主张做了与时俱进的自我否定。恩格斯说得更明确:"历史证明,我们以及和我们有同样想法的人,都是不对的。历史已经清楚地表明,当时欧洲大陆经济发展的状况还远没有成熟到可以铲除资本主义生产方式的程度。""历史表明我们也曾经错了。我们当时所持的观点只是一个幻想。……1848年的斗争方法,今天在一切方面都已经陈旧了。……无产阶级的一种崭新的斗争方式就开始被采用,并且迅速获得进一步的发展。原来,在资产阶级借以组织其统治的国家机构中,也有许多东西是工人阶级可能利用来对这些机构本身作斗争的。工人开始参加各邦议会、市镇委员会以及工商仲裁法庭的选举;他们开始同资产阶级争夺每一个由选举产生的职位,只要在该职位换人时有足够的工人票数参加表决。结果,资产阶级和政府害怕工人政党的合法活动更甚于害怕它的不合法活动,害怕选举成就更甚于害怕起义成就。"他甚至不无调侃地说:"世界历史的讽刺把一切都颠倒过来了。我们是'革命者'是'颠覆者',但我们采用合法手段却比采用不合法手段或采用变革办法要获得多得多的成就。"(参见恩格斯:《法兰西阶级斗争一书的导言》,《马克思恩格斯全集》第22卷,人民出版社,1965年,第591~610页)

事实上,不仅政治上如此,经济上,通过股份制中内部职工持有股,同样会使雇员由无产者变为有产者,由一般工人变为持有股份的主人,使大家共富,而且无需通过暴力。上述恩格斯所说的"剥夺",后来的历史发展都说明这种"剥夺"已经和暴力革命的办法不同了。它无需暴力。比如,二战以后的历史证明美国大公司中的内部职工持有股就是通过政府制定的各种法律、政策调节而来的。截至1990年持股职工11 000万人,几达当时美国人口的半数以上。(参见史若民:《票号与近代中国》,中国言实出版社,2014年,第181~182页、187~188页)西、北欧各国尤其是瑞典的社会公平更是依赖股份制与法律,这是人所共知的事。尽管资本的所有权还是资本家私有的,而且仅仅是以一种债权人的身份存在着。只要政权是宪政的,而不是权贵阶层的极权,政府就可以通过制定法律、政策调节公司红利的分配,

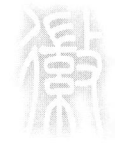

三晋论坛

使无产者变为有产者。正如晋商股份制源起"伙计制"中所说的那样:"'以行止相高'(即以诚信敬义为前提)的'伙计'们,'富者不能遽贫,贫者可以立富,有本无本者,咸得以为生'",如此,社会将会永远沿着良性循环的轨迹前进,生财以德,利己、益人亦裕国,自然发展,和谐、繁荣、共富。

综上所述,马克思、恩格斯对于股份制、股份公司的分析,以及其在近世社会发展中的变革作用是十分肯定的。这种由于人性使然、规律使然的变革力量是巨大的,是任何力量不可逆转的。而且这一思想的源起是出自中国人的伙计制,发展、成熟、实施于近代被蹂躏、被侵略的民族灾难之中,是具有深刻意义的!它充分说明5000年中华文明史孕育的中国人的智慧是无穷的。同时,对比马克思在《资本论》中对股份制和股份公司的分析以及面对现实社会,我们更感到股份制思想及股份公司的成立、经营实施,对生产力发展的伟大意义与成就之辉煌了。

2016年1月27日

补充修改于2017年9月6日

万荣县飞云楼

寻履往迹话"两商"
——读庞利民先生《晋商与徽商》之见

卢 丰

常言说:"谋事在人,成事在天。"天就是机遇,庞利民先生就赶上了这个好机遇。因工作缘故,他在山西、安徽这两方热土上接受文化洗礼,利用10年时间,不遗余力地研究晋商和徽商,通过挖掘、整理,结出了丰硕成果。

案头摆放着庞先生赠的大著《晋商与徽商》,展卷拜读,我心甚感震惊。庞先生在这部洋洋洒洒90万字的著作里,博大而又细微地把两商的史据释放给更大的人群,既有立论之勇,又有寻据之苦;既有学术水准,又有史料价值,是一部不可多得的文史著作。庞先生做人有意思的地方在于,能在快节奏的生活和各种新元素掺杂的事务中,用浓厚笔墨来发现新的自己。我觉得"天道酬勤"是对他最好的注解,为此写下些许读后所见。

一个晋商,一个徽商,在明清时代商业资本之巨、从贾人数之众、活动区域之广、经营行业之多、经营能力之强,都是其他商帮无法匹敌的,均占据了中国商业的制高点。晋商与徽商这个原本属于历史概念的名词,在庞先生的《晋商与徽商》一书中,从两商文化层面上,以两商历史进程与特色文化为经纬,在学界首次进行了严肃缜密比对性的探讨。

书中是就历史而言的。全书总体的立意建立在对两商历史文化的鸟瞰之上,同时又有对各文化专题的微观论述,讲述了两商均是"从盐中来"的商业发端,论证了两商是以诚信作为支撑,阐述了两商奋起直追的生财之道、经营方略、经典商学、文为商用,还有两商的兴衰成败。

书中是就地理而言的。书中娓娓道来的两商,初始皆出自地狭人稠、缺

三晋论坛

吃少穿之地,穷则思变形成外出做生意的原动力。资源禀赋、山川地貌、地域盛产、民风物阜、水系河运,为商家崛起提供了重要的依存条件。

书中是就政治而言的。商业只要是政治稍上轨道、社会稍有秩序、人心稍得安宁,就会觅悟天机而勃兴。两商在长期的时运交移中,均倚重于皇权礼制的约束和封建政治势力的庇护,卓然独立并薪火不熄,晋商称雄达500年之久,徽商则历经了300年的辉煌。也有太平军与清军攻防争夺中惨遭自古以来罕见的灾难,包括与摇摇欲坠的清王朝过从甚密,将其当作自己的政治靠山,在书中均进行了描述。

书中是就经济而言的。马克思在他的鸿篇巨制《资本论》中提到与中国有关的两篇文章,其中一篇主要讲的就是中俄两国的茶叶贸易。在大清同治时期,中国向俄国的出口贸易占到俄国进口贸易的40%,而这贸易是由晋商完成的。徽商也是中国商界的一支劲旅,活跃于大江南北、黄河两岸,乃至日本、暹罗、东南亚各国和葡萄牙,此书对这方面内容进行了全面客观的阐述。左右中国金融近一个世纪的山西票号是划时代的产物,在商品经济的发展中,票号汇兑存储有利于远足贸易的普遍开展。汇票方式代替现银往来,使原本凝滞的商业血脉顺畅起来,社会财富因此得以迅速增长。两商的贸易能力,值得今天的我们夸耀。

书中是就文化而言的。两商的商业资本罕见地转化为精致的文化创造。他们创造财富的"圣经",在取利途中个个不逊祖辈荣光,也为商品经济的发展注入了活力。徽商的独特性在于亦贾亦儒的文化自觉,勇于践行契约精神,且墨客不绝;晋商以学保商,具有"学而优则商""捐输银两,由商入官"的特点,也十分注重商学结合,学中有商,商中有学,因而商人中不乏有学问之士。

书中是就民俗而言的。此书用慢镜头精彩地描述了两商的大院、窑洞、祠堂、牌坊、墙高堡固、马头墙。还围绕徽州女人与山西婆姨这一丰厚鲜活、有血有肉的历史题材,探寻到当时的社会制度、礼俗形态和生活方式等。

书中是就人物而言的。在商业这个闪亮的舞台上,譬如胡雪岩、江春、胡学梓、乔致庸、雷履泰、毛鸿翙、高钰,这些商业大亨凭借他们的智慧与天赋,运筹帷幄,决胜千里,创造了富可敌国的商业传奇,尽显风流,为我们提供一个可见的支点。

书中是就文史而言的。书中通篇可以看到对历史事件、地理变迁展开各个层面的考据。庞先生旁征博引、以史为据,脉络贯通、史中见识。庞先生注重对文化遗迹的深入探访,常常背负着学术的困惑,去寻找一个个文化遗迹和文化现场。书中的"南宋会子""驿使图""银票""太函集书影"等诸多插图,翔实可信,可见一斑。且注解与观念互释,文字与图片并茂,文风严谨朴实而不失雅致,拥有相当的学术价值,符合读者阅读的思维规律和现实感受。

我从此书可以看到庞先生的创作态度,他于事无巨细中捕捉到美好的事物,于平凡中发现了不凡或非凡,且这种发现及表述是艺术的而不是平铺直叙。他掌握了个别与一般的辩证法,但没有舍弃任何看似微不足道之处。这种抓大不放小的本事,亦不是常人所能把握的。

庞先生此书在探索两商文化经典方面,做了大量不为人知的索隐求证工作,学术的突破和创新或早或迟会带来一个领域的鼎新,是值得人们品尝的成果。此书的字里行间散发出真水无香的韵味,基于他探索精神著书勇气如浩瀚江河形成了一泻千里之势。马克思曾用三个比喻回答爱情是什么——"爱情是和知识一样是取之不尽的,和真理一样是不断发展的,和人一样随时随地在变化的"。这或可作为对庞先生大作的总体观感、总体评价。

庞先生为人谦和、持重、深邃、严谨、幽默,呈现给人如一幅竹枝挺拔的水墨长轴,清朗滋人,这长轴隐含着他的境界,闪耀着他的品格。他是一位长期在电力战线上工作的领导干部,先后担任过山西省电力公司副总经理、安徽省电力公司党组书记等职。他以"衣带渐宽终不悔"的胸怀情系电网,执着于事业追求,创造性地破解工作难题,有力地推动党建和企业中心工作的相互融合,公司的主要经济指标日趋良好。他目睹了那些大山褶皱之中山村百姓对电的期盼,听到了农户对通电后的种种美好设想。为此他扮演了"拓荒者"的角色,努力在这山坳里竖起一根根电杆,让明灯点亮山川、照亮人心。

对文化上的事,他把构建文化"软实力"建设作为企业永恒主题,并以此凝聚、引领、融合来引导大家。他觉得人生本该这般充实,带头认真读书,从书中汲取不尽的智慧和力量之源。他曾多次引用高尔基那段著名的话向人们阐述读书的妙处:"每一本书都是一个用黑字印在白纸上的灵魂,只要我们的眼睛、我们的智慧接触了它,它就活起来了。"这也是他在工作之余能写出这么厚的两本大书的"玄机"所在。

意大利哲人克罗齐说:"一切历史都是当代史。"这句已被视为经典般的名言,其旨趣也在于找出经典所能提供的现实意义。巍巍三晋,我们生于斯长于斯的热土,虽饱经忧患,却有幸赶上了民族复兴大变革时代的新纪元,这无疑是我们这一代人的幸运。得意之余,扪心自问,我辈为之做了些什么、能做些什么?此书借其跨越历史时空和强健的生命张力,增益了自身的魅力,也开了个好头。应当说,假如人人都具备坚毅的信念、美好的憧憬、过人的智慧与实力和对新生活烈火般的热爱,即能编织成一张天网,"用新的天空覆盖一切",方可不辜负崭新的时代。"为天地立心,为生民立命,为往圣继绝学,为万世开太平"是古人的宏愿。在承前启后、继往开来方面,庞先生此书可使新时代的山西知识精英深知人们热爱并欣然参与其中的事业,成就于本职岗位上,而生活的真谛即无穷的情趣则孕育于平凡生活中。文章千古事,得失寸心知。本书可圈可点、唯知之深的价值取决于人们的阅读、领悟、获益及掩卷沉思和浮想联翩。我只是从侧翼偏锋谈点拙见,作为诠释此书的一点借鉴,权当期盼晋商在新时期摆脱过度依赖煤炭资源的"魔咒"后,砥砺崛起的一份拳拳之心。

川字牌老砖茶

卢丰　国网山西省电力公司物业分公司办公室主任,高级经济师,山西省作家协会会员。

博观取约　思者常新

任晋文

在 10 月底拿到庞利民先生新作《晋商与徽商》一书，洋洋洒洒 90 万字，挑灯披读，深受感动。这不仅仅是被这部很有思想性的作品而感动，更主要的是被作者满怀激情、不怕千辛万苦的执著精神所感动。我也是一直从事行政工作的，平时也创作一些戏剧、电视剧作品，但文山会海不断，工勤事务庞杂繁重，想写书、搞创作实在是太难了。因此，作者的艰辛付出，我感同身受。可正是作者不畏艰辛，坚持不辍，没有节假日、没有双休日，废寝忘食，加班加点，把全部精力投放于这部书的资料收集和文字写作上，才使其博观而约取，厚积而薄发，哲理隽永，思者常新。"历经十载，增删三次"，终于十年磨一剑，写出了这部兼具创新与厚重的值得一读的佳作。这时，我联想到曹雪芹创作《红楼梦》时"批阅十载，增删五次"的艰辛。两者都证明，只有"读万卷书，行万里路"，然后沉下心、坐得住"冷板凳"，"如切如磋""如琢如磨"，才能真正创作出匠心独具、经得起实践检验的作品。恰如王国维所言，没有"衣带渐宽终不悔"的匠心，没有"为伊消得人憔悴"的意志，是很难抵达"望尽天涯路"的高远境界的，但作者做到了。《晋商与徽商》浸润着作者的匠心和初心，真是可喜可贺。

经过认真阅读作品，我对《晋商与徽商》一书印象最深的有三点：

一是作品尊重历史，论述有理有据，坚持了科学性。本书分上、下两卷，共 15 章，分别阐述了晋商与徽商的历史起源、兴盛年代、衰落原因、经济结构、资源特产、经营活动、典型人物、艺术繁荣、人文内涵、深刻影响、当代意义等丰富内容。作者遵循辩证唯物主义和历史唯物主义观点，秉持客观、科学、礼敬的态度，大量收集和参考了许多相关史料和成果，在山西票号、经营方略、育人之道、衰落原因等许多问题上，取其精华，去其糟粕，扬弃继承，转化创新，不断赋予其新的时代内涵和现代表达形式，不断补存、拓展、完善，使晋商与徽商最基本的文化基因与当代文化相适应、与现代社会相协调。从中让我们充分感受到了作者的文化自觉和文化自信，还有对晋商与徽商文化的认同、肯定和坚守，不能不让人敬佩。

二是视角独特，观点鲜明，注重了比较性。晋商与徽商是我国崛起于明清时期的两大商帮，明人谢肇淛《五杂俎·地部》卷四中称："富室之称雄者，江南则推新安，江北则推山右。新安大贾，鱼盐为业，藏镪有至百万者，其他二三十万者则中贾耳。山右或盐、或丝、或转贩、或窖粟，其富甚于新安。"这说明明清时期，无论是三大商帮（晋商、徽商、潮商），还是十大商帮（晋商、徽商、粤商、秦商、鲁商、闽商、龙游商、江右商、洞庭商、宁波商），晋商与徽商都是名列前茅的。因此，平时自己也十分注意收集专家、学者对晋商与徽商进行比较的文章，悉心揣磨。并且在创作电视连续剧《大茶道》的有些细节中，我也写到了对晋商与徽商两帮进行比较的内容，但没能像作者在两帮比较中，从多方位、多层次、多方面的独特视角出发，提出许多鲜明观点，系统地找出了两帮的共同点和不同点。这是十分难能可贵的。如对两帮科举仕宦、建筑异同与特色、徽州女人与山西婆姨做的比较，特别是对两帮"六个共同点""四大不同"的论述，更是细致入微、精彩绝伦，让我从中再一次体验晋商与徽商的灿烂辉煌与商业精神的滋润陶冶。

三是旁征博引、文采斐然，强调了可读性。通过阅读，我认为《晋商与徽商》并非一部纯学术理论著作，而更像是为广大人民群众撰写的普及性读物。文章中既有学术理论的严肃性，又有文风的通俗性和形式的生动性，二者做到了有机的统一。书中除搜集插录了300多幅图片，还旁征博引，使得文章清韵流香、文采斐然，更有了历史的厚重感和美感。如第十章第二节讲晋商民居常家大院时写道："常家'老大门'，立名'燕翼堂'，出自《诗·大雅·文王有声》：'诒厥孙谋，以燕翼之。'意思是为子孙的将来善做安排，庇护子孙安享太平。'燕翼堂'三字由乾隆、嘉庆年间著名书法家、安徽怀宁人邓石如撰写。"通过解释，让人们既记住了常家大院的特征，又对儒商常家有了深入了解，还对常家与徽商的渊源有了新的认识。还有在第十三章第七节写贞节烈妇时引用《榆次县志·贤媛录》："张可宁妻，宁随父贸易江南……年二十，丈夫亡，遗子方三岁，氏矢志守节。"后又讲了张可宁妻被继母婆婆逼她改嫁时，持刀劈面，自毁花容的故事。还有在写到"徽商妇中当家里政之佼佼者""贞节烈妇"时，作者选取了《寄夫》《十二月寡妇娘》等许多诗词、民谣，使文章具有了很强的文学性和可读性，给人以哲理的覃思、美感的薰习，阅读起来甘之如饴、舒心怡神，易学易懂、好记难忘。

晋商铺规

晋商与徽商文化积淀着中华民族最深沉的精神追求，代表着中华民族独特的精神标识，是中国文化大花园中绚丽多彩的一簇，对人类文明的发展发挥着重要作用。《晋商与徽商》一书提出许多有深度、原创性的理论观点，用创新精神书写出晋商与徽商的新天地，它的价值不仅在于推进晋商与徽商历史的研究，而且具有为政治注入诗意并在理想层面进行引领的双重功能，对于学习贯彻党的十九大会议精神，提高人们的文化自信，培养和践行社会主义核心价值观，进一步坚定实现中华民族伟大复兴的决心、信心，必定会发挥重要作用。我相信，《晋商与徽商》一书也一定会受到读者欢迎。

最后，祝庞利民先生永葆匠心、不忘初心，写出更多更好的佳品力作，让我们翘首期盼！

谢谢大家！

任晋文　晋中市戏研所书记兼一级编剧。

史料翔实　观点新颖
——在《晋商与徽商》学术研讨会上的发言

刘建生

我和庞利民先生是同届校友，1982年毕业于山西大学，只是他学中文，我学历史，曾经在一个楼住宿、一个楼上课、一个食堂吃饭。毕业后，他分配到山西电力系统工作，以后又交流到北京、安徽、湖北工作，干到了国企高管，又多年笔耕不辍，写出这样一部洋洋90余万言的《晋商与徽商》大作，实在令人感佩。这对晋商学研究、徽商学研究都有很大贡献。

刘建生发言

我见到庞先生的这部书较早，且仔细地进行了拜读。作为一个几十年研究晋商的学者，自然高度关注着商帮史的研究，关注着徽商现象。晚清时我国有十大商帮，但学界公认晋商与徽商难分伯仲，雄踞全国十大商帮前列，其历史价值与现实意义深受社会各界关注。客观地讲，每个人都有家乡情结，可作历史研究的学者，我们要做到不溢美、不隐恶，客观公正，要跳出地域乡土的观念，站在全国乃至世界历史的高度来关注明清时期的商帮现象，这是观照历史的要领，也是庞先生著作的一个特点。

众所周知，在同一中华文化大背景下有许多共同点，但由于区域及文化的差异，会带来思维方式、行为方式、价值取向以及传统文化礼俗习惯上的千差万别，甚至差异颇大。世界著名经济学家、美国斯坦福大学阿弗纳·格瑞夫教授通过对地中海地区热那亚商人和马格里布商人所处时代环境与历史制度的比较分析,研究不同商帮的价值取向、行为动机、组织结构、管理方式、成果绩效等方面的同一性和差异性。庞利民先生就是通过晋商与徽商的比较研究,来看待在同一中华文化大背景下,由区域文化差异性所带来的两大商帮的相同点和不同点。比如在差异性方面,作者敏锐地抓到徽商是血缘关系为纽带的家族式经营,而晋商是以地缘关系为纽带的同乡之间的合伙经营。再如文化方面,庞先生对晋奉关公、徽崇朱熹现象及其产生之深层次原因进行了剖析,等等。这是本书的价值所在。

庞先生从社会学、社会经济史学的角度及研究范式探讨晋商与徽商,通过独特的视角,从地域、商路、物产、军事、政治、经济、文化、家庭、民俗等方面,以翔实的史料为佐证,从不同侧面多维度地对比分析,系统、全面地描写了两大商帮由明代业盐起家,贩茶业典、开设票号,贾道儒行、官商结合,及至清朝灭亡而"无可奈何花落去"的历史宿命。高度概括了蕴集于两大商帮自身的中华优秀传统文化,如克勤克俭、诚信经营等等,不一而具。

习近平总书记在十九大报告中提出要弘扬中华优秀传统文化,挖掘传统文化的深刻内涵。研究历史要为现实服务。改革开放近 40 年,我们的民族之魂、理想信念、精神支柱、价值取向是什么、在什么地方?这就是习近平总书记提出的要树立社会主义核心价值观,坚持道路自信、理论自信、文化自信。我们作为学界学人,应该如何担当时代文化大任,为弘扬中华优秀传统文化促力?我觉得庞先生为我们作了一个较好的示范。

《晋商与徽商》一书文笔流畅、观点新颖、内容全面、涉猎广泛,这在国内外相关课题研究成果中是较为罕见的。我们知道作比较研究难度颇大,我研究晋商多年,也曾涉及徽商研究。2012 年,我和我的团队还出版了《明清晋商与徽商之比较研究》一书,但受史料掌握所限,浅尝辄止。我个人观点认为两相比较,晋商俗而徽商雅。庞先生在其著作中也提到晚清开科取士,徽州科举入仕为宦者多于山西,且硕彦大儒辈出,多是领军人物,如清代以来的戴震、胡适、陶行知、黄宾虹等人。徽商在文书谱学、理学医学、刻书绘画、建筑雕刻等方面的文化传承都远远超过晋商。徽学、徽商研究专家对史料的

收集挖掘下的功夫很大、作得很好。对史料的收集挖掘是研究者必备的前提，是十分重要的基础。给庞先生这本书写序的一个是今天出席会议的我十分尊敬的原山西省政协副主席、晋商学研究专家张正明先生，一个就是徽学研究专家、原安徽师范大学副校长王世华先生。对王先生我非常敬仰，神交已久。听庞先生讲王先生正在整理一套徽商资料全书，这是很大的工程、很了不起的事情、很宝贵的史料。所以，庞利民先生能以占据两地大量珍贵史料为基础，把两大商帮结合起来作比较研究，提出许多新的学术观点，其价值意义更大。

当然，学无止境，研究求真。庞先生著作中的有些学术观点，也许专家学者们未必完全赞同。但学术就是通过探讨切磋，互相学习提高，以求真谛。比如对山西大院和徽派建筑的比较研究，庞先生从建筑学、艺术学的角度对南北两大商帮的建筑宅第进行比较，写得美轮美奂、典雅大气。但对经济史学家来说，尤其是从理论经济学的角度来看，山西大院和徽派建筑恰恰反映了他们的封建性，商人将大量资本、资金沉淀在建筑、土地里面，影响了商人、企业家的扩大再生产，虽然他在建筑过程中也制造了购买力，用了人工、材料，推动了商品经济的发展，但这又使得商人回转到商人兼地主、靠土地收取地租这样一种加固着传统经济基础的作用。

诚然，学术观点不一，并不影响庞先生这部著作的学术价值。百家争鸣，有史有据成一家之言就功莫大焉。这本书出版以后，社会反响强烈，得到学术界和广大读者充分肯定，诸多媒体都作了报道，发表了评介文章，产生了较大的社会效益。9月30号安徽人民出版社已在合肥召开了学术研讨会，有40余位安徽专家、学者参加，对庞先生这本书给予高度评价，赞誉其为一部科学性与普及性兼备，很有思想见地的学术著作，我也深以为然，完全赞同。时间关系，就讲这些，谢谢。

2017年12月6日

刘建生　山西大学晋商学研究所所长、教授、博士生导师。曾任山西大学经济与工商管理学院院长、中国商业史学会副会长、中国经济史学会理事等职。

中国商帮发展史比较研究的力作
——评《晋商与徽商》

刘成虎

晋商和徽商作为明清时期我国最著名的两大商帮，对于当时我国的政治、经济、文化等诸多方面都产生了极其深远的影响，关于两者的研究一直是学者关注的重要内容。经过众多学者的不懈努力，目前对于晋商和徽商的研究成果已经相当丰富，将晋商和徽商进行比较也是其中的一部分。庞利民先生历时10年，辗转山西、安徽、湖北三省所完成的这部90万字的巨著——《晋商与徽商》是其中重要成果之一。其是庞利民先生在收集大量史料的基础上，对两个商帮的兴衰历程、经营行业、经营范围、选人用人、建筑特色、著名人物等方面进行详细全面的分析和比较，同时对于相关的中国古代的传统文化、思想制度等也都均有介绍。

本书在研究对象、研究方法等方面均体现了作者独特的视角和扎实的史学功底。作者在注重研究科学性的同时兼顾通俗性，深入浅出、引经据典，力求在具有较高学术价值的同时通俗易懂。对于广大读者来说这是一本能够全面了解晋商徽商的读物。

一、研究内容的全面性

庞利民先生的《晋商与徽商》从地域、政治、经济、军事、文化、建筑、家庭等角度多方面对晋商与徽商进行研究和比较。读者通过该书可以全面了解到晋商和徽商作为明清两大商帮的概貌，同时对于中国古代的传统文化思想和制度等可以有更为深入的认识。

本书上、下两卷共15章，涉及两大商帮的兴衰演变，从两大商帮的地域条件和资源禀赋进行分析，作者创造性地概括出两大商帮的六大共同点，即两大商帮都是地瘠民贫而穷则思变，同样是生财有道、经营有方，都是成功后建设两地、传播文化，精研算学、编著商书，也都是富而不贵，荣归故里。同时，作者也系统地提出两者的四大不同处，即地域不同、兴盛年代不同、精神领域不同、民风习俗不同；提出徽商的独到之处，贾而好儒，以贾衍文；探讨了徽商与晋商对于科举的不同认识及原因：徽商好儒重科举，崇朱熹；而晋商更注重经世致用，奉关公。晋商和徽商的兴起都是以盐起家，而兴盛以茶业、典当业等，且都官商结合。同时，作者从明代晋商的兴起与活动开始考察，认为清代晋商兴盛的基础包括开疆拓土、屯田、建驿、恤商，促推草根白手起家等，考证了清代晋商活动的范围，从京师、中州诸地到江南、西南诸地，从西北边陲到东北三省，从蒙古大漠到恰克图。对于山西票号的产生和发展进行论述，总结了山西票号的经营方略：建立股份制、两权分离、集团运作、官商结合。详细讲解了晋商的选人、用人、育人之道。在建筑方面也对两者进行了比较，晋商民居恢弘大气，而徽商建筑美轮美奂。对于晋商徽商衰落的原因，作者将其分为商家内因和社会外因。

作者在书中对一些相关的中国古代的思想文化、制度等方面也进行了详细的介绍，如对于盐业政策从盐业专营到"开中制""折色制""纲盐制"，再到"票盐制"的演变过程进行了详细梳理。对山西票号产生前我国金融业的发展进行了介绍，包括唐代飞钱、北宋交子、南宋会子、当铺、印局、钱庄、账局等以及科举制度的演变等。对于这些相关知识的介绍，使得普通读者更容易理解晋商和徽商，帮助读者更加了解历史、认识历史。

二、研究方法的多样性

在研究方法方面，《晋商与徽商》其一是采用历史实证的方法。作者在收集大量史料和相关文献的基础上，结合自身的认识，对晋商和徽商的兴衰演变进行历史实证分析，并且在不少地方作者都提出了自己带有创新性的观点。作者在史料收集方面下了大功夫,对于两地的相关县志、府志、民谣等内容都进行了非常全面的收集,并以此来丰富论证。

其二是采用比较研究的方法。比较史观是研究经济史的一个非常重要的方法。有比较,才有鉴别,才能看出其特点,研究一个具体对象,总要以另外的对象作为参照系,才能更清楚地发现所研究对象的特点。比较并不是简单的对比,而是在深刻把握彼此的个性本质的基础上才能进行。作者在对晋商和徽商进行比较的过程中,多角度多方面地进行分析。如在比较晋商、徽商的科举仕宦时,就从两地的地理位置、民风习俗、宗族观念、精神领袖等角度进行分析,更加深入细致地说明徽商重科举而晋商重经世致用的原因。

总体来说,该书在研究不同的问题时,能够以翔实的史料为基础,追根溯源,详其本末,但同时从整体方面来看又能具有一定的逻辑性。

正如该书责任编辑秦闯先生在作者后记中所言,本书"从学术性与普及性、史料性与创新性、科学性与通俗性及两商研究内容的全面性、丰富性与比较研究的专业性、艰巨性诸方面,对大著的内容、观点、特色一一做出评价,称之内容全面详尽、真知灼见迭出、文字功底深厚、追根朔源、条分缕析、言之成理、持之有故。既使史学专业工作者受益匪浅,又使非专业人士深获智慧和启迪"。

读史使人明智,本书中对于晋商和徽商的兴衰成败的分析,对于晋商徽商精神的挖掘,尤其是企业文化、经营理念、用人选人育人、企业家精神等方面,对于当代企业家来说都是大有裨益,非常值得学习和借鉴的。

刘成虎　山西大学晋商学研究所副所长,山西省晋商学与区域经济发展协同创新中心副主任,副教授,经济学博士,硕士生导师。

明清时期中国商业贸易活动的一种观察
——读《晋商与徽商》

杜学文

明清时期是中国发生巨烈变化的时期。今天，我们对它的研究与了解仍然不够。这种变化，从其后果而言，最重要的就是改变了人类历史发展的方向。曾经创造了人类璀璨文明的、以农耕为主的中国逐渐从农耕文明的顶峰跌落。而新兴的工业文明摧枯拉朽、一往无前，开始引领世界发展的潮流。文明的重心发生了变化。尽管从具体的历史过程来看，这种变化并不明显，甚至让人难以察觉。但是从其变化的方向而言，却是非同一般的、颠覆性的。对于中国这个长期处于世界领先地位的国家来说，这一变化造成了物质的和精神的双重震撼。从领先地位到落后地位；从万人向往、万国来朝，到割地赔款、任人宰割；从世界最富、扬威海外，到积贫积弱、民心涣散，这种对比是非常强烈、刺痛人心的。黑格尔曾说，历史从中国开始，而中国却在历史之外。脱开其西方中心论的偏见不谈，从某种意义讲，这句话也是有道理的。拥有5000年辉煌文明的中国，在突然之间就跑到了历史发展的轨道之外。

形成这一结果的原因众说纷纭，各有高见。不过，比较常见的一种观点认为，明清以来，中国闭关锁国，封建落后，发展出现了停滞。而从15世纪以来，特别是哥伦布肇始的大航海时代开始，西方抓住了时代变革的历史机遇，取得了革命性进步。这样的结论实际上有很多可商榷之处。比如，15世纪的大航海肯定不是从哥伦布开始的，至少应该是从郑和开始的。而且，人类的进步应该如何定义，也是一个值得讨论的问题。这一问题的关键是，进步应该以什么为标准，是不是也包含人类基本道德与伦理的标准？是不是仅仅指经济指标与技术指标，或者以经济与技术的发展为进步，而可以不考虑人的价值、生存环境与社会的公平？当然，我们在这里并不是要讨论这些更为复杂的问题，而是仅仅从商业贸易的角度来观察历史的某一侧面，并从这里进入中国的历史。

明清时期，中国的商业贸易出现了新的变化。这种变化是积极的，而不是消极的。首先，今天我们比较关注的丝绸之路仍然活跃，并表现出若干新的特点。这与一般情况下人们讨论丝绸之路只言汉唐，不谈其他的简单化认知是不同的。这些特点我以为至少有这样几点：

一是明清时期是中国朝贡体系最为典型完备的时期。历史上国际关系有两种性质完全不同的体系。其一是以欧洲先发国家为主的殖民体系，其二则是以中国为代表的朝贡体系。二者相较，虽然在第二次世界大战之后，殖民体系基本解体，但在明清时期却是其迅猛发展的时期，并最终瓦解了朝贡体系。显然，殖民体系并不是一种平等、互利、共赢的国际关系，是建立在欧洲先发国家的强大与世界各国的被掠夺之上的。在 20 世纪之初，全球仍然没有被纳入这一体系的只有少数国家。其中最重要的当然是中国。即使最后，中国也只是一个半殖民地国家，而不是被彻底殖民的国家。而朝贡体系并不是中央帝国对周边小国的武力逼迫。在更多的时候，中国只是被朝贡。这些相对弱小的国家政权，为了在政治上找到依赖，军事上得到支持，经济上获取利益，纷纷争取"朝贡"。而中央帝国也出于政治文化的目的，接受朝贡。但是，随着历史的发展变化，特别是欧洲先发国家日新月异的强大，朝贡这一并不追求经济回报的体系，或者说共同体，同样也是没有建立政治军事联盟的体系几乎是在顷刻之间土崩瓦解。但是，至少在清之中早期，朝贡体系仍然是比较兴盛的。朝贡的主要活动之一就是借朝贡来贸易。西域各国，东亚及东南亚各国，均以各种理由来到中国。虽然我们还难以统计，但其贸易量应该是比较大的。这些来中国朝贡的使节与商人，所行走的路线就是"丝绸之路"。

另一重要变化是海上贸易的空前发达。虽然在先秦时期中国内地与周边

海外国家已经有了比较紧密的联系。但是海上贸易是从宋时得到了快速的发展。而在明清时期达到新的高峰。这就是,除了与东南亚国家、东亚国家的贸易外,与欧洲国家的贸易量大大增加。此外,与美洲国家的海上贸易成为新的贸易领域。从中国往东,达美洲;往南再西,达欧洲。新航路的开辟,为以中国为中心的海上贸易提供了技术条件。这一贸易的发展对世界格局的改变意义重大。这就是殖民体系的强化,欧洲原始积累的最终完成。其中的一些事件具有标志性意义。如欧洲之英国,为扭转自身贸易的入超现象,先派使节来中国,后在殖民地印度种植鸦片,终于诱发了改变历史的鸦片战争,并取得了胜利。再如美国独立,其诱因就是宗主国英国开征茶叶税,诱发了波士顿的"倾茶事件",进而引发了独立战争,并终于从大英帝国独立。这些事件对人类历史的发展而言,看似具体,却有着极为深刻甚至是划时代的影响。

  除以上所言外,明清时期,中国的商业贸易有一个较为重要的变化,就是中国商帮积极走出国门,开展国际贸易。"丝绸之路"开通以来,基本上是以西域地区的商人为主要贸易力量。虽然这其中中国商人也有大量的商业活动,但基本上是区域性的转手贸易,即从某一地区向另一地区的阶梯式转手贸易。实际上最为活跃的商人集团是粟特人。此外,在不同的历史时期也有其他的商人集团往来。但总体上来说,中国商人处于亚状态,就是说,中国商人并没有西域各地的商人主动,也没有他们行走的商路遥远。明清时期,中国商人发生了变化。一是集团性质的商帮十分活跃。如晋商、徽商以及宁波商帮等。有人总结了十大商帮。二是他们的主动性增强。如晋商开通了从福建至今俄罗斯恰克图,乃至于欧洲的万里茶叶之路。海外贸易有了对日本、朝鲜,以及东南亚、美洲等地的贸易等。在《晋商与徽商》中,就介绍了晋商出海至日本的贸易活动。特别是介绍了范氏商人家族为首的"船帮"在近80多年的时间里开展的对日贸易。可以说,以晋商、徽商为代表的商帮成为这一时期最活跃、最具影响力的贸易力量。相比于西域各地商人及欧洲商船而言,毫不逊色。他们不仅是明清时期中国商业贸易的中坚,也是世界商人群体中的翘楚；不仅对经济贸易的发展做出了重大贡献，对沟通中西方文化也做出了积极的贡献。

关于明清时期中国商帮的研究，已然成为显学。特别是在当下人们对"丝绸之路"关注日盛的情况下，对明清商帮的研究意义重大。其中晋商、徽商的研究已有很多成果。不过，最近由安徽人民出版社出版的庞利民所著的《晋商与徽商》却有自己的视角与贡献，具有突出的现实意义。

首先，以全视角的切入分析了晋商与徽商作为经济文化现象的存在。尽管我们已经有了很多关于商帮的研究著作，但一般而言，这些著作只是把他们作为经济现象来看待的。这当然有其研究的合理性。但与之相应的是，这种研究也许忽略了许多更为丰富的内容。而庞利民的《晋商与徽商》似乎在观照商帮时，突破了这种单一性的局限。虽然我们还不能说他是多么自觉地追求这种突破，但不可否认的是，他对商帮全视角的研究，无疑拓展了我们认知商帮的可能。这部洋洋洒洒90余万字的著作从历史地理的层面讨论了晋徽商帮形成的自然环境以及资源禀赋。在这样的考察分析中，我们似乎对二者之间的异同有了一个基本的认识。他们的异同实际上与其形成的历史地理环境是密切相关的。在这部著作中，作者用了很大的力气来梳理晋徽商帮的历史文化现象。也就是说，作者并不是仅仅把商帮作为经济贸易现象来看待的，同时也是把他们作为文化现象来研究的。其中涉及了两地的建筑、风俗、精神信仰、仕宦科举、用人之道、对文化的影响等，这使我们对两地商帮的了解更为丰富、生动。可以说，拓展了商帮研究的领域。

其次，以比较的手法打通了对晋徽两地商帮的认知。关于晋商的研究著作，可以说汗牛充栋。关于徽商的研究也充箧盈箱，均取得了丰硕的成果。特别是许多影视作品，更帮助了世人对这些商帮的认知。尽管其中寄托了创作者自己的理想与价值取舍，但绝大部分作品都是就晋商说晋商、就徽商谈徽商，把两者联系起来，打通研究还是比较少见的。《晋商与徽商》似乎力图在这一方面做出努力。仅从书名即可看出，这是作者的一种自觉追求。在这部著作中，作者比较详细地讨论了两地商帮相同的地方，比如他们出现的

历史自然条件是地瘠民贫,因而就穷则思变,从商业方面努力来改善自己的生活境遇。书中还总结了二者在经营方面的共同特点,并肯定了他们对当地建设发展的贡献以及对文化传播的积极作用等等。当然,作者也对他们衰落原因的共性、个性进行了分析论证。同时,也对晋商与徽商的不同进行了中肯的讨论。如除了地域大小不同、兴盛年代不同这些外在的显性的因素外,还有精神领袖的不同、民风习俗的不同等内在的、隐性的不同。这些分析都是很有见地的。从这一角度来看,作者是把晋商与徽商作为既有区别又多有共性的整体来研究的。

再次,涉及多个与商帮现象相关而人们较少关注的领域,并进行了富有创见的研究。其中最突出的是对晋商与徽商精神信仰及文化贡献方面的研究。比如作者对明代极为重要的数学家山西汾阳的王文素、安徽休宁即今屯溪的程大位进行了介绍对比。二者对世界数学领域的贡献极为重要,被称为"南程北王"。王文素著有《新集通证古今算学宝鉴》,通称《算学宝鉴》,程大位著有《算法统宗》。这两部数学著作影响巨大,甚至也可以说是十五六世纪时在世界数学史上具有领先地位的著作。尽管庞利民本人对这二位伟大数学家的了解认知还比较粗浅,但把他们与商帮现象结合起来研究却是极为重要的。这使我们能够看到商帮活动的另一侧面——在经营管理活动的同时,对文化建设的卓越贡献。事实上,在《晋商与徽商》一书中,这方面的努力还很多。如特别对晋徽两地商帮精神信仰的不同进行了分析,认为晋商信仰关公,所以更注重实践层面的开拓;徽商信仰朱熹,更注重文化方面的建设。特别是指出徽商贾而好儒的品格,以贾衍文,促进了地方文化的繁荣。诸如朴学思潮在徽州的兴起、新安画派的出现以及相应的刻书印刷、科举兴学、戏剧医学的发展等。相比较而言,晋商在文化建设方面的贡献逊于徽商。实际上作者在这部著作中还缺乏关于晋商与文化建设的关系之研究。虽然书中收入了晋商与戏剧的研究附录,论述也比较翔实,但还没有涉及晋商与文化的其他领域的研究论述。可以肯定的是,商帮活动对地区文化形态具有重要影响,北方文化形态总体上逊色于南方,但我们还是不能简单地从商帮单一的维度来说明这一现象。

《晋商与徽商》开阔的视野、对比的手法,涉及诸多人们关注较弱的领域,应该说,是对明清时期中国商帮现象研究的重要收获,特别是在研究的方法论层面多有拓展。但是,商帮首先是一种经济现象,在此基础上才能延伸为一种社会文化现象。明清时期,中国商帮至为活跃,一定有其出现的社会文化背景。中国作为当时世界上最重要的产业生产大国,相应地在明清时期的商业贸易活动中得到了极大的发展。如果我们要把这一现象放在全球背景来分析的话,应该说与国际贸易的快速发展有极大的关系。大航海时代来临,世界贸易进入一个真正的全球化时代,其波及的地域之广阔、数量之巨大、效益之惊人,是前所未有的。马克思在其刊发于1857年《纽约每日论坛报》的社论《俄国的对华贸易》一文中指出,在与中国的贸易中,俄罗斯据有令人极为羡慕的地位。在1852年,经恰克图卖给俄国人的茶叶已达17.5万箱,总价值达1500万美元以上。尽管单纯就这一数量而言,已经是很大了,但马克思仍然认为,这一时期贸易的货物定价都不高。也就是说,这种较低的货物定价水平为欧洲商人的转口贸易留下了较大的利润空间。而马克思所说的时代,正是人类历史转向的时刻——1840年第一次鸦片战争之后与1860年第二次鸦片战争之前。他所描述的繁盛的中国对俄贸易正将进入衰落。这一衰落是整体性的,不仅是对俄贸易,也是世界市场的逆转;不仅在经济贸易领域,也延展至社会、文化、军事等各个领域。毫无疑问的是,在鸦片战争之后,中国从人类文明的辉煌顶峰跌落。中国的经济也从此一落千丈。其原因至今仍然是一个被人们十分关注的话题。为什么几乎是突然之间,中国就跑到了黑格尔所说的"历史之外"?仅仅从经济的或政治的、文化的某一特定角度来讨论是难以解释的。所幸的是,在经过近200年的努力之后,中国的崛起复兴正面临着重要的历史时刻。德国学者贡德·弗兰克在其《白银资本》中曾说,通过分析1400年至1800年间世界经济的结构与发展,可以看到,作为中央之国的中国,不仅是东亚朝贡体系的中心,而且在整个世界经济中即使不是中心,也占据支配地位。直到19世纪40年代的鸦片战争,东方才

三晋论坛

衰落，西方才上升到支配地位——而这显然也是暂时的。因为世界正在调整方向，"中国正再次准备占据它直到1800年以后一段时间为止，历来在世界经济中占据的支配地位，即使不是中心地位"。也许，我们可以从诸如晋商、徽商等明清商帮的活动中探寻到一点历史的真相以及对今天的启示。

2017年12月9日于并

杜学文　山西省作家协会主席，著名文学评论家，中国作家协会第九届全国委员。曾任山西省委宣传部副部长。该文曾于2018年6月6日在《太原日报》《双塔》栏目发表。

平遥县日昇昌记票号大门

《晋商与徽商》读后

宋丽莉

带着研究者的挑剔,比平时多了一份耐心,认真翻阅完《晋商与徽商》一书,突然一下子感慨颇多。

其一是感佩

见到庞利民先生之前,我在网上早购其书。未阅其详,先被这本书的厚度折服,上下两册 90 万字的容量,不下一番苦功,何来这若干思路? 1997 年我读大三,偶然在书店信手翻到张正明先生《晋商兴衰史》时,由此结缘,并开始了我的晋商研究生涯。屈指算来近 20 年,时间颇久,但成果鲜少,颇有些愧色。及闻庞利民先生的经历,不止愧色,更有些赧然。工作之余勤于史学者,少之。始于爱好,专于阅读者,又少之。爱好若此,能达专业者,少之又少。庞利民先生十年如一日,功显于一著,较之学者更像学者。哲学家讲人是唯一需要寻找存在意义的存在者。从这一点看,庞利民先生不止是有心人,更像是追梦人。《尚书》有言:"非知之艰,行之惟艰。"从爱好到行动,再到呈现出结果,书生若都有这样的执行力就真的坐言起行、知行合一了。

其二是欣然

"纸上得来终觉浅,绝知此事要躬行"。大多时候,实践比理论来得丰富而直接。晋商不唯有凝固的历史,更有延续的现实。历史的意义在于鉴古知今。晋商之所以让人感慨万千、怀思难忘,更在于其兴其衰仍有强烈的现实意义。所谓知之者不如行之者,行之愈笃而知之益明。学者和商人本身是两类人。前者重言,后者重行。作为晋商的研究者看晋商,始终是门外看门里,所知有限,隔靴搔痒。庞利民先生是企业领导,熟悉企业,又长于总结。多重、跨界身份让他更容易有不同的视角和感悟。如果有更多的商人对总结晋商能暇顾一二,这对晋商研究而言是好事,更能促使晋商研究在知和行中找到出路和意义。

其三是详尽

晋商与徽商作为明清商界的双子座,不仅引人注目,而且具有丰富的关联性。但关于二者的比较研究,成果却算不上丰富,著作就更少。目前所见的晋徽商帮的比较研究,主要是2010年石油工业出版社出版的陈建林先生《左手晋商右手徽商》、2012年山西经济出版社出版的刘建生先生等《明清晋商与徽商之比较研究》、2013年中国华侨出版社出版的陈建林、高榕璠《晋商徽商温商》。客观说来,陈建林先生的两本书内容从精神到经营进行了详细述及;刘建生先生的书侧重于理论探索和制度经济学规范意义上的比较;而庞利民先生的《晋商与徽商》,是部关于晋徽商的集成之作,不仅内容丰富角度多元,同时来龙去脉介绍极为详细,尤其是辑录了大量珍贵的资料,放在一起,体系脉络清晰,内容丰富完整,叙论结合,有着强烈的学术性和丰富的人文性。

其四是思考

比较研究是史学非常重视的研究方法之一。同一时间轴线上,通过晋徽商帮的多维度比较,可以清晰地看到历史大框架下相似的发展路径和结果,也更容易找到其差异点。正如刘建生先生在《明清晋商与徽商之比较研究》中所指:文化是决定社会结构、影响制度发展以及在不同社会之间形成制度竞争的一个重要因素。同时,由制度产生的行为又使那些导致制度形成的文化得以再生,成为制度持久存在的机制。改革开放近40年,山西的经济地位从居前到落后,留下一声长叹,更需要深刻检思与反省。未来已来,原先后进的贵州在大数据领域的抢眼表现,更给山西人留出思考的空间。在差序发展格局、城市群发展思路的大框架下,山西未来的出路和路径仍然需要探索。奋起需要清晰的定位与目标。深层面研究解读晋商,尤其是充分挖掘地域文化,会对今日之山西提供更有意义的思路。社会学的长时段研究思路,对晋商的纵向比较研究也因此显得极有意义。

"横看成岭侧成峰,远近高低各不同"。对于任何研究而言,不管是客观记录,还是思想求证,越是角度多元、层次丰富,越容易碰撞出不同的火花。庞利民先生的书为后来者提供了有宽度的视野和有深度的内容,亦会成为晋徽商研究的一块基石。

宋丽莉 山西省社会科学院晋商文化研究中心主任,历史学博士、研究员。

襄汾县城隍庙门楼

"食货志"与"打秋风"
——庞利民先生《晋商与徽商》读后感

陈为人

看过几本关于晋商的书,对徽商的名气也有所耳闻,但像庞利民先生把一南一北的晋商和徽商比照着研究,无疑是开拓出了一个新视角。有比较才有鉴别。

文人结交,以书为媒,是从一本书认识一个人。庞利民原本是电力系统的国企高官,但他却有着浓郁的文史情结,洋洋洒洒90万字,一部厚重的书,可说是他的心血结晶。资料之翔实,论述之精辟,条理之清晰,结构之严谨,都令人击节赞叹。浩瀚的研究成果非我一篇短文所能尽述或囊括,我只择其两点管窥蠡测以一斑观全豹。

一、说说"食货志"

中国史书上多列《食货志》,它是对历朝历代商业行为的记述。这个命名是意味深长的。

马克思在《资本论》中有揭示:任何一个物品都有价值的两重性,价值和使用价值。同一物品,可以增值,也会贬值。或货烂地头或异地成宝。

商人玩的就是眼光。在别人看来是满目黄沙遍地鸡毛,他就能黄土变成金,鸡窝里飞出金凤凰。

当然我理解,古人用"食货",可能是概括为国计民生的"吃用"二字。但我从字里行间理解为,"食"者为吃,靠山吃山靠水吃水,就地取材因地制宜,看到货物的潜在价值,在流通中促成它的增值,甘蔗吃出两头甜。一头牛剥下几层皮。

价值既然充满了变数，我们何以蔑视和贬低流通领域中所提升的价值？

《晋商与徽商》在第二章有一部分内容："封建律制，帝王贱视"。写了商人在封建历史上一直是受歧视的阶层。《汉书·食货志上》："士农工商，四民有业。学以居位曰士，辟土殖谷曰农，作巧成器曰工，通财鬻货曰商。"

万般皆下品，唯有读书高，商人是排在士农工商社会各阶层的最底位。管仲布衣之时，曾与鲍叔牙一起经商，因多占多分鲍叔牙不计较而后世传为"管鲍之谊"。然而管仲摇身一变成为齐相后，却不齿于提自己的商人出身，忘却了他的经济理念来自的实践，说"士之子恒为士""农之子恒为农""工之子恒为工""商之子恒为商"，倒好像是龙生龙，凤生凤，他出生高贵，不再提老鼠的儿子何以会打洞。

《汉书·君尝》记："贾人皆不得名田、为吏，犯者以律论。"西晋王朝规定："侩卖者，皆当着巾，白帖额，题所侩卖者及姓名。一足着白履，一足着黑履。"标志明身份，有着明显的歧视意味。

汉高祖刘邦初定天下，商人是很受歧视的。司马迁《史记·平准书》记载："天下已平，高祖乃令贾人不得衣丝乘车，重租税以困辱之。孝惠、高后时，复弛商贾之律，然市井之子孙亦不得仕宦为吏。"商人不许穿丝绸，不许乘车行路，加重征收他们的租税，使他们经济遭困境、人格受侮辱。孝惠帝、高后时期，虽然重新放宽了对商人的限制，但商贾的子孙仍严格规定不准许走仕途当官吏。

然而，见不得却又离不得，只要能把经济搞上去，"吏道益杂，不选，而多贾人矣"。作为生财有道、"精于算计"的商贾自然走上仕途。武帝一朝多商人，一个个登堂入室，执掌起经济财政的权柄来。

历朝历代商人的形象向来不好。无商不奸，无奸不商。白居易《琵琶行》中写有"老大嫁作商人妇。商人重利轻别离"的谴责诗句。儒家更是认为"君子晓以义，小人晓以利"，把商人看作是对立于"君子"的小人。《晋商与徽商》一书中写道："宋时的《清明上河图》凸显开封之商都繁华，但对商人仍然看不起。南宋著名诗人陆游就给子孙留下遗言曰：如果不能做官，就回乡务农，千万不能做市井商人，辱没了祖先。"

据《明太祖实录》记载，朱元璋圣旨："若有不务耕种，专事末作者，是为游民，则逮捕之。"把商贾作为无业游民、社会不安定因素，遇到即抓起来。如此时势，或曰这样的"投资环境"，商人的命运就像走钢丝，在夹缝里求生存。

我国几千年的封建传统观念中，农业为立国之本，而商人一向被排挤在百技末端。生产创造财富，所以工农是物质的创造者。而流通仅仅是同一物的异地赚取差价，商人只是依附于创造者身上的"寄生虫"。

然而，价值的体现往往在于使用价值的属性，也就是说，死宝需变为活宝，有用才彰显价值。莫言的小说《愤怒的大蒜》，就是对物品增贬值现象的形象旁注。

《晋商与徽商》第七章中"驼铃帆影"这个词概括得好！商人在行走间赢得价值的升值，形象地表达着流通中产生财富。钱在脚下，财富是靠两条腿走出来的。晋商或徽商都有着足迹遍及大江南北，从中州到边陲乃至远达恰克图的"辐射图"。

无论是晋商的煤铁盐资源的贩运增值，还是徽商茶叶、林木、石头（徽州歙砚，四大名砚之一）的开发增值，都是把"货在地头死"变为"物以稀为贵"。经济的杠杆还靠商贾来撬动。

再往深一层说，价值如何体现？

黄金有价值，黄金储备无疑是国民财富的象征。然而，黄金本身既不能吃也不能穿，却为何能成为人们交易的硬通货？

莎士比亚在《雅典的泰门》中用形象的文学语言和哲理思维写下了那段为后人所广为流传的关于黄金的著名论述，描绘了黄金无所不能的威力。

马克思在《资本论》中不止一次地引用过《雅典的泰门》一剧里这段关于黄金的台词："金子！黄黄的，发光的宝贵的金子！这东西，只这一点点儿，就可以使黑的变成白的、错的变成对的，卑贱变成尊贵、老人变成少年、懦夫变成勇士。"马克思说"莎士比亚绝妙地描绘了货币的本质"。马克思正是出于对黄金本质的认识，说出"早晚有一天人们会用黄金去盖厕所"。

列宁也说过一句类似的话:"共产主义在全世界胜利,将用黄金盖一个厕所。"从这些论述中,我们再次看到价值的"变数"。

奥地利哲学家维特根斯坦说:"在犹太人那里没有不毛之地,在其绵薄的石层底下流淌着精神和智慧的泉水。"晋商或徽商,地域不同,但在经营理念上却是"英雄所见略同"。庞利民笔下描述的晋商徽商发迹史,似乎都在验证着这一真谛。

关于价值,我们还可以找到一个更为直观的比喻是纸币:一张纸,何以取得贵如黄金的价值?

纸币的价值是信用,信用抵千金。失去了信用,纸币就是一堆废纸,如国民党崩溃时期的金元券、苏联解体前的卢布,还有近期的津巴布韦元(因为政局的动荡,亿万票面的钱币却买不来一个汉堡包),贬值的都如废纸一般。纸币大概是价值与使用价值的最好反映。

《晋商与徽商》一书中,有着大量对"飞钱""交子""会子"以及对"当铺""印局""钱庄""账局"等的描述,也有着诸如"建立股份制,给员工以身股激励""两权分离,实行总经理负责制""集团运作,总号分号一盘棋"等经营方略的分析。其中在"信局、镖局对票号的影响"一节中,通过"信局为票号的产生插上了翅膀""镖局运银已不适应大额度商品交易",描画出票号起源的轨迹,同时在"山西票号的衰落"一节中,通过"内乱外患,改朝换代,是山西票号衰落的主要原因""外资入侵、银行兴起,是山西票号衰落的经济原因""思想保守,不图变革,是山西票号衰落的内在原因"。通过对山西票号兴盛与衰落过程的考证研究,揭示出为什么山西票号没能发展为现代意义上的银行的历史与时代逻辑。

庞利民的《晋商与徽商》为商贾正名,成为全面反映一个时代商贾面貌的"食货志"。

二、说说"打秋风"

我认为,本书最有价值的体现是揭示了在封建体制下,官吏与商贾之间的关系,构成了商人财富兴衰的富有中国特色的一条轨迹。

庞利民的《晋商与徽商》一书中,多有对"打秋风"的描述。"打秋风"说白了就是敲竹杠,水过截流、雁过拔毛、留下买路钱。权力的附加值是,只要过一道手,就能撇一层油。

商业利润的"分肥原则",谁也不能吃独食,有钱大家赚。一件货物从生产的开端到消费的终端,整个链条的每个环节必然要分割利润。这是正常现象。但利用手中的权力,管卡要,坐享其成,不劳而获,以资源寻租,人为设置环节,则成为流通渠道的"血管瘤"。

奸商再奸也逃不出贪官的手掌。

《晋商与徽商》一书有对"盐专卖"过程中"打秋风"现象的描述:

私盐盛行是盐价高昂所致,盐价高昂是因清政府各种苛捐杂税过多过繁,敲竹杠、打秋风,沾盐(油)水的官吏太多。……雍正时,"两淮商人行销引盐,岁办250余万两之正杂课饷钱银",已比清初95万两多出155万两。道光时两淮盐商输纳之银已多在500万两上下,比雍正时又多出了一倍。

其二,捐输纳贡多。据《清史稿·食货四》记:"乾隆中金川两次用兵,各商所捐自数十万、百万以至八百万,通计不下三千万。"其他如助河工、城工、赈灾、修行宫、南巡接驾、过"万寿节",盐商们都要损输纳贡。短短10年中,两淮盐商捐银就达1200万两。

其三,各种浮费繁多。浮费是指官场各种陈规陋习之费,亦相当于今天的人情银、贿赂银、灰色收入。清代盐利最厚,贪官污吏无不如蝇附腥,寻机分肥。打秋风,沾油水。盐运司衙门里的人,吃拿卡要、关节多多,衙门中的书吏多至十九房,商人办运请引,文书辗转至十一次,每经一次手续,都要有一次使费。……盐到口岸分运包装过秤时杂职胥吏要敲竹杠。道光时,扬州盐运司衙门就有"办贡、办公""活支月折"之费,汉口有"匣费",江西有"岸费"。

其四,是窝费。实行纲票制,两淮盐商中有一批占窝而不行盐的人谓之底商,也就是占有盐窝资源的纲票垄断者。这些人每年将行盐的权力转售给他人,"每引索取票银一两,每年按引须银一百六十九万两有余归于底商,先国课而从收其利"(类似于今日之卖批文)。由于这四类费用的支出,盐商们必然要抬高盐价,将费用转嫁到消费者的头上,这就是淮盐成本高的根本原因。

书中写出了一种官商勾结、鱼肉百姓的社会画面。

成也官商沆瀣一气,败也官商勾肩搭背。这是中国历代商人的宿命。

庞利民先生把晋商和徽商发财致富后的选择作了一个比较:徽商是有了钱就要买官,而晋商则是致富后尽量藏富不露以避官。看似做法迥异,实质殊途同归。买官是因为看到了官商的"近水楼台先得月";避官是因为怕官吏们无休无止地盘剥,惹不起还躲不起?二者均反映了商贾对官吏的既羡慕又畏惧的复杂心理。徽商的张扬和晋商的内敛,都反映着商贾的社会集体潜意识,都是中国特色的官商关系。

《晋商与徽商》中,有一段对元末明初大富商沈万三的描绘是意味深长的:明朝朱元璋为了修筑南京城墙,硬性摊派沈万三承担三分之一的费用。沈万三所出犹如九牛一毛,让朱元璋看到什么叫富可敌国。钱多了就能任性,沈万三冲昏了头脑,当朱元璋正为犒赏三军而发愁之际,沈万三想显摆一下,主动请求由他出资。朱元璋故意问他:"朕有军百万,汝能遍及之乎?"沈万三任性的豪情上来了,答道:"愿每军犒金一两!"朱元璋当即拒绝了沈万三:"此虽汝好意,然不须汝也。朕富有四海,哪里要你那点钱?"对于"普天之下,莫非王土"的皇帝来说,岂能让你一个商贾如此炫富?你那点钱还不是皇帝的囊中之物。后来朱元璋"欲治其罪,何患无词",随便寻了个理由,将沈万三流放到云南,没收了沈家的财产。当一个人富可敌国之后,就会对社稷造成威胁。这样的事例在中国历史上不胜枚举:西晋的石崇就是妄图以经济干预政治的典型事例。石崇是典型的"官二代",做官商致富后买官至太仆,开始想在政坛上叱咤风云,最终被孙秀索矫诏押到东市处斩。石崇临刑前懊悔不及地说:"知财致害,何不早散之!"清末的红顶商人胡雪岩更是明显的前车之鉴,他致富游刃有余于李鸿章与左宗棠之间,但最终还是无以逃脱地没顶于政治斗争的旋涡中。

垄断产生利润，绝对的垄断产生绝对的利润。权力很容易转化为财富。

过去，徽商靠贩卖官盐发迹，晋商靠垄断与蒙、俄的经营权发家。这当然不能指责晋商和徽商。商贾不依附权力，不可能把生意做大做强；官员不与商贾暗渡陈仓，又怎能以手中的权力来寻租发财？

商贾不懂政治不行，没有了致富的杠杆；商贾离政治太近也不行，容易被无情的政治斗争"城门失火，殃及池鱼"。

《晋商与徽商》中，在"肆意勒索，敲竹杠，打秋风"一节中，对晋商与徽商的衰败作了深刻揭示：

清初河东盐池实行"畦归商种"，使河东盐池生产得到发展，产量倍增，经销潞盐的商人有钱可赚，遂发家致富。但到了18世纪70年代，清政府加大了对河东池盐的税负，盐运使、税吏等各级官吏不断苛征勒索，使经销河东池盐的盐商无钱可赚，赔累家底，渐渐由富变乏、由乏变穷，纷纷退出经销承运潞盐。《清高宗实录》："旧商疲乏日多，而晋省富商，往往规避盆商。"

清政府这种杀鸡取卵、竭泽而渔的短视行为，成为晋商与徽商衰败的一个重要因素。

《晋商与徽商》中还描述到清末官场腐败，贿赂盛行，商人不使银子、不孝敬银票，关难过、门难进、事难办、路难行。各级官僚衙役视商人为"可啖之物，强索硬要，不厌不休"。清朝两淮盐商有三项"浮费"：一是"程仪"，现任或候补官员进京路过淮扬，不论该官与淮商有无交往，都要索取"程仪"；二是"规礼"，本地的大小文武衙门，无论与盐务是否有关，都要向商人收取"规礼"；三是"别敬"，先是每年御史仟满，照例要向商人收取"别敬"钱，后来发展到无论地之远近或与商人是否有交情，只要是达官显贵，在任期满时都要向商人索取"别敬"。

商贾成为各级官吏嘴边的肥肉。庞利民的《晋商与徽商》，揭示了"打秋风"背后的制度逻辑。

《晋商与徽商》正是通过对"食货志"与"打秋风"的描述，揭示出晋商徽商艰难创业的兴起和无可奈何花落去的衰败。通过两个角度的对比鉴别，揭示出经济与政治剪不断理还乱的关系、经济基础与上层建筑之间的作用力和反作用力。

在计划经济向市场经济的转型时期，在以经济建设为中心的创造经济奇迹的历史关头，把晋商与徽商500年来的沉浮沧桑、由兴起走向衰败的轨迹加以借鉴，无疑有着鉴古知今的现实意义。

我们要感谢庞利民先生为时代贡献了一本有价值的好书。

陈为人　山西省著名作家，曾任太原工人文化宫主任，山西省作家协会党组成员、秘书长，第五届山西省人大代表，太原市老作家协会主席。该文于2017年12月7日在新浪博客"愚夫陈为人"栏目刊发。2018年5月30日在《太原日报》《双塔》栏目刊发。

清代潞盐（运城盐）行销区域图

晋商研究进入多视角研究时代

张亚兰

最早知道庞利民先生《晋商与徽商》一书的出版,是通过微信传播的渠道。那个时候就对庞先生花费10年心血写出来的90万字的专著产生了欲一睹为快的好奇心。前一段时间,有幸得到庞先生的一套赠书,方才了此心愿。

一边翻着书,一边脑海中浮现的是庞先生,作为一个国企高管,一个历史研究的门外汉,是怎样凭着探秘晋商与徽商之不同的好奇心,购买图书"晓起晚睡查资料、做笔记、写心得",是怎样在工作之余实地考察、访问,所下的功夫超过了一个专业学者的水准;又是怎样梳理各种信息,求证各种解读,最后给读者呈现了一个丰富全面、图文并茂、条理专业的晋商与徽商比较专著。

庞先生以自己的视角,从地域、政治、经济、军事、文化、建筑、家庭等方面,对晋商与徽商作了比较。不论从比较项目、内容编排、还是题目设定等方面都让人感觉自然亲切,同时又耳目一新。虽然庞先生文献出处的表述方式与学者不同,但是其中引用的大量文献,还是让人惊叹作者下功夫之深。著作中新的视角、新的观点、新的史料让人深受启发,值得进一步研究。

首先,庞先生从商路和本省资源两个角度切入去比较晋徽商,这个视角与商人"顺天时,趋地利,转运四方"的社会功能契合,让读者一下子就把商人活动与商路资源联系了一起,比直接从商人入手来做比较更有说服力;其次,庞先生用作比较的多个项目,让晋商与徽商的特征更加立体丰富,这个比较的角度给了读者一个全方位的信息;另外,庞先生关于"徽"字的解读、关于"徽人好讼""晋慎入徼"的观点,是我们初次看到,颇有新意,但又的确令人信服。因为最近关注茶叶之路较多,所以庞先生书中《清代蒙古五路驿站及走向》的详细图文史料（第348页）、清《筹办夷务始末》中记载的茶商将安徽朱兰茶运往蒙俄销售的史料，对我们的研究很有帮助，弥补了徽茶北销史料的不足，在此特别感谢庞先生的辛苦付出。

庞先生史学研究的独特视角和风格，让我们看到了不一样的晋商和徽商，也引发了我关于多视角研究晋商的思考。下面我就结合山西票号衰亡这个话题，谈一谈个人的一点感悟。

一、晋商持续吸引中外各界的关注

晋商的魅力不可小觑，自其诞生以来，一直到今天，都不乏中外各类人士的关注，这本身就是一个值得研究的问题。

在晋商的存续期，晋商吸引了官员的关注。清人徐珂在《清稗类钞》中列了个位居前7名的山西"富豪榜"；雍正皇帝对山西子弟择业等次先后感到惊奇，在山西巡抚刘于义的奏折上批复"山右大约富贾居首，其次尤肯力农，再其次者谋入营伍，最下者方令读书。风俗尤可笑"。清代我国首任出使英国公使郭嵩焘说"中国商贾夙称山陕，山陕之人智术不能望江浙，其推算不能及江西湖广，而世守商贾之业，惟其心朴而实也"。也吸引了交易对手的关注，俄国人说晋商"特别善于联合，能取得整省整省的贸易"；日本人对清代商况有过三次官方调查，得出守信、团结是清商成功的关键；汇丰银行的经理也对晋商的诚信有很高的评价，说"百年来没有遇到一个骗人的山西人"。

在晋商的衰落期，晋商自己的经理、全国各地的报纸、改良派代表梁启超等都对晋商是否要改为银行的问题进行过研究；民国时期，马寅初、魏聚贤、陈其田、日本的寺田隆信对晋商做过研究，并有第一批研究专著问世。

中华人民共和国成立后，山西财经大学、山西省社科院、山西大学都对晋商进行了研究，财经大学还成立了专门的研究机构。20世纪90年代，作家余秋雨先生一篇《抱愧山西》吸引了无数人的目光，北大梁小民先生在中央10台作的晋商讲座也人尽皆知。从目前来看，除了山西本省的研究，还有南开的许檀先生、北大的周建波先生、河北大学的刘秋根先生、台湾国立研究院的赖惠敏先生等，都对晋商有过深度的研究。从民间研究者来看，山西祁县范维令先生、张维东先生、范浩里先生，河北张家口常忠义先生等，都有卓越的研究。还有媒体、文艺界、旅游文化产业界，也都纷纷加入到了晋商研究的队伍中。甚至山西省副省长王一新、宣传部长王清宪先生等也都有文章发表。

由此可见，关注晋商的研究者是多层面、多角度的，因此晋商研究领域必然异彩纷呈，新观点、新视角不断涌现。

二、打破固有视角，方显学术生命力

我们发现，在晋商研究中，不仅有个人视角的不同，还有时代视角的不同。比如关于山西票号衰亡原因的探讨，是大家一直在关注，但好奇心始终没有被满足的领域。

在票号衰落期，大家认为"票号保守、拘执，不改为银行"是其衰落的主要原因。可是，随后我们发现反对改为银行的毛鸿翰曾任汉口、北京票号经理，并担任行会轮值会首，他的经历让我们怀疑他是否真的保守，疑惑山西票号衰亡的主要原因到底是什么。我们发现除了山西票号衰落外，清末新成立的27家银行，到1921年就剩下6家；钱庄也在清末民初大量倒闭。而当时没走保守路线的"百日维新"失败了，洋务运动失败了，甚至推翻清政府的辛亥革命也把权力交给了走复辟路线的袁世凯。但是，当时同样执行保守策略的大德通票号、大德恒票号，却存续时间最长，一直存续到1953年的"一化三改"时期。（中国共产党在1953年提出的过渡时期的总路线，又称为公有化改造，主要内容是逐步实现社会主义工业化，对农业、手工业和资本主义工商业的社会主义改造。）

那为什么大家都指责票号保守呢？我们不得不注意到那个时代的思潮，所有人都急于摆脱旧制度的束缚，寻求新的文化和路线。在这样的时代背景下，人们观察事物难免带上有色眼镜。如果我们后人进行研究时看不到这副眼镜，必然人云亦云，得出被"染色"的结论。

解放后，对票号衰落的原因并不更多地使用"保守"一词，而是用"封建""两山压迫"这样的描述，显然，这些话语也带着时代的色彩。这个时期，有相当多的研究结论把票号衰亡的原因归结为给清政府贷款。那么，这个是不是票号衰亡的主要原因呢？

我们查阅了大量的史料，确信正如协同庆福州分号信稿中所说，鸦片战争后，商业衰微，而朝廷税收不减，致使社会资金流向官府。对依赖资金流经营的票号而言，自然会随着这一趋势将自身经营重心由商业转向官府。事实上，除了山西票号这么做，新兴起的南邦票号、国家和地方银行、外资银行等，都在抢这块政府业务的肥缺。所以，它衰亡的真正原因不是做政府业务，而是后期大清户部银行和地方官银钱号把政府业务收走，让票号没业务可做，才使其主营业务空虚。从这点上来看，既使清政府不垮台，票号的日子也不会好过。恰在空虚之际，辛亥革命爆发，票号、银行、钱庄纷纷倒闭，这样一个时代大风潮、大震动的影响是巨大和空前的。鲜有金融机构能够避免，唯有同样做政府业务的大德恒票号在发现"清廷无人"后，迅速减少架本，方避免了更为惨重的损失。然而，这个风潮对外国银行的影响很小，清政府虽然垮台了，但是清政府的赔款合同没有宣布无效，一直到蒋介石南京政府时期都在还，几次整理债务都没有取消这样的赔债，直至最后还完为止。

改革开放后，我们尝试用更多西方理论的视角去观察历史。就我本人而言，就从不同的角度得出了不同的结论。比如从组织生态演进角度，我们发现善于创新的山西票号在寻找新惯例，进而实现组织创新方面遇到了困难；从信誉均衡角度，发现金融发展需要信任半径的延伸，需要在新的条件下达到新的均衡，而票号做不到，所以衰败了；后来，又从金融功能供给与需求的角度去解释，认为新的时代来临后，能更低成本提供金融服务的金融机构将会生存下来。票号与银行相比，提供同样的功能，需要更多的成本，所以它被淘汰了。最近，我们又从新旧时代交叠发展的角度，观察金融机构的演进问题。在新的金融机构发展初期，需要借助传统金融机构来维持相对弱小的生命，可是一旦到了它的发展旺盛期，它会迅速成长，很快替代传统金融机构，挑起金融系统的大梁。比如当代互联网银行与传统银行的成长状况，就可有一比。

但是，再回过头看票号，它甚至还没有生存到新式银行大发展的时期就衰亡了。新式银行大发展时期是20世纪20年代至法币改革之前，这个时候票号已经衰亡。那么，让票号衰亡的直接原因是什么呢？我们发现了当时的内外环境到了社会发展的大崩塌阶段，这种崩塌让社会发展出现了断层，而票号恰好处于那个断裂带，这个是最直接的原因。庞利民先生也在其书中第714页指出："晋商、徽商作为商帮的消失，虽说内因是变化的根据，但外因起了巨大的作用，乃至使晋、徽两大商帮不可避免地走向末路。……覆巢之下，复有完卵？"由此可见，庞先生的观点与我们是一致的。任何事件的发生、改变，必然有内外多重原因，同时聚合在一起，恰恰如"最后一根稻草"，打破了这种勉强维持的均衡，让事物朝着其他的方向发展。这种符合事物发展本质的认识，才是研究的魅力所在。庞先生正是在探寻这一本质的巨大好奇心的吸引下，做了比专职研究人员还辛苦的工作，最终收获颇丰，愉悦自己的同时，也给社会做出了贡献。

又有人说，票号没有活下来，但是钱庄活下来了，这又怎么解释呢？我们认为，钱庄是地方金融机构，资本少，根基浅，遇到合适的环境很容易生存。而票号根系脉络遍布全国，1908年后，政府汇兑业务被户部银行、地方银钱号收回，本已经虚弱，辛亥革命更是摧垮了票号北存南放的资金网，再加上持续的内外经济、金融危机，各种战争和割据，让这棵大树的生存环境日益恶劣，遇到这么大的冲击，不倒才是奇怪的事情呢。再说，那个时期，除了票号，新成立的银行、钱庄也绝大部分倒闭了。钱庄是在南方银行兴起时期才再次起来的，法币改革后，同样失去了生命力。而乔家的钱庄一直维系到解放后的"一化三改"时期。

1915年在兰州的蔚丰厚分号改组为商业银行，但不到三年也关门了事。中原战争后，乔家在包头的字号受损，后来那边的伙计们想重振雄风，说要干就干个大的，要不对不起东家，遂收购了大陆银行，但内底空虚，也很快倒闭。

这些事情，都从一个侧面说明，我们想当然的事情有可能无法在现实中实现。如果票号成功改为银行，而在如康有为所言"银行不能遍开，开亦难办"的社会环境下，改组为银行需要巨大的社会资源支持，恰恰当时处于资源贫瘠难以生存时期，若贸然改组，票号可能衰亡得更快一些。这是我们现在的推测，古人做决策的时候看不到未来的发展，但是今天的人看到了，就要多一些思考。

总之，不论今人、古人，我们事实上都无法看清历史发展的所有细节，包括刚刚过去的这一秒，我们都无法准确描述，何况百年前的历史。所以，大家无疑都在"盲人摸象"。在这种情况下，应该提倡多视角研究，提倡批判性的学术思考。角度越多越好，批判、质疑性的研究越多越好，这会让历史的轮廓逐渐趋于清晰和明朗，也让我们对事物发展有更准确的认识。

基于此，我们要再次感谢庞利民先生为我们提供的新视角、新观察、新结论。

谢谢大家！

张亚兰　山西财经大学晋商研究院院长、教授、经济学博士。

作者与山西财经大学张亚兰合影

好事留芳千古　良书播惠九州

张根虎

怀着敬重之心阅读庞利民先生的力作,我想起这样一副对联:"好事留芳千古,良书播惠九州。"

中国商帮历史悠久,其中晋商与徽商是历史上两大著名商帮,在明清商界雄踞全国十大商帮第一、第二位达数百年之久,其历史价值与现实意义深受社会各界关注。《晋商与徽商》对中国两大商帮进行了多领域、多层面、多角度的比较研究,内容全面详尽,观点多有创新,文字晓畅易懂,在国内外尚属罕见。作者为晋商与徽商研究另辟蹊径,增添光彩,做了一件很有价值和意义的事情。

庞先生曾在山西、安徽两地工作,丰富的阅历、深入的比较观察、精心的思索研究,使他对晋徽两地两商的认识更加全面、深刻。他以两大商帮的兴起、发展、鼎盛、衰落历程为主线,通过比较研究的独特视角,第一次全方位、多层面、多角度地探究其兴衰沉浮的事实真相和深层原因,挖掘历史积淀的贾道智慧和经验教训,串起晋商与徽商背后的地域、政治、经济、军事、文化、家庭、民俗、建筑的点点珠玑。通过翔实的史料和不同侧面的对比分析,系统还原了两大商帮的历史轨迹;并以流畅细腻的笔触,引领读者神游三晋大地与徽州六邑,领略两地人文习俗

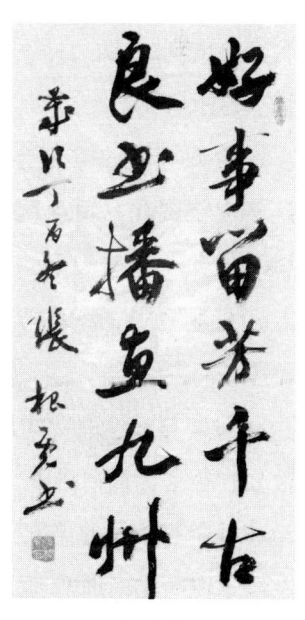

张根虎书法

和美丽风情，感悟蕴集于两大商帮、至今薪火不息的传统文化和精神真谛，具有鲜明的创新性、可读性和较高的学术价值，我们读来感到非常亲切、生动。

比如，由于地区和历史原因，各商帮特点不同，北方善义，南方重文；北方厚重，南方灵活；北方重古典，南方更现代。研究晋商文化，我们印象很深的有两点，晋商经营模式先进，一度领航世界。十大商帮中最早崛起的就是山西商人。历史上，山西商人称为"晋帮"。晋商是明清时国内最大的商帮，在商界活跃了500多年，足迹不仅遍及国内各地，还出现在欧洲、日本、东南亚和阿拉伯国家，完全可以与世界著名的威尼斯商人和犹太商人相媲美。

山西票号注重信息的捕捉与反馈，并视之为成功的关键。山西人能够首创票号，他们长远的战略眼光和经商天赋无疑起到了决定性作用。山西票号堪称现代金融业的雏形。

晋商的经营模式也是最先进的，股份制、资本运作等现代经营方式，已经在他们身上萌芽。晋商把商业作为一项崇高的事业，这是晋商成功的一大关键因素。在实际经营中，晋商信奉关公，讲究以义制利、义利结合，这是晋商价值观的核心，其中所蕴涵的中国传统智慧，对当下的企业的组织管理，仍有启示意义。

贾而好儒的徽商与晋商齐名。作为中国商界中的一支劲旅，徽商曾活跃于大江南北、黄河两岸，以至日本、暹罗、东南亚各国和葡萄牙，"无徽不成镇"叫遍天下，其商业资本之巨、从贾人数之众、活动区域之广、经营行业之多、经营能力之强，都是其他商帮所无法匹敌的，在中国商界称雄数百年。

徽商与其他商帮的最大不同，就在于"儒"字。徽州是南宋大儒朱熹的故乡，被誉为儒风独茂，因此徽商大多表现出贾而好儒的特点，他们的商业道德观带有浓厚的儒家味。徽商很爱读书，他们有的白天经商，晚上读书，在路途中也是时时忘不了读书。爱读书给徽商带来了"贾而好儒"的特色，既促使徽州成为文风昌盛之地，又对商业经营产生积极影响，使徽商得以称雄于明清两朝。

两大商帮是中华优秀商业传统文化的代表,是值得我们深入学习和研究的宝藏。庞先生的研究和著作给我们以一个崭新的视野,他的对比研究的方法、丰富翔实的考证和资料,使我们对两大商帮的突出优点和不足有了更清晰的认识,从而给我们以更多有益的借鉴和启示。

2017 年 12 月

张根虎　山西省文联主席,第十一届全国人大代表,中国书协会员。曾任山西煤炭运销集团有限公司董事长、总经理,山西省安全监督管理局党组书记、局长,山西省委联系企业经营管理高级专家,中国生产力学会副会长,世界生产力科学院院士。

祁县乔家大院砖雕侧跨门

在《晋商与徽商》学术研讨会上的发言

李顺通

张正明副主席在《晋商与徽商》序中说本书研究的是商帮,传播的是文化。作者通过对晋商与徽商的比较研究,把两大商帮所代表的三晋文化和徽州文化传播给全国人民,把晋商与徽商身上所体现的中华优秀传统文化传播给世界人民。庞利民先生不愧为一个传播晋徽两地文化和弘扬中华优秀传统文化的光明使者。

对以上看法,我完全赞同。

《晋商和徽商》一书告诉我们为什么晋商和徽商会成为中国商帮的翘楚,在中国商界称雄达数百年,创造了亘古未有的世纪繁荣。最重要的一点原因是,有优秀的中华传统文化的引领。文化是一个民族的灵魂,价值观是文化的核心。

明代晋商王现曾说:"夫商与士,异术而同心。故善商者,处财货之场,而修高洁之行,是故虽利而不污;善士者,引先王之经,而绝货利之径,是故必名而有成。故利以义制,名以清修,恪守其业,天之鉴也。"这番论述包含四层意思:一是商人致富要遵循道德规范,二是经商和读书在方法上是一致的,三是商人要向读书人学习文化,四是经商成功后可以去研究学问或做官。这不仅点明了经商的不二法则,也道出了为人处世的基本原则。

山西的关公之所以被华人奉为"武财神",蕴含了人们在商业领域共同的价值取向:君子爱财,取之以义,取之以信。1993 年,美国纽约曼哈顿关帝庙筹委会拟定了以下建庙宗旨:"弘扬以关帝为表率的、儒释道三教融合的中华传统文化,净化人心,教化社会,提倡助人为善,广结善缘,积极参

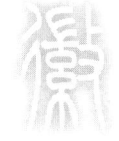

三晋论坛

与社会慈善事业,服务侨社新老移民。"

徽商的文化源头是理学,崇拜的精神领袖是朱熹。朱熹理学对徽商的人生追求、价值理念、行为处事都有十分深刻的影响。正是在朱熹理学的教化和熏陶之下,徽商思想观念上才崇儒重儒,讲究义利之道,见利思义,以义取利;讲究商业道德,不欺妄奸诈,货真价实;善于把握商机,权衡大道,在商海竞争中技高一筹,从而实现了在明清中国经济发展史上的一段特别辉煌。

我认为庞利民《晋商与徽商》一书的诞生,绝不是发思古之幽情,而是通过对晋商与徽商兴衰成败的分析,深刻挖掘重商立业的文化底蕴、诚信义利的经营理念和同舟共济的合作精神。这对于我们认真贯彻落实习近平总书记关于山西自古就有重商文化传统,形成了"诚实守信、开拓进取、和衷共济、务实经营、经世济民"的晋商精神的指示,不忘初心,牢记使命,继承优秀中华文化传统,开创中国特色社会主义道路,实现中华民族伟大复兴有着重大的现实意义。

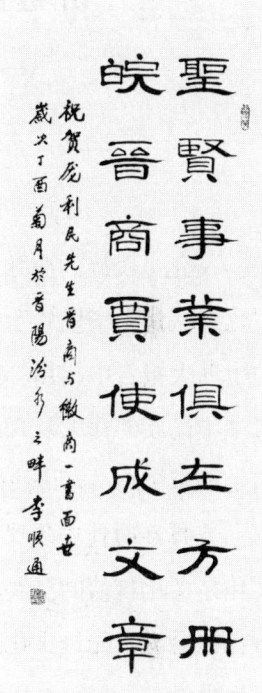

李顺通书法

2017年12月6日

李顺通 笔名晋阳生,原山西省劳动保障厅厅长、党组书记,原山西省人民政府副秘书长,省人大常委,内务司法委员会主任,山西中华文化促进会常务副主席兼秘书长,山西诗书画印艺术家联合会顾问。该文曾于2018年在《三晋儿女》第1期刊发。

讲好商帮故事　增强文化自信
——写在庞利民先生《晋商与徽商》出版之际

张崇康

　　文化是民族的血脉、人民的精神家园，是一个国家持久发展的不竭动力。文化自信是中华民族走向伟大复兴征程上的重大课题之一。习近平同志在党的十九大报告中指出："没有高度的文化自信，没有文化的繁荣兴盛，就没有中华民族的伟大复兴。"步入中国特色社会主义新时代，高度重视文化自信是不忘初心、牢记使命的题中应有之义。

　　支撑新时代中华民族文化自信的有三种重要的文化资源：中华优秀传统文化是文化自信的坚实基础，马克思主义理论是文化自信的思想灵魂，中国特色社会主义先进文化是文化自信的具体内涵。著名学者、两院院士吴良镛先生也说过，每一个民族的文化复兴都是从总结自己的遗产开始的。因此，树立文化自信，首先要善于尊重、传承和弘扬本民族通过漫长历史积淀而形成的文化传统。中华民族拥有连绵5000多年的灿烂文明，以自己优秀的传统文化为根基来树立自己的文化自信是我们的必然选择。

　　但是，通过弘扬中国优秀传统文化来树立文化自信并非轻而易举的事情。不要说内涵丰富而复杂的整个中国传统文化，即便是其中的优秀文化要素的挖掘梳理，也是一项浩大的工程，更不用说传统文化的创造性转化和创新性发展，更需要一大批具有强烈社会责任感的，又乐于奉献的文化志士付出辛勤劳动和艰苦努力，才可能收获无愧于时代和人民的成果。庞利民先生和他的巨著《晋商与徽商》便是一例。

　　在弘扬中国传统文化中坚定文化自信，中国故事是最好的载体。故事是直接经验的文化描述,承载着社会的文化传统和价值观念,通过讲好中国故事是我们深刻理解并坚定"四个自信"的有效途径。以习近平同志为核心的党中央着眼坚持和发展中国特色社会主义、实现中华民族伟大复兴中国梦,把讲好中国故事,坚定文化自信作为党和国家工作的重大战略部署。中国不乏生动的故事,但要讲好,必须要有坚定信念和非凡的付出,要坚持长期在冷板凳上进行大量素材的搜寻整理、讲述角度的精心选择和故事内涵的深刻挖掘等。庞利民先生正是这样一步一个脚印走过来的。

深入细致进行故事素材的搜寻整理。庞利民先生出生于有着深厚文化底蕴的山西省万荣县,几十年来,他无论走到哪里,也无论干什么工作,都带着万荣人倔强不服输的个性,谱写出人生追求的精彩华章。他在本职工作中兢兢业业,从山西送变电公司最基层的宣传工作者干起,一路走至国网山西省电力公司副总经理、国网安徽省电力公司党组书记、华中电网公司副总经理等国家电网公司重要管理岗位。荣获全国五一劳动奖章是对他职业生涯最好的肯定。同时,作为土生土长的山西人,庞利民先生深受三晋文化的熏陶,对晋商情有独钟,在安徽工作时又对徽商文化产生了浓厚的兴趣。抱着"做一个两地文化传播交流使者"的理想,庞利民先生一直致力于晋商与徽商的比较研究。然而,晋商和徽商在明清时代雄踞全国十大商帮第一、第二位达数百年之久,要研究明清晋商、徽商的兴衰成败,就要涉猎掌握很多相关知识,比如明清社会政治、经济、文化、地域、要事,山西和安徽的人文风俗等等,其艰难程度不言而喻。为此,他推掉各种应酬,潜心学研,凭着万荣人的执着劲儿和晋商坚忍不拔的精神,努力做"徽骆驼",负重致远,10年里都沉浸在晋商与徽商的比较研究与写作中。非专业出身的他积累不够、资料不多,就购买、借阅以研读大量专业类书籍。早期收集的二手资料,需要重新查阅所有原著,如他在有关资料中看到了马克思在《资本论》中提到的唯一一个中国人——徽商王茂荫。为了找出这个人在原著中的记载,他购买了一套《资本论》,通读一遍。他不会使用电脑,90余万字都是他一笔一画写在稿纸上的。在他书房,原稿和5次校对样,每一本上都有他密密麻麻的改动和批注,甚至有的地方改动太大，他会再附一张纸。从本书展示的内容看，他对晋商和徽商的资料搜集不仅齐全，而且深入，让读者看到了很多从前不为人知的人物和足迹，很多第一次听闻的历史事实，充分印证了作者搜集工作之细致深入。功夫不负有心人，十年磨一剑，庞利民先生终于蹚出了一条研究晋商与徽商的新路子。如今的他谈起晋商和徽商，已是信手拈来、如数家珍。

精心选择两大商帮故事的角度。传统文化的弘扬必须使具有向现代文明和先进文化成果开放的、包容的态度，从而既能够坚守它的精华，又能充分认识到它的不足。即使对传统文化中的优秀文化精神，我们也必须找到中国优秀传统文化与现代中国人的生存和社会机制的真实结合点，使之在现代市场经济条件下充分发挥文化平衡机制或制约机制的作用，修补启蒙理性和现代性的负面后果，必须能够融合到新时代中国特色社会主义的先进文化精神之中，融合到社会主义核心价值观之中，为生活在全球化时代和社会主义市场经济条件下的中国民众构筑健康的精神世界和伦理价值世界，成为新时代中国精神、中国价值、中国力量，成为人民的精神指引。庞先生在讲述晋商与徽商故事时，立足于传承中华优秀文化，弘扬徽商晋商精神，首次对中国两大商帮进行了多领域、多层面、多角度的比较研究。他研究视野开阔，对两个商帮的兴衰历程、经营行业、活动范围、从商之道、选人用人、科举仕宦、建筑特色等方方面面都进行了详细的比较和论述，还将徽州女人和山西婆姨也进行了细致的分析对比，趣味盎然。他研究的是商帮，传播的是文化。通过晋商把三晋文化介绍给安徽人民，通过徽商将徽州文化介绍给山西人民，通过对晋商与徽商的比较研究，把两大商帮所代表的三晋文化和徽州文化传播给全国人民，让更多人体悟到我国传统文化的时代价值。其中探究晋商与徽商兴衰沉浮的事实真相和深层原因，挖掘历史积淀的商道智慧和经验教训，引领读者神游三晋大地和徽州六邑，领略两地人文习俗和美丽风情，感悟蕴集于两大商帮、至今薪火不息的传统文化和精神真谛，把沉淀在历史深处的文化瑰宝用一种崭新的方式呈现在世人面前，为研究两大商帮开启了一扇新的观照之窗，为传统文化的创新性发展留下了坚实的足迹。

深刻挖掘商帮故事的文化内涵。上百年的时间里,晋商走过漫漫盐路、万里茶路、"丝绸之路",在遍布全国的钱庄票号所在地人们的心里铭刻上他们诚信、忠义的印记。徽商则"贾道儒行""以贾衍文",为后人留下了新安画派、新安医学、雕刻、版画、戏剧、建筑等优秀文化。他在书中概括出晋商与徽商的共同精神财富:所处环境都是地瘠民贫,穷则思变;走上商途后都是生财有道、经营有方;他们致富后也都建设家乡,传播文化;两个商帮中都有人精研算学、编著商书;他们都是富而不贵。作为一个山西人,作为国企高管,他始终认为诚信、忠义文化在今天对于弘扬社会主义核心价值观意义重大,对于当代商人和企业家都大有裨益。晋商能创造百年辉煌,跟他们有自己优秀的企业文化、企业精神、企业道德密不可分。这个文化、精神、道德的精髓就是诚信,以诚为本。今人之经商做生意、安身立命,亦须大力传承、光大发扬这一优秀传统。其实,岂止是商人,现今每个社会成员都应在市场经济大潮中诚信为本,在中国特色社会主义征程中不懈奋斗。而庞利民先生始终不忘初心,不被尘世浮躁惊扰,不为艰辛困苦折腰,竭力讲好商帮故事,体现的正是晋商、徽商精神的精髓,是打造文化自信的好榜样。

张崇康　山西师范大学经济管理学院院长、党委书记、教授,山西省《资本论》研究会副会长。

临汾尧都区砖雕照壁

明清晋商与徽商史探略

——从《晋商与徽商》说起

张　舒

晋商与徽商是明清时期两个最大的商帮，庞利民先生专著《晋商与徽商》是近年来关于晋商与徽商研究的一部力著。作者是山西万荣籍人，既在山西企业界工作多年，又在安徽企业界工作多年，这就为作者研究晋商与徽商创造了他人难以具备的良好条件；作者尽管不是专业历史学者，但他有着对晋商与徽商研究的强烈愿望与兴趣，有着在两地企业界工作的实践经验；有着刻苦钻研不达目的誓不罢休的万荣精神，这就使作者独具特色的《晋商与徽商》甫一面世，便在学界和社会上引起强烈反响。简述之，《晋商与徽商》具有如下三个特点：一是内容全面详尽，二是观点多有创新，三是文字通俗易懂。

笔者在史学界是个新兵，本着学无止境的精神，在晋商与徽商的比较研究上也做了些试探，兹略述如下：

一、反映了新的经济因素

明清时代是中国封建社会后期，一些新的经济因素正在滋生。活跃于明清时期的晋商与徽商是这一新的经济因素的充分体现者。

（一）两个最大的商人集团。自古以来，商人经商多为单独或几人合作，并未形成集团或商帮。明初，曾出现朋合营利，之后是伙计制。所谓朋合营利，即"各私立契券，捐资本者计利若干，躬输纳者分息若干，有无相资，劳逸共济"（《明经世文编》卷359庞中丞《清理延绥屯田疏》）。伙计制，"其合伙而商者，名曰伙计。一人出本，众伙共而商之……估人产者，但数其大小伙计若干"（明·沈思孝：《晋录》）。顾炎武说：徽商"大贾辄数十万，则有副手而助，耳目者数人其人皆铢而不私，故能以身得幸于大贾而不疑，他日计子母息大羡始分身而自为贾"（清·顾炎武：《肇域志》）。显然，上述组合形式，是一种较低端的合作，谈不到集团性质。商人集团是近代商业激烈竞争的产物。明清晋商、徽商组建的商人集团虽未达到近代商人集团的程度，但已经出现了因商业竞争而组成商帮，具有近代商人集团的因素。晋商、徽商商人集团的标志是商人会馆的建立和发展。据不完全统计，晋商在各商埠、集镇有会馆近600处。徽商会馆也很多，其名称还有新安会馆、新安会所、新歙会馆等别称，仅南京就在马府街、太平街、上新河、钞库街有数处。会馆的功能是联络乡谊、维护同乡商人利益、祭祀神祇、聚会庆典场所、公议行规、帮助同乡慈善机构。显然，以会馆为标志的晋商、徽商商帮已经具有近代商人集团性质。当然也有不完善的地方，即其商人集团——商帮，是以地域、血缘关系为纽带而组成，广泛性不够。以晋商来说，就特别强调地域性，认为同乡知根知底，家在本地域，所谓"跑了和尚跑不了庙"，何况还有号规、入号担保人，店员一旦出问题，同行业都会拒用等，从而保证了人员的可靠性，巩固了地域性。徽商"兄弟叔侄之间合资经营的现象最为普遍"（《徽商研究》，安徽人民出版社，1995年，第74页），徽商商帮是"立脚于家族乡党的结合关系"（藤井宏：《新安商人研究》，《东洋学报》三六之一至四号，1954年）。由于明清晋商、徽商的商人集团广泛性不够，在人才聚集方面就有缺陷，在商业竞争方面力量就显不足。但不可否认，明清晋商、徽商在近代商人集团发展方面已经迈出了历史性的第一步，是明清社会中一个新的经济因素。

（二）股份制的形成与发展。股份制是近代企业一种经营组织形式，晋商、徽商在明清时期出现了这一经营组织形式，尽管是早期的，尚不够完善，但在当时是一种新的经济因素。当然，晋商、徽商股份制是在朋合营利、伙计制的基础上发展起来的。请看下面明代徽商银股合约：

立合约人，窃见财从本生，事在人为。是以两同商议，合本求利，各出本银若干，同心揭胆，营谋生意。所得利钱，每年面算明白，量分家用，仍留资本，以为渊源不竭之计。至于私己用度，各人自备，不得支动店银，混乱账目。故特歃血定盟，务宜苦乐均受，不得匿私肥己，如犯此议者，神人共殛。今欲有凭，立此合约一样两纸上谈备存后照用。（谢国桢：《明代社会经济史料选编》第8章《工商业政策及其他》）

上面史料说明，当时已经出现银股形式。徽商股东的构成有主要股东与一般股东之分，股东对商号负无限责任，但资本投入、利润支取、退股、顶股都比较自由。

晋商在股份制方面不仅有银股，还出现了身股。晋商的股份制又称"股俸""股本"。股份有正本、副本之分和银股、身股之别。正本即财东的合约投资，每股几千两到一万两不等，但没有股息；副本又称护本，是财东除正本外又存放商号或票号的资本，也有财东、经理等人力顶股者由红利中提留存入商号或票号的资本，只得利息，不分红，但不能随意提取。银股，即财东投入商号或票号的资本；身股，即不缴纳资本而以人力顶一定数额的股额，可按股额参加分红。清人徐珂说："出资者为银股，出力者为身股。"（《清稗类钞》第5册农商类）

银股所有者，在商号或票号享有永久利益，可以父死子继、夫死妻继，并对商号或票号的盈亏负无限责任。银股可以在一定的时间内抽出、补进或增加新的股东。

身股只参加分红，不负责商号或票号的亏赔责任。身股数额各商号、票号都有具体规定，一般来说经理可顶一分（每股为一分，或称"一俸"），但也有例外顶一分二三厘的，伙友以人力顶身股最初不过二厘，然后每逢账期（即分红期，光绪年以前五年为一账期，此后一般是四年，也有三年的）可增加一二厘，增至一股为止，称"全份"。顶身股者，每年可按其所顶股分数额提前支取一定数量的"支使银"，又称"应支银"。应支额股多者四五百两，少则一二百两，分四季支用，到账期分红时，从应得红利内扣除，上至经理，下至伙友，一视同仁。没有顶身股者，则按年支给薪金，大致最初一二十两，以后按成绩优劣逐年增加，有十余年历史者年薪可达七八十两到100两。学徒也有薪水，最初年薪七八两，以后按成绩逐年增加，到十多两为止。据统计，光绪三十二年（1906年）协成乾票号顶身股者为32人、未能顶身股者56人，顶身股者占员工总数的36%。

各商号、票号对顶身股者在其死后仍给一定的优惠，即在一定时间内仍可参加分红，称"故身股"，大致经理故后可享受8年，顶身股八九厘不足一分者可享受6年，顶身股六七厘者可享受5年，顶身股四五厘者享受4年，顶身股三四厘者享受3年，顶身股一二厘者享受2年。对本号有特大贡献者，可再增一两个账期的分红。

银身股的比例，开初大致是银三身二。但渐生变化，甚至身股超过银股。如大德通票号，光绪十五年（1889年）银股为29.7分（俸），身股为9.7分（俸），身股占全部股分的15.48%。到光绪三十四年（1908年）银股为20分（俸），身股为23.95分（俸），身股已占全部股分的53.58%。

凡伙友以人力顶身股者，一般须在号上有三个账期的历史（十多年），工作勤奋、有业绩、无过失时由经理向财东推荐，财东认可，然后将姓名、所顶身股数额记入"万金账"，才算正式顶上人力身股。顶身股后倘若有越轨行为，重大情节者开除出号并赔偿损失；如属小节情有可原者，则酌量处分，减少其身股数额。

除了万金账，合约、号规也保障了顶身股制的实施，从而使人力顶身股制走向了制度化。如同治十二年（1873年）志成信绸缎庄合约称：

立合同员仝同管事伙友孔宪仁、马应彪等，情因志成信生意开设，历年已久，号体屡露，参差不齐。今东伙共同议定明白，业已复行操作，从此原日旧东有减退增加，另有新添东家，有入本账逐一可考，字号仍系志成信，设立太谷城内西街，以发卖苏广绸缎杂货为生涯，共计正东名下本银二万四千两，依每二千两作为银股一俸，统计共银股十七俸。众伙身股，另立于后。自立之后，务要同心协力，以追管晏圣明之遗风，矢公矢面，而重永远无弊之事业。日后蒙天赐福,按人银俸股均分。倘有不公不法,积极肥己者,逐出号外。照此一样,立写二十一张,铺中公存一张,以为永远存证。恐口难凭,立合同为证。

兹将人银俸股开列于后(略)

同治十二年正月　日　谷邑志成信公记

(见《山西票号史料》增订本,山西经济出版社,2004年)

号规是晋商商号、票号业务经营、人事的规章制度,其中对涉及身股事务也作了规定。如大德通票号光绪十四年(1888年)号规规定:"各顶身力,每年应支:一俸者以一百五十两,九厘以一百三十一两,八厘以一百二十两,七厘以一百一十两,六厘以一百两,五厘以九十两,三厘以八十两,二厘以七十两,一厘以六十两,每年春冬两标下支,除应支外,分文不准多支。"

清代晋商人力顶身股,已经具备人力资本的基本属性。人力资本的理论兴起于20世纪五六十年代,但理论研究可追溯到18世纪,代表人物是英国古典政治经济学奠基人亚当·斯密,他在《国民财富的性质和原因的研究》一书中把资本划分为固定资本和流动资本,在固定资本中包含"社会上一切人们学到的有用才能",即把人们学习所获得的知识和才能看作是一种资本。20世纪美国经济学者舒尔茨在《论人力资本投资》一书中则将资本划分为"人力资本"与"物力资本"两部分,明确提出了"人力资本"概念,认为由于人力资本要素的存在,促成了经济更大幅度的增长。清代晋商所实施的人力顶身股,正是人力资本的践行,体现了人力资本的性质,可以说,完全具备人力资本的基本属性。

清代晋商人力顶身股的意义与作用:

一是体现了人力资本的部分产权性质。实物资本是以货币或实物形式投入企业的资本,人力资本是以劳动者体力和智力为形式投入企业的资本。传统的企业形式,是实物资本拥有企业的全部产权,经理与员工都是雇佣劳动者,以劳动获取报酬。清代晋商尽管财东(物力投资方)对企业仍然负无限责任,对企业具有所有权、处分权、新增价值索取权,但是,以人力顶身股者也获得了新增价值索取权和从红利中投入企业部分护本金,即护本权。身股享有的知识、技能、经验已经成为与银股一样具有增殖力的资本——人力资本。因此,清代晋商以人力顶身股者已获得了企业的有限的部分产权。

二是协调了劳资关系。由于人力顶身股者获得了企业新增利润索取权,使本身的利益与企业的利益绑在了一起,从而调动了这些员工的工作积极性,形成了资方与劳方上下一心、同心同德、同舟共济的关系。正如近代学者陆国香所说"资本家出钱,劳动者出力,一经获利,平等分配,以是经理、伙友,莫不殚心尽力,视营业盛衰,为切己之利害"(《山西票号之昔》,《民族杂志》1936年4卷3号)。由于劳资关系协调,员工以企业兴衰为己任,以致有"薪金百两是外人,身股一厘自己人"之说。

三是对员工的激励机制。清代晋商的人力顶身股是对员工能力、贡献、成就的认可,激发着员工的工作积极性。由于顶身股回报率高,故而员工都努力工作,以争取能顶上多的身股为荣。以大德通票号为例:光绪十五年(1889年)共获利润24 723两,每股分红850两;光绪三十四年(1908年)共获利743 545两,每股分红17 000两,身股者所获利远远超过薪金员工收入的数十甚至数百倍。顶身股者还能享受应支与故身股,即每年可提前支取账期红利中部分银两,以解决平时家中用银,而故身股又解决了一旦身故的后顾之忧。在晋商商号和票号中身股等级通常分为19级,不同等级层次又为员工的上升提供了大的空间,由于晋商实施区别优次,优者可破格增加股分原则,因而激发着员工的上进心。如晋商程大培曾与妻子商量儿子程清泮的前途,妻子主张走科举入仕的道路,大培认为经商收益高,而做官收入低,做官要高收入就得当贪官。后来清泮学商,经过努力,最后当上了日昇昌掌柜。以致有"生儿不是雷、毛二人,也是程清泮"之说(雷氏、毛氏曾任日昇昌大掌柜、二掌柜)。

四是培养了员工人才队伍。清代晋商为了实施人力顶身股制很重视对员工的培养,以形成人才队伍。为保证顶身股者人才合格,晋商对学徒的选择有严格要求,如入号时须有保荐人,要查清三代及本人履历,入号后要进行严格的业务培训、道德教育，三年学徒合格后方能出徒。业务培训内容包括打算盘、背平码、抄信稿、练写信、记账等。道德方面要求重信用、除虚伪、节情欲、敦品行、贵忠诚、鄙利己、奉博爱、薄嫉恨、喜辛苦、戒奢华等。培训后，再测其实际工作能力与道德品质，如远则易欺，远使以观其志；近则易狎，近使以观其敬；烦则难理，烦使以观其能；卒则难辨，卒问以观其智；急则易爽，急期以观其信；财则易贪，委财以观其仁；危则易变，告危以观其节；久则易情，班期二年以观其则；杂处易淫，派往繁华以观其色。经测验其人确实可用后，由总号分派各分号任事。晋商经过上述培养锻炼，造就了一批批经营人才，从而为这些人才能顶上身股创造了条件。

当然，清代晋商人力顶身股制仍然存在着许多缺陷，如地域观念、论资排辈等。但不可否认，在当时确是一种进步的理念，是一种新的经济因素。

（三）两权分离。近代企业经营是资方组成董事会，与经营者各负其责。董事会并不干涉经营者日常事务，经营者则定期向董事会报告。这种机制有利于发挥经营者的能力与才干，有利于企业的发展。明清晋商与徽商早期的商号资方与经营者往往是同一人，限制着企业的扩大，但是在后期实现了资方与经营者的两权分离，实行了经理负责制，具有了近代企业经营管理因素。

经理负责制，首先是经理的选择必须得当，必须是德才兼备的人才。山西蔚丰厚票号北京分庄经理李宏龄对票号用人制度，特别是对经理人选使用的经验之谈是："得人者昌，政界固然，商界何不然。"晋商认为商号经理之聘用，唯才是举是关键。他们在这方面总结出了一套经验，具体做法是经理聘用之前，先由财东对此人进行严格的考察，确认其人有所作为，能守能攻，多谋善变，德才兼备，足以担当经理之重任，便以重礼招聘，委以全权，并始终恪守用人不疑、疑人不用之道。一旦选中聘用，财东则将资本、人事全权委托经理负责，对一切经营活动并不干预，日常盈亏平时也不过问，让其大胆放手经营，静候年终决算报告，经理颇似"将在外，君命有所不受"，一切由经理处置。同时，财东也必须遵守商号有关规定，如山西人开办的北京六必居商号不准财东家的"三爷"（少爷、姑爷、舅爷）在商号做事。

三晋论坛

　　至于商号若遇年终决算时亏赔，只要不是人为失职或能力欠缺造成，财东不仅不责怪经理失职，反而多加慰勉，立即补足资金，令其重整旗鼓，以期来年扭亏转盈。正由于财东充分信任经理，故而经理经营业务也十分卖力。且经理有无上之权力，不论是用人还是业务管理，均由经理通盘定择。但同人有建议权，大伙友对小事可便宜行事。逢到账期（三五年不等），经理向财东报告商号盈亏。经理在任期内，如能尽力尽职，业务大有起色者，财东则给予加股（人身股）加薪奖励；如不能称职，则减股减薪甚至辞退不用。据说，每届年终各地经理齐集总号汇报工作时，由财东设宴款待，赢利多者坐上席，财东敬酒上菜，热情招待；赢利少或发生亏损者居下席，自斟自饮，受到冷遇。如果二三年都居下席，用不着财东说话，经理也只有自请辞职了。

　　（四）票号的产生与发展。票号就是早期的银行，社会经济发展到一定程度，当商品货币经济相当发达之际，经营资本已经远远不能适应社会需求，需要金融资本的出现，这是近代社会经济发展的一个规律。中国票号的产生，正是中国商品货币经济发展背景下的产物，中国最早的票号是由晋商开办。道光初年山西日昇昌票号开业，预示着中国的金融资本家走上了历史的大舞台。日昇昌开业后，营业繁荣，发展很快，先后在各大商埠设立了分号，获利很多。在日昇昌票号的带动下，山西商人纷纷效仿，山西票号最多时达到30家，并出现了平遥、太谷、祁县三大帮。山西票号的营业范围和内容主要是汇兑和存放款业务。随着山西票号网点的增加、业务的发展，汇兑通天下，赢利相当可观。如上述山西大德通票号光绪十五年（1889年）资本银1万两，赢利近2.5万两，每股分红850两。到光绪三十四年（1908年）资本银22万两，获利74万多两，每股分红达

大德通帖

1.7万两。由于山西票号信用有加,存放款业务量直线上升。据统计,光绪三十二年(1906年)清政府户部在山西票号的存款达白银206万两,占户部财政总额的三分之一。

山西票号还把视野扩大到海外,先后在今朝鲜、韩国、日本等地开办银行,开中国人在海外开办银行的先河。

在山西票号的带动下,徽商也投资票号,如徽商胡雪岩(1823年~1885年),本名光墉,字雪岩,安徽绩溪人,于同治二年(1863年)成立阜康票号,到同治十一年(1872年),阜康票号分号有20多处,布及大江南北,资金2000万两。

二、晋商、徽商的爱国情操

中国商人爱国的传统由来已久,早在春秋时期,弦高犒师就是一个生动的事例。郑国人弦高在往周都城洛阳做生意的途中,遇到准备突然袭击郑国的秦军,弦高知道,郑国毫无准备,如果郑国被攻,必定要遭受严重损失。弦高出于热爱国家和人民的深厚感情,感到有责任帮助国家,便一面派人回国报告,做好防备,一面将自己的12头牛和4张熟皮革献给秦军,声称奉郑国国君之命来犒师,并说:"贵军如想休息一下,我们将提供一天的粮草来接待;如果不想停留,我们将代为警卫一夜,护送贵军过境。"秦军统帅见到弦高犒师的财物,听了弦高的话,以为郑国已有所防备,偷袭难以成功,只好退兵,在返国途中,顺便灭了滑国。后来郑国国君要重赏弦高,弦高不仅未接受赏赐,而且迁往东夷,终生未返,表现了他的高尚情怀。弦高犒秦师是一种爱国行为,出于对国家的强烈的责任感。这种爱国精神之可贵,就在于表现了高度的自觉性。

明清晋商、徽商继承了经商不忘爱国的优良传统。明代嘉靖三十三年(1554年),山陕盐商为反抗日本海盗入侵,曾选善射骁勇者500名作为商兵,协助防守扬州。(郑晓:《郑端简奏议》《擒剿倭寇疏》)隆庆元年(1567年),江苏松江倭寇压境,山陕诸商曾"协力御之"。(《明穆宗实录》卷

12) 道光六年（1826年），张格尔叛乱，贾于新疆叶尔羌的晋商荆中璞兄弟，率众战敌，被杀。（《山西通志》卷137《忠烈录》下）叛军张格尔破喀城，经商新疆阿克苏的山西忻州人卢英锐绘图，陈进取形势给予清军，不日克复。（《山西通志》卷137《忠烈录》下）清后期，英国某公司通过腐败无能的清政府获得了山西盂县、潞安（长治）、泽州（晋城）、平定、平阳（临汾）五处煤铁采矿权。光绪三十一年（1905年），山西商人积极参加了山西人民的争回矿权运动，特别是山西祁县富商渠本翘出于爱国热情，多方奔走筹措赎矿银，山西各票号也全力以赴，旬日集银137.5万两，终于从英商手中赎回了山西的煤铁采矿权，保护了山西的煤铁矿藏资源。现在，山西的煤炭资源能在社会主义建设中发挥积极作用，清代晋商之功不可没。

徽商对收复新疆被侵领土做出了贡献。同治三年（1864年），沙俄通过与清政府签订《中俄勘分西北界约》，又侵占了中国西部领土44万多平方千米，并妄图吞并整个新疆。同治四年（1865年）在英国的支持下，中亚浩罕汗国阿古柏率军侵入新疆。同治十年（1871年）沙俄出兵占领伊犁。新疆面临被肢解吞并的危险。光绪元年（1875年）清政府采纳左宗棠收复失地的意见，任命左宗棠为钦差大臣督办新疆军务。左带着6万人的队伍，抬着棺材，决心赶走侵略者，收复失地。打仗需要大量经费，徽商胡雪岩呕心沥血为此做出了巨大贡献。胡第一次为左军寄去银20万两，第二次寄40万两，第三次寄5万两。后又以江苏、浙江、广东海关收入作担保，先后6次出面借外债共银1870万两。在经费保证的情况下，左宗棠军队于光绪三年（1877年）击败阿古柏，南疆各城全部收复。随后进军伊犁，光绪七年（1881年）左军收复伊犁，维护了我国的领土主权。光绪十年（1884年）清政府设立新疆省，加强了对西北地区的管理。徽商胡雪岩为收复新疆失地做出了巨大贡献，徽商的爱国情操应予完全肯定。

三、理念与精神信仰

理念与信仰，类人生之大脑。晋商与徽商在理念与信仰方面各有异同。

德国社会学家马克斯·韦伯在探索西方资本主义产生的精神、文化根源时曾经提出这样的问题：他们（指商人）这种使自己食不甘味、夜不安枕的活动，意义究竟何在？他们为什么对自己拥有的一切永不感到满足，从而显得对任何纯粹世俗的人生观如此地无动于衷？韦伯对"为了供养子孙后代"的回答并不满意，因为供养子孙后代是一个十分有限的目的，而那些资本主义精神气质的人将赚钱作为最终的人生目的，他们把永不停息地追求、积累和增加财富当作他们的天职，也就是人们所说的他们是一伙拜金主义者。诚然，在中国商人中有一种人为了追逐高额利润抛弃一切理性、信仰、道德，不择手段，损人利己；或是极端吝啬，尽管拥有万贯家财，但不愿对社会、他人，甚至家人、亲戚作出自己应有的贡献。但是大部分中国商人并不是这样，他们终生勤劳，尽管有这样或那样的世俗目的，然而这些目的常常同一定的道德原则和精神追求结合在一起，以致他们所具有的种种商业道德也能够使他们为增加财富而牺牲自己的幸福。这种精神追求，在明清晋商、徽商身上同样有所体现。以晋商来说：

（一）兴家立业。家庭是社会最小的单位。西方社会以个人为本位，中国的传统社会则以家庭为本位。在中国，家庭不仅是人们生产、生活的最基本单位，也是人们生儿育女的社会组织。中国人不崇拜上帝，但崇拜创生万物的天地，从整体上看，是天地创造了世界上的一切；从个体来看，是男女结成夫妻组成家庭，延续了人类。因此，中国人眼中的家庭是最神圣的。在家庭关系中，提倡"孝悌为仁之本"，进而在社会关系上提倡齐家、治国、平天下，认为只有在齐家的基础上，才能治国，进而平天下。可见，家庭在中国的传统文化中占有崇高的地位。但是家庭的维系，基础是经济，也就是治生。晋商就是在这样的思想基础上，把养家糊口放在首位，进而达到兴创家业之目标。有关明清山西人为生计而从商，进而创家立业的记载很多。如蒲州张允龄，祖父早逝，未几，父也去世，允龄年轻时已掌理家政，力勤攻苦，为治生而服贾远游，以慰两世孀母之心。定襄县邢九如，少贫，年十四，父去世，家境益困，以母老弟幼，弃学就商，远行于京东之赤峰县，养母抚弟，勤劳40余载，家道致丰。蒲州人席铭，幼时学举子业不成，又不喜农耕，说道大丈夫不能立功名世，抑岂为汗粒之偶，不能树基业于家？于是历吴越，游楚魏，泛江湖，贸易起家，资产巨万，蒲称大家，必称席氏。兴家立业，是晋商所追求的一个目的。如果在这方面取得成就，不仅创业者在精神上获得极大的满足，而且在社会上能够得到很高的荣誉。

（二）学而优则商。山西地区是比较闭塞，民风淳朴之地。但随着晋商的活跃，民风发生了很大变化。清代雍正年间山西学政刘于义奏称："山右积习，重利之念，甚于重名，子弟俊秀者，多入贸易一途，其次宁为胥吏，致中材以下方使之读书应试。"雍正帝朱批道："山右大约商贾居首，其次者犹肯力农，再次者谋入营伍，最下者方令读书。"（张正明：《明清晋商商业资源选编》，山西经济出版社，2016年，第19～20页）一些民谣也反映了山西民风的变化，如"有儿开商店，强如做知县""要想富，庄稼带店铺"。在这样风气的影响下，出现了学而优则商的观念。榆次富商常家，以学保商，一些秀才、贡生、监生子弟，常常弃儒经商。有清一代，山西无一人为状元。其所以如此，一为利益所驱动，二是对士农工商封建传统的挑战，有着进步意义。

（三）神祗崇拜。古人信神，中外雷同。其实古人所崇拜的神，原本就是人所创造。

一方面，是人们为了求福免灾、趋吉避凶，满足精神需要而创造；另一方面，是人们对大自然发生的现象尚不能认识和做出科学解释时而创造。中华民族从原始社会起就产生了与自己文化相适应的神话。汉末，在佛教东渐的刺激下，源于黄老之学并结合神仙家、谶纬家等系派，开始形成本民族的宗教——道教。道教在东晋以后盛行并进一步完善。明清山西商人出于求财、趋吉、避凶的心理需要，把各路神仙作为他们精神上的信仰与追求。因此，有不少山西商人是中国神仙的最虔诚的信徒。晋商最常崇祀供奉的神仙主要有：

关羽。关羽是晋商最普遍敬奉的神灵，也是晋商的精神支柱。关羽，山西解州人，东汉末三国初人。民间崇祀让关羽走上神坛，至迟在隋代已经出现。以后又经历代皇帝屡屡加封,到明清时关羽已上升到很高的位置。山西商人对关羽情有独钟,膜拜之至,还有如下原因:一是对崇祀有乡亲关系的关羽有着荣誉感。《三国演义》中有关关羽的故事在民间妇孺皆知。关羽被后人誉为"功略盖天地,神武冠三军",又被尊为"关圣帝君",故山西商人把神化的又有乡亲关系的关羽加以崇祀,有着非常的荣耀感与自豪感。二是祈求神威广大的关羽降福保平安。山西商人的经商活动范围很广,常常会遇到天灾人祸等许多意想不到的困难,在心理上非常希望得到神威广大的关羽庇佑,消灾降福。因此山西商人在其足迹所至的大江南北、水陆码头、交通要津、商业城镇建设关帝庙,以便朝拜神灵,求得保佑。三是以关羽的信义来规范商业行为。山西商人的经商活动需要一种精神支柱,而关羽被人们誉为最讲信义的神灵,因此,山西商人以关羽的义来团结同仁,摒弃见利忘

汉口山陕会馆公立碑拓

义、不仁不义等不良观念与动机。以关羽的信来取信于主顾,摒弃欺诈行为。山西商人不仅在家中、店铺中供奉关羽,而且在各地的会馆中为关羽修殿盖庙,其目的就是请这位神威广大的神灵日夜监督他们的精神世界和商业活动,同时从关羽身上吸取无穷的正气力量,使商业活动立于不败之地。如河南南阳社旗山西会馆有碑记载:雍正时有的商号改换戥秤,大小不一,是以合行商贾齐集会馆关帝庙,公议秤足16两,戥依天平为则,公议之后,不得私下

更换戥秤。犯此者，罚戏三台，如不遵者，举秤禀究官治。山西商人齐集关帝庙议事，以关羽的信义来衡量和规范商业行为，可见关羽在山西商人的精神世界里有很大影响。

在山西商帮的影响下，其他商人对关羽的崇祀也渐成风气。正如清史学者郭松义所说："明清以来，山西商人又遍布全国，当时各地的许多祀关坛庙，就是由山西商人出资修建的，其他商人受其影响，相互效仿，因此形成风气。"（《中国史研究》1990年第3期）

此外，财神、真武大帝、火德真君、菩萨尊神、马王爷、酒仙尊神、葛梅二仙等，都是晋商崇祀之神，以保平安、发财。

再看徽商。徽商尊崇理学，宋代大理学家朱熹祖籍徽州府婺源县（今属江西），朱熹主张"道者，古共由之理，如父之慈，子之孝，君仁臣忠""去人欲，存天理"等，与徽州商人宗法思想一脉相承。朱熹所定的家典、族训是徽州商人必须遵循的家典。徽商把朱熹的理学作为家族行事和经商活动的准则，故而把朱熹奉为神明，作为精神支柱供奉起来。

徽商常常聚族经商，为了解决好众多族人间发生的种种问题，便大修宗祠，通过宗族的尊卑长幼加强对族众的控制。

徽商从贾是为了获利，业儒是为了求名。戴震说："徽商虽为贾者，亦近士风。"（《戴震集》上编文集卷12《戴节妇家传》，转引自《中国十大商帮》，黄山书社，1993年，第476页）

徽商贾而好儒。在儒家思想的深刻影响下，徽人以业诗书礼乐为正业，士贵商贱的传统观念在徽商心中根深蒂固。在徽商中弃贾归儒、亦贾亦儒、由贾入仕的大有人在，并成风气。这样，仅徽州府一地明清时期就有进士1136人、状元24人。

四、创新与开拓精神

晋商号称"足迹遍天下"，徽商是"无徽不成镇"。明清时期的两大商帮何以能如此呢？归根结底是他们有着创新与开拓的精神。

明清晋商称雄商界5个世纪，尤其在历史大变革时期，晋商顺势有为，不断创新与转型，明清时期有过4次重大变革：第一次是明朝初年，当时元蒙势力分裂为鞑靼、瓦剌、兀良哈三部，经常南下扰边。明王朝为此修长城，设九边镇，驻扎军队防卫，时各边镇驻军有86万。俗话说"兵马未动，粮草先行"，这么多的军队需要大量的军饷才能维持，从而形成了一个庞大的军事消费区。为了解决这一问题，清王朝开始实施开中制。所谓开中制，就是输纳粮草等物者，王朝允其经营盐业。盐是专卖品，可获大利。大同、宣府、山西（偏关）等重镇，都在山西或临近山西，于是晋商抓住时机，开辟商路，捷足先登，先兴起于商界。第二次是明中叶，户部尚书叶淇为适应商品经济的发展，将开中纳物改为纳银，变法后原在边镇营销之晋商，为了适应形势发展，便及时转型，营销转达向多业发展和向多地发展，致足迹"半天下"，取得了成功。第三次是清前期，全国一统，晋商从华北、东南向东北、内蒙古、西北新疆、西南黔滇、台湾等地进军，生意繁荣昌盛，人称"足迹遍天下"。第四次是清道光以来，随着商品货币经济发展，经营资本呼唤金融资本的出现，于是晋商顺应历史潮流，首创山西票号，中国的金融资本开始登上了历史舞台。

在商业经营管理上，晋商也不断创新，为商业企业的发展做出了贡献。例如实行联号制，即类似近代的子母公司，企业间可以互相融资调剂，扩大了企业的经营实力；两权分离，即投资者与经营者各负其责，投资者不干预经营者的业务，使其充分展现业务能力，进而加强了经理负责制，使企业得以充分发展；实施股份制，即投资者为银股，又同时创立了身股，即人力股，经营者凭其工作职务、效益，同样可以顶一定数额股分，参与分红，进而调动了员工的工作积极性；海外开办银行，晋商首创在今朝鲜、韩国、日本等地开办银行，开创我国在海外开办银行的先河。

关于开拓精神，晋商突出表现在敬业精神、进取精神、团队精神方面。

（一）敬业精神即以商为荣。敬，原是儒家哲学的一个基本范畴，孔子就主张人在一生中始终要勤奋刻苦，为事业尽心尽力。他说过"执事敬""事思敬""修己以敬"(《论语》)。北宋程颐则说:"所谓敬者,主之一谓敬;所谓一者,无适(心不外向)之谓一。"(《二程遗书》卷15)可见,敬是指思想专一、不涣散的精神状态。敬业是中国人民的传统美德。

在封建社会中,传统的观念是重儒轻商,在四民中以士为首、商为末等。但明清晋商却把商与士农工视为同等,都为本业,同样要敬。山西柳林县《杨氏家谱》称:"天地生人,有一人莫不有一人之业;人生在世,生一日当尽一日之勤。业不可废,道唯一勤。功不妄练,贵专本业。本业者,所身所托之也。假如侧身士林,则学为本业;寄迹田畴,则农为本业;置身曲艺,则工为本业;他如市尘贸易,鱼盐负贩,与挑担生理些小买卖,偕为商贾,则商贾即其本业。此其为业,虽云不一。然无不可以养生,资以送死,资以嫁女娶妻。……努力自强,无少偷安,则人力定可胜矣!安在今日贫族,且不为将来富贵。"因此,在山西人中以商为荣渐成风气,特别是清代以来,甚至认为"有儿开商店,强如做知县"。如山西榆次富商常麟说:"子贡亦贤人也,吾从子贡。"子贡作为孔子的学生,经商后富可敌国,孔子赞他"经商有道"。常氏以子贡为榜样,自然认为不存在儒尊贾卑的问题。又如中国海外银行创始人申树楷出生于祁县申村贫寒农家,在他的记忆里,祖父为维持全家生计不得不变卖房产,树楷也不得不辍学务农,但他生性聪颖,农忙之余仍手不释卷,其后又偶得良机,有幸入太谷商业学校半工半读,学识大进。15岁时,树楷经人举荐入祁县合盛元票号,从入号起,他就暗下发家致富决心,不让祖父卖房度日悲剧重演。进号后,树楷兢兢业业,视号如家,刻苦钻研,很快对全号业务了如指掌,又很有见识,不久被提升为营口分号经理。光绪三十二年(1906年),树楷又携巨款赴日本创办银行,面对阻力,毫不动摇,终于在次年首创我国有史以来第一家海外银行。可见晋商把商业作为一项崇高的事业,是他们的理念。

(二)进取精神。"天行健,君子以自强不息"(《周易》),是晋商的一个理念与信律。许多山西商人原本贫寒,他们硬是靠自强不息的进取精神,白手起家而成大业。如祁县乔家,其始祖乔贵发,原本是无依无靠的光棍汉，经历千辛万苦，终于发家致富；太谷曹家，其始祖是种地种菜磨豆腐的，辛苦经营多年渐致富。

晋商的进取精神还表现在他们不畏艰辛、敢于冒险等方面，他们拉着骆驼，千里走沙漠、冒风雪、闯险阻，北走蒙藏，东渡扶桑，南至东南亚。山西商人在清代开辟了一条以山西杀虎口、河北张家口两口为枢纽，北越长城，贯穿蒙古戈壁大沙漠，经过库伦（今乌兰巴托）、恰克图，深入俄境西伯利亚，到达欧洲腹地的国际商路。这是我国古代"丝绸之路"衰落之后，在清代兴起的又一条陆上国际商路。山西商人还把触角伸到新疆伊犁、塔尔巴哈台等地，并进而"远贾安息（今伊朗）"。山西商人早在明代已东渡日本进行贸易，这些事业的成功，没有非常的气魄与胆略是不可能实现的，经商如打仗，险象环生是常事。商人外出经商时不仅会遇到天气环境之险，而且常常遇到被盗贼抢掠甚至丧失生命之险。山西榆次人秦必忠，早年经商，胆识异常，嘉庆时茶行初兴，北人赴南省办茶，舟楫风浪视为畏途，秦必忠却坦然处之，多年贩运，均获厚利。有一次南下，值水灾淹没十余县，在船上被困70余日，后绕道广东而归，见者无不以重生为贺。虽经受此难，秦必忠南下经商仍然照旧，毫不畏惧。清朝嘉庆以后，社会不安宁，盗贼四出，商人经商很不安全，尽管如此，晋商并不因此退缩，而是越去越多，势如潮涌。这些都充分反映了山西商帮顽强不屈、不畏艰险的自强不息精神。

（三）团队精神。山西商帮在经营活动中很重视发挥群体力量。他们用家族宗法与乡里之谊增强团结，用精神上崇奉关羽，通过会馆来维系的方式，讲帮靠，协调人员与商号间的关系，加强团队合作。

山西商人这种团队精神，首先来源于家族间的孝悌和睦。祁县乔映霞主持家政时，把其兄弟集中在一起，让练有武艺的九弟先把一双筷子折断，接着又让其一次折九双筷子，结果折不断，这一举动实际是告诫众兄弟之间要团结互助。

明清时期徽商"走吴、越、楚、蜀、闽、粤、燕、齐之郊，甚则逾而边陲，险而海岛，足迹几遍禹内"（黄汴：《天下水陆路程》）。徽商和晋商一样，

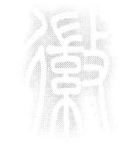

走南闯北，经商中遇到的困难会很多，但他们能在经商中取得成功，没有坚强的不怕吃苦的开拓精神是不可能的，人称徽商是"徽骆驼"，就是对徽商开拓精神的肯定。

五、晋商、徽商的衰败

晋商的衰败，除了外国资本的侵略、清政府的腐败等外因，其内因主要是坐失良机。

清末，晋商虽已显衰落之象，但在晋商中仍不乏有识之士，他们认清了新的形势，主张改革图存。可是，由于一些财东及总号经理的顽固和墨守旧法，以致四次失去发展的机遇。例如，光绪二十九年（1903年），北洋大臣袁世凯曾邀请山西票号加入天津官银号，但山西票号拒不奉命。光绪三十年（1904年），鹿钟霖为户部尚书，奉谕组建大清户部银行。鹿也邀请山西票号加入股份，并请出人组织银行。山西票号北京分庄的经理多数赞成鹿氏之提议，均跃跃欲试，但山西票号为独裁制，重大事体必须请示总号定夺。而票号总经理多养尊处优、墨守成规，已无远见，竟复函票号北京分庄经理，既不准入股，也不准派人参加组建，致坐失机缘。后来，户部银行改由江浙绸缎商筹办，致江浙财团后来居上。不久，户部银行改组为大清银行，再请山西票号参加协办，无奈山西票号又不应召。结果，山西票号始终未能参与国家银行建设，第一次失去了改组银行的机会。

光绪三十四年（1908年），山西蔚丰厚票号北京分庄经理李宏龄认识到山西票号若不顺应潮流，及早改革图存，将在商界、金融界销声匿迹，改组票号为银行是大势所趋。为此，他与渠本翘筹划了票号改组的计划，同时联合在京的山西祁县、太谷、平遥三帮票号致函总号，又请渠本翘到总号当面陈述票号改组银行的计划。其时，蔚丰厚、蔚泰厚、天成亨、新泰厚、蔚盛长票号为五联号，财东同为介休侯姓，在五联号中以蔚泰厚总经理毛鸿瀚最有权威。毛氏墨守陈规，不肯稍事变通，不但反对票号改组银行，反而诬指李宏龄所议另有个人企图，致李等再不能有任何行动。宣统元年（1909年），在京的山西各票庄通过各埠山西票庄再次提出改组银行之议，汉口、兰州、济南等地山西票庄纷纷致函总号，要求改组票号为银行。无奈总号经理仍不为所动，对各地之请束之高阁，票号改组银行的计划又告失败。这样，晋商就第二次失去了改革的机会。

辛亥革命发生，山西各票号均毫无准备，放出之款无法收回，而存款却纷纷来取，山西票号蒙受严重损失，于是改组银行之议再提。此时从前反对改组银行最力的蔚泰厚票号总经理毛鸿翰业已醒悟，转而支持票号改革。1914年山西祁、太、平三帮票号联合向北京当局提出申办银行之请，时国务总理熊希龄深知山西票号与一般商业有重大关系，对晋商之请给予支持，同意由政府出面担保，按照"商借商还"的办法，山西票号向奥商华利银行借款200万磅，期限5年，利息6厘，作为开办银行之资。不巧，熊内阁不日倒台，又逢欧战爆发，贷款之事成为泡影，山西票号又第三次失去了改革的机会。

对外借款失败，祁、太、平三帮票号联合改组银行计划无法实施，于是平遥帮决定单独进行。蔚泰厚总经理毛鸿翰、蔚长盛总经理阎子樵、蔚丰厚总经理张子康、新泰厚总经理侯某、蔚盛长总经理霍益亭、天成亨总经理范子生等拟从各自的票号中抽出若干资金作为基金，组织一大银行。然而此计划因人心不齐和各种因素始终未能实现，山西票号改组银行的计划终于第四次落空。

山西票号从光绪三十年（1904年）以后，十多年的挣扎，四次错过改革机会，已成强弩之末，终于无法振作。

徽商的衰败，除了外国资本侵略、战争等因素，从其衰败过程看，与其未能及时转型有关。其衰败过程有两个阶段。一是道光二十年（1832年）整顿盐业，行票盐法。所谓票盐法，就是清政府于盐场设局课税，商人缴足盐税方可领票运盐，销售各地。废引改票的结果使徽州大商人失去了垄断盐业的特权。徽商赖以发财致富的渠道被堵，由此渐渐失势，如有的徽商因历年积欠课简数目庞大，被清政府抄家没产以抵亏欠，最终衰败。徽商以经营盐业为龙头，盐商衰，标志着徽商已走下坡路。二是盐商衰败后，茶业成为徽商经营的最重要的一项,但茶叶外销受到洋商的抑制,内销受到两湖茶商的竞争,徽茶渐渐失去左右市场的能力,连连亏本。结果,在洋茶、洋商的冲击下徽州茶商终于难以维计。

总之,晋商、徽商之成功在于他们有不断弘扬创新与转型的开拓精神,两大商帮对于当时社会商品经济的发展和传承中华优秀传统文化都做出了应有的贡献;其衰败除了因外国资本主义的侵略和清政府腐败的外因外,也存在自身未能抓住机遇及时改革创新的一面。此可谓明清两大商帮相同之处。两大商帮的异处不少,庞先生在其大著中概括出四大不同,我深以为然。需要进一步阐说的是,晋商是以地域为特点形成商帮,徽商则以家族血缘为特点而形成商帮;晋商的"学而优则商"有"俗商"的一面,是社会进步的表现,徽商的"商而优则仕"则有"雅商"的一面,是徽商"重学求仕"的一种表现。

张舒　山西省社会科学院晋商文化研究中心助理研究员。

清平遥县蔚泰厚汇总庄执照

好听的和不好听的
——研讨庞利民《晋商与徽商》

周宗奇

我对乡友庞利民先生及其大著《晋商与徽商》特别赞赏三点。

第一，"十年辛苦不寻常"。这是曹雪芹写《红楼梦》的一份辛苦。而且不用电脑，纯手工抄写，太不容易了。我本人30年前干过这种事，80万字，比庞先生还少10万字，起草一遍，誊写一遍，160万字下来，手指头几个月伸不直。我能想见庞先生的受罪吃苦相。也该学学电脑了吧？

再就是耐得住寂寞。现在好多体制中人，正经时间都无心本职，思谋着如何发财致富，更别说去牺牲业余时间搞学术研究和写作了。庞先生却干好本职，又花去全部业余时间收集资料、田野调查，写作《晋商与徽商》，一坚持就是10年之久。人生能有几个黄金10年？这在当前物欲横流、学风浮躁的潮流中，弥足珍贵！有多少专门研究者都做不到。

第二，比较研究的思路非常可取。现在比较学很流行。比较可以知真伪、知差距、知好坏、知境界。把晋商和徽商两大商帮进行比较学研究，也许有先例，我孤陋寡闻，不知道；庞先生明确地进行比较学研究，而且用如此宏大构建予以展开，值得称道。改线性思维为多维思考、立体思维，甚至反向思维，是学术研究的进步。庞先生及其《晋商与徽商》作了新尝试，难能可贵。

第三，《晋商与徽商》不仅体量大，而且内容全面详尽，史料丰沛翔实，言之有物，论之有据，有一定的思想含量。

以上好听的，估计"英雄所见略同"者甚众，故而不再显摆。既然是研讨会，我倒想说点不好听的。

第一，关于晋商、徽商之衰落。

知古为鉴今。研究晋商、徽商，不在于展示它们的历史辉煌，"我们祖上阔多了"之类，从中得出于当下与未来有用的东西，才是正道。从这个意义上看，研究晋商和徽商的衰落和败亡，应是重中之重。庞先生显然头脑清醒，不然不会设两大专章论述之。

按庞先生的研究推论，晋商、徽商之衰落有内外两大原因。内因是两大商帮"都将商业资本用于土地、房产、窖藏、奢侈浪费、吸食鸦片等方面，思想落后保守，昧于大势，封建性尤为浓厚"。外因则有三：清政府政策调整，打破垄断；苛捐杂税过多；内忧外患，社会生态环境恶化。对这些具体的微观判断，我大体是认同的。但是，更深层次的宏观判断呢？书中亦有探求，第二章《两大商帮的共同点》的第五节《富而不贵，世人不齿》中有所触及，列出三条原因是"封建律制，帝王贱视""世人不屑，文人奚落""心理自卑，行为失当"。要说这三条致败原因都有道理，也是事实，可惜未能深究下去，特别是"封建律制，帝王贱视"这一条，直逼要害，惜乎止步过早。我想提出探讨的正在于此。明清晋商、徽商以及所有四大商帮也好、十大商帮也好，其衰落败亡的宏观主因只有一个，那就是帝王专制体制及其一整套帝王文化在作祟，岂有他哉！

在《史记》的《货殖列传》里，司马公勇敢地向重农轻商挑战，为先秦时期一些大商家树碑立传，如范蠡、子贡、白圭、猗顿等等。这些先秦时期的大商人甚至包括吕不韦在内，有什么共性呢？那就是远离国家权力，皆非官商。范蠡致富在失权之后，吕不韦发财在掌权之前，都属于民间资本自由运作，只凭商业智慧富甲一方。所以，他们的衰落则各有各的历史原因。反观晋商、徽商及所有明清商帮，在长达2000年的一贯制的帝制环境中，无不打上了"官商"烙印，有的重点，有的轻点，但无一例外。想做先秦那样的自由商人是不能生存的。"普天之下，莫非王土，率土之滨，莫非王臣。"这就是为你限定的经济基础，这就是帝王文化为你划定的价值观。在"重本抑末""重农轻商"的传统观念下，能有真正的商业文化吗？能有真正的大商帮吗？面前只有两条路可走：要不你打入官场，官商一体；要不你向官场纳贿，官商勾结。总之，你得变成一个官商，才能存活下来，做大做强。然而，官商命短！随着时局变动、政权更迭、人事迁移，官商的命运也就在旦夕祸福之间，今日富可敌国，明日家破人亡。看看让朱皇帝活活整死的沈万三，看看"两代而亡"的伍秉鉴，看看"钱财散尽，黯然离世"的"红顶商人"胡雪岩，看看转眼间"人亡业息"的滇南"钱王"王炽……哪一个明清商家不是"兴也官商，败也官商"？逃不出"官商命短"的紧箍咒！

反观欧洲大地，一个文艺复兴，接一个启蒙运动，被视作夷狄的西方世界，忽然从中世纪的泥淖里爬将出来，开始了资本的原始积累，开始了人性的探索，肯定人是一个具体存在，而不是依附于谁的奴隶，"天赋人权""三权分立""自由、平等、民主"和"法制"……这些新观念形成了强大的社会思潮，彻底动摇了封建统治的思想基础，生发出包括商业文化在内的一个文明新天地。从莎士比亚的《威尼斯商人》、莫里哀的《吝啬鬼》、果戈里的《死魂灵》、巴尔扎克的《欧也妮·葛朗台》等传世名著中，我们看到的虽然是四个商人的吝啬相，但也能看出商人阶层已然获取的独立社会人格。可你看看中国的四大悲剧《窦娥冤》《赵氏孤儿》《长生殿》《桃花扇》、四大喜剧《拜月亭》《西厢记》《墙头马上》《倩女离魂》、四大名著《三国演义》《水浒传》《西游记》《红楼梦》，哪里能见到中国商人的形象？连半个吝啬鬼都看不到！就把西门庆算作商人一枚，那他也得有衙门背景，"在县里管些公事"，散发点官商味道呢！

所以，明清商人之败亡，发自一个共同原因：因袭已久的帝制官商文化！清除帝制土壤，根治官商文化，将先秦商业精英文化与现代商业文明相结合，才是破解"官商命短"怪圈，重振晋商、徽商雄风的唯一出路。

第二，关于"比较"之缺乏世界元素。

前文赞过，以比较学之方法研究晋商、徽商非常可取。但是，这一方法运用得尚不充分。往大里说，不也可以与先秦商道作比较吗？不也可以与腓尼基人、苏格兰人、犹太人等世界上诸多善贾民族作比较吗？特别是犹太人，

三晋论坛

他们没有固定的国土，没有可供依托的国家权力，流离失所，备受迫害，永远穿行在驱逐令和火刑柱之中，却能一次又一次地以富人的形象出现在世界民族之林，其影响无处不在，成为一股不可忽视的、经久不衰的人类经济力量，这种商业智慧从何而来？不值得研究再研究、比较再比较吗？他们那一整套传统学习智慧，那经商十五法则，不值得我们引进来，用以取代腐朽的帝制官商文化吗？犹太人说："生意就是生意。"只要把这一条先做到，别再搞"生意就是政治"那一套，转机就会到来！

往小里说，晋商、徽商中的具体家族，作为个案比较，仍可展开细究深挖。书中很全面地列出了两大商帮的名门望族，资料可贵，实属不易。但很少作两个家族或多个家族的系统比较。比如，若能将晋商常家与徽商胡家作一全面系统之比较研究，不但可以具象看清两大商帮在"帝制官商文化"中的不同烙印，还可从中看出比较接近现代商业文明的常家孕育着怎样的先进要素，带来了什么样的有益启发。限于篇幅，不再展开，愿把拙著《走得最远的商家》附后，仅供参考。

周宗奇　山西省著名作家，曾任《山西文学》主编，山西省作家协会副主席。1982年加入中国作家协会。

清代晋商家用瓷器小碟

附：走得最远的商家

周宗奇

我说山西榆次车辋常家，是中国走得最远的商家，同意吗？假若有人反驳，等我把话说完。

首先是，外贸腿长。相对来说，外贸是个新名词。外贸是对外贸易的简称，亦称国外贸易或进出口贸易，是指一个国家与另一个国家之间的商品、劳务和技术的交换活动。这在远古社会就开始产生和发展，到现代社会，发展更加迅速。外贸，这可是一种高级阶段的商业活动，它不仅把商品生产发展很高的国家互相联系起来，而且通过对外贸易，使生产发展水平低的国家也加入到交换领域中来，使作为一般等价物的货币深入到他们的经济生活中，从而使这些国家和民族的劳动产品日益具有商品和交换价值的性质，价值规律便逐渐支配了他们的生产。随着各国的商品流通发展为普遍的、全球的商品流通，作为世界货币的黄金和白银（如今不提白银了，成了美元）的职能就增长了。这黄白之物除去用作货币一般性的购买手段之外，还被用作国际支付、国际结算和国际信用的手段。它们成了世界货币，便产生了形成商品世界价格的可能性。世界价格一形成，表示价值规律的作用已然扩大到世界市场，为各国商品生产和交换条件进行比较建立了基础，这就促进了世界生产和贸易的发展。通过外贸活动，参与国际分工，节约社会劳动，不但使各国的资源得到最充分的利用，而且还可以保证社会再生产顺利进行，加速社会扩大再生产。你瞧瞧，这外贸多了不起，满世界跑动，是不是腿长？

据史料记载，榆次常家是晋商中最早从事茶叶外贸的商家。康熙二十八年（1689年），中俄签订开放边贸的《尼布楚条约》，从此中俄贸易拉开帷幕。

三晋论坛

而常氏一门,得风气之先,迅速转向专门从事茶叶外贸经营,历康熙、雍正、乾隆、嘉庆、道光、咸丰、同治、光绪、宣统九帝而不衰,沿袭了200多年。尤其在嘉道年间,常家已成为中俄茶叶贸易中的"外贸首户"。以张家口为中枢,在江南茶叶产区和恰克图之间买茶山、办茶厂、设商号,开辟出一条常字号"万里茶道"。据统计,当时晋商每年从恰克图运往俄国的茶叶价值不下200万两银子,其中常氏占四成。独慎玉是常家的茶叶分号,与大升玉、大泉玉、大美玉并称常家"四大玉"。"四大玉"在库伦(今蒙古乌兰巴托)和俄国的伊尔库茨科、赤塔、比西克、新西伯利亚、莫斯科等地都有分号,发展到巅峰时期,常家的大德玉、大德川、三和源、独慎玉等字号为进一步扩大对外贸易和筹集资金,在18世纪80年代末,又深入到俄国其他城市如多木斯克、克拉斯诺、亚木斯克、巴尔纳多、巴尔古金、上乌金斯克、聂尔庆斯克等地,使中国陆上直接对外贸易从恰克图一直向北向西延伸,抵达欧洲腹地。《山西外贸志》说:"在恰克图从事对俄贸易的众多山西商号中,经营历史最长、规模最大者,首推榆次车辆常家。……常氏一门,堪称为清代本省的外贸世家。"这结论也未免太小家子气了,什么"清代本省的外贸世家"?依我说,常家堪称中国有史以来第一个"外贸世家"!

民国大学者潘吟阁说读中国书而未读《史记》,可算未曾读书;读《史记》而未读《货殖列传》,可算未读《史记》。《货殖列传》最可贵之处在哪儿?就在于司马公勇敢地向"重农轻商"挑战,破天荒地为春秋末期至秦汉以来的大商家树碑立传,如范蠡、子贡、白圭、猗顿、卓氏、程郑、孔氏、师氏、任氏等等,从此商史留名。然而你看看,在这些古代大商家中,有经营外贸行当的吗?就算有,那时的国与国不就是我们现在的省与省吗?尚且冲不出神州,遑论冲出亚洲。

秦汉以降,史载元末明初有个大财神沈万三。吴晗先生曾说:"苏州周庄沈万三一家之所以发财,是由于做海外贸易。"孙迩在《云蕉馆纪谈》中说,沈万三"尝为海贾,奔走徽、池、宁、太、常、镇富豪间,辗转贸易,致金数百万"。其实,沈万三是靠地产起家,拥有了相当的经济基础之后,才兼

· 267 ·

营点对高丽、日本和南洋等地的外贸生意，而且根本说不上是"外贸世家"，沈万三刚当"海贾"没多长时间，就让朱皇帝给充军云南，整死在那儿了。

进入清朝，中国倒是出了几家搞过外贸的著名商家。比如有个伍秉鉴，其父伍国莹活着时，就开始参与外贸，到他手里发了大财，被一些西方学者称为"天下第一大富翁"。可他是如何大发的呢？乾隆二十二年（1757年），朝廷要闭关锁国，仅留广州一地作为对外通商口岸。凡是外商购买茶叶、丝绸等国货或销售洋货者，都必须由"十三行"这一官商集团经办，而官商集团的头羊就是伍秉鉴。他借官商之身的优势和独家口岸的地利，在1834年以前，每年的对外贸易额都达数百万银圆。说穿了，这位"商业奇才"，做的不过是外贸代理生意，与常家的民营资本和外贸实体经营，简直不可同日而语。我说官商命短，伍家两代而亡，又是一例明证。

比如，不是还有个"红顶商人"胡雪岩吗？胡家倒是经历了道光、咸丰、同治、光绪四朝，且以钱庄、当铺为依托，开药店什么的起家发财，既与洋人做生意也与洋人打商战，成了"中国首富"，也算是个"外贸世家"吧。可这位著名徽商却是依仗湘军权势，结交权贵显要，纳粟助赈，为朝廷效犬马之劳，才得以构筑了以钱庄、当铺为依托的金融网，从而圆了"中国首富"的梦。结局怎么样？还不是应了那"官商命短"的天咒，最终成为政治斗争的牺牲品，钱财散尽，黯然离世。

再比如，还有一位人称"滇南王四"的巨商王炽，以昆明同庆丰钱庄为龙头，分号开到今香港、越南、马来西亚等地，经数年经营，成为滇中富商，是中国历史上唯一的一位三代一品红顶商人。李鸿章称王家"犹如清廷之国库也"。考其"外贸"，不过钱庄票号，并无实业实体；虽然任过矿务公司总办，也为筹办云南铜、锡矿业，苦心筹划十余年，可也是个典型的官商，由云南矿务督办大臣唐炯一手委任操纵。更不能算"世家"：青年时期的杀人犯——富甲天下的"钱王"——人亡业息的又一个"短命"官商而已。

如此看来，说常家堪称中国有史以来第一个"外贸世家"，谁持疑问吗？有国人以"一万里茶路，两百年常家"为题，挥洒笔墨说："山西榆次常家，以取财天下之抱负、逐利四海之气概，制茗于武夷山，扎庄于恰克图，拓开万里茶路，经销蒙俄北欧，绵延二百余年，遂成富甲海内之晋商巨贾，中国对俄贸易之第一世家。常家的经商史，就是一部高度浓缩的清代对俄贸易史。而常家开辟的万里茶路和汉唐的'丝绸之路'一样，是我国商业史上的一个奇迹。"诚如斯言！

其次，我说常家走得远，就仅仅因为"外贸腿长"吗？外贸腿再长，比不过常家教育。

在西方，教育一词源于拉丁文educate，前缀"e"有"出"的意思，意为"引出"或"导出"，意思就是通过一定的手段，把某种本来潜在于身体和心灵内部的东西引发出来。从词源上说，西方"教育"一词是内发之意，强调教育是一种顺其自然的活动，旨在把自然人所固有的或潜在的素质，自内而外引发出来，以成为现实的发展状态。中国的教育观有中国特色。《孟子·尽心上》："君子有三乐……得天下英才而教育之，（第）三乐也。"许慎在《说文解字》中解释："教，上所施，下所效也。""育，养子使作善也。"这是往里灌的一种教育观念。中国现代之教育，始于19世纪末20世纪初，奠基人何子渊、丘逢甲等有识之士开风气之先，成功创办并大力推广了新式学堂。清政府迫于时势，于1905年末颁布新学制，废除科举制，并在全国范围内提倡新式学堂。1909年地方科举考试废止，西学逐渐成为学校教育的主要形式。现代汉语中"教育"一词的通行，与中国教育的现代化联系在一起，反映了中国教育话语由"以学为本"向"以教为本"的现代性转变。

那么，什么是教育？中外的教育家、思想家尽管"语录"各异，但所指教育之本质，理应是相通相同的。这就是其首要功能是促进个体发展，包括个体的社会化和个性化；其基础功能是影响社会人才体系的变化以及经济发展，为经济持续稳定发展提供良好背景，提高受教育者的潜在劳动能力，形成适应现代经济生活的观念态度和行为方式；其直接功能是影响政治发展；其最深远的功能是影响文化发展，不仅要传播文化，还要满足文化本身延续和更新的要求。正是从这个意义上说，一个国家需要最好的教育，一个民族需要最好的教育,就是一个商家,也同样需要最好的教育。得之者倡,失之者亡。常家之所以走得最远,外贸是其一,教育则是其二,也是极为重要的一条。

据现有公开资料显示,榆次常家是山西商人中主张儒商融汇的典型,其子子孙孙都受过良好的儒家教育,世世代代都把儒家仁义观贯彻到商业中去,促进了商业的兴旺发达。因此,可以这样说,常家在200年的经商中,走了一条儒贾融汇、道德与商业相结合的良性发展的道路。常家第一代创业者常威,从小就受儒家教育。常威的两个儿子常万玘、常万达,自幼入学读书,而且聪明好学。学而优则贾。自此兴起大办私塾热,到清咸丰年间,家族所办私塾多达17所。塾师呢,无不是特聘省内外名士大儒。家规铁定:各门子弟都要入塾学习,"一个都不能少"。其教育成果呢,从清末到民国,常家取得秀才、举人、进士等功名者以及大学毕业和出国留学者,约170余人。其中佼佼者不乏其人,如第12世常麒麟,以拔贡出身经商,有同辈学友为他惋惜,劝他弃商入仕。常麒麟说:"子贡亦贤人也,吾从子贡。"子贡作为孔子的学生,学问出众,却经商致富,发了大财,受到孔子的称赞,说他"经商有道",遂有司马公为其立传。所以,常麒麟浩浩然曰:"我从子贡。"其子常维丰在京都国子监深造结业,由于"学业有成,词章俱美",仕途似锦,皆论前途不可限量。常麒麟却对儿子说:"'邦有道,穷且贱,耻也。'汝应继承祖业。"意思是说,孔子认为国家政治清明,社会安定,自己却很贫困,这是最可耻的,所以你应该继承祖业,去经商致富。噫吁嘻!常麒麟父子不有司马古风乎?正因为常家的经商者大多受过良好的儒家教育,并深谙教育之三昧,所以持学处世则堂堂正正;经商则以义、诚、信为宗旨,真正做到了"诚召天下客,义纳八方财"。据有人考证,常家在长达200多年的经商过程中,从没有出现过以假充真、以次充好等欺诈行为。在与俄商经久漫长的茶叶贸易中,一直保持质量优等、信誉卓著,在异域享有极高的声望。这也是常家"外贸腿长"的根本保证。

前面提到,教育的最深远的功能是影响文化发展,不仅要传播文化,还

要满足文化本身的延续和更新的要求。前面也提到，常家之所以走得最远，外贸是其一，教育则是其二。那么，有没有其三呢？答案是不仅有，而且是最重要的一条，"好风凭借力，送我上青云"。正是因教育而发育起来的常氏文化，使得常家独领风骚三百年，成为中国古今商界一奇谈。所以，归根结蒂，文化腿最长！

同样，"文化"一词也来源于拉丁文 cultura，原义是指农耕以及对植物的培育。自公元15世纪以后，逐渐引申使用，把对人的品德和能力的培养也称之为文化。在中国的古籍中，"文"既指文字、文章、文采，又指礼乐制度、法律条文等。"文化"一词的中西两个来源，殊途同归，今人都用来指称人类社会的精神现象，抑或泛指人类所创造的一切物质产品和非物质产品的总和。英国人弗思认为，文化就是社会，社会是什么，文化就是什么。他在《社会组织要素》一书中指出，如果认为社会是由一群具有特定生活方式的人组成的，那么文化就是生活方式。另一位英国人泰勒在《原始文化》一书中说："文化或文明是一个复杂的整体，它包括知识、信仰、艺术、伦理道德、法律、风俗和作为一个社会成员的人通过学习而获得的任何其他能力和习惯。"美国人克罗伯和科拉克洪在《文化：一个概念定义的考评》中说："文化存在于各种内隐的和外显的模式之中，借助符号的运用得以学习与传播，并构成人类群体的特殊成就，这些成就包括他们制造物品的各种具体式样，文化的基本要素是传统（通过历史衍生和由选择得到的）思想观念和价值，其中尤以价值观最为重要。"……我的妈呀，这一大堆外国话说得让人头晕。照我的理解，只借用他们一句话就足够了：文化的基本要素是传统思想观念和价值，其中尤以价值观最为重要。而且，一定得抓住"人"这个根本要素。吐痰不是文化，吐痰入盂才是文化，关键是吐痰的人；水不是文化，水库才是文化，关键是修水库的人；石头不是文化，石器才是文化，关键是打磨的人。所以，有什么样的人，才能创造出什么样的文化。文化又是一个连续不断的动态过程，既是一定社会、一定时代的产物，是一份社会遗产，又是一个连续不断的积累过程。这都得靠人！每一代人出生在一定的文化环境之中，便从上一代人那里继承了传统的价值观。同时，每一代人又会根据自己的环境、经验和需要，对传统文化加以改造，注入新的内容，形成新的价值观。这里，最要强调的一点是，价值观有先进与落后之分。秉持先进价值观的文化腿长，可以不断发扬光大，历久而不绝；死守落后价值观的文化腿短，暴发暴亡，一代即亡，顶好也就"三世而斩"。一个国家如此，一个民族如此，一个家族又何尝不如此。故而，要看一个国家、民族、家族的文化是否先进，不是光看它的GDP、地盘、外汇储备、军力之类如何如何，更得看它秉持着怎样的价值观。那么，怎么看呢？有个简单办法，就是看它拥有多少秉持这种先进价值观的文化精英、文化名人、文化巨人。人是文化的最佳载体！

现在，就用这个办法数一数常氏商家的文化精英。

有人这样结论：常家是商业世家、外贸世家，到了第12世的时候，已经是书香门第，成了文化世家了。其依据如下：

十二世：前文提过的常麒麟，不再重复。常炳，少习柳少师书法，很有造诣。常佶的双钩字，称为"独一无二"。常惺善作七言绝句，无论写景与抒情均佳。常龄深通医理，医术高，免费出诊，"济世活人"。

十三世：常立教，字敷五，清代举人，学识渊博，贯通经史，并研习天文舆地之学，对《左传》《孙子兵法》都有独到见解，作诗效陶渊明；戊戌变法时，在北京参加康有为领导的"公车上书"，为山西仅有的3名参与者之一，变法失败后，返乡隐居东山寨，致力于兴办新学，培养新型人才。常立屏，长于史学，擅长书法，学颜真卿和董华亭，极有造诣。常立方也酷好史学，且钻研金石学和词章学，珍藏碑拓书帖甚多，书法追欧阳询，篆字习石鼓文，作品多有传世。常立德既好藏书，又长于考订，对清印《雪轩随笔》《曾国藩文抄》等，都有释语和考订。常立爱也藏书甚多，精研史学、理学之外，也喜数学，书法作品亦有传世。常立豫善绘画，画蝶尤为擅长。常维丰精于书法和绘画，珍藏有很多书画名品。

十四世：常麟书，字绂章，号味经、约斋。是清末省内外享有盛誉的教育家和经史学家，常家学者的代表人物。少有神童之称，县试、乡试皆名列

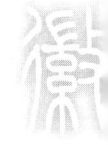

三晋论坛

第一,被户部尚书兼国子监祭酒翁同龢亲选入国子监南学深造,学识大进。有趣的是,他开始潜心学习西洋史及代数等新学。光绪二十六年(1895年),他返乡将族中私塾合并,开办新式教育,又租到太原上马街黑瓦关帝庙办学,率族中弟侄辈常赞春、常旭春、常麟图、常运藻等人赴并向学,进行"封闭式"教育,一时声誉大隆,有与晋阳书院齐名之势。光绪二十八年(1897年),常麟书、常赞春、常旭春、常麟图四人同榜中举,一时传为三晋佳话。山西巡抚岑春煊,英人李提摩大曾亲自到黑瓦关帝庙邀请他出任新创办的山西大学堂中斋部主讲。第二年,常麟书会试中进士,被任用为户部度支部主事。但他醉心教育,以丁忧告归,创办笃初学校,后又增设女部、中学部,改名为"常氏私立中学兼高初两级小学堂"。后受聘为榆次凤鸣书院堂长,开创了榆次现代教育的先河,为常氏及榆次培训实用人才,做出了卓越的贡献。常麟书一生著作甚多,有《外史歌略》《诗经述义》《礼易简录》《中学知源录》《读史大事辑》《近代文略辑》等56部(卷)著作传世。有意思的是,他还写过剧本《再生缘》。

常赞春,字子襄,清代举人,北洋政府众议院议员,清史征访员,以其人品和学识,成为清末民初山西学术界的重要领袖人物。善篆书,曾在京师大学堂专研"毛诗",学识渊博,文章简练,深得桐城派意韵,后在山西大学任教,暇时以书法自娱,对历代碑帖均有考究,篆书并被称为"三晋一绝",省内外名人碑碣,都以由他篆额为荣耀。奇绝的是,他的指画(以手指代笔作画)在清末民初名重一时。此外,他还是个著名的金石家,收藏品达千余件,其中不少堪称稀世珍品,曾为《山西献征》《榆次县志(民国版)》主笔,身后著作有《金石谈》等。

常旭春,字晓楼,清代举人。曾任礼部员外郎、山西众议院副议长,为清末民初著名书法家,与太谷赵铁山齐名。其书法初由魏碑入手,后专门学李北海,笔风凌厉、宛转自如。京晋许多大商号之匾额,以由他题写为荣。所写碑铭,每被拓印,做为字帖,供青年临写。亦能诗,诗多熔铸史事,但毫不呆板,别具神韵。辞世时,名人挽联中有"书宗李北海,诗步王海洋"

· 273 ·

之誉。尚有经商才略，曾任山西保晋矿务公司第四任总经理。存世著作有《藏山老人诗稿》等。他与其兄赞春被当时人称之为"常氏二贤""常氏双子星"。

十五世：常风，字镂青，笔名常风。1929年考入清华大学西语系，毕业后曾任太原平民中学、北京艺文中学教师。从1943年开始，先后在北京大学、山西大学任教，兼任山西大学外语系系主任多年。

常风博学多识，不仅国学功底深厚，而且对西洋文学也有深入研究。旅京期间，与著名文学家朱光潜、沈从文、周作人、朱自清、萧乾、李健吾等往来十分密切，切磋学问，造诣日深，从而成为一位颇负盛名的文学评论家，对鲁迅、老舍、茅盾、朱自清、李健吾等作家的许多作品都写过书评。《读书阅世丛书》主编吴小如先生评论：常风专攻西方文学而又潜心研究中国古典文学。……乃是立足于我国民族文化的立场，一方面把西方文化（包括文学创作和文艺理论）介绍传播给国人，一方面更借鉴和利用西方的各色理论武器，来分析探讨我国古典文学中未经前人道破的奥秘和精髓。他的治学途径以及研究的力度和深度，大有与钱锺书先生平分秋色、异曲同工之势（常、钱二老原是当年清华西语系同学）。常风有文集《逝水集》《弃余集》《窥天集》等行世。

十六世：常乃德，又名士忱，字燕生，号仲安。毕业于国立北京高等师范学校史地系，毕业后游学日本，回国后历任北京燕京大学、上海知行学院、大厦大学、河南大学、四川大学、川康农工学院、齐鲁大学、华西大学等校教授。并先后主编《新中国日报》《国论》《醒狮周刊》《工学》《山西周刊》等报刊。常乃德为新文化运动主将之一，与鲁讯、陈独秀等过从甚密，并有多篇文章在他们主编的《莽原》《青年杂志》《新青年》上发表。

据统计，从清末到1946年，榆次县的大学毕业生共有105人，而车辋常家就有25人。另外，有4名留美、留日学生。常家的这些大学毕业生，半数毕业于山西大学以及山西医专、政法专科等，半数毕业于北京大学、清华大学、北京辅仁大学、山东齐鲁大学以及南京中央大学等，他们所学专业，涉及机械、冶金、采矿、文史、政法、外语、医学等，当然也没丢了祖业，

三晋论坛

也包括了经济、商学等专业。常家作为一个商贸家族,代有成批的文化精英出现,其中不乏文化名人,历久不衰而尤盛,绵延近300年,这在中国的商业史上极为罕见,如果不说独一无二的话。常家走得最远,这才是根本所在。

现在,我接着文首的话茬说:山西榆次车辋常家,借助外贸、教育、文化这三条长腿,力压群雄,高歌猛进,一举成为中国走得最远的商家,同意吗?假若有人反驳,是时候了。

2014年11月6日于太原学洒脱斋

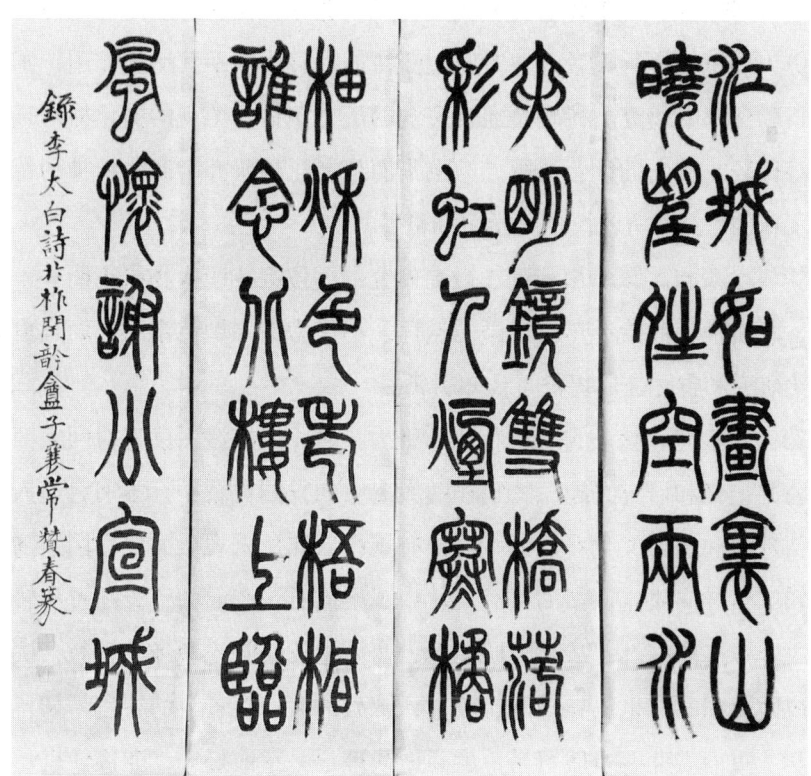

常赞春四条屏篆书

《晋商与徽商》学术研讨会发言要点

范浩里

有幸参加这样一个高层次的学术研讨会，作为晋商研究的业余爱好者，我讲三个观点、一个感受：

第一个观点，该书作者庞利民先生以社会学视角，把晋商与徽商放在明清历史大环境中进行比较，并对两大商帮的兴衰成败及其历史作用作了客观的分析和深入的研究。特别是通过宏观的历史扫描、微观的文化梳理、横向的经济比较、纵向的社会透视，为中华商帮文化的研究和商业精神的传播，提供了新的思路和方法。值得学习和借鉴。

第二个观点，该书由晋商、徽商研究的两位泰斗级人物张正明、王世华作序、联袂推荐并给予热情洋溢的点评，不仅为该书增色添彩，而且也为商帮文化研究和省际交流提供了认知引领。

第三个观点，该书自身的特色与魅力显著，能够激活读者对两大商帮的许多公共记忆和研究兴趣。特别在两大商帮的异同比较中，本书启迪人们领悟商帮现象和商帮文化背后的一些共有规律，如从宏观层面看，国家的发展环境和政策导向决定商帮的兴衰；从中观层面看，产业的资源配置和转换效率，决定业态的好坏；从微观层面看，商人的战略眼光和经营智慧，决定企业的成败。同时，也从异同的比较中认识到两大商帮各自的特色，如晋商践行实学、重商立业、坦然贸易；徽商崇尚理学、贾而好儒、业儒仕宦；晋商向善其群，靠集体人格商行天下；徽商自善其身、凭商人魅力勇闯市场；晋商的制度文化独树一帜，徽商的器物文化丰富多彩。再如晋商红顶商人贾继英的"俭"，徽商红顶商人胡雪岩的"奢"；晋商有巾帼女杰马太夫人，徽

三晋论坛

商有商界女魁王石公太太;晋商常万达"营茶"卓著而获封从二品武功将军,徽商江春"营盐"显赫而皇家特授金匾"怡兴堂",且两人均应邀出席过乾隆的"千叟宴"。诸如此类的异同比较在书中丰富多彩,而且言之有物、论之有据,文法流畅、盈人眼球。其别开生面的研究多有创新。

一个感受,通过学术研讨会专家发言的启迪,我们看到山西晋商文化研究的许多亮点。但也感觉似乎有一个研究盲区尚待探索和突破。这就是在晋商研究中谈崛起理直气壮,论衰落羞羞答答,讲终结断代禁若寒蝉!从表面看这似乎是一个学术现象,但它所折射的却是山西长期以来"计划崇拜""所有制崇拜"和"管制崇拜"形成的一种观念桎梏。没有反思,何以奋进!人如此、家如此、群如此,国亦如此!因此,建议省级权威研究部门能就晋商的终结断代研究设立专项课题,拓展研究领域,敢于在理论探索中打破研究禁区,勤于在学术交流中挖掘真知灼见,善于在转型实践中揭示发展规律,为山西晋商文化研究拓宽视野、增强自信,也为当代晋商的涅槃复兴提供新的文化动能。

以上观点粗疏浅陋,不妥之处请专家学者批评指正!

范浩里 历任灵石县县长,晋中行署经委主任,晋中市人民政府党组成员,晋中市经济管理促进中心主任等职。著名区域经济与晋商文化应用研究专家,北京晋商博物馆高级顾问。

一部值得品读的好书

高春平

今天来参加这个会非常高兴,是一个很好的学习交流机会。我对刚才各位领导同人给庞先生和他的力作《晋商与徽商》进行的充分肯定表示赞同,更向庞先生的大作出版表示真诚地敬意和诚挚地祝贺!

中国民间有句俗话:"不怕不识货,单怕货比货。"所以,对明清时期南北称雄的两大商帮晋商、徽商进行比较研究本身就是非常有意义和价值的。历史上对晋、徽二商最早进行比较的是明朝人谢肇淛。他在《五杂俎》一书中讲明代人经商长江以南首推新安(徽商),江北则推山右(晋商),并对两者的经营品种、资本规模、历史地位、特点进行了比较,他说:"新安大贾,鱼盐为业,藏镪有至百万者,其他二三十万,则中贾耳。山右或盐、或丝、或窖粟、或转贩,其富甚于新安,新安奢而山右俭也。"这也就是说安徽商人以经营鱼类水产和盐业为主,资本超百万;而山西商人经营食盐、丝绸、粮食、长途贩运等,比新安商人更富有,原因之一是山西商人经营不仅诚信,而且更节俭持家。

提到商帮研究,不能不说《中国十大商帮》一书。本书是20世纪90年代由中国商业史学会发起,由安徽师大校长张海鹏和山西省社科院副院长张海瀛先生主编,全国高校科研系统十几家单位的数十名专家学者分头编撰的一部力作。该书由晋帮开头、徽商压阵,安徽黄山书社1993年出版后立即引起海内外的关注,香港中华书局很快买走版权,并将每个商帮内容扩充出成10本。从此,十大商帮叫响全国,并肯定了晋商和徽商在全国商界的领军地位,有力地推进了明清商业史的研究。

庞利民先生上下两卷，90万字的《晋商与徽商》是一部倾注了多年心血，认真吸收借鉴前人研究成果，比较全面、系统、完整地对中国十大商帮中大江南北的领头雁晋商和徽商进行比较研究的力作。全书从地域文化差异、经营管理策略、人物信仰崇拜、经商项目品种各个方面详细比较了两大商帮的异同，揭示了中国封建社会后期明清两朝500多年间中国地域商帮发展的时代背景、兴盛特征、历史地位和巨大作用。而且庞先生是学中文出身，文笔流畅，语言风格鲜明，摆脱了有的学术书籍佶屈聱牙的缺陷。因此，确是一本值得一读的学术性强、文笔优美的佳作。

庞先生长期在电力系统工作，常言道隔行如隔山，因此在看到本书之前，我与庞先生并不相识相知。而看到这本书后，我顿感惊佩，并对庞先生的好学、能写、善于钻研精神颇为敬重。众所周知，明清时期的漕运、河工、盐政三大部门号称"肥缺"，而改革开放以后的公安、税务、银行、电力、煤管、交通、发改委诸系统也是人们艳羡的行业。而且，读书写作，尤其是搞历史研究的确是十分清苦之事，像他那样级别的干部，如果不是自身好学、喜爱读书写作，根本不用工作之余挑灯夜战在书山学海。由此，我对庞先生的追求、敬业、爱好和品位肃然起敬。当然，也许有人会认为，这是庞先生具备一般人没有的客观条件。的确，条管单位干部横向交流机制为庞先生能在晋、皖两省电力系统任职，深入了解晋、徽二商提供了良好的外部便利条件，但更重要的是自身的主观努力和追求，具备此条件而不好读书写作的大有人在。

至于说到晋商、徽商素有经商基因而晋皖两省现在商品经济不发达的原因，这个问题牵涉到人才、机制、观念、市场、科技、文化、教育诸多方面。刚才有位先生说到20世纪90年代以来山西一煤独大，煤炭资源整合前后温州商人炒房团、炒煤团的一些事实颇有道理。一个地方长期受计划经济时期极左思维影响，官本位严重，思想不解放，科技教育不发达，势必影响经济社会发展，这方面的教训很深刻。习总书记今年视察山西的重要讲话和国务院支持山西转型发展的国发42号文件，为山西省经济结构转型，融入"一带一路"倡议，打造内陆地区开放新高地指明了方向，创造了很好的大环境和发展机遇。当然,唯物论认为,外因是变化的条件,内因是变化的根据,内生基因和外部环境条件匹配是相辅相成的辩证关系。我们今天研究晋商,对历史上的商帮进行比较研究,正是为了求真求用,传承、弘扬、学习、借鉴、吸收明清晋商、徽商、浙商等各大商帮的经营管理成功经验,诸如,借鉴晋商银企一体化灵活经营的做法,利用互联网+方式,在国企混合所有制改革中探索煤电一体化经营模式等。当前尤其需要认真学习、贯彻、落实党的十九大精神,更好地发展实体经济,奋起赶超,齐心协力推动和促进山西经济社会的可持续发展。

高春平　山西省社会科学院历史研究所所长、研究员。

平遥协同庆票号大门

晋商的家国情怀与民族工业

郭桂柱　郭　毅

看到老领导送给我的《晋商与徽商》一书十分惊讶！他交流到省外工作十余年，工作之余竟写出了这样一部煌煌巨著，很是敬佩。今天又参加了他的这个专著研讨会，看到省城、晋中来了这么多研究晋商的专家学者，很是高兴。我是晋中供电公司的职工，业余时间也钟情于家乡晋商资料的收集与研究。下面我就晋商的家国情怀与创办民族工业谈一点看法。

一、晋商的家国情怀

晋商群体恋家、眷亲。赚得金钱，荣归故里，光宗耀祖，盖房置地养老少，体现了晋商淳朴、善良、诚信、吃苦、耐劳、勤奋的优良品质和某种意义上的铁血柔情。晋商精英平时修桥铺路、兴修水利、救灾赈饥、建学堂、办教育等，以各种善行义举广受社会认同与赞许。榆次常家以儒学育人，耕读起家，办学校，办书院，由商业世家向文化世家成功转型，靠着儒家思想的传承创造了驰骋商海200年的丰功伟业就是很好的例证。晋商骨子里秉承的儒家风范、家国意识和普世情怀成为其思维和行动的原动力，构成晋商精神中"商儒并重"和"义利谐调"的经营理念和文化底蕴。而每当面临家国大事，特别是国难当头、民族危亡之际，一大批刚毅自强、有血性有担当的晋商巨贾、社会精英都能以无私无畏的行动，为国家和民族的历史进步做出贡献。如晚清席卷山西、震惊中外的"抗英保矿"运动就是绝好的例证。这是由爱国晋商渠本翘、刘笃敬、崔廷献、常旭春等一大批商界精英，组织发动全省票号以及绅、商、学、民全面参加的反帝保矿斗争。10年的奔走呼号，山西晋商票号不仅短期内筹集数百万两白银，长了国人志气，从英国侵略者福公司手中夺回被其掠夺的山西煤、铁采矿权，而且得到爱国官绅和社会各界拥护，一致推举这些商界精英为经理，组建成立了清末山西规模最大的以民族资本为主的山西保晋矿务公司。

这场被史学界称为"汇入近代史主流的旷世之功"的运动有两大特点：其一是以票号领袖渠本翘为首，从自己的家族做起，然后亲临祁、太、平、榆各商家票号，一呼百应，把晋省大地上星星点点的血性之光汇聚成熊熊烈焰，使侵略者乖乖交出矿权。靠的是什么？就是广大票商骨子里的爱国热血、家国大义。其二是 500 年呼啸奔腾的晋商第一次集体行动，抱团抗击外族侵略者，而且晋商的集体行动能与全社会包括广大采矿工人，绅、商、学、民各界的群众运动相结合，从而产生巨大的历史推动力，甚而成为辛亥革命的前奏，这在全国十大商帮中也是仅此一家。再如晋商中以榆次常家、祁县乔家，尤其是晋商大盛魁为代表，甲午之后在恰克图中俄商战的逆境中不屈不挠、不畏强暴的民族壮举；晋商煤矿、电力、纺织等各业抗击日军侵略所开展的抗外侵的斗争；等等。历史证明，爱国主义始终是把中华民族坚强团结在一起的精神力量。

二、晋商票号的生命力

以往看到大量晋商票号历史的著作与文献，几乎都是以全国第一票号"日昇昌"诞生于清道光三年（1823 年）到最后一个票号"大德通"民国二十九年（1940 年）改组为银号为止，界定共 117 年的票号历史。2006 年我看到一篇《晋商票庄缘源之考证》称，"晋商票号发生于清朝前期康熙十一年（1672 年）（后考证为太谷志诚信票号），兴旺于清朝中后期，到清末衰败，至最后一家票庄关门歇业（1951 年）近 300 年历史"。我记得 1986 年为考证太谷曹家三多堂办电历史，曾发信并收到辽宁开原县政协曹师肃（曹家第 22 代传人，最后一任"六德公"专东）来函，包括后续一些关于曹家票号的文献，确认 1949 年全国解放后，曹家各地仍有 9 个商号在继续营业。1950 年至 1951 年

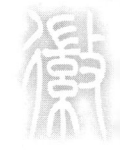

有3个归公、2个停业、4个商号公私合营。

另外,传统的"晋商四次痛失转型银行"是事实,但也有例外,如光绪三十三年(1907年)祁县合盛元票号最早进入国际金融市场,经过艰苦努力,在日本开设合盛元银行,并在东京、横滨、神户、大阪设有分行,维持7年之久。平遥蔚丰厚票号于民国五年(1916年)自行改组为蔚丰商业银行,总行在北京,设分行14个,维持至1920年。而曹家清末在沈阳由五钱庄合并改组成立的志诚银行直至1950年10月改为公私合营沈阳市志诚银行,于1952年以全部股份献给国家。以上尽管考证纷呈,但中国票号历经117年也好,近300年也好,并非本文讨论的重点,关键是这些票号历尽灾难与坎坷,挤不垮,打不烂,硬是度过战争的暗夜,苦撑至解放回到人民怀抱。如此顽强的生命力,正是依靠晋商先贤改革创新早已形成的规制与机制,即"劳资一体、两权分离、激励兼容"的共创共享机制,也即"身股"与"银股"为核心的"顶生意"制度。在曹家是以"专东制",在大盛魁则以"财神股"与"狗股"起家。我特别欣赏有专家称"票号长盛不衰的原因之一是凡遇风险由东家独自承担的'无限责任制'"。强调的是掌柜对东家的信托责任、东家对客户的信托责任,这种"无限责任"极大地吸引了客户,也极大地调动了掌柜的信托责任,其中道德是关键。这是"全世界绝无仅有、独一无二的、惊人的,也是极其聪明和睿智的"。我同时赞成老领导在《晋商与徽商》一书中的观点:票号与现代银行的最大区别是各自所建立的信用体制不一样、责任不一样。票号的存贷款是建立在诚信和道德的基础上,责任无限,风险难免;而现代银行是建立在制度与信任的基础上,贷款实行抵押制,存款门槛低,业务可做大,责任为有限,风险用制度规避,建有董事会、监事会等等。

三、晋商创办的民族工业

1897年至1907年震惊中外的10年反帝保矿运动使一批晋商精英睁眼看世界。受两次工业革命带来的冲击,1902年渠本翘、乔殿森购买官办太原火柴局,成立全省首家民族资本工业双福火柴公司,由此拉开了晋商产业转型的序幕。大幕一旦拉开，便势不可挡。正是这些具备知识、文化的晋商巨贾以后转化为民族资产阶级的先进代表，如渠本翘、刘笃敬、冯济川、崔廷献、常旭春、乔殿森等，迸发出改革创新的时代精神，纷纷把金融资本转型投入到采矿、制铁、电力、纺织、面粉、石油、火柴等实业之中。

晋商产业转型的特点是集团性，抱团集股转型的实业多、规模大，对社会进步和地方经济繁荣的历史推动力强。如在反帝保矿烽火中成立的山西保晋矿务公司，就是以晋商票号为主，包括爱国官绅、商铺、社会贤达及广大市民学生成千上万的投资入股与义务捐献。总公司先设立在太原海子边，后转往阳泉。分公司遍布大同、平定、寿阳、晋城等地。影响日巨的保晋公司使阳泉这样一个乡村小镇迈向了城市化。

成立于1919年的晋华纺织公司主要是以贾继英为首的一大批晋商精英，如榆次大张义宋启英、祁县乔家大德恒阎维藩、榆次常家常旭春、太谷孔祥熙等投资入股，至1931年统计共有5600多家票号、商铺及个人入股晋华，是晋商由商业资本向近代民族纺织工业发展的典型案例。

再如山西电力，起自1908年刘笃敬开办的太原电灯厂。1909年乔殿森在祁县开办织染电厂后，至1949年全省由晋商办的电厂共28座，其中晋中有8座。榆次大张义村爱国晋商宋启英家族创办的中外合资义聚煤油公司是山西中路煤油销售大家。面对千家万户点灯用煤油的利好市场，宋启英不顾家族的反对，自损其利，开办魏榆电灯公司，同时积极发起投资晋华纺织厂及其电厂，被后人称为顺应社会发展大势，接受新科学技术的睿智贤达之士。

四、晋商产业的工人阶级斗争

晋商产业转型发展，从晚清、民国直至中华人民共和国成立的半个世纪中，面对清朝衰亡、辛亥革命、军阀混战、日军侵略、官僚资本的侵吞，开展了艰苦卓绝的斗争。斗争中不仅催生了一批新型的民族资产阶级代表，而且培养出一支工人阶级队伍。据山西党史记载，在大革命、土地革命以及抗日战争与解放战争时期，在晋商煤矿、纺织、电力各行业中组建工会、成立党支部,开展了各种形式的抗争。如1926年7月晋华纺织厂工人大罢工40多天,震动全国;1935年,中共阳泉矿区支部支持保晋公司二矿和四矿2000余工人举行大罢工并取得胜利。日军侵占矿区的血腥统治造成大同矿"万人坑",日军在平遥发电厂因设备故障杀死7名工人……笔笔血泪账记载着日本侵略者的滔天罪行。在民族危亡之际,爱国晋商捐粮、捐款、捐枪支弹药和发电装置给抗日政府。解放前夕,电厂与矿区工人与解放军共同保护电厂与矿区设备,迎接中华人民共和国的第一缕曙光。以上这些史实在晋商太谷曹家、祁县乔家、榆次常家以及平遥、介休和山西近代历史资料中都有生动记载。

2017年12月

郭桂柱　原晋中供电公司副总工程师、史志办主任。
郭　毅　晋中供电公司培训中心专工。

砖雕小院门

《晋商与徽商》学术研讨会（太原）答谢辞

庞利民

尊敬的田喜荣、李玉明副主任，张正明副主席，女士们、先生们、朋友们：

大家上午好！

今天，在我的母校——山西大学举办拙著学术研讨会，群贤毕至，少长咸集，发言热烈，褒奖有佳，我十分感动，真诚感谢！

感谢各位领导先生拨冗莅会，感谢田喜荣、李玉明副主任等先生的讲话点评。感谢张正明副主席，是他为拙著写序，推荐面世；是他为召开这次研讨会擘画运筹、开列名单，使我得以结识并邀请到诸位先生。参加今天会议的有100余人，这个人场、气场是十分感人的。感谢山西大学晋商研究所。感谢我的老师张存保，是他引荐我认识了刘建生和刘成虎两位所长，这次拙著研讨会得以成功在山西大学举办，是与两位刘先生的开门接纳、爽快搭台分不开的。正是有他们的搭台，我们才能登堂入室、聚集研讨。昨天我见到山西大学校长贾锁堂先生，他对拙著的问世和今天研讨会的召开表示祝贺。今天上午因省委组织部的同志要来校考察，他不能前来，让我转达他对各位先生的问候。感谢三晋文化研究会、山西省社会科学院晋商文化研究中心、山西财经大学晋商研究院的领导和学者们，正是你们的参与主办，使会议的规模扩大、档次提高。感谢山西师范大学的史若民、张崇康等几位教授；感谢榆次、晋中的任晋文、范浩里等数十位晋商研究专家，你们的到来，使这次会议客观上已成了一次全省的晋商与徽商学术研讨会，使这次会议成为2017年年终晋商研究者的一次大聚会。领导、教授、研究员、专家、学者们济济一堂、满堂生辉，我为自己能作为其中一员而感到由衷地高兴。

感谢安徽省民政厅原巡视员、现黄宾虹画院院长王佛生先生,他不远千里昨晚专程从安徽赶来,刚才又作了热情洋溢的发言,下午两点多还要赶回合肥,照顾年过九旬的老父亲。风尘仆仆、来去匆匆,使我不能略尽地主之谊,甚觉遗憾。

感谢《人民日报》驻山西分社、新华社山西分社、《光明日报》驻山西分社、《山西日报》、山西电视台、《山西晚报》《山西政协报》《山西经济报》《山西工人报》《太原日报》《三晋儿女》《记者观察》等新闻媒体界的朋友们。先前你们的宣传报道已使拙著享誉两省、传遍全国。这次会议上专家学者们的发言,你们将再次报道、广泛宣传,使晋商与徽商、晋文化与徽文化更为全国人民所知所重。我要由衷地感谢你们。

感谢我的大学同窗、故交亲朋以及电力系统的朋友同事们,是你们会里会外、跑前跑后帮助我做了许多艰苦细致的工作,你们辛苦了。

感谢乃是因为感动。举办这次研讨会令我感动的第一点是我离开山西大学已经35年了,离开省里到外省工作也十有二年。游子归来,似曾相识,毕竟与省里各界人士接触少了,甚至许多先生朋友之前都不认识。但大家都能给我礼遇、拨冗莅会,这是令我十分感动的。同时我还要报告在我拜访原省委书记胡富国同志时,他不仅热情地接待了我,而且赞扬我写了一本好书,肯定今天举办这个研讨会是一件好事,表示祝贺并问大家好!拜访省政协薛延忠主席时,他积极支持,当即找来尚在忙其他事务的马伟副秘书长,叮嘱安排,尽情关心,并指出今年6月习近平总书记视察山西时提炼出晋商精神,应以此为主题学习研讨。拜访原省人大常委会副主任、三晋文化研究会名誉会长、九十高龄的李玉明先生时,他不仅仔细看了拙著介绍、本人简历,而且当即挥笔签字聘任我为三晋文化研究会特聘专家。今天他又不顾天寒地冻、大雪节令,莅临会议并致辞祝贺。皤然长者,令人敬佩。拜访省人大胡苏平副主任时,她热情晤谈、褒赞拙著,说这部书厚重、写得好、装帧印制得也好,说我是身在省外、心系故乡,宣传晋商、宣传山西。她给我讲,因5号到10号要在中央党校学习党的十九大精神,不能到会。但她随之邀请田喜荣副主任及省里有关部门领导参加今天的研讨会，真是古道热肠、大姐风范。另外，今天虽然有些领导、专家因公务缠身，到北京、到省外学习开会，但都写出了书评、贺辞、贺书等。如山西省社会科学院的宋丽莉女士已写出书评，山西省文联张根虎主席写出以《好事留芳千古　良书播惠九州》的书评，著名书法家郭齐文、郑恩田先生等都写有书赞，令我感动。

　　令我感动的第二点是今天诸位大家学者的精辟点评、热情发言。诸位先生德高望重，学富五车，不仅名贯三晋，而且誉满神州。先生们对拙著的肯定、赞誉，这是对我的鼓励褒奖。指出欠缺，提出建议，乃是对我的关心爱护。不论赞誉还是建议，我都虚心接受，认真思考。今后还要更多地向教授专家们学习。本次研讨会专家学者们的发言、书评，我将同今年9月30日在安徽研讨会上专家学者们的发言、评论以及各大媒体、网络的宣传报道一起汇集成册，以资纪念，回报社会。

　　令我感动的第三点就是我们举办这次研讨会，使我可以向安徽学界、安徽的朋友们夸耀，安徽省举办了研讨会，山西省也举办了研讨会。是会也，是我作为山西人的光荣；是会也，更是论道晋商、论道徽商，是对晋商与徽商的深入交流研讨，是对晋商徽商、晋文化与徽文化的宣传光大。晋文化与徽文化就是中华优秀传统文化的精华部分。宣传光大它们就是宣传光大中华优秀传统文化，就是落实和弘扬习近平总书记提出的晋商精神。

　　晋学博大精深，晋商精神永存。在晋商与徽商的学术道路上，因缘巧合，风云际会，我有幸作了一些比较研究，仅仅拾得一叶一花，与在座的各位方家先生相比，差距实乃很大。诸位先生德高望重、专业精博、著作等身，是我的师长。三晋文化灿烂辉煌、历史悠久，明清晋商雄踞九州，汇通天下。我要继续学习研究，继续弘扬传播，当好晋皖两地的文化传播使者。祝福先生们、朋友们健康长寿，再次感谢大家拨冗莅会。

　　谢谢！

2017年12月6日于太原

媒体报道

媒体报道

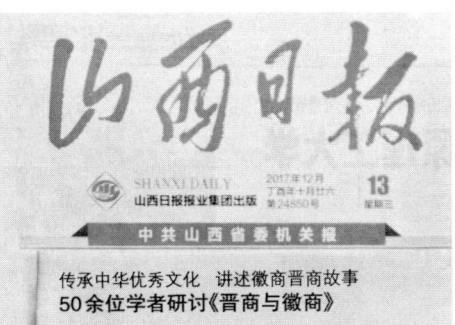

《山西日报》刊载《50余位学者研讨〈晋商与徽商〉》

《安徽日报》刊载《不沾金银气，只做著述人》

《山西晚报》刊载《〈晋商与徽商〉学术研讨会在并举行》

《人民政协报》刊载《一部有思想见地的著作》

皖晋学者论晋商与徽商

《山西广播电视报》刊载《在晋商与徽商之间探秘》

《山西工人报》刊载《十年探秘晋与徽》

《黄河晨报》

《发展导报》刊载《〈晋商与徽商〉面世好评如潮》

《山西政协报》刊载《传承中华优秀文化 弘扬晋商徽商精神》

媒体报道

《太原日报》连载《晋商与徽商》第 20 期

新华网《十年一剑〈晋商与徽商〉问世》

《徽派》杂志

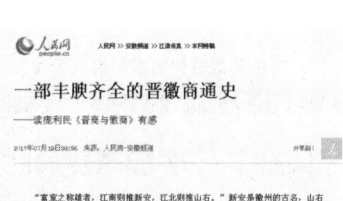

人民网《一部丰腴齐全的晋徽商通史》

人民网《讲述鲜为人知的商帮故事〈晋商与徽商〉面世好评如潮》

中国日报中文网《庞利民著作〈晋商与徽商〉正式出版》

光明网十年一剑《晋商与徽商》问世

网易《趟出了一条研究晋商与徽商的新路》

学者庞利民的中国传统文化观

（冰点时评 / 李光满 / 2015 年 12 月 11 日）

在中西文化的激烈碰撞中，有人崇拜西方文化，视西方文化价值观为未来世界文明的唯一选项，认为美国文化价值观是未来世界的拯救者，中华文化将被西方文化融合和同化。一时间西风东渐、泥沙俱下，不少人思想混乱、行为盲从。此时庞利民却独守中华文化，从中寻找支撑中国未来走向的文化理念，他安静地徜徉于传承了 5000 年的中华文化，研究探求中国文化的未来路径。

中华文化的根基是什么？梁漱溟先生指出："中国传统文化的根基在族群。"西方文明是在城市公民社会基础上发展起来的，中华文明则是在族群即宗族基础上发展起来的，两者基础和路径各不相同，因而产生了不同的文明体系，尽管西方文化在现代社会十分强势，但作为数千年所有文明中唯一未曾中断的文明，中华文明自有其强大生命力。庞利民生长于中华文明重要发祥地的山西，他一直在厚重的中华文化土壤中探究孝文化、家风文化和近代晋商和徽商文化，并取得了重要成果。庞利民的研究让我们相信，传承中华文化是有重大意义和重要价值的。

庞利民至今有两件事始终不放弃：一是对书写的不放弃，无论计算机如何发达，他一直坚持用笔写作，我第一次读到庞利民所著 90 余万字的《晋商与徽商》一书的书稿就是一摞手写稿。他说只有用笔写作，才能找到写作的感觉和乐趣。第二个不放弃是每年坚持回老家父母身边过年，无论官职如何变化，无论凡尘俗世多么纷扰，也无论天多寒地多冻行路多么不便，他每年春节都必定会回到生养他的家乡通化镇，在亲人身边安静地呆几天，从无间断。

书写和回家过年是两件小事，在当今社会却已被越来越多的人放弃，书写与乡愁几乎成了维系中国文化的最后阵地,庞利民在这两件小事上的坚守源于他对中国文化的迷恋,源于他思想深处对中国文化的执着,那不仅是一支笔的书写,也不仅是一次回乡的旅程,而是事关中国传统文化的根基。庞利民从小在山西万荣通化镇长大,深受黄河浓厚文化底蕴影响,传统孝道文化自幼就扎根在他心里。及至长大,他孝敬父母、照顾弟妹,是一个有名的孝子。他18岁那年,由于大爸(即大伯)的爱子夭折,父母将他过继给大爸为子,这一人生变化,更加深了他对中国家族文化的感悟。过继不仅是一种形式,更是一份家族责任,每次从外面回家,他一定是先到大爸家,放下东西,先问候大爸后再去父母家看望。直到3年前大爸去世,他才又先回到父母身边,继续承担孝敬父母的责任。他说:"鸦有反哺之义,羊有跪乳之恩。作为人子,知恩于行,孝敬父母,天经地义。"2005年,他在深入研究中国孝文化、研究现代老人精神需求和生活需要的基础上,编著出版了专供老年人阅读的23万字的《孝养菊香》一书,这部百科全书式的书完整地体现了庞利民对中国传统文化根基之一的孝文化的深刻理解。

在当代市场经济环境下,金钱和权力对社会和人性的腐蚀无孔不入。一些人忽视道德的教化作用,导致私欲膨胀、贪念泛滥。庞利民说:"一些人荣耻不分、善恶颠倒、美丑错位、是非莫辨,使我们社会蒙上了一些道德污垢。这种道德上的不和谐之音,构成了对社会公平正义的挑战、对社会诚信友爱的侵蚀、对社会安定和谐的破坏、对社会发展进步的阻碍。"结合中国传统文化,庞利民总结了做人的10个要点:时刻铭记自己是个人、讲良心、实在、讲人品、慎独、修身、容人、炼心养性、不做老好人、做事。这10个方面有点像《论语》,语言朴实,于生活中来却寓意深刻,说得生动透彻、耐人寻味。这10个方面表面看无一字谈道德,却又字字都落脚于道德;无一字谈文化,却又字字彰显深厚的文化内涵。

作为孝道的一种延伸,庞利民对家风进行了深入研究。他对家风的理解在"读、做、勤、俭、孝、悌、仁、和"8个字。这8个字在当今社会已被一些人弃之如敝屣,在庞利民心里却是家庭幸福、国家兴旺的根基,这8个字不仅是他奉行的治家格言,更是他对家风文化在新时代的发扬光大。当下

媒体报道

很多年轻人追求西方的所谓普世价值观,其实,这8个字便是人类文明的精华,是未来社会进步和人类幸福的最高追求和所要达到的最高境界。

庞利民生长于山西,又曾长期在安徽工作,读书的广博加上环境的影响,使他对晋商和徽商产生了浓厚兴趣,此后又经过对几乎所有涉及晋商与徽商的古迹遗址的实地考察,萌生了写一部关于晋商与徽商著作的想法。我曾将庞利民的90余万字的《晋商与徽商》一书通读两遍,每次都让我震撼,每次都会为其广博的知识和严谨的治学态度所倾倒。据我了解,这部书是现有所有研究晋商和徽商著作中最深入、最完备的一部专著,其宏大的架构、缜密的归纳、深刻的剖析、翔实的资料、简约的语言都堪称完美,书后所列参考书目就达140余种。书中对晋商与徽商的产生、繁荣、对中国社会和经济的影响以及最后衰败的原因都进行了系统阐述。翻阅这部晋徽两大商帮史诗式的著作,你会有一种回到明清时代的感觉,两大商帮的辉煌与艰难、晋商"汇通天下"的气势、徽商在家乡留下的明清建筑的精美、晋徽商帮家中女人的辛酸,特别是在那个年代所创造的先进理财手段、所凭借的享誉天下的诚信,都让我们对那些商界先贤所取得的巨大成就感到惊叹。庞利民让那些古代商人在现代复活,让我们能够更多地了解商界英雄的传奇故事,当那些商界精英在朝廷和西方列强的挤压下灰飞烟灭的时候,我们不能不为之扼腕叹息。

庞利民的家乡山西万荣是中华人文始祖尧、舜、禹的发祥地,是我国地面文物保存最丰富的地方之一,中华文化一直像他喝的黄河水一样浸润于他的生命、思想和情感之中,无论走到哪里,也无论干什么工作,他的身上总有那么一股万荣人的倔强和中国传统文人的儒雅,加上家风熏陶滋养,使他对中华文化十分热爱,并精耕细作地进行研究,以期在当代社会发扬光大,现在他以丰硕的成果向我们展现了他内心那一抹灿烂阳光。虽然时代和社会已发生了巨大而深刻的变革,古老的传统却始终需要有人固守和传承。

李光满　华中电网有限公司新闻中心主任,著名网络媒体评论家,该文于2018年1月在《三晋儿女》第1期转发。

江湖夜雨十年灯

(《国家电网报》/ 庄晓玮 /2017 年 6 月 30 日)

夏至这天，收到了庞利民先生的《晋商与徽商》一书。上、下两卷，洋洋90万言，资料翔实，有史学价值，行文流畅优美、易读耐读，附有大量图片，具有历史厚重感。

雨淅淅沥沥地下着，冲刷掉了历史的尘埃，那段叱咤风云而又令人扼腕叹息的往昔岁月露出本来的样子，清晰而立体。

晋商与徽商是中国历史上的两大著名商帮。在明清时期，我国以地域划分的十大商帮是晋商、徽商、秦商、鲁商、闽商、粤商、洞庭商帮、江右商帮、龙游商帮、宁波商帮。其中晋商、徽商名列第一和第二。晋商称雄达500年之久，尤其是山西票号，汇通天下、利倾九州，基本上垄断了全国的汇兑业务；徽商历经300余年辉煌，创造了"无徽不成镇"，上交天子、下接显贵的繁荣景象。然而，到了近代，随着清王朝的消亡，两大商帮相继走向衰败，最后成为历史的一声叹息。

研究的是历史，传播的是文化

徽州大地，层峦叠嶂，河流如织；山西东倚太行、西临黄河、南接中原、北通大漠。两地地少人稠、缺吃少穿，是晋商和徽商做生意的原动力。庞利民先生以两大商帮的兴起、发展、鼎盛、衰落历程为主线，通过比较研究的独特视角，探究其兴衰沉浮的事实真相和深层原因，挖掘历史积淀的贾道智慧和经验教训，串起晋商与徽商背后的地域、政治、经济、军事、文化、建筑、家庭的点点珠玑。

媒体报道

明代万历、天启年间的官员、学者谢肇淛在《五杂俎》中曾写道:"富室之称雄者,江南则推新安,江北则推山右。新安大贾,鱼盐为业,藏镪有至百万者,其他二三十万,则中贾耳。山右或盐、或丝、或转贩、或窖粟,其富甚于新安。""新安"是徽州的古名,"山右"则是山西的别称。可见那时徽商与晋商已经闻名全国了。

山西与徽州,一个在黄河以北,北接内蒙古高原;一个在长江以南,南邻江西、浙江。一北一南,相隔万水千山,但在明清两代都产生了闻名全国的重要商帮。这是什么原因使然?

庞利民先生通过细节式的历史素描和抽丝剥茧的深入分析,让时空还原到它应有的错综复杂和变幻莫测当中,让商人的智慧光芒和魅力被几百年后的我们认真阅读。

与常规的史学著作不同的是,该书以流畅细腻的笔触,引领读者神游三晋大地和徽州六邑,领略两地人文习俗和美丽风情,感悟蕴集于两大商帮、至今薪火不息的传统文化和精神真谛。

"一生痴绝处,无梦到徽州。"美丽厚重的徽州山水和徽州文化孕育了徽商的独特个性。价值观犹如水面下的冰山,是隐形的,冰山之上显露出的则是文化、建筑等一系列的差异。徽商"贾而好儒",尊尚朱熹,与晋商尊崇关羽不同,因此徽州不少商人致富后,身兼商、儒、仕。很多徽商本身就是鸿儒、诗人、画家、篆刻家、书法家、戏曲家或收藏家,他们重视文化建设,促进文化繁荣,建设书院、藏书修志是他们跳出商贾之家,成为簪缨之族的路径选择。

和徽商穷其一生只为摆脱商贾身份的宿命不同,晋商安于商人身份,只在驼铃帆影间寻找人生的真谛,走西口、闯关东、下江南、赴边疆,重商甚于重儒。

独特的地理环境赋予了晋商独有的经商哲学。数百年来,晋商只为探求商之义理,完成上天赋予的使命。冥冥之中,庞利民先生与晋商颇有渊源。庞利民先生的家乡万荣县通化镇地处河东大地,距盐池较近。明清晋商亦是

· 299 ·

自此而兴。他的曾祖曾在故里借了东家1000银圆开设字号为"新兴诚"的商铺，在汾南一带小有名气。后因日军侵华，商铺遭抢倒闭，无力偿还，本家连本带利一并免除。庞先生的父亲每当说起这段往事总是身怀感佩，不忘厚恩。晋商的抱团、忠义、勤俭、诚信，值得今人借鉴和体会。

浮出历史地表的他们

自《史记》之后，对于商人，正史中几乎没有完整的记录，甚至连司马迁也因在《史记》中撰写《货殖列传》一章，而遭到后世学者的诟病。以工商业最为繁华的宋代为例，有名有姓的商人也寥寥无几；在清代，晋商控制了盐业、边贸和金融业，其财富总和相当于当时中央财政收入的两倍，可在536卷的《清史稿》中，被记录的晋商仅一人而已。

晋商与徽商，行走在广袤的中国大地上，或疾行，或奉谕，或踟蹰，或彷徨，有过春风得意马蹄疾，也有孤帆远影碧空尽；有过一日看尽长安花，也有无可奈何花落去。

在历史的长河中，无论是乾隆七下江南的豪华排场，还是《扬州画舫录》描绘的声色犬马，徽州商人永远是站在一旁的配角，与权力中心不远不近。在所有的历史时刻，他们要么被忽略不计，要么就躲在那个黑暗的角落。然而，几百年来，他们也日渐改变了人们的生活，从一杯茶、一勺盐，到一匹布、一块铁……

《晋商与徽商》一书尤为难能可贵的是，花大量篇幅介绍了晋商河东八家、晋中九氏、雁北二户、票号四经理和徽商程君房、张小泉、赵吉士、王致和、马氏二兄弟、江春、胡学梓、胡雪岩等数十人，让被时间淹没的商人们浮出历史地表，再现了他们创业路上的筚路蓝缕与浮沉兴衰。时间远去了，而精神永存，触手可及，原来他们并未走远。

还有一个不容忽视的群体是徽州女人与山西婆姨。在程朱理学、"三从四德"理念的笼罩下，她们作为商人之妻，只能相夫教子、侍奉公婆、克勤克俭，把个人放低到尘埃里，"她们牺牲了自己一生所能牺牲的一切，直至生命"。

媒体报道

庞利民先生以一颗赤子之心,感同身受地写道:"笔者深深地为先母们的事迹所感染,常常饱含热泪,激情不已,越写越痛。"

以史为镜,可以知兴替

庞利民先生只身行走在三晋大地、徽州六邑,断片残垣,抚今追昔,在感慨物换星移的同时,用大量篇幅探究兴盛于明清两代的晋商与徽商最终走

《国家电网报》刊载《江湖夜雨十年灯》

向衰败的内外原因。

费正清在《中国与美国》中写道:"中国商人阶级为什么不能摆脱对官场的依赖,而建立一支工业的或经营企业的独立力量?"晋商与徽商因势而起、失势而衰。势,在某种意义上就是权力寻租空间,也就是庞利民先生分析的外因大于内因。

相比徽商的衰败,晋商在清朝末年通过一系列经营管理、企业文化的创新,将其繁荣延续了数十年。徽商大量任用宗族人员,晋商则"避亲用乡",规定不用"三爷",即少爷、姑爷、舅爷;重金聘用经理(掌柜),实行所有权和经营权分离,经理拥有充分的经营自主权,经理的报酬视业绩而定;实行身股,凡是在票号中的掌柜、伙计,可以以劳动力顶股,参与分红。这些管理模式的成功之处在于,在所有生产要素中,以人为核心要素。

晋商的选人用人之道在今天的我们看来仍有可借鉴之处。晋商票号的兴盛,与其实行职业经理人制度密不可分。东家对掌柜充分授权,因此有乔致庸礼遇阎维藩、曹财东用人不疑的佳话。庞利民先生从家教家规、号章号规、培训学徒等多个方面展示了晋商的人力资源管理精髓,传承了中华商贾文化。

桃李春风一杯酒,江湖夜雨十年灯。多少个日夜,庞利民先生孤身闯进历史的迷雾,上下求索,一探究竟。正如他在后记中写道:"躲进书斋,阅读写作,舞文弄墨,闹中取静,静中得乐,与明清两代晋商、徽商神交,怡然自得,自得其乐,乐不回头。"庞利民先生以笔为篙,兴尽晚回舟,历经十载,增删三次,终成正果,令人钦佩。

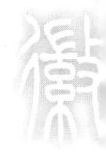

十年一剑 《晋商与徽商》问世

(新华网安徽频道/徐俊斌/2017年7月5日)

近日,《晋商与徽商》由安徽人民出版社出版。这部著作首次对两大商帮进行了多领域、多层面、多角度的比较研究。

晋商和徽商的异同

晋商和徽商是中国历史上两大著名商帮,在明清商界雄踞全国十大商帮第一、第二位达数百年之久,其历史价值与现实意义深受社会各界关注。《晋商与徽商》以两大商帮的兴起、发展、鼎盛、衰落历程为主线,通过比较研究的独特视角,第一次全方位、多层次、多角度地探究其兴衰沉浮的事实真相和深层原因,挖掘历史积淀的贾道智慧和经验教训,串起晋商与徽商背后的地域、政治、经济、军事、文化、建筑、家庭的点点珠玑。全书通过翔实的史料和不同侧面的对比分析,系统还原了两大商帮由明清业盐起家,至封建王朝消亡而"无可奈何花落去"的历史轨迹,并以流畅细腻的笔触,引领读者神游三晋大地和徽州六邑,领略两地人文习俗和美丽风情,感悟蕴集于两大商帮、至今薪火不息的传统文化和精神真谛,具有鲜明的创新性、可读性和较高的学术价值。

《晋商与徽商》分上、下两卷,共15章,概括出了两大商帮六大共同点和四大不同之处。六大共同点是所处环境都是地瘠民贫,穷则思变;走上商途后都是生财有道,经营有方;他们致富后也都建设家乡,传播文化;都有人精研算学,编著商书;都富而不贵,或荣归故里或客死他乡。四大不同点是地域大小不同;兴盛年代不同,晋商兴起于明初"开中制",徽商兴起于明中叶"折色制";精神领袖不同,晋商崇拜关羽,徽商崇拜朱熹;民风习俗不同,徽人好讼,晋慎入衙。

研究的是商帮　传播的是文化

国内著名晋商研究专家张正明和著名徽商研究专家王世华分别为《晋商与徽商》作了序。张正明先生说,本书研究的是商帮,传播的是文化,把晋商与徽商身上所体现的中华优秀传统文化传播给世界人民。"庞利民先生不愧为一个传播晋徽两地文化和弘扬中华优秀传统文化的光明使者。"王世华先生说,本书最大的特色第一是内容全面详尽,第二是观点多有创新,第三是文字通俗易懂,显示了作者深厚的文字功底。"我非常乐意向大家推荐这本书。专业工作者从中能够得到不少有益的启发和研究的线索,非专业工作者更能够从中得到智慧的启迪和知识的营养。"

两大商帮精神精髓的传承

《晋商与徽商》作者庞利民出生于1957年,山西万荣人,1982年毕业于山西大学中文系,一直在电力系统工作,在山西工作了20多年,深受三晋文化的熏陶,对晋商情有独钟。2006年,他从北京调任安徽省电力公司工作,美丽的江淮山水和厚重的徽州文化深深吸引了他,使他对江淮大地有了深深的眷恋,对徽商文化也产生了浓厚的兴趣。为此,他在工作之余,推掉应酬,潜心学研,笔耕不辍,凭着万荣人的执着劲儿、晋商的坚忍不拔精神,努力做"徽骆驼",历经十载,增删三次,五番校阅,终于完成了这本书。对于庞利民十年磨一剑的执着精神,张正明说"这种精神就是晋商、徽商精神的精髓"。

此外,庞利民主要著述还有《中国古代名人分类大辞典·哲学部》(合著)《孝养菊香》《管理者与组织行为》(合著)《名人品德言行录》《赢得金牌的心力》等。

庞利民十年磨一剑 著《晋商与徽商》

（太原道 / 康小明 / 2017 年 7 月 11 日）

2017 年 6 月，我收到友人、邻居庞利民送来的一套书，书由安徽人民出版社出版，分上、下两卷。书的封面上《晋商与徽商》五个大字凸显出一种金属色。"出版了？""出版了，十年心血终于见到成果！"利民的话语里带着几分兴奋和激动。我也为他的成就由衷地高兴。1982 年他大学毕业，分配的第一个工作单位，就让我俩成为一间大办公室的同事，后来他成为我的上级，现在又在楼上楼下住着，自然我们很熟悉。我迫不及待打开了这两本还飘着墨香的新书，一读却不能罢手。

因为久居山西，我对晋商的了解自然多于徽商，特别是那部风靡一时的电视剧《乔家大院》，全景展示的晋商的辉煌历史给我留下了深刻的印象。对于徽商，我的知识面几乎是空白，脑子里只有对徽州建筑中的白墙黑瓦、牌坊和飞檐翘角马头墙的印象。

在山西，研究晋商的书不少，在安徽，研究徽商的书也不少，庞利民此书的最大特色，就是运用比较学，把晋商和徽商放在一起，进行了纵的论述和横的比较，形成中国第一部通俗易懂的晋徽商帮比较史！

在明清时期，按照地域划分，我国的十大商帮是晋商、徽商、秦商、鲁商、闽商、粤商、洞庭商帮、江右商帮、龙游商帮、宁波商帮。其中，黄河以北的晋商排名第一、长江以南的徽商排名第二，而二者相隔千山万水，之间并没有什么交集。晋商称雄 500 多年，徽商历经 300 多年。明代有位学者叫谢肇淛在《五杂俎》一书中写道："富室之称雄者，江南则推新安，江北则推山右。……山右，或盐、或丝、或转贩、或窑粟，其富甚于新安。"这句话里，新安是徽州的古名，山右则是山西的别称，古人也承认，山西的富超过了徽州。

晋商与徽商的崛起，不能不说是明清时期的奇迹。山西商人喜欢玩钱，玩出的晋商票号"汇通天下"；山西商人恋家，发财后都回家乡盖了许多大院，比如乔家大院、王家大院、常家大院、曹家大院、李家大院等等，而安徽商人喜欢流动，走到哪就把豪宅盖到哪，所以安徽有一句著名的谚语："无徽不成镇。"晋商与徽商对我国封建社会晚期的政治、经济、文化诸多方面产生的极其深远的影响，是无法估量的。

作为专业人士，要把晋商和徽商放在一起进行比较研究，也是一项浩大的工程，何况非专业人士了。作为非专业人士，庞利民成功了，我想他的成功有一些必然性：第一，他是晋商的后裔，他的曾祖父就是一位商人，外公还是一位大商人，他有着深厚的晋商情结。他在山西工作的20多年，深受三晋文化的熏陶，对晋商情有独钟。第二，毕业于文科院校，有深厚的文字功底，勤奋好学，已经先后出版了几本书。第三，作为央企的一名高管人员，交流到安徽任职，更是有了一个研究徽商的便利条件，厚重的徽州文化深深地影响了他。第四，那就是利民是山西万荣人，他把万荣人的执着精神、晋商的坚忍不拔的精神和徽商的"徽骆驼"精神融为一体，十年磨一剑，终于完成了这部著作。

《晋商与徽商》全书90万字，共15章，上卷七章：《故园与商路》《两大商帮的共同点》《两大商帮的四大不同》《徽商的独到之处》《徽商晋商科举仕宦比较探幽》《一味和九州，商从盐中来》《驼铃帆影，晋商足迹遍天下》。下卷八章：《山西票号，汇通天下》《晋商选人用人育人之道》《晋商徽商建筑异同及特色》《晋商人物简介》《徽商人物简介》《徽州女人与山西婆姨》《徽商晋商的衰落》《晋商徽商衰落的自身原因》。其中第二、三章专门论述晋商与徽商的共同点和不同点，指出它们有六大共同点，即所处环境都是地脊人贫，穷则思变；走上商途后都是生财有道，经营有方；他们致富后也都建设家乡，传播文化；两个商帮中都有人精研算学，编著商书；他们都是富而不贵，或荣归故里或客死他乡。有四大不同点，即地域大小不同；

兴盛年代不同,晋商兴起于明初"开中制",徽商兴起于明中叶"折色制";精神领袖不同,晋商崇拜关羽,徽商崇拜朱熹;民风习俗不同,徽人好讼,晋慎入衙。这些观点系统地提出,在两大商帮的研究中还是第一次。

利民的这部书得到了山西、安徽两省明清经济史研究权威的首肯和同时认可。山西的张正明和安徽的王世华两位专家的序言更是锦上添花。国内著名徽商研究专家王世华认为,全书有三大特色:内容全面详尽,观点多有创新,文字通俗易懂。内容全面详尽,包括对山西女人和徽州女人都做了详尽的对比。观点多有创新,指的是晋商、徽商的六大共同点和四大不同点。文字通俗易懂,指的是它虽然是学术著作,但却做到了科学性和通俗性的完美结合,绝不是戏说、臆说。

国内著名晋商研究专家张正明认为本书研究的是商帮,传播的是文化,作者力求通过晋商把三晋文化介绍给安徽人民;通过徽商把徽州文化介绍给山西人民;通过对晋商、徽商的比较研究,把两大商帮所代表的三晋文化和徽州文化传播给全国人民,把晋商与徽商身上所体现的中华优秀传统文化传播给世界人民,因此,庞利民先生不愧为一个传播晋徽两地文化和弘扬中华优秀传统文化的光明使者。

是的,身在电力企业的庞利民就是个光明使者。十几年间,庞利民作为交流干部辗转于山西、北京、安徽、湖北等地,工作上的压力是很大的。工作那么繁忙,怎么有精力研究和写作晋商和徽商?读了他的后记,我透彻地了解了作者的10年写作心路历程。

十多年前,他从北京到了安徽工作,在基层单位检查供电工作时,他有机会访古镇、入民宅、看祠堂、观牌坊,赏"三雕",被魅力厚重的徽州山水和徽州文化吸引,由此对徽商产生浓厚的兴趣。由徽商引入,他又回头开始研究晋商。兴趣是生活的导师和激情的动力,他开始广泛搜集有关徽商和晋商的书籍,查资料、做笔记、写心得,早起晚睡,有多少个双休日、节假日,他形单影只、足不出户、废寝忘食、没白没黑地伏案耕耘。作为交流干部,异地而居,少了许多家务事情,他又推辞了许多拜访应酬,用他的话说是一股劲、一口气、一根筋，一剑磨十年，增删三次，五番校阅，期间不知克服了多少困难，终于完成了书稿。他的工作并没有因此受到影响，他曾荣获全国五一劳动奖章。因为不习惯电脑写作，90万字的手稿都是他用手写出来的，只是后期请人帮助打印和校对。

本来有人建议书名为"徽商与晋商"，但利民还是坚持把晋商放在徽商前面，他认为他是山西人，根在大槐树下，且晋商的历史比徽商长些。

写作此书，对庞利民来说收获颇丰，他自己归纳了四点：一是对工作大有益处；二是充实了业余生活，让他愉快地度过了10年交流干部的日子；三是磨练了意志，增强了韧劲和恒心，提升了战胜困难的信心和勇气；四是拓宽了知识面，增加了知识积累，提升了个人能力和素养。利民新作的出版，让我看到了他在这个浅阅读的年代，始终坚守在深度阅读和深度写作的第一线，拒绝低俗，抵制肤浅，一如既往地扛起了理想主义的大旗，这是一个领导干部兼作家对理想高贵纯净的守望。在这个纸媒日渐低迷、阅读流于碎片化的状态下，利民能守着大堆晋商、徽商的众多专著苦心研读，足以说明这个问题。记得有位作家说过这样一段话："阅读纸质书，是任何媒介都不能取代的人生乐趣，我们不必悲观，总有埋头阅读和思考的人，没有他们，没有精神追求，我们的社会将变得一团漆黑。"利民就是一个埋头阅读、埋头写作和思考的人，所以他才能成为国家电网公司系统为数不多的写出学术著作的领导干部。

说史自省，读古明今。研究历史，是为了昭示未来。明清晋商与徽商虽然早已逝去，化为云烟，但他们的精神尚在，文化永存。本书通过对晋商与徽商的介绍和兴衰成败的分析，挖掘出晋商与徽商穷则思变的创富动力、重商立业的文化底蕴、诚信义利的经营理念和同舟共济的合作精神，对于弘扬社会主义核心价值观很有作用，对于当代商人和企业家大有裨益，我相信此书的出版一定会赢来读者的喜欢。

康小明　原山西省电力公司新闻中心副主任，著名记者。

在晋商与徽商之间探秘

(《山西日报》/孙蕊/2017年7月19日)

视点（核心提示）

"富室之称雄者，江南则推新安，江北则推山右。"明代万历、天启年间的官员、学者谢肇淛在《五杂俎》中这样写到。新安是徽州的古名，山右是山西的别称。在当时，晋商和徽商已名闻天下，至清代，两大商帮更是如日中天。他们曾在我国封建社会晚期的经济、政治、文化领域留下难以磨灭的印记，在光耀千古的历史长卷中写就浓墨重彩的一笔。

时至今日，专门研究晋商的专家、专著不少，专门研究徽商的学者、著述也颇多，但将这两大商帮联系起来，专门进行比较研究的人和成果却属凤毛麟角。

自2006年始，历时十载，耗费工作之暇几乎所有时间和精力，曾在晋徽两地工作的庞利民先生追随晋商、徽商的足迹，承继两大商帮的精神，收集资料、创新研究、潜心写作，以常人难以想象的毅力在学术道路上艰难跋涉，完成了上下两卷、洋洋90余万字的《晋商与徽商》一书的写作。他独辟蹊径，试图在学人罕至的两大商帮比较研究领域中，为辉煌于明清、湮没于历史烟云的两大商帮文化寻找可资今人借鉴的时代价值。

是国企高管也是"读书人"

今年5月，一部上下两卷、15个章节、90余万字的学术专著《晋商与徽商》由安徽人民出版社出版发行。该书不仅获得国内研究晋商和徽商的权威学者的肯定,更为普通大众了解两大商帮精彩的历史文化提供了一个崭新的视角。这部书从两大商帮的家园与商路谈起,终结于两大商帮的衰落。在比较中挖掘出两大商帮共有的穷则思变的创富动力、重商立业的文化底蕴、诚信义利的经营理念和同舟共济的合作精神。读过该书的人都会为其新颖的观点、细致的考证、翔实的资料、优美的文字所吸引。但谁又能想到,这本书竟是出自一位非专业领域人士、一位国企高管之手!

庞利民,8小时之内,在漫长的30多年工作生涯里,他是一位兢兢业业、严己宽人的实干家,以电力人的名义,从山西送变电公司最基层的宣传工作者干起,一路走至国网山西省电力公司副总经理、国网安徽省电力公司党组书记、华中电网有限公司副总经理等国家电网公司重要管理岗位。全国五一劳动奖章的获得是对他职业生涯最好的肯定。

8小时之外,用熟悉庞利民的朋友们、同事们的话来说,他始终都是一个"读书人""学者",身上有一种儒雅之气。

庞利民告诉记者,他是万荣县通化镇人。通化镇是"千年古镇、三王故里"("三王"指王通、王绩、王勃),也许是生长在文化厚重之地,他自幼便喜读书、好习文,高中时所在通化中学油印的刊物《花蕾新集》收录学生16

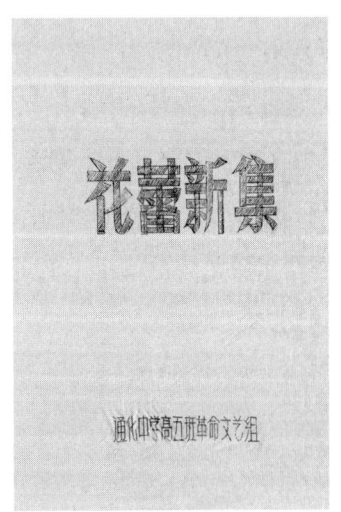

《花蕾新集》中的庞利民作文

篇习作,中间就有他7篇。大学就读于山西大学中文系。工作最初也是从事新闻宣传工作,跟文字打交道。他说,虽然多年来作为社会人,担任的职务、扮演的角色在不断变换,可精神世界里做个读书人的追求从未变过。可能正是这份已经融入他骨血的追求让他能时刻保持对物质欲望的警惕,也是他后来能坚守书斋,耐得住寂寞,完成对晋商、徽商研究的动力。

读万卷书、行万里路,千百年来一直是我国文人理想的生活方式。比起时下人们工作之余丰富多彩的各种爱好,读书、行走、写作就显得有些曲高和寡,能几十年如一日坚持的人也不多,庞利民是一个。在他工作室、家中,记者目所能及处就是书箱、书柜、书桌和各个年代的书、纸、本。在他家书房里,堆积着十来个大塑料箱,那里面是他在不同年代、不同地方单位工作的工作日志、读书笔记、文字手稿。每一个箱子里整齐地、有区分地装满了各种纸袋、塑料盒。其中就有《晋商与徽商》一书的初稿和5次校对样,那是庞利民10年的心血,是这个"读书人"最珍视的财富。

由门外汉到专家　漫漫10年求索路

2006年7月,庞利民被国家电网公司调到了安徽。他抱着"做一个两地文化传播交流使者"的理想,沉浸在晋商与徽商的比较研究与写作中。然而,让他始料未及的是,这一写就是10年。路漫漫其修远兮,他深深地感受到做爱好者和做专家的区别。

10年里,他没有因工作变动、身离山西、到安徽而放弃自己的梦想,没有因年龄增长、眼花肩痛就半途而废,更没有因学科陌生而畏难不前。相反,他给自己设定目标,一节一节写,一阶一阶爬。工作时间之外,他婉谢了许多拜访应酬,实地考察、寻找资料、整理笔记。周六周日两天更是自我闭关,足不出户,饿了泡包方便面,啃个老家带去的麻花,真正过着苦行僧的生活。庞利民对记者慨叹:"当时真到了'衣带渐宽终不悔,为伊消得人憔悴'的境界。"

1957年出生的他,在2006年开始写作时是49岁,到2016年,该书付梓时他已年近六旬。多年来,生活的寂寞和身体的辛劳都不算苦,曾令庞利民气馁、畏难、彷徨，想要退缩、放弃的是如何做到更专业。

专业意味着要研究明清晋商、徽商的兴衰成败，就要涉猎掌握很多相关知识。比如明清社会政治、经济、文化、地域、要事以及山西和安徽的人文风俗等等。为此，当时积累不够、资料不多的庞利民购买、借阅、研读大量专业类书籍。

专业意味着研究成果中所引用的每一句话、每一个字都要有明确的原始出处，而他早期收集资料时有不少二手资料，这就需要重新查阅所有原著。光在《晋商与徽商》书末的主要参考文献里就罗列着150多本著作。他在有关资料中看到了马克思在《资本论》中提到的唯一一个中国人——徽商王茂荫。为了找出这个人在原著中的记载，他购买了人民出版社于2004年出版的一套《资本论》，通读一遍。

庞利民不会使用电脑，90余万字都是他一笔一画写在稿纸上的。在他书房，记者看到的原稿和5次校对样，每一本上都有他密密麻麻的改动和批注。甚至有的地方改动太大，他会再附一张纸。

10年研究与写作，从雾里看花到初窥门径再到登堂入室，如今庞利民谈起晋商和徽商时，"顺嘴拈来"、如数家珍。在他工作室的墙上，有一面中国地图，他为记者讲述晋商曾经辉煌的万里茶路时，就是一边熟练地指着地图上的位置，一边准确流利地报出地名、线路。

填补晋商与徽商比较研究的空白

专门研究晋商和专门研究徽商的学者和学术成果很多，但将两者比较研究的几乎没有。庞利民的这部巨著填补了国内这一领域的研究空白，是我国首部将晋商与徽商进行比较研究的学术著作。

的确，浩浩90余万字，从两个商帮的兴衰历程、经营行业、活动范围、选人用人、科举仕宦、建筑特色诸多方面，他都进行了详尽的论述和比较，甚至将山西婆姨和徽州女人都进行了细致的对比。

从比较研究的角度出发，他提出了许多新颖的观点，提出晋商与徽商的

共同点和不同点。他认为六大共同点是所处环境都是地瘠民贫,穷则思变;走上商途后都是生财有道,经营有方;他们致富后也都建设家乡,传播文化;两个商帮中都有人精研算学、编著商书;他们都是富而不贵。四大不同点是地域大小不同;兴盛年代不同,晋商兴起于明初"开中制",徽商兴起于明中叶"折色制";精神领袖不同,晋商崇拜关羽,徽商崇拜朱熹;民风习俗不同,徽人好讼,晋慎入衙。

另外他对银行与钱庄、票号优劣的分析也让人耳目一新,对今人很有启发意义。他认为,票号与银行的最大区别就是各自所建立的信用体制不一样、责任不一样。票号的存贷款是建立在诚信与道德的基础上,这种信任只存在于一定范围之内,业务范围有限,责任却是无限的,风险也难以避免。而现代银行是建立在制度与信任的基础上,从制度上规避了风险。

角度新、观点新、论据丰富、论证条理,庞利民蹚出的这条研究晋商与徽商的新路子得到了国内许多著名专家的认可。

张正明先生是国内著名晋商研究专家,他在《晋商与徽商》序言中写道:山西与徽州,一南一北,相隔万水千山,但在明清都产生了闻名全国的重要商帮。这是什么原因使然呢?两大商帮的相同之处是什么?不同之处是什么?各自的特色优点、风云人物、衰落原因乃至经验教训又是什么……今天,看了庞利民先生这本《晋商与徽商》的比较研究,我觉得他破了题,有了答案。

"几十年来,很多学者从各个方面对徽商、晋商进行了深入的研究,取得了丰硕的成果,大大深化了人们对徽商、晋商的认识,然而,对晋商和徽商两大商帮进行比较,成果则较为鲜见。"国内著名徽商研究专家、中国商业史学会副会长王世华先生这样评价庞利民的成果。

研究的是商帮　传播的是文化

在采访中,庞利民再三强调:"虽然我研究的是商帮,但我的目的是传播文化,将徽商文化、徽州文化介绍给山西人民,把晋商文化、三晋文化传送给安徽人民,进而将两大商帮所代表的中国文化传播和介绍给世界人民,让更多人体悟到我国传统文化的时代价值。"

的确,百年间,晋商走过漫漫盐路、万里茶路、丝绸之路,在遍布全国的钱庄票号所在地人们的心里铭刻上他们诚信、忠义的印记。徽商则"贾道儒行""以贾衍文",为后人留下了新安画派、新安医学、雕刻、版画、戏剧、建筑等优秀文化。庞利民竭力要把这些沉淀在历史深处的文化瑰宝用一种崭新的方式呈现在世人面前。

他非常钦佩晋商的诚信文化,作为一个山西人,作为国企高管,他始终认为诚信、忠义文化在今天对于弘扬社会主义核心价值观意义重大,对于当代商人和企业家都大有裨益。他告诉记者,晋商能创造百年辉煌,跟他们有自己优秀的企业文化、企业精

《山西日报》刊载
《在晋商与徽商之间探秘》

神、企业道德密不可分。这个文化、精神、道德的精髓就是诚信,以诚为本。而这个文化、精神、道德的标准形象就是关公。他列举了明代山西蒲州商人王文显、祁县乔致庸等人的诸多诚信故事来告诉人们诚信对于晋商的重要性。他说,山西票号建立之后,上无清政府之法律约束与保障,内无专门的监督检查与审计机构约束,立百年之久,没有倒账、没有赖账、没有掌柜的经理们卷款跑路,乃是上上下下、里里外外、东家和掌柜、票号和客户,皆取一个"信"字。今人之经商做生意、安身立命,亦须大力传承、光大发扬。

10年岁月磨砺,10年辛勤耕耘,庞利民始终不忘初心,不被尘世浮躁惊扰,不为艰辛困苦折腰,在传播优秀传统文化的路上留下了坚实的足迹。

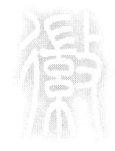

一部丰腴齐全的晋徽商通史

（人民网安徽频道/李家林/2017年7月19日）

"富室之称雄者，江南则推新安，江北则推山右。"新安是徽州的古名，山右为山西的别称。这两地先后出现以地域为中心，以血缘、乡谊为纽带的商人群体——商帮。

"以史为镜，可以知兴替"。历史蕴含着照亮未来行程的智慧之光。作为中国历史上最著名的两大商帮，晋商与徽商在明清之际曾走过一段兴衰波澜之路。在中国正在凝聚新的商业文明之际，研究晋商与徽商的兴衰嬗变，找到当代商业文明的最佳模式，成了紧迫而具有现实意义的课题。

由庞利民先生主笔，历10度春秋，增删3次方铸成的煌煌巨轶《晋商与徽商》，新近已由安徽人民出版社出版。全书共约90万字，通贯明清，全面、深入、系统地展示晋商与徽商的发展脉络，堪称一部体大思精、翔实缜密的工具书。

一是逐本溯源。两大商帮纵横500年，驰骋千万里。晋商势力最胜时，不仅足迹踏遍国内，而且走出国门，在今俄、日、伊朗等地开设了商号；徽商也不遑多让，其足迹远至今日本、东南亚及葡萄牙等地。那么，是什么原因，使曾叱咤风云的两大商帮由辉煌快速步入没落？又是什么力量，将其冲垮击败，一蹶不振？从晋商和徽商诞生的背景来看，均与盐法有关。晋商兴于明初"开中制"，徽商也兴于明中叶"折色制"。两大商帮兴盛后，一方面不断与官场结交，官商关系畸变；一方面日益滋生奢靡之风。成也因盐败也因盐，当内外巨变之际，当两大商帮逐渐失去其操纵、垄断和独占的地位之后，不可避免地整体性衰落，湮没在腐朽泥潭中。

二是若网在纲。数十年来，谈论晋商与徽商的论著文章汗牛充栋，但真知灼见不多。作者庞利民作为山西人，又在安徽工作多年，理论与实践的相结合，让他对晋商与徽商的论述，往往一针见血，令人心折。本书从地域、政治、经济、军事、文化、家庭等多角度，条分缕析，对两大商帮的兴衰轨迹进行了较为系统的梳理。本书上下两卷分15章，上卷7章，《故园与商路》《两大商帮的共同点》《两大商帮的四大不同》《徽商的独到之处》《徽商晋商科举仕宦比较探幽》《一味和九州，商从盐中来》《驼铃帆影，晋商足迹遍天下》；下卷8章，《山西票号，汇通天下》《晋商选人用人育人之道》《晋商徽商建筑异同及特色》《晋商人物简介》《徽商人物简介》《徽州女人与山西婆姨》《徽商晋商的衰落》《晋商徽商衰落的自身原因》。这么多历史内容的有机组合和生动呈现，表明作者对历史脉络把握的自如和对历史资料掌握的娴熟。尤为值得称赞的是，该书刊登了300余幅历史图片，将图片与文字相结合，相互映衬，融会贯通，从而更直观、生动，增加了传播效果。

三是史论结合。本书按照史论结合、论从史出的写作方法，参考了142部各类文献，不仅做了大量的资料查阅和文献整理工作，而且对这些资料和文献进行了深入的甄别和评述。作者尤其善于通过总结材料，提出具有一定说服力的观点，如"两大商帮的四大不同"中，认为晋商与徽商精神领袖不同，晋商拜关羽，徽商则信奉朱熹；再如作者认为关羽"封印挂金、留书辞曹"时附带一份账册，开辟了记账法的先河；如徽州人好讼，有些纠纷官司一打几十年，而晋商则秉承和气生财之道。这些观点均从翔实的史料中仔细推敲，通过大量例证的多角度剖析，为研究两大商帮开启了一扇新的观照之窗。

面对同样的史料，各人有各人的眼光和思考。总体来看，作者利用在山西、安徽生活工作之便利，走遍两地山山水水，通过分析史料与实地考察结合，引领读者神游三晋大地与徽州六邑，使得该书具有鲜明的创新性、可读性和较高的学术价值。同时，作者高级经济师的身份以及严谨的工作作风，又让该书做到概念上的准确性、结构上的严谨性、逻辑上的严密性和体系上的完整性。这些是本书最大的价值所在。

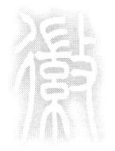

十年探秘晋与徽

——增删三次　洋洋 90 万字　《晋商与徽商》于近日出版

(《山西工人报》/ 吴艳 /2017 年 7 月 21 日)

历经十载,增删三次,五番校阅,《晋商与徽商》近日成书,由安徽人民出版社出版,该书分上下两卷,洋洋 90 万字,首次对晋、徽两大商帮进行了多领域、多层面、多角度的比较,资料翔实、行文优美,并附有大量图片,极具历史厚重感。

该书作者庞利民出生于 1957 年,是山西万荣人,1982 年毕业于山西大学中文系。他长期在电力系统工作,在山西工作 20 余年,深受三晋文化的熏陶,对晋商文化情有独钟。2006 年,他被调到安徽省电力公司工作。美丽的江淮山水和厚重的徽州文化深深地吸引了他,使他对徽商文化产生了浓厚的兴趣。为此,他在工作之余,潜心研究,笔耕不辍,以常人难以想象的毅力在学术的道路上艰难跋涉,完成了该书的写作。

晋商与徽商的异同

晋商与徽商是中国历史上的两大著名商帮。在明清时期,我国以地域划分出十大商帮,其中晋商、徽商分别位列第一和第二。晋商称雄达 500 年之久,尤其是山西票号,汇通天下、利倾九州,基本上垄断了全国的汇兑业务;徽商历经 300 余年辉煌,创造了"无徽不成镇",上交天子、下接显贵的繁荣景象。然而,到了近代,随着清王朝的灭亡,两大商帮相继走向衰败,最后成为历史的一声叹息。

《晋商与徽商》以两大商帮的兴起、发展、鼎盛、衰落历程为主线,通过比较研究的独特视角,第一次全方位、多层次、多角度地探究其兴衰沉浮的事实真相和深层原因,挖掘历史积淀的商贾之道和经验教训。全书以流畅、细腻的笔触,引领读者神游三晋大地和徽州六邑,领略两地人文习俗和美丽风情,感悟蕴集于两大商帮、至今薪火不息的传统文化和精神真谛。

庞利民在书中阐述了很多新颖的观点,提出晋商与徽商的共同点和不同点。他认为几大共同点是所处环境均是地瘠民贫,穷则思变;走上商途后均是生财有道,经营有方;他们致富后也均建设家乡、传播文化;两个商帮中均有人精研算学、编著商书;他们都是富而不贵。不同点是地域大小不同;兴盛年代不同,晋商兴起于明初"开中制",徽商兴起于明中叶"折色制";精神领袖不同,晋商崇拜关羽,徽商崇拜朱熹;民风习俗不同,徽人好讼,晋慎入衙。

研究的是商帮　传播的是文化

山西与安徽,一北一南,相隔万水千山,但在明清时期均产生了闻名全国的重要商帮。两大商帮承载着不同的文化内涵。

美丽厚重的徽洲山水和徽州文化孕育了徽商的独特个性。徽商"贾而好儒",尊尚朱熹,与晋商尊崇关羽不同。因此徽州不少商人致富后,身兼商、儒、仕。很多徽商本身就是诗人、画家、篆刻家、书法家、戏曲家和收藏家。他们重视文化建设、促进文化繁荣。建设书院、藏书修志是他们跳出商贾之家、成为簪缨之族的路径选择。

和徽商穷其一生,只为摆脱商贾身份的宿命不同,晋商安于商人身份,只在驼铃帆影间寻找人生的真谛,走西口、闯关东、下江南、赴边疆,重商甚于重儒。独特的地理环境赋予了晋商独有的经商哲学。数百年来,晋商只逐为商之义理,完成上天赋予的使命。

庞利民表示:"虽然我研究的是商帮,但我的目的是传播文化,将徽商文化、徽州文化介绍给山西人民,把晋商文化、三晋文化传递给安徽人民,进而将两大商帮所代表的中国传统文化传播和介绍给世界人民,让更多人体悟到我国传统文化的时代价值。"

讲述鲜为人知的商帮故事
——《晋商与徽商》面世 好评如潮

(人民网安徽频道/胡磊/2017年9月13日)

日前,《晋商与徽商》由安徽人民出版社出版。该书作者庞利民系山西人,在安徽工作多年,对晋商、徽商均情有独钟,所著的《晋商与徽商》首次对两大商帮进行了多领域、多角度的比较研究,受到业界和读者广泛好评。

三易其稿 历时十载完成巨作

晋商和徽商是我国历史上两大著名商帮,在明清商界雄踞全国十大商帮第一、第二位达数百年之久,其历史价值与现实意义深受社会各界关注。《晋商与徽商》一书作者庞利民辗转于山西、安徽、湖北三省完成,日前由安徽人民出版社出版。

该书分上、下两卷,共15章,90余万字。其中,上卷共7章,分别为《故园与商路》《两大商帮的共同点》《两大商帮的四大不同》《徽商的独到之处》《徽商晋商科举仕宦比较探幽》《一味和九州,商从盐中来》《骆铃帆影,晋商足迹遍天下》等;下卷8章,分别是《山西票号,汇通天下》《晋商选人用人育人之道》《晋商徽商建筑异同及特色》《晋商人物简介》《徽商人物简介》《徽州女人与山西婆姨》《徽商晋商的衰落》《晋商徽商衰落的自身原因》等。

该书通过翔实的史料和不同侧面的对比分析,系统还原了两大商帮由明清业盐起家,至封建王朝消亡而"无可奈何花落去"的历史轨迹,并以流畅细腻的笔触,引领读者神游三晋大地与徽州六邑,领略两地人文习俗和美丽风情，感悟蕴集于两大商帮、至今薪火不息的传统文化和精神真谛。

为了力求作品严谨，体现内容专业，庞利民查阅大量资料，光书末的主要参考文献就罗列着150多本著作。他在有关资料中看到了马克思在《资本论》中提到的唯一一位中国人——徽商王茂荫。为了找出这个人在原著中的记载，他购买了人民出版社于2004年出版的一套《资本论》，通读了一遍。

庞利民不习惯使用电脑，90余万字都是他一笔一画写在稿纸上的。在他的书房，记者看到的原稿和5次校对样，每一本上都有他密密麻麻的改动和批注。甚至有的地方改动太大，他会再附一张纸。就这样，历时十载、三易其稿，《晋商与徽商》终于面世。

填补空白　受到业界和读者广泛好评

"明清晋商与徽商虽然早已逝去，化为烟云，但他们的精神尚在，文化永存。"著名晋商研究专家、山西省晋商文化研究中心主任张正明在为该书作序时写道，"《晋商与徽商》一书通过对晋商与徽商的介绍和兴衰成败的分析，挖掘出晋商与徽商穷则思变的创富动力、重商立业的文化底蕴、诚信义利的经营理念和同舟共济的合作精神，对于贯彻落实'创新、协调、绿色、开放、共享'五大发展理念必有助益，对于弘扬社会主义核心价值观很有作用，对于当代商人和企业家大有裨益"。

"几十年来，很多学者从各个方面对徽商、晋商进行了深入的研究，取得了丰硕的成果，大大深化了人们对徽商、晋商的认识，然而，对晋商和徽商两大商帮进行比较，成果则较为鲜见，填补了这一空白。"著名徽商研究专家、安徽省徽学会会长王世华这样评价庞利民的研究成果，为该书点赞。

安徽人民出版社编审秦闯认为，该书以两大商帮的兴起、发展、鼎盛衰落历程为主线，通过比较研究的独特视角，第一次全方位、多层面、多角度地探究其兴衰沉浮的事实真相和深层原因，挖掘历史沉淀的贾道智慧和经验教训，串起晋商与徽商背后的地域、政治、经济、军事、文化、建筑、家庭的点点珠玑。

"作者娓娓道来,以通俗易懂的表述、真情流露的文字,展现了晋商、徽商鲜为人知的故事和不屈不挠的精神,特别是《徽州女人与山西婆姨》这一章节,写出了女人嫁为商妇的幽怨和艰辛、伟大与平凡,可见用心良苦,读后受益匪浅。"安徽读者李慧说。

热爱文学　对晋商和徽商情有独钟

山西万荣县地处河东大地,明清晋商亦是从此兴起。庞利民就出生在这里,他的曾祖曾在故里开设字号为"新兴诚"的京货铺,经营绸缎布匹颜料,在汾南一带小有名气。大学毕业后,庞利民在山西工作了20年时间,深受三晋文化的熏陶,对晋商情有独钟。

"2006年,我被交流到安徽省电力公司工作,很快被美丽厚重的徽州山水和徽州文化深深吸引,对徽商产生了浓厚的兴趣,当年就有了要学习研究徽商的心思。"于是,他引经据典,孜孜以求,终于写出了这部大著,蹚出了一条研究晋商与徽商的新路。

工作中的庞利民,尽职尽责、兢兢业业,是全国五一劳动奖章获得者;工作之暇,他时常婉拒应酬、伏案写作,"在安徽、湖北工作的10年间,我作为交流干部,独居异地,8小时以外的一切时间和精力,包括所有自己可以支配利用的节假日和双休日,都无不投入这部书稿的资料收集和文字写作中。"

此外,毕业于山西大学中文系、当过宣传科科长的庞利民,十分热衷文字工作,工作中,凡出席各种场合的讲话、报告,都是他自己动手起草;工作之余,也热爱文学、酷爱写作,还著有《孝养菊香》《名人品德言行录》《赢得金牌的心力》,并与他人合著《管理者与组织行为》《中国古代名人分类大辞典·哲学部》等书籍。

在历史比较中弘扬传统文化

——读庞利民先生著作《晋商与徽商》有感

（光明网/朱怡/2017年11月10日）

《晋商与徽商》（上、下卷）是部大书，作者庞利民先生用了10年时间，孜孜以求、旁征博引、铁杵磨针、比较研究，终于将这部煌煌巨著呈现在读者面前。

人无论走到哪里，都不会忘记故乡。庞利民先生是山西省万荣县人，曾长期在山西省电力公司任职，2006年7月交流到安徽省电力公司工作。万荣地处河东大地，是明清晋商的兴起之地。出身晋商之家的他，深受三晋文化熏陶，更有着浓厚的晋商情结。到了安徽以后，庞利民先生又渐渐被美丽的徽州山水和厚重的徽商文化折服。他业余走访与徽商相关的城镇乡村，着手搜集徽商的各种资料，广泛向安徽作家、文史专家请教学习。在徽商文化的感召下，他反观晋商，开始深入系统地学习和了解晋商文化，并把过去的想法变成现在的做法。

全书分15章共90余万字，从多个角度对晋商与徽商进行比较，在比较中挖掘出两大商帮共有的穷则思变的创富动力、重商立业的文化底蕴、诚信义利的经营理念和同舟共济的合作精神，这是两大商帮曾经繁荣昌盛的文化本源。本书言之有理、论之有据，是一部很有思想见地的学术著作。作者通过深入的研究，为辉煌于明清、消散于历史烟云的两大商帮文化寻找出可供借鉴的现实价值。

媒体报道

比较中回顾历史

"以史为镜,可以知兴替"。历史往往蕴含着照亮未来行程的智慧之光。作为中国历史上最著名的两大商帮,晋商与徽商在明清之际曾走过一段兴衰波澜之路。在中国正在凝聚新的商业文明之际,研究晋商与徽商的兴衰嬗变,找到当代商业文明的最佳模式,是颇具现实意义的重要课题。历史比较历来是有难度的研究领域,对作者的知识面、研究深度要求很高。数十年来,很多学者从不同角度对两大商帮进行过研究,但少有专著和论文对这两者进行比较研究。《晋商与徽商》一书填补了这一空白。

晋商与徽商的崛起,是明清时期的奇迹,对我国封建社会晚期的政治、经济、文化诸多方面产生了深远影响。山西与徽州,一个在黄河以北,一个在长江以南,一北一南,相隔万水千山,但"无徽不成镇"的谚语及晋商票号"汇通天下"的赞誉,人所共知。

山西票号的问世是我国封建社会金融业发展的最高阶段,也是现代银行的雏形。作为一名企业管理者,庞利民先生十分关注商业文明发展之道。书中提到,晋商最独到、最伟大的贡献,是在清朝道光初年创办了票号,实现了商业资本与金融资本的有机结合,产生了中国的资本家。"它创建的经营管理制度,如东伙分离的掌柜(总经理)负责制,股权激励的顶身股制,集团运作、总号分号一体化,以及它的'酌盈剂虚,抽疲转快'资金调拨原则等经营管理经验,已具备现代企业制度的雏形,对我们而言至今仍有学习借鉴的必要。"

而徽商之所以能称雄商界数百年,与其崇尚"贾道儒行""以贾衍文"的本质特点是分不开的。徽商崇拜的精神领袖是南宋时期的朱熹,曾几何时,徽州的朱门弟子以朱熹嫡传自誉,被称为"新安理学"。书中阐述,从徽商群体的思想到行为,可以看到他们受儒家思想影响至深,从而体现出儒商的风范。徽州不少商人致富后,或弃贾业儒,或弃贾就仕,身兼商、儒、仕。徽州商人在各地建立的会馆中,必将供奉朱子牌位,自觉接受朱子思想的影

·323·

响。"这也促进了地方文化的发展和繁荣,孕育出一大批杰出人才,为我们留下了新安画派、新安医学、雕刻、版画、戏剧、建筑等优秀文化。"

面对同样的史料,每个人都有独到的眼光和思考。总体来看,作者利用在山西、安徽生活工作之便利,走遍两地山山水水,把分析史料与实地考察相结合,加上书中所列140余部参考文献,使得该书具有鲜明的创新性、可读性和较高的学术价值。同时,作者严谨的工作作风,让该书做到了概念准确、结构严谨、逻辑严密、体系完整。

思考中传承文化

说史自省,读古明今。研究历史是为了昭示未来。明清晋商与徽商虽然已成为历史,但他们的精神尚在,文化永存。《晋商与徽商》一书通过翔实的史料和不同侧面的对比分析,系统还原了两大商帮由明清业盐起家,至封建王朝消亡而"无可奈何花落去"的历史轨迹,全方位、多角度地探究两大商帮兴衰沉浮的事实真相和深层原因,挖掘历史沉淀的贾道智慧和经验教训,串起晋商和徽商背后的地域、政治、经济、军事、文化、建筑、家庭等点点珠玑。书中还以流畅细腻的笔触,引领读者神游三晋大地和徽州六邑,领略两地人文习俗和美丽风情,感悟蕴集于两大商帮,至今薪火不息的传统文化和精神真谛。

文化是人类从社会历史实践过程中所创造的物质财富和精神财富的总和,其发展具有历史的连续性和继承性。本书研究了晋商和徽商在从事商业(品)交换活动的历史实践中所创造的商品财富(利润)和经营经验(精神财富),以及由此衍生、发展而来的商行制度、商业道德、商会组织等商业文明。

如今,晋商、徽商曾经的人物和故事渐行渐远,而那些深藏于民间的历史文化记忆,在本书中描写得仍然栩栩如生。书中专门介绍了晋商河东八家、晋中九氏、雁北二户、票号四经理和徽商程君房、张小泉、赵吉士、王致和、马氏二兄弟、江春、胡学梓、胡雪岩等代表数十人。让那些被时间淹没的商

人们浮出历史水面,再现他们创业路上的筚路蓝缕与浮沉兴衰。书中这样描述:他们集中财力办大事,集中股本做票号,将闲置的银钱作为生息资本,借贷于人,赚取利润。客观上促进了商品贸易、资金流通和清代经济社会的发展,有利于民生。到了清末洋务运动时期,票号资本投入工商业生产,办煤矿、修铁路、建工厂,又促进了大清帝国、中华民国的工商业发展。"用今天的时髦话讲,当时平遥城就如今天的美国华尔街、北京的金融街,而他们一个个都是当之无愧的、响当当的银行家、金融家。"

庞利民先生在书中对晋商和徽商各自的优缺点、文化高度都做了详尽客观的比较论述,肯定他们的成功都源自文化的成功,也分析了各自文化与政治、经济等诸方面的关系。书中既总结了成功的经验,也分析了失败的因素,条分缕析,层层深入,见微知著,为我们呈现了晋商和徽商的方方面面:明明暗暗、正面形象、侧面阴影、背后光线,可以说是纤毫毕现、丝丝入扣。

执着中体现功夫

10年间,庞利民抱着"做一个两地文化传播交流使者"的理想,沉浸在晋商与徽商的比较研究与写作中,从雾里看花到初窥门径,再到登堂入室,如今的他谈起晋商和徽商,已是信手拈来、如数家珍。而他的书则做到了专业工作者从中能够得到不少有益的启发和研究的线索,非专业工作者能够从中得到智慧的启迪和知识的营养,殊为不易。

专业意味着要研究明清晋商、徽商的兴衰成败,就要涉猎掌握很多相关知识,比如明清社会政治、经济、文化、地域、要事以及山西和安徽的人文风俗等等。书中还特别提到了徽州女人和山西婆姨,讲述了她们作为商人之妻,相夫教子、侍奉公婆、克勤克俭的优秀品质和感人故事,"一些记述商妇的材料和民间的歌谣,常常令人感动落泪,歔欷不已"。从本书展示的内容看,作者对晋商和徽商的资料搜集不仅齐全,而且深入,让读者看到了很多不为人知的人物和足迹。很多第一次听闻的历史事实,充分印证了作者搜集工作之细致深入、研究时间之沉潜长久。

尤为重要的是，本书行文中并没有给读者提供单一的答案，也没有个人的主观论断，而是从历史和事实出发，或大河奔流，或小溪潺潺，使人既能领略全貌，又能专注细微。这是作者在整体掌握晋商和徽商风采，抓住文化精髓的基础上呈现的结果。

著名徽商研究专家王世华在书序中提到本书有三大特色：内容全面详尽，观点多有创新，文字通俗易懂。称赞它是一本适合广大读者阅读并有相当特色的佳作。作者对每个问题的阐述都是言之成理、持之有故，做到了科学性与通俗性的较好结合。在比较两大商帮时，涉及很多复杂的问题，对这些问题，作者举重若轻、深入浅出、层层剥笋、娓娓道来，使读者在非常轻松的阅读中对问题有了清楚地了解，显示了作者深厚的文字功底。

木匾额

读万卷书、行万里路，千百年来一直是我国文人理想的生活方式。比起时下人们工作之余丰富多彩的各种爱好，读书、行走、写作显得有些曲高和寡，能十年如一日坚持的人不多。坚持下来而且有这样皇皇巨著的人更是凤毛麟角，少之又少，庞利民是一个。庞利民先生曾说，虽然多年来作为社会人，担任的职务、扮演的角色在不断变换，可精神世界里做个读书人的追求从未变过。正是这份已经融入骨血的追求，让他选择坚守书斋、耐住寂寞，最终完成对晋商和徽商的比较研究。当我们沉浸于本书新颖的观点、细致的考证、翔实的资料和优美的文字时，更应感谢作者的潜心研究、创新思考，为我们带来了这样浓墨重彩的美妙篇章。

我国首部《晋商与徽商》正式出版

（记者观察官网 / 刘春阳 / 2017 年 6 月 23 日）

《晋商与徽商》

日前，庞利民的著作《晋商与徽商》（上、下册，90 万字）由安徽人民出版社出版。庞利民由山西省电力公司交流到安徽省电力公司工作后，利用 10 年业余时间查资料、访专家，实地考察、抽空写作，把中国历史上晋徽两大商帮，从初发到兴起，从鼎盛到衰落，进行了纵的论述和横的比较，形成中国第一部晋徽商帮比较史。

众所周知，晋商与徽商的崛起是明清时期的奇迹。"无徽不成镇"的谚语、晋商票号"汇通天下"的赞誉，人所共知。晋商与徽商对我国封建社会晚期的政治、经济、文化诸多方面产生了极其深远的影响。山西与徽州，一个在黄河以北，一个在长江以南，一北一南，相隔千山万水，但在明清都产生了闻名全国的重要商帮。两大商帮特色优点、风云人物、衰落原因及其经验教训有何同异？几十年来，很多专家学者从各个方面对两大商帮进行了深入的研究，但少有专著和论文对这两者进行比较研究。《晋商与徽商》填补了这一空白。全书洋洋洒洒 90 余万字，分上、下两卷，共 15 章，多方面、多角度将晋商与徽商进行了比较，概括出它们的六大共同点和四大不同处，并分析之所以相同和不同的原因。正如国内著名徽商研究专家王世华在书序中所言，全书有三大特色——内容全面详尽、观点多有创新、文字通俗易懂，是一本适合广大读者阅读并有相当特色的佳作。作者对每个问题的阐述都是言之成理、持之有故，做到了科学性与通俗性较好的结合。在比较两大商帮时,涉及很多复杂的问题,对这些问题,作者举重若轻、深入浅出、层层剥笋、条分缕析、娓娓道来,使读者在非常轻松的阅读中对问题有了清楚的了解,显示了作者深厚的文字功底。

《晋商与徽商》共15章,上卷7章,分别为《故园与商路》《两大商帮的共同点》《两大商帮的四大不同》《徽商的独到之处》《徽商晋商科举仕宦比较探幽》《一味和九州,商从盐中来》《驼铃帆影,晋商足迹遍天下》;下卷8章,分别是《山西票号,汇通天下》《晋商选人用人育人之道》《晋商徽商建筑异同及特色》《晋商人物简介》《徽商人物简介》《徽州女人与山西婆姨》《徽商晋商的衰落》《晋商徽商衰落的自身原因》。第二、三章专门论述晋商与徽商的共同点和不同点,指出他们有六大共同点,即所处环境都是地脊人贫,穷则思变;走上商途后都是生财有道,经营有方;他们致富后也都建设家乡,传播文化;两个商帮中都有人精研算学,编著商书;他们都是富而不贵,或荣归故里或客死他乡。有四大不同点,即地域大小不同;兴盛年代不同,晋商兴起于明初"开中制",徽商兴起于明中叶"折色制";精神领袖不同,晋商崇拜关羽,徽商崇拜朱熹;民风习俗不同,徽人好讼,晋慎入衙。这些观点系统地提出,在两大商帮的研究中还是第一次。

这本书由作者历时10年,辗转于山西、安徽、湖北三省完成。庞利民,山西万荣人,曾获全国五一劳动奖章。1982年毕业于山西大学。在山西工作过20年,深受三晋文化的熏陶,对晋商情有独钟。2006年他交流到安徽省电力公司工作,美丽的江淮山水和厚重的徽州文化深深吸引了他,对徽商文化也产生了浓厚的兴趣。正如国内著名晋商研究专家张正明在书序中所言,他在工作之余,推掉应酬、潜心学研、笔耕不辍,凭着万荣人的执着劲儿、晋商坚忍不拔的精神,努力做"徽骆驼",刻苦耐劳、负重致远,旁搜远绍、引经据典,持之以恒、孜孜以求,"筚路蓝缕,以启山林",终于写出了这部大作,蹚出了一条研究晋商与徽商的新路子。他的这种精神,就是晋商、徽商精神的精髓。

此外,庞利民主要著述还有《中国古代名人分类大辞典·哲学部》(合著)、《孝养菊香》《管理者与组织行为》(合著)、《名人品德言行录》《赢得金牌的心力》等。

注:《记者观察》以"晋商与徽商"五个大字及图片为封面,刊发10个页面对全书作了介绍。刊登了庞利民在书中的大篇后记,将张正明先生的序以"研究历史是为了昭示未来"为题、王世华先生的序以"追寻晋徽商帮的足迹"为题全文刊发。同时配发了十余幅作者及两地商帮的历史图片。

《记者观察》刊登《晋商与徽商》

首部晋徽商帮比较史

万荣籍作家庞利民 《晋商与徽商》面世

(《黄河晨报》/ 王婕 /2017 年 6 月 24 日)

日前,运城市万荣籍作家庞利民编著的《晋商与徽商》由安徽人民出版社出版。该书对中国历史上晋徽两大商帮,从初发到兴起、从鼎盛到衰落的历程进行了纵的论述和横的比较,是我国第一部晋徽商帮比较史。

晋商与徽商的崛起,是明清时期的奇迹。"无徽不成镇"的谚语、晋商票号"汇通天下"的赞誉,人所共知。晋商与徽商对我国封建社会晚期的政治、经济、文化等方面产生了深远的影响。几十年来,很多专家学者从各个方面对两大商帮进行了深入研究,但少有专著和论文对这两者进行比较,《晋商与徽商》填补了这一空白。

全书共 15 章,分上、下两卷,90 多万字,多方对比概括出晋商与徽商的六大共同点,即所处环境地脊人贫、穷则思变,生财有道、经营有方,建设家乡、传播文化,精研算学、编著商书,富而不贵、荣归故里或客死他乡,以及四大不同处,即地域大小不同、兴盛年代不同、精神领袖不同、民风习俗不同,并进行了细致的解析。这些观点的提出,在两大商帮研究中还是第一次。该书内容详尽、观点新颖,文字通俗易懂,作者对每个问题的阐述都是言之成理、持之有故,做到了科学性与通俗性较好地结合,显示了深厚的文字功底。

庞利民所著《晋商与徽商》面世

(《山西日报》/孙蕊/2017年6月28日)

日前，山西省庞利民先生所著的《晋商与徽商》由安徽人民出版社出版。庞利民先生由山西省电力公司交流到安徽省电力公司工作后，利用10年业余时间查资料、访专家、实地考察、精心撰写，对中国历史上晋徽两大商帮，从初发到兴起、从鼎盛到衰落的历程进行了纵的论述和横的比较，从而形成了中国第一部晋徽商帮的比较史。

晋商与徽商的崛起，是明清时期的奇迹。"无徽不成镇"的谚语及晋商票号"汇通天下"的赞誉，人所共知。晋商与徽商对我国封建社会晚期的政治、经济、文化诸多方面产生了深远的影响。山西与徽州，一个在黄河以北，一个在长江以南，一北一南，相隔千山万水，但在明清时都产生了闻名全国的重要商帮。几十年来，很多学者从各个方面对两大商帮进行了研究，但少有专著和论文对这两者进行比较研究。庞利民所著《晋商与徽商》填补了这一空白。全书洋洋洒洒90余万字，分上、下两卷，共15章，多角度将晋商与徽商进行了比较，概括出它们的六大共同点和四大不同处。

《晋商与徽商》上卷共7章，分别为《故园与商路》《两大商帮的共同点》《两大商帮的四大不同》《徽商的独到之处》《徽商晋商科举仕宦比较探幽》《一味和九州，商从盐中来》《驼铃帆影，晋商足迹遍天下》等；下卷8章，分别是《山西票号，汇通天下》《晋商选人用人育人之道》《晋商徽商建筑异同及特色》《晋商人物简介》《徽商人物简介》《徽州女人与山西婆姨》《徽商晋商的衰落》《晋商徽商衰落的自身原因》等。

这本书由作者历时10年，辗转于山西、安徽、湖北3省完成。庞利民系山西省万荣人，1982年毕业于山西大学中文系。在山西工作过20年，对晋商情有独钟。2006年，他交流到安徽省电力公司工作，厚重的徽州文化深深吸引了他，使他对徽商文化也产生了浓厚的兴趣。10年来，他引经据典、孜孜以求，终于写出了这部大著，蹚出了一条研究晋商与徽商的新路。庞利民的著述还有《中国古代名人分类大辞典·哲学部》（合著）、《名人品德言行录》《赢得金牌的心力》等。

蹚出了一条研究晋商与徽商的新路 庞利民所著《晋商与徽商》面世

日前，我省庞利民先生所著《晋商与徽商》由安徽人民出版社出版。庞利民先生由山西省电力公司交流到安徽省电力公司工作后，利用10年业余时间查资料、访专家、实地考察、精心撰写，把中国历史上晋徽两大商帮，从初发到兴起，从鼎盛到衰落，进行了纵的论述和横的比较，从而形成了中国第一部晋徽商帮的比较史。

晋商与徽商的崛起，是明清时期的奇迹。"无徽不成镇"的谚语及晋商票号"汇通天下"的赞誉，人所共知。晋商与徽商对我国封建社会晚期的政治、经济、文化诸多方面产生了深远的影响。山西与徽州，一个在黄河以北，一个在长江以南，一北一南，相隔千山万水，但在明清时都产生了闻名全国的重要商帮。几十年来，很多学者从各个方面对两大商帮进行了研究，但少有专著和论文对这两者进行比较研究。庞利民所著《晋商与徽商》填补了这一空白。全书洋洋洒洒90余万字，分上、下两卷，共15章，多角度将晋商与徽商进行了比较，概括出它们的6大共同点和4大不同处。

《晋商与徽商》上卷共7章，分别为故园与商路、两大商帮的共同点、两大商帮的4大不同、徽商的独到之处、徽商晋商科举仕宦比较探幽、商从盐中来等；下卷8章，分别是山西票号、汇通天下、晋商人物简介、徽商人物简介、徽商晋商的衰落、晋商徽商衰落的自身原因等。

这本书作者历时10年，辗转于山西、安徽、湖北3省完成。庞利民系我省万荣人，1982年毕业于山西大学。在山西工作过20年，对晋商情有独钟。2006年，他交流到安徽省电力公司工作，厚重的徽州文化深深吸引了他，对徽商文化也产生了浓厚的兴趣。他引经据典，孜孜以求，终于写出了这部大著，蹚出了一条研究晋商与徽商的新路。庞利民的著述还有《中国古代名人分类大辞典·哲学部》（合著）《名人品德言行录》《赢得金牌的心力》等。

本报记者

《山西日报》刊载《庞利民所著〈晋商与徽商〉面世》

别具炉锤

山西省作者庞利民专著《晋商与徽商》出版

(映像 / 边辑 /2017 年 7 月)

最近,山西省作者庞利民专著《晋商与徽商》由安徽人民出版社出版,国内著名晋商研究专家、山西省晋商研究中心主任、中国商业文化研究会高级顾问张正明先生,国内著名徽商研究专家、中国商业史学会副会长、中国明史学会副会长王志华先生为该书作序。

晋商和徽商在明清时代雄踞全国十大商帮第一、第二位达数百年之久,其历史价值与现实意义深受社会各界关注。《晋商与徽商》共分上、下两卷,90 万字。全书包括《故园与商路》《两大商帮的共同点》《两大商帮的四大不同》《徽商的独到之处》《徽商晋商科举仕宦比较探幽》《一味和九州,商从盐中来》《驼铃帆影,晋商足迹遍天下》《晋商选人用人育人之道》《晋商徽商建筑异同及特色》《晋商人物简介》《徽商人物简介》《徽州女人与山西婆姨》《徽商晋商的衰落》《晋商徽商衰落的自身原因》等 15 章。该书通过比较研究的独特视角,首次全方位、多层次、多角度探究晋商与徽商兴衰沉浮的事实真相和深层原因,挖掘历史积淀的商道智慧和经验教训,引领读者神游三晋大地和徽州六邑,领略两地人文习俗和美丽风情,感悟蕴集于两大商帮、至今薪火不息的传统文化和精神真谛,为研究两大商帮开启了一扇新的观照之窗,具有鲜明的创新性、可读性和较高的学术价值。

该书作者庞利民,1957 年生于山西万荣。1982 年毕业于山西大学中文系。曾任山西省电力公司副总经理、国家电网公司党校副校长、安徽省电力公司党组书记兼副总经理、安徽省政协委员、华中电网有限公司副总经理,著有《中

国古代名人分类大辞典·哲学部》(合著)、《孝养菊香》《名人品德言行录》《赢得金牌的心力》等。作者在山西和安徽两地的工作经历,为其进行晋商和徽商的比较研究,进而完成该书提供了得天独厚的条件与支撑。

别具炉锤
我省作者庞利民专著《晋商与徽商》出版

最近,我省作者庞利民专著《晋商与徽商》由安徽人民出版社出版,国内著名晋商研究专家、山西省晋商研究中心主任、中国商业文化研究会高级顾问张正明先生,国内著名徽商研究专家、中国商业史学会副会长、中国明史学会副会长王志华先生为该书作序。

晋商和徽商在明清时代雄踞全国十大商帮第一、第二位达数百年之久,其历史价值与现实意义深受社会各界关注。《晋商与徽商》共分上下两卷,90万字。全书包括故园与商路、"两大商帮的共同点"、"两大商帮的四大不同"、"徽商的独到之处"、"徽商晋商科举仕宦比较探幽"、"晋商选人用人育人之道"、"晋商徽商建筑异同及特色"、"晋商人物简介"、"徽商人物简介"、"徽州女人与山西婆姨"、"徽商晋商的衰落"、"晋商徽商衰落的自身原因"等十五章。该书通过比较研究的独特视角,首次全方位、多层次、多角度探究晋商与徽商兴衰沉浮的事实真相和深层原因,挖掘历史积淀的商道智慧和经验教训,引领读者神游三晋大地和徽州六邑,领略两地人文习俗和美丽风情,感悟蕴集于两大商帮、至今薪火不息的传统文化和精神真谛,为研究两大商帮开启了一扇新的观照之窗,具有鲜明的创新性、可读性和较高的学术价值。

该书作者庞利民,1957年生于山西万荣。1982年毕业于山西大学中文系。曾任山西省电力公司副总经理、国家电网公司党校副校长、安徽省电力公司党组书记兼副总经理、安徽省政协委员、华中电网公司副总经理,著有《中国古代名人分类大辞典-哲学部》(合著)、《孝养菊》、《名人品德言行录》、《赢得金牌的心力》等。作者在山西和安徽两地的工作经历,为其进行晋商和徽商的比较研究,进而完成该书提供了得天独厚的条件与支撑。 (选辑)

《映像》刊载《别具炉锤·我省作者庞利民专著〈晋商与徽商〉出版》

《晋商与徽商》学术研讨会在合肥召开

(新华网/吴万蓉/2017年9月30日)

9月30日下午,《晋商与徽商》学术研讨会在合肥召开。40余位专家学者和有关方面代表围绕"传承中华优秀文化 弘扬徽商晋商精神"主题开展深入探讨。

据了解,《晋商与徽商》是安徽人民出版社2017年推出的重点图书,首次对中国两大商帮进行多领域、多层面、多角度的比较研究,全书90余万字。专家学者们认为《晋商与徽商》一书最大的特色是研究视野开阔、内容全面详尽、观点多有创新。作者庞利民对两个商帮的兴衰历程、经营行业、活动范围、从商之道、选人用人、科举仕宦、建筑特色等方方面面都进行了详尽的比较和论述。作者力图通过此书将三晋文化介绍给安徽人民、将徽州文化介绍给山西人民,通过两大商帮的比较研究,把他们代表的中华优秀传统文化传播给全国人民,具有非常重要的现实意义。

研讨会上,与会专家学者们还就徽商晋商与经济文化的关系、两大商帮文化的历史价值与现实意义等问题,展开了多维度、多层次的深入学术探讨。大家还对如何进一步加强和深化徽商、徽文化研究,进一步重视徽文化与晋文化比较研究,提出了意见与建议。

本次研讨会由安徽人民出版社社长徐敏主持,著名徽学家郭因、原安徽省人大常委会副主任吴昌期、安徽省徽学会会长王世华在会上分别发言。安徽省社科院研究员、安徽省文艺评论家协会主席钱念孙,安徽省文联及作协名誉主席、著名作家季宇,安徽省历史文化研究中心主任、历史学家翁飞,安徽大学历史系主任、徽学研究专家周晓光等出席会议并发言。

传承中华优秀文化 弘扬徽商晋商精神

(中安书画网/2017年9月30日)

为迎接党的十九大胜利召开,为传承中华优秀文化、弘扬徽商晋商精神,安徽人民出版社于2017年9月30日下午在安徽出版集团大厦会议室召开《晋商与徽商》学术研讨会。

研讨会由安徽人民出版社社长徐敏主持并致辞,著名徽学家郭因老先生、原安徽省人大常委会副主任吴昌期、安徽省徽学会会长王世华教授分别讲话。会上,专家学者们进行了学术研讨与交流发言。最后,《晋商与徽商》作者庞利民答谢讲话。

《晋商与徽商》(上下卷,庞利民著)是安徽人民出版社2017年推出的重点图书。晋商与徽商是明清时期我国最著名的两大商帮。研究两大商帮的兴衰成败,以史鉴今,资政于今天的经济社会发展,是诸多明清经济史研究者追求的目标。多年来,研究晋商和徽商的专家、专著都不少,但将这两大商帮联系起来,专门进行比较研究的学者和成果则不多。《晋商与徽商》首次对中国两大商帮进行了多领域、多层面、多角度的比较研究,洋洋90万言,内容全面详尽、观点多有创新、文字晓畅易懂,在国内外尚属罕见。作者为晋商与徽商研究另辟蹊径,增添光彩,做了一件很有价值的事情。著名晋商研究专家张正明先生和著名徽商研究专家王世华先生对这部著作予以很高评价,并联袂推荐。

专家学者们认为,《晋商与徽商》最大特色就是研究视野开阔、内容全面详尽。作者对两个商帮的兴衰历程、经营行业、活动范围、从商之道、选人用人、科举仕宦、建筑特色等方方面面,都进行了详尽的比较和论述,甚

媒体报道

至将徽州女人和山西婆姨也进行了细致的分析对比。作者在论述每个问题时，总是追根溯源、详其本末，依据充分而让人信服。

《晋商与徽商》另一个重要特色就是不蹈袭前人看法，观点多有创新。作者在梳理和研究大量史料的基础上，经过深入思考而提出自己的灼见，概括出了两大商帮的六大共同点和四大不同点以及两大商帮的独到之处。两大商帮的六大共同点即所处环境都是地瘠民贫，穷则思变；走上商途后都是生财有道，经营有方；他们致富后也都建设家乡，传播文化；两个商帮中都有人精研算学，编著商书；他们都是富而不贵，世人不齿；他们或荣归故里，或客死他乡。两大商帮的四大不同点即地域大小不同；兴衰年代不同，晋商兴起于明初"开中制"，徽商兴起于明中叶"折色制"；精神领袖不同，晋商崇拜关羽，徽商崇拜朱熹；民风习俗不同，徽人好讼，晋慎入衙。两大商帮的独到之处：晋商创设票号，汇通天下；徽商贾而好儒，以贾衍文。这些观点的系统提出，在两大商帮的研究中还是第一次。书中对两个商帮在文化态度上的典型描述、分析，生动深刻；作者对银行与钱庄、票号优劣的分析让人耳目一新；作者将徽商与晋商衰落的原因和过程写得很详细精彩。

《晋商与徽商》是一部很有思想见地的学术著作，是国内第一部融学术性和普及性为一体的晋徽商帮比较史力作。其学术性与可读性兼顾，知识性与趣味性并胜，内容丰富多彩，表述深入浅出，文字生动流畅，史料翔实，图文并茂，既使史学专业工作者受益匪浅，又使普通读者深获智慧和启迪，是一部具有相当特色的晋徽两大商帮比较研究的佳作。

《晋商与徽商》还有另一个特色就是具有开阔的文化视野，不仅着眼于商帮本身，而且着眼于与两大商帮相联系的晋文化和徽文化，研究的是商帮，传播的是文化。作者力图通过晋商把三晋文化介绍给安徽人民；通过徽商把徽州文化介绍给山西人民；通过对晋商与徽商的比较研究，把两大商帮所代表的三晋文化和徽州文化展现给全国人民，把晋商与徽商身上所体现的中华优秀传统文化传播给世界人民。因此，《晋商与徽商》的创作出版具有重要的现实意义。

与会专家学者们还就如何传承中华优秀文化、弘扬徽商晋商精神，以及徽商与晋商两大商帮的不同特点、两大商帮与经济的关系、两大商帮与文化的关系、两大区域商帮文化与整个中华文化的关系、徽商晋商文化的历史价值与现实意义等问题，展开了多维度、多层次的深入的学术探讨。大家还对如何进一步加强和深化徽商、徽文化研究，进一步重视徽商与晋商、徽文化与晋文化比较研究，提出了意见与建议。

应邀出席《晋商与徽商》学术研讨会的专家学者和有关方面代表共40余人：著名美学家、徽学家郭因，安徽省徽学会会长、著名徽学研究专家王世华，原安徽省人大常委会副主任吴昌期，安徽省社科院研究员、安徽省文艺评论家协会主席钱念孙，安徽省文联名誉主席、作协名誉主席、著名作家季宇，安徽省历史文化研究中心主任、历史学家翁飞，安徽大学历史系教授、徽学研究专家周晓光，安徽省新闻工作者协会副主席刘杰，安徽省美协顾问、黄宾虹画院院长王佛生，北京大学安徽校友会执行会长、古籍研究专家赵国华，原《安徽日报》理论部主任、经济学家宋宏，中国科技大学教授、管理学家王荣森，安徽省美学学会会长、美术理论家陈祥明，安徽省文史研究馆馆员、画家萧承震，原安徽省民政厅巡视员周苏，安徽省民政厅巡视员叶汝强、安徽省文史馆文史处处长邴根斌，安徽人民出版社总编辑刘哲、副总编辑白明，《晋商与徽商》责任编辑秦闯、卢昌杰以及黄小舟、王文秀、蒋正涛等。应邀参会的还有部分企业界代表。

注：中安书画网同时配发了5幅作者与会议照片。

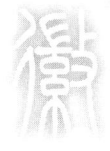

《晋商与徽商》学术研讨会在合肥举行

人民网合肥10月1日电（陶涛　王锐）　时下，一部反映秦商艰苦创业、诚信经营的电视剧《那年花开月正圆》正在热播。9月30日下午，《晋商与徽商》学术研讨会在合肥举行，该省文学、历史、出版等业内翘楚济济一堂，畅所欲言，一致认为该书"是一本不可多得的佳作"。

季宇：角度新颖　可读性强

安徽省文联名誉主席、安徽省作协名誉主席季宇是有名的徽商研究大家，著有《徽商》《新安家族》等多部反映徽商生活的长篇小说，这些小说都被改编成影视剧，很受读者、观众欢迎。

"《晋商与徽商》这部书，给我最大的感受就是角度新颖。"季宇说，在国内，反映商帮文化的力作数不胜数，可对两大商帮进行全景式研究、多角度比较，这还是第一次。

季宇同时表示，《晋商与徽商》一书的可读性极强，"作者用自己的语言和观点，娓娓道来，深入浅出，不仅适合专家阅读，而且符合大众'口味'，这一点非常难得"。

刘杰：研究的是商帮　传播的是文化

庞利民系山西万荣县人，是晋商后裔，又在安徽工作多年，因而对晋商、徽商均情有独钟，一笔著两商、十年磨一剑，写出《晋商与徽商》一书。

"我在山西工作了两个年头，为山西灿烂的佛教文化、晋商大院文化、大槐树寻根问文化所陶醉，回到安徽之后写作了《触摸山西》《三晋风采》，和庞利民先生的经历很相似。"安徽省新闻工作者协会副主席刘杰说，庞利民先生研究的是商帮、传播的是文化，他十年磨一剑，负重致远、孜孜以求，最终将两大商帮代表的三晋文化和徽州文化传播给广大读者，这种精神就是晋商、徽商精神的精髓。

王世华：这是一部不可多得的佳作

在中国十大商帮中，晋商、徽商最负盛名、影响深远。著名徽商研究专家、安徽省徽学会会长王世华表示，研究晋商、徽商，《晋商与徽商》这本书是一部绕不过去的著作。

"近百年来，反映晋商、徽商的书有近百部，文章有几千篇，但将两者结合起来进行比较研究的几乎没有，读完这部作品之后很受启发。"王世华认为，《晋商与徽商》具有极强的文学价值、学术价值和历史价值，通俗易懂，雅俗共赏，这是一部不可多得的佳作。

宋宏：大历史观下的思考与研究

"通读《晋商与徽商》这本书，既有宏观把握，令人视野开阔；也有微观剖析，让人茅塞顿开。"安徽省政府特约咨询专家、经济学家宋宏在研讨中如是说。

宋宏表示，《晋商与徽商》一书跨地域、跨时代，可谓大历史观下对经济、文化等方面的深度思考与严谨研究，"商帮文化博大精深，商帮精神历久弥新，透过这部书，对现代企业发展有着极强的学习借鉴意义。（责编：吴嫣然，马玲玲）

注：2017年9月30日晚，人民网人民视频同时播发视频新闻，播映了季宇先生与作者庞利民的影像及同期声，对会议作了报道。

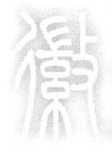

庞利民晋商与徽商有"六同"和"四不同"

(新华网山西频道/王梦佳/2017年12月6日)

晋商与徽商是中国历史上的两大著名商帮。12月6日,《晋商与徽商》学术研讨会在太原召开。本次研讨会以"传承中华优秀文化 弘扬晋商徽商精神"为主题。

研讨会上,与会专家学者从如何传承中华民族优秀文化、弘扬晋商和徽商精神,如何加强和深化晋商、晋文化研究,两大商帮与经济、文化有何关系等方面,展开了探讨。

《晋商与徽商》是安徽人民出版社2017年推出的重点图书,学术性与可读性兼顾。该书以两大商帮的兴起、发展、鼎盛、衰落历程为主线,对晋商和徽商进行多领域、多层面、多角度地比较研究,全书90余万字。

全书以流畅、细腻的笔触,引领读者领略三晋大地和徽州六邑,感受两地薪火不息的传统文化和精神真谛。

该书的作者庞利民是山西省万荣县人。他长期在电力系统工作,曾在山西工作20余年。2006年,庞利民被调到安徽省的电力系统工作。历经十载,《晋商与徽商》于近日成书,分上、下两卷。

庞利民在书中阐述了两大商帮的六大共同点和四大不同点。其中,共同点为所处环境地瘠民贫,穷则思变;走上商途后生财有道,经营有方;致富后建设家乡,传播文化;商帮中均有人精研算学,编著商书;他们都是富而不贵;他们或荣归故里,或客死他乡。不同点为地域大小不同,兴衰年代不同,精神领袖不同,民风习俗不同。

庞利民表示:"虽然我研究的是商帮,但我的目的是传播文化——将徽商文化、徽州文化介绍给山西人民,把晋商文化、三晋文化传递给安徽人民,同时将两大商帮所体现的中华传统文化传播给所有读者,让更多人感受到文化的魅力与价值。"

本次研讨会由三晋文化研究会、山西大学晋商学研究所、山西省社会科学院晋商文化研究中心、山西财经大学晋商研究院联合主办。

万荣县李家大院大门

《晋商与徽商》学术研讨会在并举行

(《山西晚报》/ 范璐 /2017 年 12 月 6 日)

本报 12 月 6 日讯,晋商与徽商是明清时期我国最著名的两大商帮。研究两大商帮的兴衰成败,是诸多明清经济史研究者追求的目标。12 月 6 日上午,《晋商与徽商》(上、下卷,庞利民著)学术研讨会在山西大学会议中心举行,来自山西省和安徽省方面的晋商、徽商研究学者,部分企业界代表近百人参与了研讨。此次活动由三晋文化研究会、山西大学晋商研究所、山西省社会科学院晋商文化研究中心、山西财经大学晋商研究院主办。

《晋商与徽商》是安徽人民出版社 2017 年推出的重点图书。多年来,研究晋商和徽商的专家、专著都不少,但将这两大商帮联系起来,专门进行比较研究的学者和成果则不多。作者庞利民十年磨一剑,执着于两大商帮比较研究,在本书中首次对中国两大商帮进行了多领域、多层面、多角度的比较研究,洋洋 90 万言,内容全面详尽,观点多有创新,文字晓畅易懂,在国内外尚属罕见。著名晋商研究专家张正明先生和著名徽商研究专家王世华先生对这部著作予以很高评价,并联袂推荐。

专家学者们认为,《晋商与徽商》最大特色就是研究视野开阔、内容全面详尽。作者对两个商帮的兴衰历程、经营行业、活动范围、从商之道、选人用人、科举仕宦、建筑特色等方方面面,都进行了详尽的比较和论述,甚至将徽州女人和山西婆姨也进行了细致的分析对比。作者在论述每个问题时,总是追根溯源,详其本末,依据充分而让人信服。

《晋商与徽商》另一个重要特色就是不蹈袭前人看法,观点多有创新。作者在梳理和研究大量史料的基础上,经过深入思考而提出自己的灼见,概

括出了两大商帮的六大共同点和四大不同点,以及两大商帮的独到之处。两大商帮的六大共同点即所处环境都是地瘠民贫,穷则思变;走上商途后都是生财有道,经营有方;他们致富后也都建设家乡,传播文化;两个商帮中都有人精研算学,编著商书;他们都是富而不贵,世人不齿;他们或荣归故里,或客死他乡。两大商帮的四大不同点即地域大小不同;兴衰年代不同,晋商兴起于明初"开中制",徽商兴起于明中叶"折色制";精神领袖不同,晋商崇拜关羽,徽商崇拜朱熹;民风习俗不同,徽人好讼,晋慎入衙。两大商帮的独到之处:晋商创设票号,汇通天下;徽商贾而好儒,以贾衍文。

这些观点的系统提出,在两大商帮的研究中还是第一次。书中对两个商帮在文化态度上的典型描述、分析,生动深刻;作者对银行与钱庄、票号优劣的分析让人耳目一新;作者将晋商与徽商衰落的原因和过程写得很详细精彩。专家们一致认为这是一部很有思想见地的学术著作,是国内第一部融学术性和普及性为一体的晋徽商帮比较史力作。

右玉县杀虎口关楼

传承中华优秀文化　弘扬晋商徽商精神

——《晋商与徽商》学术研讨会在山西大学召开

(《山西工人报》/吴艳/2017年12月7日)

本报12月6日讯（记者吴艳）为了贯彻党的十九大精神，传承中华优秀传统文化，弘扬晋商徽商精神，今天上午，由三晋文化研究会、山西大学晋商研究所、山西省社会科学院晋商文化研究中心和山西财经大学晋商研究院主办的《晋商与徽商》学术研讨会在山西大学会议中心召开。省人大常委会副主任、省总工会主席田喜荣出席研讨会并致辞。

《晋商与徽商》的作者庞利民，1957年出生，1982年毕业于山西大学中文系，在电力系统工作。该书历经十载、增删三次、五番校阅，由安徽人民出版社出版，分上、下两卷，洋洋90万言，首次对晋、徽两大商帮进行了多领域、多层面、多角度的比较，资料翔实、行文优美，并附有大量图片，极具历史厚重感。

田喜荣在致辞中指出，十九大报告中提到，"培育和践行社会主义核心价值观，要深挖中华优秀传统文化蕴含的思想观念、人文精神、道德规范"。中共中央办公厅、国务院办公厅也印发了《关于实施中华优秀传统文化传承发展工程的意见》。全面落实党的十九大精神，弘扬中华优秀传统文化，宣传晋商精神、研究晋商和三晋文化既是我们应做的，也是我们不懈努力的目标。

晋商与徽商是中国历史上两大著名商帮，在明清商界雄踞全国十大商帮第一、第二位达数百年之久，其历史价值与现实意义深受社会各界关注。庞利民所著的《晋商与徽商》洋洋90万言，内容全面详尽、观点多有创新。全书研究的是两大商帮,传播的是优秀文化。《晋商与徽商》通过对晋商、徽商的介绍和兴衰成败的分析,挖掘出晋商与徽商穷则思变的创富动力、重商立业的文化底蕴、诚信义利的经营理念和同舟共济的合作精神,对于贯彻落实创新、协调、绿色、开放、共享"五大发展理念"必有助益,对于弘扬社会主义核心价值观很有作用,对于弘扬晋商与徽商所体现的中华优秀传统文化很有意义,对于当代商人和企业家大有裨益。

原山西省委书记胡富国写来的贺信《这是一本好书》中称,此书"将两大商帮作了比较研究""宣扬了晋商精神",已成为"两商比较""两省交往"的桥梁与纽带。

原省级老领导李玉明、张正明等出席研讨会。

《山西工人报》刊载《〈晋商与徽商〉学术研讨会在山西大学召开》

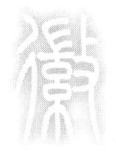

《晋商与徽商》学术研讨会在山西大学举行

(人民网山西频道/2017年12月7日)

人民网太原12月7日电 12月6日上午,《晋商与徽商》(上、下卷,庞利民著)学术研讨会在山西大学会议中心举行,来自山西和安徽两省的晋商、徽商研究学者、部分企业界代表近百人参与了研讨。此次活动由三晋文化研究会、山西大学晋商研究所、山西省社会科学院晋商文化研究中心、山西财经大学晋商研究院主办。

专家学者们认为,《晋商与徽商》最大特色就是研究视野开阔、内容全面详尽。作者对两个商帮的兴衰历程、经营行业、活动范围、从商之道、选人用人、科举仕宦、建筑特色等方方面面,都进行了详尽的比较和论述,甚至将徽州女人和山西婆姨也进行了细致的分析对比。作者在论述每个问题时,总是追根溯源、详其本末,依据充分而让人信服。

《晋商与徽商》另一个重要特色就是不蹈袭前人看法,观点多有创新。作者在梳理和研究大量史料的基础上,经过深入思考而提出自己的灼见,概括出了两大商帮的六大共同点和四大不同点,以及两大商帮独到之处。两大商帮的六大共同点即所处环境都是地瘠民贫,穷则思变;走上商途后都是生财有道,经营有方;他们致富后也都建设家乡,传播文化;两个商帮中都有人精研算学,编著商书;他们都是富而不贵,世人不齿;他们或荣归故里,或客死他乡。两大商帮的四大不同点即地域大小不同;兴衰年代不同,晋商兴起于明初"开中制",徽商兴起于明中叶"折色制";精神领袖不同,晋商崇拜关羽,徽商崇拜朱熹;民风习俗不同,徽人好讼,晋慎入衙。两大商帮的独到之处:晋商创设票号,汇通天下;徽商贾而好儒,以贾衍文。

这些观点的系统提出,在两大商帮的研究中还是第一次。书中对两个商帮在文化态度上的典型描述、分析,生动深刻;作者对银行与钱庄、票号优劣的分析让人耳目一新;作者将晋商与徽商衰落的原因和过程写得很详细精彩。专家们一致认为这是一部很有思想见地的学术著作,是国内第一部融学术性和普及性为一体的晋徽商帮比较史力作。(责编:乔慧,王建)

平遥县雷履泰故居

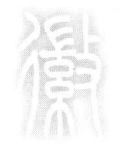

《晋商与徽商》学术研讨会在太原召开

(光明网/光明融媒记者杨珏、通讯员毛腾霄/2017年12月7日)

12月6日,《晋商与徽商》学术研讨会在山西大学会议中心召开。会议旨在贯彻党的十九大精神,传承中华优秀传统文化,弘扬晋商徽商精神。

研讨会由三晋文化研究会、山西大学晋商研究所等单位主办。原山西省委书记胡富国写来贺信,评价此书好在"将两大商帮作了比较研究"、好在"宣扬了晋商精神",已成为"两商比较""两省交往"的"桥梁与纽带"。专家们认为,《晋商与徽商》最大特色就是研究视野开阔、内容全面详尽。作者对两个商帮的兴衰历程、经营行业、活动范围、从商之道、选人用人、科举仕宦、建筑特色等方方面面,都进行了详尽的比较和论述,甚至将徽州女人和山西婆姨也进行了细致的分析对比。作者在论述每个问题时,总是追根溯源、详其本末,依据充分而让人信服。

晋商与徽商是明清时期我国最著名的两大商帮,研究两大商帮的兴衰成败,以史鉴今,资政于今天的经济社会发展,是诸多明清经济史研究者追求的目标。多年来,研究晋商和徽商的专家、专著都不少,但将这两大商帮联系起来,专门进行比较研究的学者和成果则不多。《晋商与徽商》首次对中国两大商帮进行了多领域、多层面、多角度的比较研究,洋洋90万言,内容全面详尽,观点多有创新,文字晓畅易懂,在国内外尚属罕见。作者为晋商与徽商研究另辟蹊径,增添光彩,做了一件很有价值的事情。著名晋商研究专家张正明先生和著名徽商研究专家王世华先生对这部著作予以很高评价,并联袂推荐。

《晋商与徽商》另一个重要特色就是不蹈袭前人看法,观点多有创新。

作者在梳理和研究大量史料的基础上,经过深入思考而提出自己的灼见。概括出了两大商帮的六大共同点和四大不同点以及两大商帮的独到之处。两大商帮的六大共同点即所处环境都是地瘠民贫,穷则思变;走上商途后都是生财有道,经营有方;他们致富后也都建设家乡,传播文化;两个商帮中都有人精研算学,编著商书;他们都是富而不贵,世人不齿;他们或荣归故里,或客死他乡。两大商帮的四大不同点即地域大小不同;兴衰年代不同,晋商兴起于明初"开中制",徽商兴起于明中叶"折色制";精神领袖不同,晋商崇拜关羽,徽商崇拜朱熹;民风习俗不同,徽人好讼,晋慎入衙。两大商帮的独到之处:晋商创设票号,汇通天下;徽商贾而好儒,以贾衍文。这些观点的系统提出,在两大商帮的研究中还是第一次。书中对两个商帮在文化态度上的典型描述、分析,生动深刻;作者对银行与钱庄、票号优劣的分析让人耳目一新;作者将晋商与徽商衰落的原因和过程写得很详细精彩。

背铜钱者

《晋商与徽商》是一部很有思想见地的学术著作,是国内第一部融学术性和普及性为一体的晋徽商帮比较史力作,其学术性与可读性兼顾、知识性与趣味性并胜,内容丰富多彩,表述深入浅出,文字生动流畅,史料翔实,图文并茂,既使史学专业工作者受益匪浅,又使普通读者深获智慧和启迪,是一部具有相当特色的晋徽两大商帮比较研究的佳作。

传承中华优秀文化　弘扬徽商晋商精神
——《晋商与徽商》学术研讨会

（《记者观察》/杨文滢、马越、焦文锦/2017年12月7日）

2017年12月6日，《晋商与徽商》学术研讨会在山西大学会议中心召开。研讨会由三晋文化研究会、山西大学晋商研究所、山西省社会科学院晋商文化研究中心、山西财经大学晋商研究院主办。会议旨在贯彻党的十九大精神，传承中华优秀传统文化，弘扬晋商徽商精神，宣传落实习近平总书记在今年6月视察山西工作时提出的"诚实守信、开拓进取、和衷共济、务实经营、经世济民"的晋商精神。

原山西省委书记胡富国写来贺信《这是一本好书》，对此书做出高度评价，说此书好在"将两大商帮做了比较研究"、好在"宣扬了晋商精神"，已成为"两商比较""两省交往"的"桥梁与纽带"。原山西省人大常委副主任李玉明，原山西政协副主席、著名晋商研究专家张正明出席研讨会并讲话。山西大学晋商研究所所长刘建生介绍了作者及《晋商与徽商》一书的基本情况。专家学者们进行了学术研讨与交流发言。最后，《晋商与徽商》作者庞利民答谢讲话。

《晋商与徽商》（上、下卷，庞利民著）是安徽人民出版社2017年推出的重点图书。晋商与徽商是明清时期我国最著名的两大商帮，研究两大商帮的兴衰成败，以史为鉴，资政于今天的经济社会发展，是诸多明清经济史研究者追求的目标。多年来，研究晋商与徽商的专家、专著都不少，但将这两大商帮联系起来，专门进行比较研究的学者和成果则不多。《晋商与徽商》首次对中国两大商帮进行了多领域、多层面、多角度的比较研究，洋洋90万言，内容全面详尽，观点多有创新，文字晓畅易懂，在国内外尚属罕见。作者为晋商与徽商研究另辟蹊径，增添光彩，做了一件很有价值的事情。著名晋商研究专家张正明先生和著名徽商研究专家王世华先生对这部著作予以很高评价，并联袂推介。

专家学者们认为，《晋商与徽商》最大特色就是研究视野开阔、内容全面详尽。作者对两大商帮的兴衰历程、经营行业、活动范围、从商之道、选人用人、科举仕宦、建筑特色等方方面面，都进行了详尽的比较和论述，甚至将徽州女人与山西婆姨也进行了细致的分析、对比。作者在论述每个问题时，总是追根溯源、详其本末，依据充分而让人信服。

《晋商与徽商》另一个很重要的特色就是不蹈袭前人看法，观点多有创新。作者在梳理和研究大量史料的基础上，经过深入思考而提出自己的灼见，概括出了两大商帮的六大共同点和四大不同点，以及两大商帮的独到之处。两大商帮的六大共同点即所处环境都是地瘠民贫，穷则思变；走上商途后都是生财有道，经营有方；他们致富后也都建设家乡，传播文化；两个商帮中都有人精研算学，编著商书；他们都是富而不贵，世人不齿；他们或荣归故里，或客死他乡。两大商帮的四大不同点即地域大小不同；兴衰年代不同，晋商兴起于明初"开中制"，徽商兴起于明中叶"折色制"；精神领袖不同，晋商崇拜关羽，徽商崇拜朱熹；民风习俗不同，徽人好讼，晋慎入衙。两大商帮的独到之处：晋商创设票号，汇通天下；徽商贾而好儒，以贾衍文。这些观点的系统提出，在两大商帮的研究中还是第一次。书中对两个商帮在文化态度上的典型描述、分析，生动深刻；作者对银行与钱庄票号优劣的分析让人耳目一新；作者将晋商与徽商衰落的原因和过程写得很详细精彩。

《晋商与徽商》是一部很有思想见地的学术著作，是国内第一部融学术性和普及性为一体的晋徽商帮比较史力作。其学术性与可读性兼顾、知识性与趣味性并胜，内容丰富多彩，表述深入浅出，文字生动流畅，史料翔实，图文并茂，既使史学专业工作者受益匪浅，又使普通读者深获智慧和启迪，是一部具有相当特色的晋徽两大商帮比较研究的佳作。

《晋商与徽商》还有另一个特色，就是具有开阔的文化视野，不仅着眼于商帮本身，而且着眼于与两大商帮相联系的晋文化和徽文化。研究的是商帮，传播的是文化。作者力图通过晋商把三晋文化介绍给安徽人民；通过徽商把徽州文化介绍给山西人民；通过对晋商与徽商的比较研究，把两大商帮所代表的三晋文化和徽州文化传播给全国人民，把晋商与徽商身上所体现的中华优秀传统文化传播给世界人民。因此，《晋商与徽商》的创作出版，具有重要的现实意义。作者庞利民十年磨一剑，执着于两大商帮的比较研究，身在外省，心系三晋，是一位宣传晋商、宣传晋文化、宣传山西的光明使者。

与会领导、专家学者们认为，习近平总书记提出的"诚实守信，开拓进取，和衷共济，务实经营，经世济民"的20字晋商精神，就是习近平新时代中国特色社会主义思想的一部分。这既是对历史晋商的高度概括和褒赞，又是对当代晋商的激励与鞭策。晋商学者要以此为题深入研究、广泛宣传；三晋企业家要以此为魂，奋力拼搏，再铸辉煌；山西儿女要以此为荣，切身躬行，弘扬光大。

与会专家学者们还就如何传承中华优秀文化、弘扬晋商徽商精神，以及晋商与徽商两大商帮的不同特点、两大商帮与经济的关系、两大商帮与文化的关系、两大区域商帮文化与整个中华文化的关系、晋商徽商文化的历史价值与现实意义等问题，展开了多维度、多层次的学术讨论。大家还对如何进一步加强和深化晋商、晋文化研究，进一步重视晋商与徽商、晋文化与徽文化比较研究，提出了意见与建议。

出席《晋商与徽商》学术研讨会的专家学者和有关方面代表，共100余人。应邀出席的还有新华社、《人民日报》《光明日报》《山西日报》、山西电视台、《山西经济报》《山西晚报》《山西政协报》《太原日报》《记者观察》杂志社、《三晋儿女》杂志社等媒体的记者。应邀参会的还有部分企业界代表。

传承中华优秀文化　弘扬徽商晋商精神
——《晋商与徽商》学术研讨会在山西大学召开

（《山西政协报》/ 宋沁飞 /2017 年 12 月 8 日）

12月6日，《晋商与徽商》学术研讨会在山西大学召开。研讨会由三晋文化研究会、山西大学晋商研究所、山西省社会科学院晋商文化研究中心、山西财经大学晋商研究院主办。山西省人大常委会副主任田喜荣出席研讨会并讲话

研讨会旨在贯彻党的十九大精神，传承中华优秀传统文化，弘扬晋商徽商精神，贯彻落实习近平总书记今年6月在山西视察工作时提出的"诚实守信、开拓进取、和衷共济、务实经营、经世济民"的晋商精神。《晋商与徽商》是作者庞利民历时10年辗转山西、安徽、湖北三省而完成。该书首次对晋商与徽商两大商帮进行了多领域、多层面、多角度比较，全书90余万字，内容全面详尽、观点多有创新、文字晓畅易懂。专家学者们认为，该书最大的特色是研究视野开阔，不仅着眼于商帮本身，而且着眼于与两大商帮相联系的晋文化和徽文化。此外，作者对两大商帮的兴衰历程、经营行业、活动范围、从商之道、选人用人等方面都进行了详尽的比较和论述，是一部比较研究晋徽两大商帮的佳作。

田喜荣指出，晋商与徽商是明清时期我国最著名的两大商帮，其历史价值和社会意义深受各界关注，研究两大商帮的兴衰成败，以史鉴今，资政于今天的经济社会发展，是诸多明清经济史研究者追求的目标。我们今天研究晋商与徽商精神，把其代表的中华优秀传统文化传承下去，具有非常重要的现实意义。

省级老领导李玉明、张正明出席研讨会。

50余位学者研讨《晋商与徽商》

(《山西日报》/周同馨/2017年12月13日)

12月6日,《晋商与徽商》学术研讨会在山西大学举行。研讨会由三晋文化研究会、山西大学晋商研究所、山西省社会科学院晋商文化研究中心、山西财经大学晋商研究院主办。会议旨在传承中华优秀传统文化、讲述晋商徽商故事。

《晋商与徽商》(庞利民著)是安徽人民出版社今年推出的重点图书。晋商与徽商是明清时期我国最著名的两大商帮,研究两大商帮的兴衰成败,以史鉴今,是诸多明清经济史研究者追求的目标。多年来,研究晋商和徽商的专家、专著不少,但将这两大商帮联系起来,专门进行比较研究的学者和成果则不多。《晋商与徽商》首次对中国两大商帮进行了多领域、多层面、多角度的比较研究,洋洋90万字,内容详尽,观点颇新。作者为晋商与徽商研究另辟蹊径。著名晋商研究专家张正明先生和著名徽商研究专家王世华先生对这部著作予以很高评价,并联袂推荐。

参加研讨的50余位专家学者纷纷发言,大家认为,《晋商与徽商》的最大特色就是研究视野开阔、内容全面详尽。作者对两个商帮的兴衰历程、经营行业、活动范围、从商之道、选人用人、科举仕宦等方方面面,都进行了详尽的比较和论述,甚至将徽州女人和山西婆姨也进行了细致的分析对比。作者在论述每个问题时,总是追根溯源,详其本末,依据充分而令人信服。

《晋商与徽商》的另一个重要特色就是不蹈袭前人看法,观点多有创新。作者在梳理和研究大量史料的基础上,经过深入思考而提出了自己的灼见,概括出了两大商帮的六大共同点和四大不同点,以及两大商帮的独到之处。

《晋商与徽商》是国内第一部融学术性和普及性为一体的晋徽商帮比较史力作。（本报记者）

注：本报记者即周同馨先生，《山西日报》副刊中心主任、高级编辑。

开封市山陕甘会馆鸡爪楼

《晋商与徽商》研讨会举行

(《太原日报》/刘照华/2017年12月8日)

本报讯 12月6日,旨在贯彻党的十九大精神,传承弘扬中华优秀传统文化的《晋商与徽商》学术研讨会在山西大学会议中心举行。研讨会由三晋文化研究会、山西大学晋商研究所、山西省社会科学院晋商文化研究中心、山西财经大学晋商研究院主办,有关方面领导和专家学者出席。

由安徽人民出版社列为2017年重点图书出版的《晋商与徽商》是庞利民先生十年磨一剑的精心之作。这部著作首次对明清时期我国最著名的两大商帮——晋商、徽商进行了多领域、多层面、多角度的比较研究,以史鉴今,资政于今天的经济社会发展。该书对两个商帮兴衰历程、经营行业、活动范围、从商之道、选人用人、科举仕宦、建筑特色等进行了比较和论述,概括了两个商帮的六大共同点、四大不同点,从"晋商创设票号,汇通天下;徽商贾而好儒,以贾衍文"的视角,对两大商帮的独到之处作出总结,并从文化态度层面对两个商帮进行了生动、深刻的描述与分析,其中体现着学术性与可读性并重的追求。作者力求追根溯源、详其本末,特别是不蹈袭前人看法,观点多有创新;通过对晋商与徽商的比较研究,力求把两大商帮所代表的三晋文化、徽州文化传播给广大读者,把晋商与徽商身上所体现的中华优秀传统文化传播给世界,显现了开阔的文化视野,使《晋商与徽商》的创作与出版具有了较强的现实意义。研讨中,与会领导和专家学者还围绕如何进一步加强和深化晋商、晋文化研究提出了意见与建议。

《晋商与徽商》学术研讨会在山西大学举行

(《三晋都市报》/2017年12月22日)

本报讯 12月6日上午,《晋商与徽商》(上、下卷,庞利民著)学术研讨会在山西大学会议中心举行,来自山西和安徽两省的晋商、徽商研究学者、部分企业界代表近百人参与了研讨。此次活动由三晋文化研究会、山西大学晋商研究所、山西省社会科学院晋商文化研究中心、山西财经大学晋商研究院主办。

专家学者们认为,《晋商与徽商》的最大特色就是研究视野开阔、内容全面详尽。作者对两个商帮的兴衰历程、经营行业、活动范围、从商之道、选人用人、科举仕宦、建筑特色等方方面面,都进行了详尽的比较和论述,甚至将徽州女人和山西婆姨也进行了细致的分析对比。作者在论述每个问题时,总是追根溯源、详其本末,依据充分而让人信服。

《晋商与徽商》另一个重要特色就是不蹈袭前人看法、观点多有创新。作者在梳理和研究大量史料的基础上,经过深入思考而提出自己的灼见,概括出了两大商帮的六大共同点和四大不同点,以及两大商帮的独到之处。两大商帮的六大共同点即所处环境都是地瘠民贫,穷则思变;走上商途后都是生财有道,经营有方;他们致富后也都建设家乡,传播文化;两个商帮中都有人精研算学,编著商书;他们都是富而不贵,世人不齿;他们或荣归故里,或客死他乡。两大商帮的四大不同点即地域大小不同;兴衰年代不同,晋商兴起于明初"开中制",徽商兴起于明中叶"折色制";精神领袖不同,晋商崇拜关羽,徽商崇拜朱熹;民风习俗不同,徽人好讼,晋慎入衙。两大商帮的独到之处:晋商创设票号,汇通天下;徽商贾而好儒,以贾衍文。

媒体报道

　　这些观点的系统提出，在两大商帮的研究中还是第一次。书中对两个商帮在文化态度上的典型描述、分析，生动深刻；作者对银行与钱庄、票号优劣的分析让人耳目一新；作者将晋商与徽商衰落的原因和过程写得很详细精彩。专家们一致认为这是一部很有思想见地的学术著作，是国内第一部融学术性和普及性为一体的晋徽商帮比较史力作。（本报记者）

平遥县雷履泰故居四合院

《晋商与徽商》荣获第 32 届华东地区优秀哲学社会科学图书奖

王琦 /2018 年 11 月 22 日

安徽人民出版社讯　2018 年 11 月 8 日，第 32 届华东地区优秀哲学社会科学图书评选暨南京出版社成立 30 周年出版发行研讨会在南京举行。华东

地区 7 家人民社和 6 家城市社的社长、总编辑等 40 余人出席了会议。

会议评选出了第 32 届华东地区优秀哲学社会科学获奖图书 174 种，其中一等奖 50 种、二等奖 124 种。安徽人民出版社的《晋商与徽商》《混合所有制经济新论》《匠心——走近中国院士》《合肥通史》《家风——中华精神的传家宝》《推开隋唐大运河史的一扇窗——世界文化遗产点：柳孜运河遗址》等精品图书荣获一等奖；

《徽州书法》《张英年谱》等 15 种图书荣获二等奖。

会上,华东地区 13 家出版社的社长、总编辑畅所欲言,各抒己见,交流分享了许多主题出版的创新做法和成功经验。安徽人民出版社副总编辑杜宇民强调了三审制"关口前移"对加强主题出版工作的重要作用。与会代表在意识形态责任制、图书原创和融合出版等多个方面达成诸多共识。

万荣县李家大院砖雕女儿墙

庞利民《晋商与徽商》再得大奖

(《中国电力报》/ 瞿思远 /2018 年 12 月 28 日)

近日,第 32 届华东地区优秀哲学社会科学图书评选活动结束,由国家电网公司员工庞利民所著的《晋商与徽商》一书荣获一等奖。

《晋商与徽商》以晋徽两大商帮的兴起、发展、鼎盛、衰落历程为主线,通过独特视角探究其兴衰沉浮的事实真相,串起晋商与徽商背后的地域、政治、经济、军事、文化、家庭、民俗、建筑的点点珠玑。作者系统还原了两大商帮由明代业盐起家,至封建王朝消亡的历史轨迹,并以流畅细腻的笔触,引领读者神游三晋大地与徽州六邑,领略两地人文习俗和美丽风情,感悟蕴集于两大商帮的传统文化和精神真谛,具有鲜明的创新性、可读性和较高的学术价值。

作者庞利民系山西省万荣人,在山西省电力公司工作过 20 年,对晋商情有独钟。2006 年,他交流到安徽省电力公司工作,厚重的徽州文化使他对徽商文化也产生了浓厚兴趣。他引经据典、孜孜以求,终于写出了这部作品,蹚出了一条研究晋商与徽商的新路。

评委审阅后一致认为,本书首次对晋商与徽商进行了多领域、多层面、多角度的比较研究,内容全面详尽,观点多有创新,文字晓畅易懂,史料扎实丰厚、视野开阔。本书出版后得到学术界和广大读者的充分肯定,被誉为"迄今为止最为全面的晋商与徽商比较研究著述",推动了中国商帮史研究的进一步发展。

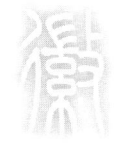

《晋商与徽商》荣获华东地区优秀哲学社会科学图书奖

2019年01月11日09:44 来源：人民网-山西频道

人民网太原1月11日电 近日，第32届华东地区优秀哲学社会科学图书评选暨南京出版社成立30周年出版发行研讨会在南京举行。安徽人民出版社出版的由山西作者庞利民所著的《晋商与徽商》荣获一等奖。

《晋商与徽商》（上、下卷）以两大商帮的兴起、发展、鼎盛、衰落历程为主线，通过独特视角探究其兴衰沉浮的事实真相，串起晋商与徽商背后的地域、政治、经济、军事、文化、家庭、民俗、建筑的点点珠玑。作者系统还原了两大商帮由明代业盐起家，至封建王朝消亡的历史轨迹；并以流畅细腻的笔触，引领读者神游三晋大地与徽州六邑，领略两地人文习俗和美丽风情，感悟蕴集于两大商帮、至今薪火不息的传统文化和精神真谛，具有鲜明的创新性、可读性和较高的学术价值。

这本书作者庞利民系山西万荣人，1982年毕业于山西大学。在山西省电力公司工作过20年，对晋商情有独钟。2006年，他交流到安徽省电力公司工作，厚重的徽州文化使他对徽商文化也产生了浓厚的兴趣。他引经据典，孜孜以求，终于写出了这部作品，趟出了一条研究晋商与徽商的新路。

评委审阅后一致认为，本书首次对晋商与徽商进行了多领域、多层面、多角度的比较研究，内容全面详尽，观点多有创新，文字晓畅易懂，史料扎实丰厚，视野开阔。本书出版后得到学术界和广大读者的充分肯定，被誉为"迄今为止最为全面的晋商与徽商比较研究著述"。它以独特视角"解码"晋商与徽商的"奥秘"，成功架起了两大商帮研究的学术性与普及性之间的桥梁，弘扬中华优秀传统文化，开辟了晋商与徽商研究的新境界，推动了中国商帮史研究的进一步发展。

（赵芳 瞿思远）

(责编：赵芳、白鸿滨)

《晋商与徽商》荣获第32届华东地区优秀哲学社会科学图书评选一等奖后，人民网、《中国电力报》《国家电网报》、山西日报客户端、《山西青年报》《山西工人报》等其他报刊网络等都给予了宣传报道。

《晋商与徽商》获华东优秀社科图书奖

本报讯（瞿思远） 近日,第32届华东地区优秀哲学社会科学图书评选暨南京出版社成立30周年出版发行研讨会在江苏南京举行。国网山西省电力公司退休干部庞利民所著的《晋商与徽商》一书荣获一等奖。

《晋商与徽商》(上、下卷)以晋商、徽商两大商帮的兴起、发展、鼎盛、衰落历程为主线,通过独特视角探究其兴衰沉浮的历史原因,展示了晋商与徽商发展的地域、政治、经济、军事、文化、民俗、建筑的背景和特点。作者以流畅细腻的文笔,引领读者神游三晋大地与徽州六邑,领略两地的人文风俗和美丽风情,感悟传统文化,具有较高的可读性和学术价值。

该书作者庞利民系山西省万荣人,曾长期在国网山西、安徽电力任职。工作之余,他对晋商、徽州文化产生了浓厚的兴趣并深入研究。

本届图书奖的评委认为,《晋商与徽商》首次对晋商与徽商进行了多领域、多层面、多角度的比较研究,内容全面详尽,观点多有创新,文字顺畅易懂,史料扎实丰厚,视野开阔。本书出版后得到学术界和读者的肯定。

诗画志贺

一、诗画志贺

（一）

贺庞先生大著《晋商与徽商》出版

十年铸剑霜刃鸣，三载锓梓寸心耕。

晋徽商魂今犹在，青史留芳启后人。

秦闾　2017 年 5 月 31 日于合肥

秦闾　安徽人民出版社高级编审，《晋商与徽商》责任编辑。

（二）

今时有古贤，晋徽大文章

萧承震书《今时有古贤》

能参加庞利民先生的《晋商与徽商》大作学术研讨会，是一件令人高兴的事。今天高朋满座，我想各位专家、学者也有同感。

晋商和徽商是明清对我们国家也是对人类做出巨大贡献的两个集团，他们历尽艰难，做出不少牺牲，创新了贸易货币（钱庄汇票），实行了诚信、利己、利民的贸易规范，为中华民族的发展振兴做出了巨大贡献。他们都是红顶商人。

庞利民先生利用业余时间，翻阅大量资料，完成了这上下两集的百万字巨著，吃尽了苦头，让我们由衷地敬佩。他的这部著作分析了两大商帮兴盛衰落的历史过程，对今后研究两商的学者也提供了宝贵的资料，难能可贵，可歌可贺！我画了一幅《一鸣天下晓》，写了一首诗：“群儒聚会天鹅畔，畅谈晋商与徽商。盛赞庞公十年剑，百万雄篇励后贤。”送给庞利民先生，

以志庆贺!

萧承震　2017年9月30日

萧承震　幼承家学,著名书画家,安徽省文史研究馆馆员。安徽省美协、书协会员,家翁萧龙士艺术研究会会长。

萧承震画《一鸣天下晓》

(三)

贺庞先生《晋商与徽商》在我社出版

以史为镜,方知兴替。

比较史学,分类缕细。

两大商帮,议论风生。

据典带故,满纸生趣!

十年磨一剑。庞利民先生身为晋商后裔,不恋官职,不忘初心,辟比较史学之径,探两大商帮之秘,以洋洋洒洒90万言,著就我国首部反映古代企业家风貌的《晋商与徽商》,震动学界,广受好评!

刘哲　2017年10月1日

刘哲　安徽人民出版社总编辑。

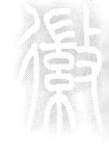

（四）

梅花香自苦寒来

乡友庞公利民先生历经十年，艰苦创作，终得圆满出版《晋商与徽商》，敬佩至极，因作红梅怒放图，以致祝贺。

王文秀　2017年10月于合肥九华山庄

王文秀画《梅花香自苦寒来》

(五)

黄小舟画《尽得风流》

黄小舟 又名博约，出生于1965年，安徽萧县人，擅画兰竹，出版有《博约墨竹欣赏》《博约兰竹选集》等多种画册。任安徽省萧龙士艺术研究会副会长，绿色书画院副院长等职。

诗画志贺

（六）

赞《晋商与徽商》一书

赵望进

晋商徽商，两大行帮。
经营有道，来财有方。
地域不同，各有辉煌。
晋崇关羽，义利为纲。
盐业起兴，票号钱庄。
诚信为本，惠及八方。
徽尊朱熹，以文促商。
贾而好儒，茶道文房。
宗族重教，商路盛昌。
利民两商，巨著煌煌。
十年一书，笔墨飞扬。
新的时代，新的篇章。
综前启后，异彩光芒。

公元2017年12月19日，老友李甲成偕《晋商与徽商》著者庞利民来工作室，并带来新作《晋商与徽商》上下两卷，洋洋近百万言，有综述，有分析，有比较，有见树，可谓商道之力作。感叹之余，谨书以上赞语。赵望进

赵望进书
《赞〈晋商与徽商〉一书》

赵望进　笔名素石，1940年生，山西省临猗县人。曾任中共太原市委宣传部副部长、山西省书法家协会主席、中国书法家协会理事、山西省政协委员、山西省文史委员会副主任、山西省楹联艺术家协会主席等职。标题为编者所加。

（七）

贺利民先生《晋商与徽商》出版

　　地气天光接古黟，
　　河东遗韵大河滋。
　　十年一剑磨之砺，
　　祭起商帮两面旗。

　　书赠庞利民先生，拜读大作《晋商与徽商》。

　　　　　　丁酉　齐文

郭齐文　字奎井，号半痴。1937年生，山西省榆次市人，曾任晋中市史志研究院副院长、研究员，山西省政府文史研究馆馆员，中国书协会员暨当代名家百位老书法家，山西省书协书法艺术指导委员会副主任，中华诗词学会会员，中国商业史学会常务理事，晋中市书协、诗协名誉主席等职。

（八）

写给庞利民先生

　　十年一剑穿时空，
　　晋徽商髓显笔端。
　　一气十遍不过瘾，
　　只言精神此书中。

　　　　刘创录　2017年7月8日

刘创录　山西日报社《青少年日记》总编辑。

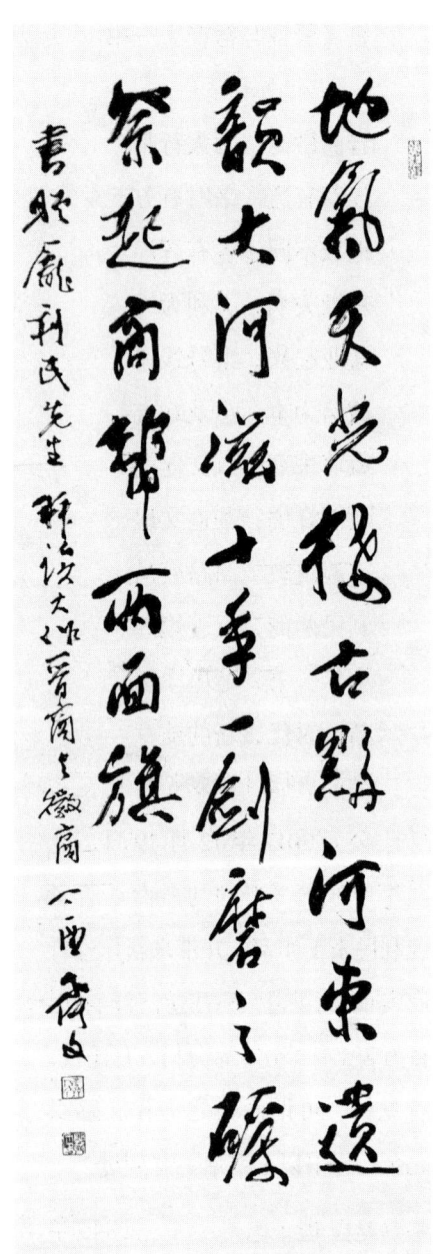

郭齐文书
《地气天光接古黟》

（九）

中学学长庞利民《晋商与徽商》学术研讨会今日在山西大学召开。庞利民，1978年10月考入山西大学中文系，曾任山西电力公司副总经理、安徽电力公司党组书记、华中电网有限公司副总经理，业余时间搜集晋商徽商相关资料，呕心沥血，历时十载，完成近百万字大著。内容涉及经济、政治、军事、文化、艺术、科技等各个方面，不仅资料翔实，而且有学术观点。受到晋皖学界的一致好评。特书：

沟通晋皖，
弘扬儒商。

利民学长《晋商与徽商》学术研讨会志贺。

姚国瑾书《沟通晋皖》

姚国瑾　2017年12月6日

姚国瑾　字玉衡，号箪庐、槛上人、南沙居士。1958年生，山西万荣通化镇人。山西大学教授，山西省书法家协会副主席、学术委员会主任，中国书法"兰亭奖"评委，全国书法篆刻展评委。

（十）

书贺庞利民晋商与徽商一书问世

文章清远世少比，

胸次广博天所开。

　　　　　郑恩田　丁酉年晋东

　　郑恩田　字东古，号鹅毛堂主。1942年6月生，山西阳泉人。中国书法家协会会员，山西省书协艺术指导委员会副主任委员，山西省美协会员，阳泉市书法协会主席。

郑恩田书
《文章清远世少比》

（十一）

十年磨一剑，

点墨写双峰。

为利民《晋商与徽商》出版题。

孙满仓撰联，王玉声书，丁酉夏月

　　孙满仓　《山西日报》高级记者，中国楹联学会副会长，《对联》杂志社社长兼总编辑。

　　王玉声　原山西省档案局副巡视员、研究馆员。

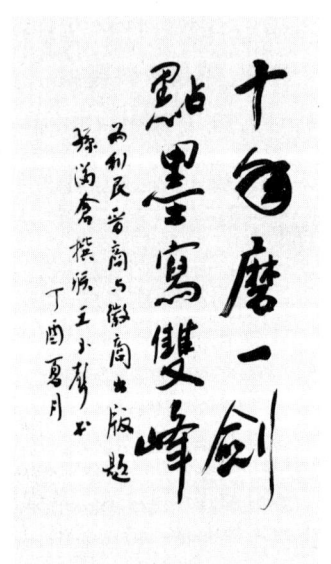

王玉生书
《十年磨一剑》

诗画志贺

（十二）

读庞利民先生《晋商与徽商》有感

河汾才俊文思长，江淮送电谋稻粱。

此心有闲无旁骛，尽倾丹青写商帮。

四宝学诗　丁酉孟秋

梁四宝　山西大学经济学工商管理学院副院长、副教授。

（十三）

贺利民同学新书《晋商与徽商》面世

利民为官忧家邦，潜心晋商与徽商。

披星戴月整十载，皇皇巨著表衷肠！

淮万年　丁酉夏月

淮万年　山西建工集团综合办公室主任，副总经济师。

淮万年（右）书《潜心商道》

（十四）

庞兄，近日闲暇，把你发的有关在合肥与母校举办的《晋商与徽商》研讨会材料又统统读了一遍，不胜感慨，凑得数语，博兄一笑。

九月巢湖论秋实，并州名家又云集。

已得司马翔实传，更有三王质朴词。

平生事业光和电，传世文章新与奇。

初心不改书生梦，龙门放歌正当时。

赵运中　2017年12月14日

欣闻庞兄利民《晋商与徽商》一书学术研讨会在多地举行，不胜感慨，拼凑数行以贺。戊戌初夏河东牛胜江书。

赵运中　运城师范高等专科学校培训处主任，中文系副教授，省级学科带头人、优秀教师，2004年国家语委授予国家级优秀测试工作者。

牛胜江　中国书法家协会会员，运城师范高等专科学校书法专业副教授。

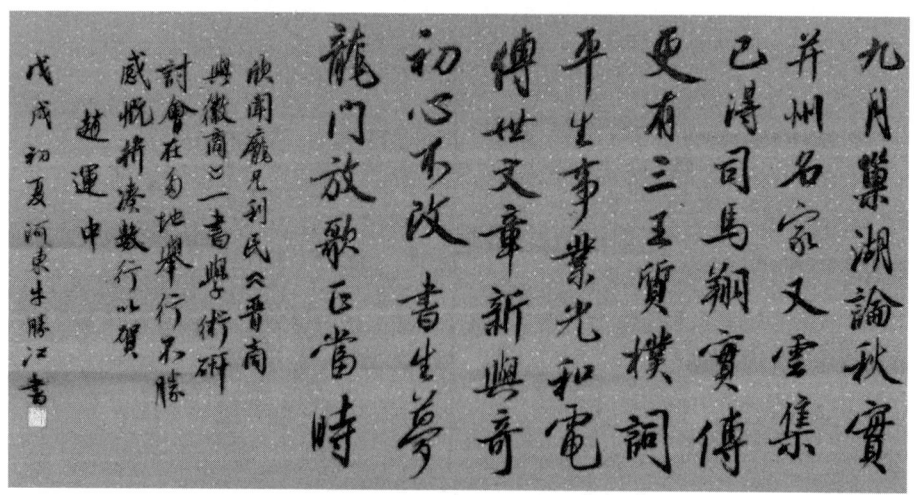

牛胜江书《九月巢湖论秋实》

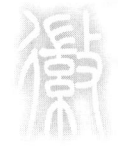

（十五）

贺利民同学《晋商与徽商》问世

晋商与徽商，明清两商帮。

领略两地人，真谛化传承。

十载苦完成，三易其稿样。

九十万文字，出于学兄庞。

河津李惠民　2017年10月6日

（十六）

胸怀两商帮，穿北逾边，溢土扬尘，栉风沐雪融古今史；

寻探晋徽路，熙来攘往，聚富如山，贾儒笃行韵天地心。

贺庞利民先生《晋商与徽商》出版。感怀"两商帮"深之而远播，兴商活市，贸通九州，累积厚发，砥砺时艰，后世景仰。洋洋《晋商与徽商》之作，九十万字。庞先生情湃心荡，史鉴过往，文采斐然，读之有厚实而久远的憧憬。载记拓商疆、立钱庄、建股制，崇商善贾，旨在扬至诚至信之精神。

山西省电力公司卢丰　2017年10月12日

卢丰　山西电力物业公司办公室主任，高级经济师，山西省作家协会会员。

（十七）

庞老师：

恭喜恭喜！实至名归！您以公务之余，有此巨著，尤其难能可贵！今作《塞天寄情》问候老师，以抒情怀！

萧瑟朗空映心明，冷冽北风澈志坚！

终得心态皆清莹，企业国学天下平。

台湾　吴秋育　2018.11.15

（十八）

心血凝成一册珍
七　律
庞敬一

心血凝成一册珍，族人题赠价逾金。
每因佳事酣情醉，屡对高风击节频。
朱子理学常仰望，关公文化细沉吟。
晋徽商贾承传统，卷帙能容天地春。

鹧鸪天·晋商与徽商
庞敬一

关圣朱熹肩上担，寻商大梦抱胸前。
利连汾水千重浪，民仰黄山一片丹。
挨枕晚，入眠难，笔耕开创路三千。
庞君新辟鹏程道，并翅雄飞到九天。

题《晋商与徽商》
庞敬一

经世济民，太祖嘉行昭后代；
崇德取利，洁身廉吏仰前朝。

2018 年 5 月 23 日

庞敬一　万荣县通化镇《甘泽河汾》主编，诗联学会会长。

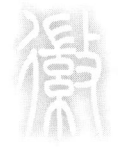

（十九）

传道解惑，利民利国。

发挥余热，千秋功德。

弓长　2018 年 10 月 28 日

（二十）

利民利世利国　立功立德立言

高义　2018 年 10 月 28 日

（二十一）

庞利民先生来河北于明天在省图书馆文化讲座，遗憾有事，不能到场聆听，特撰古体小诗一首，赠庞先生，不吝赐教。

夕阳无限好，神州任逍遥。

弘道不畏苦，乐善多福报。

张经文于石家庄经贸大学
2018 年 12 月 14 日晚

作者在河北省图书馆讲座

(二十二)

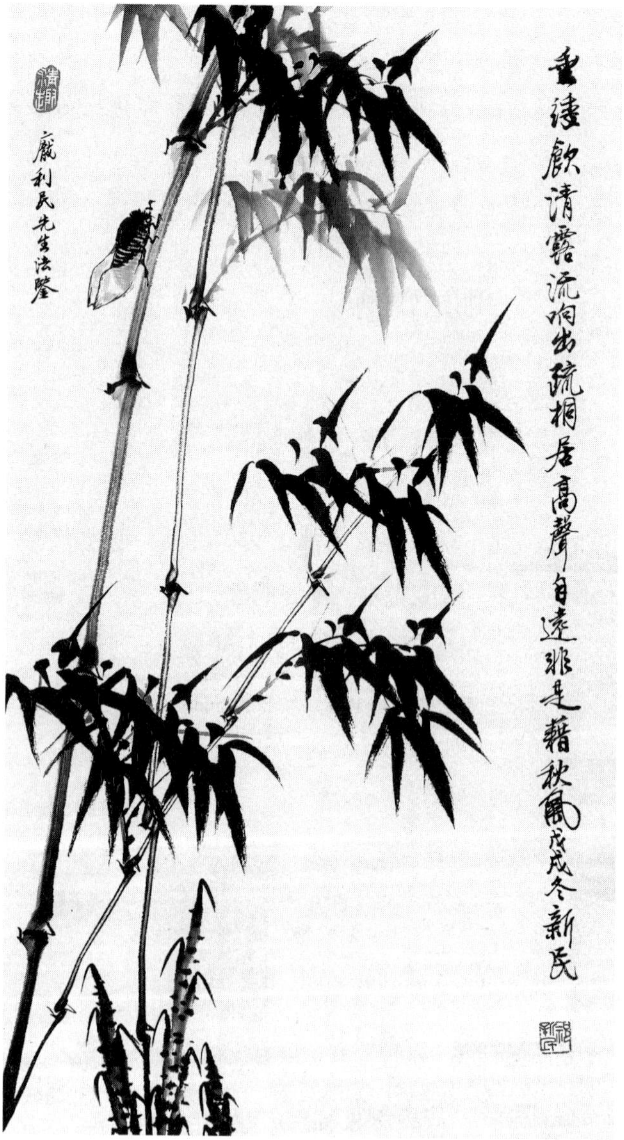

祝新民《墨竹》图

祝新民 陕西省乾县人,1943年2月生,1968年毕业于西北大学中文系,先后任咸阳市长,市委书记;中纪委驻国家电力公司和国家电网公司纪检组组长,国家电力公司和国家电网公司党组成员;中国电力书法家协会副主席。

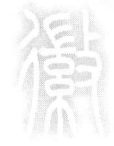

（二十三）

庞书记，您好！秦闯老师给我机会责编您的10年心血的结晶《晋商与徽商》，这是我的荣幸！因为自己是学历史的，我也是安徽师大毕业的，王世华、李琳琦、周晓光等老师都不时指导过，所以对历史包括徽商、晋商有些兴趣。《乔家大院》播出后，我对商帮文化有些痴迷。所以当初拿到书稿时如获至宝，如饥似渴地边读边校，从中汲取营养，书编完了，我也跟您读了个博士了！收获满满！此次学术研讨会不仅仅宣传了图书，更将中国商帮史研究甚至现代商帮研究推到一个新高度，您的《晋商与徽商》是转折点！

卢昌杰　2017年10月2日

卢昌杰　安徽人民出版社高级编审，《晋商与徽商》责任编辑。

二、读者点赞

（一）

著名晋商研究专家张正明和著名徽商研究专家王世华联袂推荐……庞利民新著《晋商与徽商》与广大读者见面，作者既是我同乡又是我仁兄，也是我过去的顶头上司。继《孝养菊香》等著作出版之后，又用10年之久的工作之余，推出这部90万字的压枕之作。该部著作首次对晋徽两大商帮进行了多领域、多层面、多角度的比较研究，内容详细、观点创新、文字晓畅，在国内外尚属少见，可喜可贺！

太原　雷建德　2017年6月

（二）

庞利民在山西电力、安徽电力工作的10年间，利用业余时间查资料、访专家，实地考察、抽空写作，把中国历史上两大商帮，从初发到兴起，从鼎盛到衰落，进行了纵的论述和横的比较，形成中国第一部晋徽商帮比较史！他这静心和执着，值得我们学习！

太原　孙满仓　2017年6月5日

（三）

利民兄：从昨天下午回到家到深夜，我一直在专心阅读你的大作，感觉不仅内容丰富，而且文笔很好，可读性很强，特别是看了张正明、王世华两位先生作的序和你写的后记，钦佩之情更是油然而生！老兄在公务繁杂的情况下，10年间几乎把所有节假日、双休日等业余时间都搭进去，早起晚睡、潜心研究、专致著述，实在令人感慨至深！这种恒心和毅力，着实为我等之楷模！现将昨天拍的照片以原图发过去，可作留存或出书之用。

太原　肖亚光　2017年6月22日

(四)

上下两巨册，百万余言。我匆匆翻看了一下，该书倾注了老同学10年的心血，可谓体大精深、包罗万汇，难怪晋徽两省该领域的权威为其作序并倾力推荐！

太原　景宏业　2017年6月5日

(五)

利民：书看了一些，晓丽妈和我抢着看，老太太说写得好，知识面宽。

不是恭维，功夫不负有心人，有学者的严谨、史学家的风度，有宽度有深度有思想，旁征博引讲得通透，信息量大，看了能学到知识受到启发，必须给你点赞，十年辛苦！值了！

我要回老家了，回来慢慢拜读。

太原　肖安华　2017年6月12日

(六)

剑磨十年方吹毛断刃，书写八载才字字珠玑。——厉害了，我的庞！

国家电网有限公司党校2002班　DW　2017年6月15日

(七)

辛苦了！大作后记仔细地看了，字里行间充满了对晋徽两地文化的热爱和执着的感情，透露出一个知性管理者和人民群众之间的血肉联系，流露出一个农民儿子的朴实、爽直的个性！值得点赞！

深圳　George　2017年6月16日

(八)

庞总，我的顶头上司，为人低调、和蔼，每年过年给我发红包慰问合影。前几天，我们一起去南方转了一圈，才知道庞总是中文系高材生，洋洋洒洒

90余万字的《晋商与徽商》，十年笔耕不辍，难能可贵，我等楷模。

武汉　柳焕章　2017年6月24日

（九）

向庞书记学习和致敬！老骥伏枥，志在千里。

合肥　江金霞

（十）

庞总本身就是运城人的荣耀！现在您的心血……首部晋徽商帮著作，是压枕之作，比一个央企总经理还值钱，尤其是退休之后更值钱更出名！那些所谓功成名就的领导，用不了几年，就会淡出人们视野……

西厢记网络　2017年6月26日

（十一）

利民的书好，康小明的文美，读之令人赏心悦目！正因为书好，写好一篇书评殊非易事！

晋阳愚翁

（十二）

在中国正在凝聚新的商业文明之际，研究晋商与徽商的兴衰嬗变，找到当代商业文明的最佳模式，成了紧迫而具有现实意义的课题。

太原　米朵

（十三）

向各位推荐一部好书《晋商与徽商》，正所谓开卷有益，抑或良师挚友，给予启迪，增长智慧，开阔眼界，每每读来，总会获得新的感悟和感动，正如一座知识文化的宝库、一股精神力量的源泉，取不尽，用不竭，受益终身。

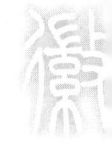

尤其当下，拜历史为师，可知兴替，不可坐井观天，骄傲自满；可知传统，懂得传承，扬长避短；可知正道，明理修身，锐意进取；可知艰辛，处世不易，淘尽黄沙始见金。

临汾　丰路

（十四）

本月推荐庞利民《晋商与徽商》，90余万字，是国内第一部晋商与徽商比较研究的学术著作。用大历史视野将书写得十分生动而有趣。

太原　《记者观察》　刘春阳　2017年7月

（十五）

今天下午，安徽人民出版社隆重推出2017年度重点新作《晋商与徽商》。徽商研究的大佬们评价作者庞利民：长期担任电网正厅级领导，10年业余时间，您忙着搞文化，您取得两商研究突破性成果（专家公认）。

芜湖　周金富

（十六）

庞书记您好，您签名送我的《晋商与徽商》一书收到，并祝贺巨著成功出版。十年磨一剑，对您的不懈追求及顽强的毅力深表敬佩！不仅要好好读书，更要学习您这种志向和顽强不懈的精神。对我的启发是有追求，干成事还不晚。再次感谢。

合肥　黄进

（十七）

尊敬的庞书记：您好！一月前，就欣闻《晋商与徽商》出版，今天终于手捧您的大作。首先为您10年辛劳终成正果由衷感到高兴，衷心祝贺您！其次，您走出了一条别人没有走过的路子，开创两商比较之先河，令我敬佩。

同时作为安徽人,对徽商却不甚了解而汗颜。第三您真诚地热爱安徽,宣扬徽文化,使我深受感动。您在逆境中仍能潜心著书既让我开心也使我心酸……最后,感谢您给我送书!接下来,我将认真细致地加以拜读。祝您健康!幸福!

合肥　吴平

(十八)

双节来临,利民《晋商与徽商》一书学术研讨会在合肥举行,可喜可贺!得到利民赠书,如获至宝,匆匆浏览,确如名家所评:雅俗共赏,意义深远,影响必广!感谢利民!恭喜利民!

太原　清莲居士　2017年10月2日

(十九)

刚才看到利民的大作问世,恭喜贺喜,十年心血不容易,百万巨著了不起。晋徽两大商帮比较研究的开山之作,应载入史册。

太原　老顽童　2017年6月9日

(二十)

祝贺大作问世!能把两大商帮作比较研究,不论对近代史史学发展还是商业业态发展都有极大意义!晋皖诸多专家学者专攻两商学多年,是利民兄——我们同学成就了此大业,实在可喜可贺!我为阁下才高业精而骄傲!而钦佩!

太原　道可道　2017年6月18日

(二十一)

利民为人以诚、为官以正,做学问更是执着认真,所以终有大成,可钦可赞!衷心祝贺你!

太原　王建民　2017年6月18日

（二十二）

按照当下时髦的话说：利民一直在做着正能量的事。这是值得大家学习的。期盼早点拜读佳作。

运城　木子　2017年6月6日

（二十三）

庞书记也是我敬重的领导，他和我有过许多次交谈，我受益匪浅。我听过他关于晋商和徽商的演讲，很有意思。现在出书了，可喜可贺！

安庆　张贯文

（二十四）

我的大学同学庞利民先生今天上午在山西省图书馆"文源讲坛"作《晋商与徽商》专题讲座。他在山西省电力公司担任过副总经理，又在安徽省电力公司担任过党组书记，在华中电网有限公司担任过副总经理。利用业余时间，10年潜心研究，写成90万字的历史文化大作《晋商与徽商》一书，出版后在史学界，经济界反响很大，填补了许多空白。

太原　肖亚光　2018年10月28日

（二十五）

庞书记好！经过华东奖评选委员会专家的认真评选，《晋商与徽商》（上下卷）喜获第32届华东地区优秀哲学社会科学图书奖一等奖。庞书记十年磨一剑，著成皇皇大著。华东一等奖实至名归，衷心祝贺，分享喜悦！

合肥　秦闯　2018年11月15日

太原晋祠晋溪书院，现为天下王氏祠堂